Georg Stefan Troller

Selbstbeschreibung

Rasch und Röhring
Verlag

Besonderheiten der Sprache und
der Zeichensetzung sind vom Autor beabsichtigt.

CIP-Titelaufnahme der Deutschen Bibliothek

Troller, Georg Stefan:
Selbstbeschreibung / Georg Stefan Troller. 2. Auflage.
Hamburg: Rasch u. Röhring, 1988
ISBN 3-89136-149-1

Umschlaggestaltung: Peter Albers
Fotos: Titel und Rückseite: Archiv des Autors, Seite 5: Gamma
Satzherstellung: Clausen & Bosse, Leck
Druck- und Bindearbeiten: Clausen & Bosse, Leck
Printed in Germany

Für Kirsten und für Fenn,
obwohl sie ja schon alle meine Geschichten kennen.
Und für Tonka,
die sie hoffentlich einmal lesen wird.

1

DER ORT HIESS SANATORIUM LÖW, der Stadtteil Alsergrund. Im Löw bin ich geboren, das gehörte zum guten Ton unter den großbürgerlichen Juden Wiens. Bessere Leute starben auch hier, wie der abgekämpfte Gustav Mahler zehn Jahre vor meiner Geburt. Viel später, so an die tausend Jahre später, war im selben Haus der Informationszweig der amerikanischen Militärregierung untergebracht, und ich kehrte sozusagen in den Mutterleib zurück. Eigentlich hätte ich, da schon ein Sohn vorhanden war, eine Tochter werden sollen namens Georgette. Man nahm mich in Gottes Namen hin wie ich war, aber verzärtelte mich. Bruder Herbert galt als Sohn des Vaters, so war ich dazu ausersehen, Muttersöhnchen zu werden. Dem habe ich mich verweigert, solang ich zurückdenken kann.

Mutter war die Gutmütigkeit und Nachgiebigkeit in Person. Eine von diesen großen Liebenden, deren hilflos unbegrenzte Zuwendung man im Virilitätswahn der Zeit als »übertriebene Affenliebe« abqualifizierte. Bei unserem letzten Zusammentreffen sagte sie: »Wirf nicht dein Leben weg, wie ich meines weggeworfen habe.« Es war das einzige Mal, daß sie von ihren wahren Gefühlen sprach und aus der Rolle der Kindfrau ausbrach, die ihr der Herrschaftsanspruch der Männer zuwies. Auch wir Söhne schäumten über sie, die klaglos litt, hinweg, um gegen den Fels des Vaters anzubranden.

Der Vater stammte aus Brünn in Mähren, die mütterliche Familie war schon länger in Wien ansässig. Vater hat sich nie ganz mit der Metropole identifiziert, sowenig wie mit der Mutter. Ich selbst fühlte mich von Anfang an als begeisterter Wiener. Es gibt Orte, die Schicksal ausstrahlen, wie vordem fast jede Stadt und Landschaft Europas, heute bleibt nur noch ein kümmerlicher Rest. Die übrigen könnten ebensogut McDonald's heißen oder Madonna's. Jeder Wiener ist sich bewußt, daß er von seiner Geburtsstadt auf Lebenszeit geformt und geknetet ist wie ein Kipfel oder Knödel, wohin immer es ihn verschlägt und mit welchem Reisepaß er sich auch identifiziert. Wien prägt. Ich erkenne in mir das Löbliche und das Liebliche, das es mir aufgedrückt hat, wie auch das Vage und Verlotterte. Nie werde ich, in Berlin, Paris oder New York, anders fühlen können denn als Wiener, wenn auch getarnt hinter endlosen Schichten von Versteckerlspiel. Übrigens gehört auch dieses Mimikry zum Wiener. Ja, vielleicht ist es geradezu der Kern seiner Persönlichkeit, daß er gar keine hat, sondern aus lauter Tarnung besteht (und auch dieses »vielleicht« ist schon wieder bezeichnend für unsern Mangel an Definitivem). Wie alle Wiener, habe ich Wien jederzeit ebenso glühend geliebt wie gehaßt, was zweifellos fruchtbar ist. Gleichgültig ließ mich die Stadt nie, aus der ich mit siebzehn hinausmußte. Ich fühlte mich ja nicht bloß als Kind aus Wien: Ich war ein Kind *von* Wien, ich war »Wienerkind«. Wie man eben Wienerwald sagt oder Wienerschnitzel. Diese Herkunft, mitsamt ihrer spezifischen Version des Deutschtums, habe ich lebenslang als so verpflichtend empfunden wie die Abstammung von meinen jüdischen Vorfahren.

Unsere erste Wohnung stand am Rudolfsplatz 10, einen Jungenschrei weg vom Donaukanal. Die rauhe Fassade protzte im Ringstraßenstil, angereichert mit falschen Voluten, Karyatiden und Löwenhäuptern. Ein Mietspalast, der von unten her wegfaulte, wie damals fast alle Wiener Bauten. Wir empfanden das schon früh als Symbol, denn kaum eine andere Stadt wirkt so metaphernlastig wie diese. Um den Fahrstuhl zu bedienen, mußte man zehn Groschen einwerfen (heute ein Fünfschillingstück – ich habe es kürzlich kontrolliert). Danach diverse fingerlange Knöpfe aus Messing drücken, das war Männersache und verlieh mir ein frühes Gefühl des Erwachsenseins. Wer für den Aufzug nicht blechen wollte, der schleppte sich bis zu unserem vierten Stockwerk über eine Treppe hinauf, so steil wie der Eiffelturm, denn jede Etage blähte sich fünf bis sechs Meter hoch. In dem Zwickel des untersten Treppenauslaufs stand unsere Rodel, mit der man im Winter ein anderthalb Meter hohes »Mugerl« im Rudolfspark herunterglitschen konnte. Auch die Rodel steht noch da (oder eine um fünfzig Jahre jüngere) – ich habe es kürzlich kontrolliert. Ich fahre häufig nach Wien zum Kontrollieren. Da entdecke ich zum Beispiel, oder bilde mir ein, daß die Straßenbahnschiene am Börseplatz genau an der Stelle, wo wir als Jungen einen Schilling zum Zerquetschen hinplacierten, diese kleine Delle aufweist. Jetzt fährt schon lang mehr keine Elektrische um den Börseplatz, aber ein Endchen Schiene ist noch da und darauf die Delle. Solche Dinge gehe ich besichtigen, während meine Freunde mutmaßen, daß ich auf wichtigen Symposien bin oder unterwegs zum Geschenkekaufen.

Wir wohnten in der »Stadt« oder »Inneren Stadt«, das galt als das Vornehmste. Gegenüber, auf der falschen Seite des Donaukanals, breitete sich, wie ein undurchdringlicher und nie zu erforschender Dschungel, die Leopoldstadt aus, auch »Mazzesinsel« genannt. Das Viertel der Betteljuden – häufig Neueinwanderer aus Galizien oder der Bukowina. Wo ließen sich diese exotischen Landstriche nur finden? Den Juden in der »Stadt« war es aus irgendeinem Grund total entfallen. Aber schon die bloßen Namen hatten einen Klang von Ungeschlachtem und Verrufenem, wie Babylon oder Sodom und Gomorrha. Wer von daher stammte war gezeichnet als Ostjude, als Levantiner. Vaters Vorfahren kamen glücklicherweise nicht von dort, sondern aus Böhmen und Mähren, also zivilisierten Landen. Ja, laut Vater geradezu die Wiege der Zivilisation. Durch die Leopoldstadt zockeln wir höchstens mal mit der Tramway auf dem Weg zum Wurstelprater. Rundum glänzende schwarze Kaftane, geringelte Bärte und Schläfenlocken, man redet ein gestenreiches Jiddisch und ist »Handleh«. Sozusagen die steinzeitliche Vorstufe zu uns, den österreichischen Staatsbürgern jüdischen Glaubens. Was konnten uns diese düsteren Gestalten, denen die Frömmigkeit aus allen Poren kroch, schon geben? Nichts, das war einmal klar. Vor dieser Konfrontation drückte man sich, zum Preis von Selbstentfremdung und schlechtem Gewissen.

Später im Gymnasium pickte ich manchmal solche Nonsensausdrücke auf wie »Oi joi, Mama« oder »Haste gesehn, komme ins Haus«. Sofort fuhr mir der Vater übern Mund: »Bei uns wird nicht gemauschelt!« Vater war kein Handleh, sondern Kaufmann. Das füllte er leider auch (anstatt Pelzhändler) in der entsprechenden Spalte meines Antrittsformulars für die Mittelschule aus, was Klassenlehrer – wir sagten Klassenvorstand – Meyer laut vor versammelter Klasse mißbilligte. Seitdem hieß ich nur mehr »der Koofmann«, jahrelang. Oder auch »der Koofmich«. Vater seinerseits hätte sich am liebsten Kaufherr genannt, wie die Fugger. Er dampfte regelmäßig per Nachtzug nach Leipzig, Leningrad, London und andern phantastisch entlegenen Orten. Dort ersteigerte er bei Auktionen dicke verschnürte Ballen von gegerbten Fellen, die er daheim nach Locke, Färbung und sonstigen Eigenschaften aussortierte und an Wiener Kürschner weiterverkaufte. Nur daß sie von jetzt ab Pelze hießen, und von dem Unterschied lebten wir. Das Geschäft stand in der Neutorgasse: »N. Trollers Söhne«. Das N bedeutete Nathan, aber das mußte man den Leuten nicht auf die Nase binden. Es gab vier Angestellte, für Wiener Verhältnisse ein Großbetrieb. Und sogar ein motorisiertes »Monos-Dreirad«, mit dem ausgeliefert wurde. Vater brauchte bloß drei Minuten zu Fuß ins Geschäft, mittags kam er zum Essen und auf ein Nickerchen nach Hause. Alles lag um die Ecke, was ich damals für selbstverständlich hielt. Es war eben das »Fetzenviertel«, Zentrum der Bekleidungsindustrie. Da wir nur ein »Vierteltelefon« besaßen, einen Gemeinschaftsanschluß, der immer im falschen Moment besetzt war, unterhielt sich Mutter mit ihrer Schwester, die auch um die Ecke am Salzgries wohnte, per »Haustelefon«. Das heißt, sie klinkte, gleich nachdem Vater ins Geschäft verschwunden war, das Verandafenster auf und rief schallend über den Hinterhof: »Hedi!« Manchmal war auch Tante Hedi zuerst am Drücker und rief gellend über den Hof: »Vilma!« Darauf wurden die Neuigkeiten gratis ausgetauscht. Daß auch sämtliche Hausparteien die Neuigkeiten gratis mit übernahmen, genierte niemanden, weil in Wien ohnehin jeder auf das Privatleben seiner Nebenmenschen abonniert ist. Tante Hedis Gatte, Onkel Viktor, war »in Teppichen« (auch sein Geschäft lag in Blickweite), während Mutter und Tante Hedi »aus der Konfektion« stammten. Die beiden hatten noch einen jüngeren Bruder, Onkel Robert, der in die Kleiderfirma einsteigen mußte, als mein Großvater früh starb. Obwohl er sich mit Händen und Füßen dagegen sträubte. Aber jetzt galt er eben als Mann im Haus. Erst wurde man »in Kondition« zu einem Geschäftsfreund gesteckt, um alle Tücken des Metiers zu meistern. Anschließend übernahm man den Familienbetrieb. War der männliche Thronfolger beim Hinscheiden des Firmenchefs noch nicht genügend ausgekocht, so durften zur Not auch die Mütter als vorläufige Statthalter einspringen: Meine beiden Großmütter waren zeitweilig solche Regentinnen gewesen. Gefragt wurde keiner. Da es Generationen dauerte, um ein Geschäft aufzubauen, war undenkbar, es freiwillig aus der Hand zu geben. Ebensoleicht hätte ein Erbhofbauer auf das väterliche Gehöft verzichtet. Allerdings betraf das alles vorrangig den ältesten Sohn. Der Senior mußte ins Gespann. Existierten jüngere Brüder, so ließ man sie zur Not auch hinaus in Wirtschaft, Staatsdienst oder die freien Berufe. Der jüdische Beitrag zum europäischen Geistesleben: Ärzte, Gelehrte, Autoren, Künstler, Wissenschaftler, Kabarettisten... fast alles jüngere Söhne. Die dann oft den älteren zeitlebens auf der Tasche lagen.

Auch ich war jüngerer Bruder, ein unverdientes Glück. Herbert, zwei Jahre vor mir geboren, mußte sich gegen den übermächtigen Vater durchboxen, wie eine Generation zuvor Kafka gegen seinen. »So, du interessierst dich nicht für Felle? Fragen wird man dich! Warte nur, mein Bürschchen! Dir werden wir das Wilde schon abräumen!« Ich hingegen war das Nestküken, das seine Reimereien laut vor versammelter Familie rezitieren durfte. »Er hat etwas«, war der Konsens. Während Herbert nie etwas hatte, jedenfalls nichts, das für N. Trollers Söhne in Frage kam. Ich galt von Anfang an als begabt oder zumindest »betamt«. Dafür wurde ich bei jeder Gelegenheit vom Vater mehr oder weniger willig belobt, von Mutter getätschelt und von diversen Tanten zärtlich in die Wange gekneipt... die Vorbedingung so vieler jüdischer Erfolgsstories. Ich war, wenn irgend etwas, leicht von Begriff. Jede beliebige Kombination von Worten klebte an mir fest, auch wenn mir der Sinn vorerst schleierhaft blieb. Beim geringsten Anlaß konnte ich mit einem Klassikerzitat auftrumpfen oder noch lieber einer witzigen Verdrehung davon, was als höchster Beweis deutscher Bildung galt. Hatte Schiller behauptet: »Mut zeiget auch der Mameluck, Gehorsam ist des Christen Schmuck«, so improvisierte ich als Anwalt der Mamelucken: »Gehorsam zeiget auch der Christ, nur Mut wächst auf dem eignen Mist.« Das war »schon fast Heine«, erhabeneres Lob gab es nicht. Auf die Rückseite von Vaters Visitenkarten kritzelte ich: »Kaufst du nicht die Troller-Felle, so erfrierst du auf der Stelle«, und streute das im Winter verstohlen vor dem Geschäft aus. Danach galt ich als prädestinierter Reklamefachmann. Meine Geniestreiche gingen brieflich an die internationale Verwandtschaft, wo es bei Herbert nur hieß: »Er macht sich.«

Allerdings war Herbert fesch und dunkelblond wie unser Vater, ich hingegen plump und rundlich, mit schwarzen Kraushaaren von der Mutter her. Tante Hedi, bei meiner Geburt zugegen, soll spontan mit den Worten herausgeplatzt sein: »Er ist so häßlich, daß er fast schon wieder schön wirkt!« Ich muß neun oder zehn gewesen sein, da schnappte ich die Bemerkung auf, ich sei »prononciert«. Auch das hielt ich für eine weitere Huldigung an meine Genialität. Bis ich im Brockhaus-Konversationslexikon nachschlug, und da stand es schwarz auf weiß: »Prononciert = deutlich, ausgesprochen«. Ich sah also ausgesprochen jüdisch aus, vielleicht wie die Bewohner der Leopoldstadt, die aus Galizien stammten oder der Bukowina. Das war ein Schock. Und, wie ich bald herausfinden sollte, in Österreich ein Makel, für den es keinen Ausgleich gab. Man konnte Hofrat werden oder

Haderlump, Mystiker oder Millionär ... das abschließende Urteil über dich lautete: »Er ist ein Jud und schaut auch danach aus.«

Auch Onkel Robert, Mutters jüngerer Bruder, sah jüdisch aus, wenn auch längst nicht so prononciert wie ich. Die »Wukkerln« und »Schneckerln«, die bei mir unkämmbar in alle Richtungen wucherten, trug er nachts, duftend brillantiniert, unter einem Haarnetz. Nahm er es am Morgen ab, indem er vorsichtig die Gummizüge im Nacken löste, so lag alles spiegelnd und plattgebügelt da. »Ein Gigerl«, sagte Vater abwertend, weil er diesen Zweig der Familie nicht mochte. Erstens war Robert Junggeselle, was bei den Israeliten verpönt ist, die sich ja zu vermehren haben wie Sand am Meer. Und zweitens ein Nachtschwärmer, anstatt alle Freuden dieser Welt dem materiellen Fortkommen und der Erziehung der Kinder zu opfern (die darauf eins pfeifen). Die Konfektion betrieb er nur seiner Mutter zuliebe und mit der linken Hand. Hauptberuflich war er Romanschriftsteller, also ein brotloser Künstler. Robert »kam uns nicht ins Haus«. Dafür telefonierte Mutter ausgiebig mit ihm, sonntags auch drahtlos über den Hinterhof, denn er wohnte bei Onkel Viktor und Tante Hedi zur Untermiete. Dabei gluckste Mutter errötend und kehlig vor sich hin wie nie im Kreis unserer Familie. Robert wußte von seinen nächtlichen Exkursionen ins »Griechenbeisl«, ins »Herrenhof« und ins »Central« über alle Vorkommnisse der Metropole Bescheid, wobei Bescheidwissen sich ja in Wien zuvörderst auf die Schattenseiten bezieht. »No, hast du gehört, was der Fackelkraus wieder über Sigmund Freud von sich gegeben hat? Nu na, nicht wird er abnormal sein, der Mann schläft doch mit Franz Werfel, das sagt dir jeder. Übrigens, weißt du schon, was sie über dem sein neues Stück schreiben? Alea jacta est – der Werfel hat gefallen.« Mutter hätte den ganzen Vormittag wohlig durchgekichert, wenn nicht unsere Köchin Kathi, das Geschirrtuch in der Hand, vor sie hingetreten wäre mit dem klagenden Ausruf: »Gnä Frau, mir fallt nix ein. Was machen wir denn heut?« Auch Mutter fiel nie etwas ein, nur brauchte Kathi einen Widerpart. Der Österreicher muß sich an jemand reiben können, erst bei der Replik wird er originell.

Es war die Zeit der Autarkie. Jeder Staat wollte rein aus sich selbst existieren, jede Provinz, jeder Bauernhof, und bei den Juden war es jede Familie. Ob man dringend einen Anwalt brauchte, einen Nervenarzt oder einen Börsenkenner – todsicher ließen sich irgendwo entfernte Verwandte auftreiben, mit denen man das Geschäft »in sich« abmachen konnte. Wozu brauchte die Welt an uns verdienen? Onkel Robert wurde demnach als Autorität zu Rat gezogen, was meine Begabung betraf. Immerhin steckte in einem Geheimfach meiner Kommode schon ein ganzes Schulheft voll präpubertärem Gesudel, auf dessen Etikett in Schönschrift zu lesen war: Gesammelte Werke, erster Teil. Roberts Urteil lautete vernichtend: »Absolute Talentlosigkeit in Tateinheit mit Präpotenz.« Auch dieses Wort mußte ich erst nachschlagen, es hieß Unverfrorenheit, also Chuzpe. Danach schrieb ich ewig keine Gedichte mehr, mindestens zwei Wochen. Die Kritik nahm ich dem Onkel nicht übel. Selbstverständlich war er nur neidisch auf mich, weil ich alles so poetisch fühlte. Wie sollte man schon als Erwachsener noch etwas fühlen können?

Onkel Robert genoß einen Ruf als Feschak und Roué (also Stutzer und Frauenkenner). In Wien wie in Paris ein anerkanntes Berufsbild. Es bestand im wesentlichen darin, den Frauen auf den Kopf zuzusagen, daß sie von den gleichen Lüsten und Begierden heimgesucht waren wie die Männer. Darauf fühlten sie sich im Innersten durchschaut, und es war naturgemäß um sie geschehen. »Mein Neffe Georg, was meinst du, worauf die Weiber letzten Endes aus sind?« »Auf die ewige Liebe!« rief ich flammend, denn das war ich mir als poetisch Fühlendem schuldig. Er nickte mit einem gespielten Seufzer: »Genau, und das von vorn und von hinten und jeder andern Richtung. Und zwar dauernd.« Im Krieg war Robert Kavallerist gewesen, deshalb achtete er auf seine Taille. In seiner Zimmerecke stand tatsächlich ein Punchingball zum Trainieren. Das war wie der Watschenmann oder Haut-den-Lukas im Prater, also eigentlich etwas widernatürlich »Arisches«. Auch daß er sich manchmal anschickerte, paßte nicht zum Familienethos. Dann sprühte er von fulminanten Geistesblitzen. Oder wir bekamen Schmetterlingsküsse, flatternde Augenwimper auf

Augenwimper. Oder er fragte unschuldig, ob wir schon nachts den Kindermädchen ins Bett krochen und ähnlich Genitalisches. Seine Romane verfaßte Onkel Robert in winziger Handschrift: »Je minutiöser die Buchstaben, desto pointierter die Gedanken.« Jedes Kapitel mußte ein dutzendmal umgeschrieben werden, bevor es zum Abtippen kam, »wie bei Thomas Mann«. Dabei verflüchtigten sich leider die Judaismen und Viennensa und auch sonst alles Frivole, Pikante und Anrüchige, wie man das gleichfalls in den Schriften von Schnitzler, Wassermann oder Stefan Zweig besichtigen kann. Gepflegte Sprache, zu Tode gepflegt. Jedes Wort ein Zuckerl, reif für die Unsterblichkeit. Als ich Robert Jahre später mein erstes Buch nach Amerika schickte, fand er ich hätte »Brio«. Das war aber nicht als Eloge gedacht, sondern bedeutete bloß, daß ich mich schamlos der spontanen Eingebung überließ, anstatt sie mit herkulischer Anspannung zu Prosa zu destillieren: »Du kelterst Heurigen statt Champagner.«

In Wien erschienen Onkel Roberts Romane nicht unter seinem richtigen Namen – die Familie hieß Pick –, sondern unter einem »bodenständigen« Pseudonym, Valentin Richter. Das galt damals für selbstverständlich. Felix Salzmann nannte sich Salten, Otto Abraham Brahm, aus Gundelfinger wurde Gundolf, aus Sandor Rosenfeld Roda Roda, aus Südfeldt – was sonst – Nordau, aus Richard Engländer Peter Altenberg, aus Bermann Höllriegel, aus Friedländer Mynona. Warum Franz Kafka sich auf seinen ordinären Geburtsnamen versteifte, einen der häufigsten im Prager Adreßbuch – er bedeutet Krähe –, blieb jedem ein Rätsel: »Ein Dichter kann doch nicht Kafka heißen!« Aber wozu änderten die Juden eigentlich ihre Namen? Zwischen Wien, Prag, Budapest und Berlin wußte doch alles Bescheid, ob »einer einer war«. Ja, sich darüber den Kopf zerbrechen gehörte zu den beliebtesten Gesellschaftsspielen der Mitteleuropäer. Andere Sorgen hatten sie nicht. Noch bei Täuflingen x-ter Generation, wie dem Dichter Hofmannsthal oder dem Philosophen Wittgenstein, wisperte man hinter vorgehaltener Hand: »Pst, pst, eigentlich hat sich erst der Großvater ...«

Aber nicht nur die Juden verstellten sich, sondern letztlich alle

Österreicher. Schon das Habsburgerreich war in seiner Agonie nur mehr eine hohle Attrappe gewesen, ein Bühnenbild aus Gipskarton. Jetzt lag es in Fetzen, »anstatt einer Großmacht ein halbes Dutzend Ohnmächte«. Und dieses übriggebliebene Deutsch-Österreich, wie es anfangs offiziell hieß, gab nichts mehr her an Inspiration, die Substanz war aufgebraucht. Der Charme der Österreicher bestand ja in einer Art gemütvoller Naivität, die dem Göttlichen wie dem Irdischen und sogar dem Teuflischen mit der gleichen herzhaften Unbefangenheit gegenübertrat. Ihre wechselvolle und jetzt schon lang nicht mehr triumphale Geschichte hatte sie auf Versöhnlichkeit und Ausgleich angelegt. Und sie besaßen die erfreuliche Gabe, bei bedeutenden Menschen und Vorgängen die minderen, ja blamablen Eigenschaften zu schätzen, hinwiederum im Kleinen und Herzigen das Ewige mitzuspüren. Kurz, sie waren im Kern Biedermeier geblieben bis zu einem Zeitpunkt, als das eigentlich nicht mehr ging. Daraus entwickelte sich dann ein anschwellender Haß gegen alles Andersgeartete, das sie zu überflügeln und zu übervorteilen drohte. Gegen die »Preißen«, gegen die Tschechen und vorrangig gegen die Juden. Und in der rückständigen Provinz haßte man sogar die eigene Hauptstadt, den »Wasserkopf« Wien, der jetzt fast ein Drittel der Bevölkerung dieses Schrumpfösterreich enthielt. Um die Jahrhundertwende hatte man in Wien sozusagen das 20. Jahrhundert erfunden. Faktisch unter totaler Mißbilligung der übrigen Bevölkerung, die darin (siehe Hitler) vor allem jüdische Frechheit und Dekadenz wahrnahm. Und jetzt? Jetzt waren die Juden in diese österreichische Kultur verliebt, der sie zur letzten Blüte und Zusammenfassung verhelfen durften. Was nicht ausschloß, daß man die Einheimischen auch schon mal frotzelte oder zu betakeln suchte. Aber im allgemeinen fand man doch, daß diese treuherzigen und dickschädligen Zwockel, bei denen das Bäurische selten weiter als eine Generation zurücklag, sich aufs beste mit den eigenen, viel gewiefteren Stadt- und Stedtelgehirnen ergänzte. Kurz, wir waren bereit, in dieses Land nicht nur Energie, Geld und Talent zu investieren, sondern unsere geballte jüdische Sentimentalität! Dafür sollte einem aber auch bitte schön die Chance gegeben werden, sich diesen Österreichern anzuverwandeln. Ohne auf unser Bestes zu verzichten, wollten wir insgeheim so werden wie sie!

Nur – was gab es da eigentlich noch zu meiner Zeit? Dahin die »Österreichische Idee«, das verlorene Gegengewicht zur Wilhelminischen! Die »Mythik des Donau-Alpenmenschen«, von der man ein Jahrtausend gezehrt hatte, existierte nur mehr auf dem Papier. Auf dem Schreibpapier nämlich der »nationalen« Autoren, die sich dem Schwindel verschrieben, man könne weitermachen wie bisher. Und diese Leute kamen sogar an, denn nichts verkaufte sich damals so vortrefflich wie patriotische Schmiere und literarische Zechprellerei. Hoch der Schmäh, die Illusion, der Phrasendrusch! Wer zwitschert schon gern von den Dächern, daß er innerlich bankrott ist? Man wußte Bescheid, aber man schminkte sich auf unschuldig und schlicht. Man stellte sich schlicht, naiv, gläubig, bäurisch, urtümlich, erdverbunden. Man schwelgte in Operettenseligkeit, blauer Donau, Waschermadeln und Tirolerblut, Dreimäderlhaus und Radetzkymarsch. Man schwärmte von Altwien, bestehend aus dem Alten Steffel, dem Alten Burgtheater, dem Alten Drahrer, der Alten Armee und dem Alten Kaiser. Das »österreichische Antlitz« verzog sich zu einer Schnitzmaske von Larmoyanz. Und wer da nicht mitstrickte an dem folkloristischen Mummenschanz, wie Loos oder Horváth oder Wittgenstein, wie Schiele und Kokoschka, wie Freud und Karl Kraus, der wurde denunziert und fertiggemacht, er hatte ja die schweigende Übereinkunft zur Lüge durchbrochen. Er galt als Jude, und wenn er zufällig keiner war, so klebte man ihm solch geschmackvolle Etiketten auf wie: jüdisch angehaucht, verseucht, infiziert. Aus dem geistigen Zusammenbruch bewußt einen Ausweg suchen – in den Sozialismus, in eine neue Kunst und Literatur, ins Weltbürgertum –, das hieß jüdisch. Sich blöd stellen: arisch. Die Bescheuertsten fand man in der Provinz, allwo sie bei Trachtenaufzügen und Blasmusik verkündeten: »Mir san g'sund!« ... die ewigen Waldheim-Wähler. Das im Gegensatz zum verrotteten (sprich verjudeten) Wien, dem Völkerbabel, laut Hitler. Da aber jeder Mensch sich lieber für naiv verkaufen läßt als verrottet, so stellten sich auch die meisten Juden naiv, vorab die bürgerlichen. Generationenlang hatten sie um Anerkennung als vollgültige Staatsbürger scharwenzelt – jetzt sollten sie alles aufs Spiel setzen aus purer Wahrheitsliebe? Also gaben auch sie sich mindestens so kernig-deutsch, gemütlich-österreichisch, heurigenselig-wienerisch wie die Autochthonen. Und im Sommer verwandelten sich Salzburg und Wörgl und der Semmering und die anderen jüdischen Sommerfrischen in ein verlogenes Lederhosenparadies – wo man hinschaute, nichts wie Seppeln.

Das war die Situation, in die ich hineinwuchs. Die Zweideutigkeit, ja Zwielichtigkeit steckte schon unausjätbar in einem selber drin. Nichts war so, wie es sich ausgab, niemand war, was er schien. Woran immer man glaubte, man empfand sich im geheimen als Schwindler und Schmähführer. Diese Selbstmißachtung brachte viele dazu, daß sie vernagelter wurden, als es eigentlich dem österreichischen Wesen entsprach. Und führte bei den Juden zu einer Steigerung ihres ohnehin schon selbstironischen Witzes, bis hin zu einer erstaunlichen Blüte der Kleinkunst, des Kabaretts. Leopoldi, Alban Berg, die Herren Farkas und Grünbaum in Doppelconférence beim »Simpl«, Friedells »Goethe«, Soyfer in der »Literatur am Naschmarkt«... das träufelte in mich ein wie Impfstoff und immunisiert mich bis heute gegen jeden Brustton der Überzeugung.

Das Kabarett war ein Erbauungsfest Gleichgesinnter. Leider mußte man nachher hinaus ins feindliche Leben, und da war geraten, sich möglichst kleinzumachen. Bloß nicht auffallen. Kein Geschrei auf der Straße, keine übertriebenen Gesten. Sperrt man sein Geschäft an den Hohen Feiertagen, so steht am Rolladen: »Vorübergehend wegen Krankheit geschlossen«. Gebetschal und die übrigen Utensilien bringt man in einer unauffälligen Aktenmappe zum Tempel. Benutzt man das Auto, so wird es zwei Straßen entfernt abgestellt. Nach dem Gottesdienst verstreut man sich schnell und mit hochgeklapptem Kragen. Wird trotzdem gestänkert, so hat man im Laufschritt zu verduften. Dabei schämt sich jeder für die Feigheit der andern und seine eigene. Man ist eben klüger. Der Klügere gibt nach. Aber der Stärkere behält recht.

Nachts unter der Bettdecke verfaßte ich tranige Skizzen über das Volksleben der »Wienerstadt«, die doch inzwischen zu einem der unwirtlichsten Hinterhöfe Europas geworden war, zerfressen von Hunger, Elend, Ressentiment, Selbstzweifel. Je fadenscheiniger der schöne Schein, desto intensiver krampfte man sich an ihn fest, auch ich. Rufe ich mir das Kind vor Augen, das ich damals gewesen sein muß – was mir weiter nicht schwerfällt –, so sehe ich ein niedliches kugelrundes »Wuzerl«, behütet und angepaßt, sich selbst und der Welt ein Wohlgefallen. Darunter aber radikale Verunsicherung, eine Ahnung bodenloser Klüfte. Nirgendwo fester Grund. Alles wischiwaschi, alles wiegelwagel, wie man auf wienerisch sagte (es gibt sogar nichts Wienerischeres). Irgendwann würde mir Gott eine Tafel vom Himmel herablassen, auf der die *Wahrheit* stand. Natürlich nicht die der Zehn Gebote, die waren für die Hammelherde bestimmt. Und konnten in unserer Zeit nicht funktionieren, weil sie sich hauptsächlich mit Auszuschließendem befaßten. Während der moderne Mensch ja im Gegenteil von der Angst gejagt wird, daß er nicht *genug* in sein Leben hineinpackt. Nein, was ich erwarte, ist meine persönliche, profunde Weisheit, mir auf die Seelenform zugeschnitten wie ein metaphysischer Maßanzug. Ich rechne fest damit, daß diese Erleuchtung mir zuteil wird anhand meiner ersten großen Liebe (von Hunderten!) beziehungsweise Bettgeschichte. Inzwischen muß ich mich leider unbedarft durchwursteln, lechzend nach Unfehlbarkeit.

Das schließt keineswegs aus, daß ich mich jetzt schon für einen Dichter halte – diese geweihte Spezies, die nur im Deutschen vorkommt. Dichten heißt, daß es sich reimt. Hingerissen stelle ich fest, was sich alles reimt: Hatschen mit Watschen, Werkel mit Ferkel, Turm mit Buam. Im Gedicht erkenne ich meine Unverwechselbarkeit: »Ich bin ein neuer Mensch, der war noch nie!« schreibe ich meuterisch in meine »Gesammelten Werke«. Am liebsten möchte ich ein Findling sein. Alles, nur kein Abkomme. Das Wort Familie, Vaters Lieblingsvokabel, erfüllt mich mit Abscheu. Bloß keine Zärtlichkeiten, bloß keine Intimitäten und Geständnisse. Was ein zukünftiger Prophet ist, muß beizeiten für Distanz sorgen. Übrigens bleibt mein Bruder Herbert noch verstockter. (Daß wir in vielem kongenial sind, entdecken wir aber erst Jahre später.) Was ist eigentlich mit uns los? Über Generationen hinweg waren sämtliche Mitglieder des damals so reichverzweigten Troller-Klans stolz und vergnügt gewesen, ihm anzugehören, sie gehörten ihm geradezu hauptberuflich an. Warum nicht wir?

Unser Vater war ein abgestempeltes Produkt seiner Altvordern. Aussehen, Charakter, Denkungsart hatte er fix und fertig von ihnen übernommen, begierig, das an uns weiterzureichen wie einen unverwüstlichen Paletot. Alles an Vater war straff und rigoros, bis hin zur Handschrift. Unter der kurzen unauffälligen Nase trug er ein militärisch gestutztes Schnurrbärtchen, anfangs blond, später grau. »Er sieht nicht aus wie ein Jud«, hieß es einhellig – die höchste Anerkennung, die der Wiener zu vergeben hat. Im Gegensatz zu vielen assimilierten Juden brannte er niemals darauf, »Figur zu machen«. Also sich zum schneidigen Reserveoffizier oder zigarrerauchenden Generaldirektor hochzustilisieren, zum volksnahen Biertippler oder Kaffeehausoriginal. Vater inszenierte sich nicht, deswegen paßte er auch nie zur Gänze nach Wien. Sein aggressiver Stolz war berüchtigt, aber der bezog sich weniger auf seine eigene Person als auf die stockbürgerliche Sippe, der er entstammte. Diese war »normal«, und dementsprechend erschien ihm alles übrige als anormal, Juden wie Christen. Wir waren was und stellten was dar. Den anderen galt sein dauernder Jähzorn. »Hat nix und ist nix«, das betraf so ziemlich jeden, den wir bewunderten, von Onkel Robert bis hin zu Bertolt Brecht. Vater hatte 1918 für den Rumpfstaat Österreich »optiert«, aber sein Herz hing an Prag und Brünn. Dort begriff man noch den Ernst des Lebens (heiter war auch nicht die Kunst, heiter und unbekümmert durfte überhaupt niemand sein, der jemand war und was hatte). In Wien jedoch herrschten Schlamperei, Verschwendungssucht und moralische Dekadenz. Das reizte ihn zur Weißglut, vor allem beim eigenen Anhang.

Meine Volksschule blickte auf einen trüben, grob gepflasterten Hinterhof. Gegenüber stand die Buchhandlung Deuticke (Freuds glückloser Verleger), die heute noch existiert. In der Zehnuhrpause spielte man Schneider, Schneider, leih mir d'Scher, gelegentlich auch Jud, Jud, spuck in Hut, punktuiert von Balgereien. Schon erstaunlich, was Kinder in eine Viertelstunde hineinquetschen können, später vergehen Jahre mit nichts. Ich lag wie so oft mit dem Rücken auf den Buckelsteinen und schrie: »Wannst mi net auslaßt, schick ich mein Vattern über dich!« »Mein Vatta ist einsachtzig, wie groß ist deiner?« »Ein Riese, mindestens zwei Meter!« Als der Vater zu Mittag heimkam, stieg mir zum erstenmal auf, wie diminutiv er geraten war. Nur sein Zorn hatte ihn für mich wachsen lassen. Auch wir zwei Söhne galten als »Gschroppen«, Herbert überdies als mageres »Krispinderl«, weil er sich weigerte zu essen. Ihn brachte Vater – obwohl die Familie abwinkte: »Nur Zigeuner reisen mit Kindern!« – nach Brünn zum Vorzeigen. Onkel Ernst und Tante Stella besaßen drei stattliche Söhne, der älteste hieß Ludwig. Sagte Tante Stella unfein zum Vater: »Deinen Herbert frißt mein Lu im Kraut.« (Genau zwanzig Jahre später, der Ort hieß Theresienstadt, umfaßte sie schreiend die Knie eines Scharführers der SS, um Ludwig vor dem Abtransport nach Auschwitz zu bewahren, weil man einen Kerzenstummel in seiner Tasche gefunden hatte – vergebens. Wurde mir von einem Augenzeugen berichtet.) Wir waren Vaters bevorzugtes Sorgenfeld, er »zerriß sich für uns«, nur schloß das, ab einem gewissen Alter, Billigung nicht mehr ein. »Bei Trollers lobt man nicht«, gestand er mir später kleinlaut, aber da war er schon im neunten Jahrzehnt und fast mein eigenes Kind.

Sein Urgroßvater Elias, wahrscheinlich aus dem Elsaß eingewandert, war noch in einem mährischen Wildbach bis zum Leibriemen im Wasser gestanden, um gegerbte Felle auszuwaschen. Großvater selig, Nathan, gründete dann das Handelskontor, um das sich alles drehte: »Es tut sich was im Geschäft.« »Ich muß noch einen Sprung ins Geschäft.« »Ich ruf dich morgen im Geschäft.« Bis hin zu dem beliebten Familienwitz: »Warum fragst du mich nicht, wie das Geschäft läuft?« »No, wie läuft das Geschäft?« »Frag mich nicht!« 1907 wurde Vater, als der jüngste männliche Sproß, in die Vereinigten Staaten geschickt. Er solle sich umtun betreffs amerikanischer und kanadischer Felle, dahin tendiere die Zukunft. In Saint Louis, damals kapitaler Umschlagplatz der Wildjäger und Trapper, bestach er für zehn Dollar einen Pelzhändler. Der schrieb ihm in ein Heft die einschlägige Information, auf der später unser Wohlstand beruhte. Vater gehörte zu den wenigen in Wien, die sich mit Nerz und Silberfuchs auskannten, als diese in Mode kamen. Anderthalb Jahre blieb Vater in Amerika, anscheinend ohne je einen Gedanken an den Wilden Westen zu verschwenden. Über die grüne Prärie mochten die Gojims reiten, bei uns hielt man sich ans Propere. Das Geschäft wurde damals von seiner energischen Mutter Cäcilie dirigiert – sie hieß bei ihren Kindern nur die Cillimutter –, da Vater Ludwig früh einem Schlaganfall erlegen war. Auch diese frühen Tode gehören zur Firmengeschichte. Die Cillimutter hatte Vater nach Amerika eine (natürlich deutschsprachige) Bibel mitgegeben, drin sollte er jeden Abend studieren. »Na, Karlitschek, hast du auch fleißig die Schrift geklärt?« »Alle Tage, Mama.« »Dann reich sie mir einmal herüber.« Sie schlug das Buch auf, eine Hundertkronennote flatterte zu Boden, die sie ihm für saure Tage hineinversteckt hatte. Ich glaube, der Vater hat nie wieder gelogen... Einige Jahre nach meiner Geburt starb leider die Cillimutter. Aber nicht, bevor sie mit fester Schrift einen Brief aufgesetzt hatte, der bis zur Emigration gerahmt über Vaters Schreibtisch hing: »Meine lieben Kinder, ich lege mich jetzt zum Sterben...« So war man damals.

Gegründet wurde das Geschäft als Hutfabrik (trotz allseitiger Warnung: »Hut hat doch schon jeder!«). Dann befaßten wir uns mit Schaffellmänteln für Bauern und Fischer. Bei Ausbruch des ersten Weltkriegs schickte der damalige Firmenchef, Onkel David, meinen Vater, den cleveren Junior, aufs Kriegsministerium in Wien: »Schließ auf Schafspelze für die Truppe ab, aber nicht unter fünfeinhalb Kronen das Stück!« Der Vater kam zurück, aufgeblasen wie ein Truthahn. »No, sag schon, Karlitschek?« »Ich hab auf sechs Kronen abgeschlossen!« Onkel David schäumte. »Du gehst sofort retour und entschuldigst dich, es wär ein bedauerlicher Irrtum passiert. Wir nehmen fünfeinhalb und nicht einen Heller mehr!«

Trollers waren honorige Leute. Daraus entsprangen unweigerlich soziale Anerkennung, Bankkredit, Glück, Liebe und alle sonstigen Güter auf Erden, wie übrigens auch im Himmel. Denn daß es dort oben nicht weniger reell und hauptbuchhaft zuging, davon waren Trollers überzeugt. Arbeit gleich Beten gleich greifbare Resultate. Wenn das einmal nicht richtig klappte, geriet Vater außer sich. Und anscheinend hatte es bei seiner ersten Verlobung schon nicht so recht hingehauen. Da lernte er, kurz vor Kriegsende, eine schicke Wienerin kennen und schlitterte ins Eheversprechen. Alle Abende machte er pflichtbewußt seine Aufwartung. Bei Schönwetter wanderte man in den Prater, bei Regen ins Café. Nur die Sonntage mußte die Braut leider mit ihrer bettlägerigen Großmutter verbringen. Als die Großmutter gar nicht gesund werden wollte, erkundigte sich Vater hintenrum nach der Adresse, und es war ein Oberleutnant! Zuerst forderte Vater seinen kostspieligen Diamantring zurück, anschließend fuhr er verzweifelt zur Cillimutter nach Brünn. Die gab ihm eine Nacht, um sich auszuweinen, aber schon beim Frühstück ließ sie die Bemerkung fallen: »Wir kennen da eine grundsolide Familie in Wien mit zwei Töchtern. Sie sind in der Konfektion.« Nachdem man diskret die Vermögensverhältnisse sondiert hatte, präsentierte sich Vater beim Familienchef. Der fackelte nicht lange: »Meine ältere heißt Hedi und ist dünn und sarkastisch. Die jüngere, Vilma, ist mollig und gemütlich. Welche ziehen Sie vor?« Mein Vater zog die Mollige vor, und deswegen bin ich nie schlank gewesen. Daß es neben den zwei Schwestern noch den Tunichtgut von Bruder gab – eben meinen schriftstellernden Onkel Robert –, hat Vater der Mutter zeitlebens übelgenommen, auch noch im Pensionistenalter. Vater war ein Groller. Letzten Endes zürnte er dem Weltall, daß es unserer Familie väterlicherseits nicht würdig war.

Suche ich nach weiteren künstlerischen Vorfahren, so fällt mir nur noch ein entfernter Onkel in Prag ein, mit Namen Julius Bunzl-Federn. Ein lieber empfindsamer Mensch und treusorgender Familienvater. Wenn auch mit jämmerlich beschränkten Mitteln. Der war schon nicht mehr ein schwarzes Schaf zu nennen, sondern direkt leprös! Nach brotlosen Studien hatte er zuerst als freier Versicherungsagent gewirkt, während man ihm die schönsten Aussichten vor der Nase herumtanzen ließ: »Noch ein paar gute Abschlüsse, und Sie werden festangestellt.« Nachdem er die ganze nahe und entferntere Mischpoche auf Feuer, Leben und Sach versichert hatte, machten sich natürlich die Abschlüsse rarer, da ließ man ihn »mit Bedauern« ziehen. Er war auf den ältesten Trick aller Versicherungsanstalten hereingefallen. Danach wurde Onkel Bunzl Schokoladenvertreter. Das Ende dieser Karriere kam eines hungrigen Abends, als er im einsamen Hotelzimmer den Musterkoffer aufschloß und die Kollektion vernaschte. Das blieb in der Familie sprichwörtlich. Sägte ich wieder einmal den Ast ab, auf dem ich saß – indem ich zum Beispiel vom zukünftigen Professor auf Journalist umsattelte –, so hatte ich »meine Kollektion aufgefressen«. Onkel Bunzl wurde zuletzt freier Schriftsteller und Antiquar in Prag, eine Stadt, in die er so vernarrt war wie nur irgendein Brod oder Meyrink. Aus dem Goldmachergäßchen beim Hradschin winkte er mir zum letztenmal zu, bevor ihn der Holocaust verschlang, wie die meisten von uns.

Aber noch bin ich Volksschüler, ein »potschertes Hascherl«, dessen Sprache aus tulli, klass, leiwand, auffi, abi, firi und umi besteht – lauter Zurufe, ohne die man nicht Fußball spielen kann. Ich bin Anhänger der Mannschaft Vienna, die sich in blau-gelbem Dreß auf der Hohen Warte verausgabt. Ich brülle »Heinz! Heinz!« (das ist Englisch), wenn der Ball mit den Händen berührt wird, »Hoppauf!« beim Angriff, »Jetzt Schuß!« vor dem Tor, »Gohl!« wenn es gelingt, »Harfix!« wenn nicht, und grundsätzlich alle fünf Minuten »Schiedsrichter zum Telefon!«. Ansonsten gelte ich als »Hallawachel« oder »Hallodri«, je nach Schulnoten, und beim Essen bekomme ich von Kathi »Gustostückerl« vorgelegt, deren Beschaffenheit ich, mangels anderer Erlebnisse, in mein erstes Tagebuch eintrage. Gassenjungen sind »Strizzis« oder »Surme« oder »Pülcher«. Ich spiele Murmeln mit ihnen und Stelzenlaufen, obgleich sie selbstverständlich alles besser verstehen als ich. Beim Anmäuerln treffen sie zielsicher den an der Mauer ruhenden Groschen mit einem zweiten, den sie schamlos von mir geliehen haben. Danach dürfen sie beide einsackeln, das sind anscheinend die Spielregeln. Zum Sporteln tragen wir die juvenile Schweißfußbekleidung der Zeit, bestehend wie heute aus Leinwand und luftdichtem Gummi. Sie nennen sich »Trampkies« und sind das einzige, was wir mit den Surmen gemeinsam haben. Diese wissen ja, offenbar schon aus dem Mutterleib, über jede beliebige Materie Bescheid: von Automotoren, Lokomotiven, Radios, Flugzeugen, Zeppelinen bis hin zu Kinderkriegen, Onanie, Priesterehe, unbefleckter Empfängis (von der befleckten gar nicht zu reden), Kreuzigung und Auferstehung. »Gestern nacht ist der Alte wieder dreimal über sie her...« An dieser Stelle hat man fachmännisch mitzugrinsen oder, noch effektvoller, vor dem Hosenschlitz eine rhythmische Handbewegung auszuführen wie von Pleuelstangen und Nokkenwellen. Ich pumpe eifrig mit, ohne mindeste Ahnung, was es darstellen soll. Eine Kluft tut sich auf zwischen mir und der restlichen Menschheit, bis heute nicht zugeschüttet. Immer haben mir die andern das entscheidende Stück Information voraus. In Kneipen wird es gehandelt, die ich nur vom Hörensagen kenne, in Büroräumen nach Feierabend, bei Weekendsausen, von denen ich erst am Montagmorgen erfahre. »Ach was, das wissen Sie nicht?« »Nein, damals hab ich grade gefehlt!« möchte man schreien, aber die Ausrede hat schon in der Klasse nicht gezogen. Also entwickelt man eine wachsame Strategie des Zunickens, Abwinkens und Gescheitblickens, bloß um nicht ewig dazustehn als blamierter Europäer. Nur leider hilft das alles wenig in puncto Selbstachtung. Wo warst du damals, als die Information gleichermaßen ausgestreut wurde über Gerechte und Sünder? Wieso bist du der einzige, der den Witz mit Furtwängler und Flick nicht mitkriegt, die beide an einem überschüssigen Buchstaben im Namen leiden? Und wird dein Herz auf Lebenszeit beben – es wird, es wird! –, wenn ein sechzehnjähriger Spezialist sich über deinen laufenden Motor beugt und mit Doktormiene erkundigt, ob eigentlich deine Kolbenringe schon lange klappern?

Als ich neun war, zogen wir von den Gassenjungen des Donaukanals hinaus aufs »Cottage«, sprich »Kottahsch». Ein hügeliges Villenviertel aus der Jugendstilzeit, der letzten Periode, in der Wien sich noch ästhetischen Luxus leisten konnte. Am unteren Abschluß ragt dräuend und festungsartig das humanistische Gymnasium, in »ärarischem« Gelb gestrichen wie alle öffentlichen Zweckbauten aus der Monarchie. Man erreichte es im Laufschritt um Punkt acht Uhr früh und verließ es ausgehungert um eins oder zwei. Die Klassen wurden, anders als draußen im Reich, von Prima bis Oktava gezählt. Wir waren also die »Primunzeln«, ein verachteter Menschenschlag. Bis zum verflossenen Jahrgang hatte man Jungen und Mädchen zusammengetan, dann setzten sich leider die Reaktionäre im Stadtschulrat durch, und die Mädchen mußten fortziehen. Jetzt waren wir nicht mehr »abgelenkt«, dafür unserer Pubertät hilflos ausgeliefert. Die Klasse bestand aus dreißig Schülern, darunter acht Juden. Plus zwei, die nicht Farbe bekannten und unter »konfessionslos« liefen. Selbstverständlich war es jedem sonnenklar, was dieses konfessionslos bedeutete. Über uns wußte man eben Bescheid. Einschließlich der Tatsache, daß Troller eigentlich Toller hieß und vorher Meschuggener gelautet haben mußte oder sonstwie Jiddisches. Als ich Vater danach ausforschte, bekam ich eine gesalzene »Fraß«. In unserer Familie hatte sich keiner je umgenannt. Wahrscheinlich war damals im 18. Jahrhundert, als mit dem Toleranzpatent die Juden deutsche Namen annehmen mußten, unserm Ahnherrn absolut nichts Brauchbares eingefallen. Die meisten etikettierten sich ja bequemerweise nach ihrem Herkunftsort: also Wiener, Berliner, Prager, Günzburger und dergleichen. Andere nach Stamm oder Kaste, aber verständlicherweise nur, wenn es sich um die renommierteren handelte, zum Beispiel Levi oder Cohen. Oder man suchte nach dem Kostbarsten, was man in Natur und Poesie auftreiben konnte. Daher die zahlreichen Grünzweig, Silberberg, Goldmann, Diamant, Saphir, Rubinstein und Veilchenduft. No, meinte Vater, und vielleicht war das alles unserm Vorfahrn nicht aufwendig genug, bis zuletzt dem zuständigen Standesbeamten der Kragen platzte: »Komm Er wieder, wenn Er was Vernünftiges gefunden hat. Und jetzt troll Er sich!« Daher der Name.

Die Nichtjuden waren zumeist römisch-katholisch, nur einige wenige gehörten dem »Augsburger Bekenntnis« an, was für uns schon verdächtig preußisch klang. Einen hatten wir, den wir tatsächlich den »Preiß« titulierten – er stammte aus Regensburg. Alles nördlich von Inn und Donau galt als »reichsdeutsch«, also abartig. Obwohl natürlich die gesamte Klasse für den Anschluß plädierte, inklusive der Sozialisten und Juden. Irgendwie erwartete man eben, daß sich Deutschland an Österreich anschließen würde und nicht umgekehrt. Klassenvorstand Meyer, mit Bürstenhaarschnitt und Nickelbrille fast schon eine Pädagogenkarikatur aus dem Simplicissimus, war Großdeutscher, das heißt, er haßte Juden, Tschechen und Sozialisten mit gleicher Hingabe. Das schien uns damals so selbstverständlich wie der Psychoterror, den die Mehrzahl der Lehrer versprühte. Es fiel uns nicht einmal auf. Über dem Schultor stand ja in römischen Lettern, daß wir nicht für die Schule lernen, sondern das Leben: »Non scolae sed vitae discimus.« Und daß das Leben so war wie Professor Meyer, das wußten wir bereits. In der Klasse saßen gleich zwei mit Namen Katz – natürlich »mosaischer Konfession« –, Katz Jakob und Katz Manfred. Der aasige Meyer marschierte mit seinen benagelten Tretern durch die Bankreihen, indem er laut überlegte: »Um uns diese Auskunft zu vermitteln, rufen wir den Katz...« Dann kam eine endlose Kunstpause, während zwei Herzen in die Lederhosen sanken. Und jetzt wie ein Peitschenhieb: »Katz Manfred!« Und gleich darauf: »Nein, Jakob!« Danach mit gleisnerischem Grinsen zur Klasse: »Pahdon für den Versprecher.« Das war die Rache dieser fossilen Flaschen dafür, daß sie nie zu Hochschuldozenten aufgestiegen waren. Sie alle fühlten sich unter Wert bezahlt und behandelt, ihr göttliches Wissen mißachtet von unserer plebejischen Welt.

Wir ließen uns schikanieren, denn wir verstanden es nicht besser, und ohnehin glaubten auch unsere Eltern nur an eingebleute Lehren. Und wie viele kratzten damals nicht die letzten, von Tabak oder Sonntagsbier abgesparten Groschen zusammen, um dem Sprößling den Aufstieg in akademische Sphären zu ermöglichen. Ich selbst lernte besser, als die meisten Autobiographen es im nachhinein wahrhaben wollen, vor allem die »geistigen« Fächer. Deutschlehrer Meyer mußte mich zähneknirschend als eine seiner Spitzenkräfte anerkennen. Was ihn bis zum Tobsuchtsanfall gegen die Klassen-Arier aufbrachte, die ihr germanisches Bluterbe nicht zu schätzen wußten. Dagegen lebte ich mit Gleichungen im Dauerkrieg, sowohl den uneingekleideten als auch solchen, bei denen eine Badewanne gleichzeitig ein- und ausgelassen wurde – größerer Blödsinn war mir nie untergekommen. Noch heute bin ich unfähig, abstrakte Gedankengänge nachzuvollziehen. Wurde ich in Mathe zur Tafel gerufen, so verschwamm mir im selben Moment die Welt vor den Augen, ich wankte und schon kam mir das Frühstück hoch. Dann durfte ich unbenotet in die Bank zurück, zum Neid aller Mitschüler. »Troller, wie machst du das, mit dem Speiben?« Ich wußte es auch nicht, sonst hätte ich's ihnen gerne weitergereicht. Es blieb, über Jahre hinweg, mein einziger Ruhmestitel. Ich war nicht beliebt. Alle andern Juden hatten etwas gefunden, um den Makel ihrer Abstammung wettzumachen: Katz Jakob, der Bierkutschersohn, gab Boxunterricht, und der Miniaturkünstler Siebenschein konnte dir vor der Prüfung ein Dutzend Formeln mit Tusche auf den Daumennagel zaubern. Mir fiel nie was Originelles ein, zweifellos war ich der geborene Mitläufer. Wie alle schwärmte ich das eine Jahr für den Friedensbringer Gandhi, das nächste für Trommelrevolver und aufziehbare Tanks auf Gummiraupen. Ich jubelte mit, wenn das österreichische »Wunderteam« (sprich Term) den Europacup (sprich Zupp) eroberte, ich begeisterte mich für Max Schmeling (den hatte der Nigger nur mit einem Tiefschlag ausknocken können) und für Fritz Langs Nibelungen (eine Zeitlang trug ich ausschließlich zickzackgemusterte Selfix-Socken wie sein blondsträhniger Siegfried). Aber Fritz Lang, das ging schon zu weit für die Klasse. Was über Karl May hinausragte, galt bereits als intellektuell und demgemäß jüdisch-dekadent. Um mich wieder »einzutegeln«, gründete ich einen Geheimklub mit eigenen Statuten, unser Erkennungszeichen ein Krähenschrei wie bei Winnetou. Leider blieb ich sein einziges Mitglied, denn keiner wollte den Erkennungsschrei ausstoßen. Wahrscheinlich spürten sie heraus, wie hirnverbrannt ich dieses ganze Indianergetue im Grund empfand – mir fehlte einfach das Organ, an diesen blühenden Unsinn zu glauben. Kara ben Nemsi, Hadschi Halef Omar, Old Shatterhand, damned, zounds, mein Bruder Scharlie... nichts hätte mich überzeugen können, daß hier anderes vorlag als verklemmte Oberlehrerpoesie und weltfremde Deutschtümelei. Ja, so sah sich der frustrierte Klassenlehrer Meyer in seinen Allmächtigkeitsräuschen! Nur daß dann, als die Nazis ans Ruder gelangten, er und all die andern Meyers tatsächlich mit ihren Henrystutzen und Donnerbüchsen auf Jagd gehen durften – auf Judenhatz! Da schienen mir noch die Groschenhefte ehrlicher, für die wir über Jahre unser Taschengeld hinlegten: »Tom Shark« und »Pitt Strong«, amerikanische Meisterdetektive in einem mythischen Berlin. »Haste Töne«, »den mach ich kirre«, »da beiß ich mir nichts von ab«, das war internationale Klasse wie Jannings, Albers und der Sensationsdarsteller Harry Piel. Während Wien es bestenfalls zu süßlichen Wesselys und Hörbigers brachte.

Der Unterricht war so angelegt, daß es eigentlich keine Möglichkeit gab, den Lehrstoff zu bewältigen, auch wenn man Tag und Nacht büffelte. So lebten wir unter einer dauernden Wolke des Ungenügens, des schlechten Gewissens. Zweimal jährlich ließ sich Vater den Pracker genannten Teppichklopfer aus der Besenkammer kommen, noch bevor er zu den schicksalhaften Worten ansetzte: »Also, mein Sohn, wie ich höre, ist heute ein Zeugnis fällig.« Da half nur eins, ich schrie: »Aber Vater, der Mathelehrer ist doch ein notorischer Judenfresser!« Manchmal klappte es: »Den werd ich mir aber vorknöpfen. Dem setz ich den Kopf zurecht!« Nie knöpfte er sich die Professoren vor, wofür ich Gott dankte, denn sie hätten mich nur noch rabiater eingetunkt.

Waren sie eigentlich Antisemiten? Manche habe ich bestimmt bodenlos verleumdet, andere gehörten zur herkömmlichen Sorte, die uns – hau ruck! – nach Palästina wünschte, wenn auch beileibe nicht nach Auschwitz.

Die Klassentyrannen hießen Warner, Schölermann und Uli Zitterl. Wohlgenährte muskulöse Burschen, aus »guten«, das heißt betuchten Familien. Sie waren das, was die Schulmeister allesamt gern gewesen wären, nur leider hatte man sie schon in zartester Jugend geknechtet und ins Joch gezwungen. Die drei genossen Sonderstatus. Wenn sie aufzeigten: »Herr Professor, kann ich hinaus?«, so hieß es bei ihnen nicht: »Ob du kannst, ist mir verborgen, aber dürfen darfst du nicht«, sondern sie durften. Hatten sie was ausgefressen, so wurde bei ihnen nie der entsprechende Elternteil bzw. Vormund zum Verdonnern bestellt, sondern: »Bitte richten Sie Ihrem Herrn Vater freundlichst aus, bei mir vorzusprechen, am besten sonntags zum Tee.« So flocht man Verbindungen, denn fast alle Professoren hatten heiratsfähige Töchter ohne Mitgift.

Unser Vater besaß nicht nur ein »Herrschaftshaus«, sondern war »Herrenfahrer« eines dunkelblauen Citroën, im krisengeschüttelten Österreich ein geradezu aufreizender Luxus. Der einzige Wagen der Vegagasse, ja wahrscheinlich bis hin zur Sternwartestraße, wo der Dramatiker Arthur Schnitzler sich meiner Erinnerung nach einen Austro-Daimler leistete. Wenn Vater, von Geschäftsfreunden oder »der Loge« kommend, abends heimkehrte, konnte ich ihn schon zwei Straßenzüge weit herantuckern hören und hatte mächtig Zeit, die Bettlampe auszuknipsen, die verbotenerweise auf Tom Shark oder Pitt Strong leuchtete. Wir galten als Kapitalisten, aber deswegen wurde Vater noch lang nicht zum Tee geladen. Man war eben nicht gesellschaftsfähig. Für die Schullehrer standen wir auf einer Ebene mit Tschechen, Polacken, Zigeunern und Welschen. Die sich wiederum in Italiener, aus irgendeinem Grund Katzelmacher genannt, und die korrupten Franzmänner teilten. Alles Untermenschen zu Füßen des hehren Germanentums. Meyers besondere Abscheu galt »Tschechien«, also der einzigen im Volk verankerten Demokratie Mitteleuropas. Wenn zerlumpte böhmische Topfflicker mit dem Ruf »Drahtowat – flickowat – lötowat!« durch die Wiener Vorstadtgassen zogen, so empfand er das als Beweis, daß »diese sogenannte Kulturnation nicht einmal ihre eigene Sprache besitzt«. Nie wäre ihm in den Sinn gekommen, daß diese armen Teufel bloß darauf aus waren, sich den Wienern verständlich zu machen.

Vater war ein Bewunderer der Tschechoslowakei und ihres Präsidenten Masaryk. Regelmäßig nahm er den Zug hinüber zu unseren Verwandten, bei gutem Geschäftsgang einschließlich der Kinder. Dann bekamen wir »Bata-Schuhe« verpaßt, die preiswerter waren als Del-Ka oder Salamander. Nur mußte man vor der Rückfahrt mit schleifenden Sohlen auf- und abmarschieren, sogar Schuhe wurden vom österreichischen Zoll kontrolliert. Jedes Land wollte seine Produkte ausführen, keins dafür etwas einführen. Österreicher, trinkt österreichischen Wein! Import war ein verrufener Begriff, »Importe« etwas Abstoßendes, das wulstige Direktorenlippen pafften. Manchmal wurde Vater auf der Straße angepöbelt, weil er einen Franzosen chauffierte statt des einheimischen Steyr-Baby, eine Art Volkswagen für Liliputaner. Er fuhr ihn selten genug, denn Benzin war unerschwinglich. »Geben S' mir fünf!« – die fünf Liter wurden von Hand eingepumpt, nur bei Überlandreisen tankte man voll. So wie man auch in der Tabaktrafik nie mehr als zwei bis fünf »Sport« oder »Dames« auf einmal kaufte, das mußte für den Tag reichen. Eine ganze Schachtel Ägyptische, gar mit Goldmundstück, so was galt schon als veritables Geburtstagsgeschenk. Sparen war selbstverständlich, eine geradezu religiöse Tugend. Bei der Post gab es Sondertarife für unverschlossene Briefe oder für Ansichtskarten mit weniger als fünf Worten, und mit dem Telegrammfräulein stritt man sich stundenlang, um solche Wortungeheuer wie »Abfahrtsverschiebung« oder »Preisnachlaßgewährung« durchzukriegen. Verreiste man in die Sommerfrische, dann hochbepackt mit Strohkörben, in denen das mitgenommene Geschirr samt Kochtöpfen auf Holzwolle lagerte. Man hatte ja keineswegs im Hotel gemietet, sondern bei einem Kleinbauern oder Gärtner. Vater kam bloß am Wochenende zum Verschnaufen heraus. Noch in der toten Saison ging das Geschäft vor.

Wenn Vater frühmorgens Toilette macht, so gleicht das dem Anlegen der Rüstung bei den homerischen Helden. Zuerst schlüpft er aus seinem steifleinenen knöchellangen Nachthemd, wenn auch selbstverständlich nicht vor unsern Augen: Die Söhne haben ihn nie nackt gesehen. Auch wir tragen übrigens solche grobgesponnenen Säcke, die für die Ewigkeit gewebt scheinen. Höchstens daß die Nähmamsell, die – wie Maniküre und Hühneraugenoperateur – pünktlich jeden Monat aufkreuzt, unsere zerrissenen Knopflöcher zusteppen muß. Neun Monate des Jahres – von Übergangszeit zu Übergangszeit – zwängt sich Vater sodann in lange, wollene Unterwäsche. Darüber kommt das steinharte Oberhemd, das nur um den Hals herum aufzuknöpfen ist, so daß man sich mit zum Himmel erhobenen Armen hineinmanövrieren muß. Aus dem Hemd hängt vorne in Bauchhöhe ein Lätzchen, für das Festhaken der Unterhose. Als nächstes werden Gummihalter um die Waden geschlungen, ein herabhängender Straps hält die weinroten Socken straff, Mutters alljährliches Weihnachtsgeschenk. Über die Socken kommen hohe schwarze Schnür- oder Knöpfelschuhe, darüber Gamaschen und, bei schlechtem Wetter, Gummigaloschen. Zelluloidkrägen und Manschetten hat Vater zu unserer Zeit schon aufgegeben, hingegen muß man, zur Erhaltung des Sakkos, im Büro schwarze Ärmelschoner tragen, zu Hause bestickten Schlafrock oder einen »Hausjanker«. Die Weste mit der goldenen Uhrkette wird darunter natürlich anbehalten: Sie bleibt stets zugeknöpft und gilt als Inbegriff der Kultiviertheit. Sonntags kommt vorn an die Weste eine Klammer, woran der Ausflugshut gehängt wird. Vaters einzige Konzession an Jugend und Abenteuer ist das rote »Schweizer Offiziersmesser« in seiner Hosentasche. Zum Nachtisch wird es in einer Zweiphasenbewegung aufgeklappt, um Obst zu schälen. »Bittich, Karlitschek«, stöhnt die Mutter, »mit dem Taschenfeitel? Was sollen die Kinder davon denken?« Vater ist ein pedantischer Schäler, die Äpfel- und Orangenhäute ergeben kleine wippende Spiralen, die er uns scherzhaft auf den Teller legt. Ein spärliches Signal von Mutwilligkeit in der strengen Ordensregel häuslicher Erziehung. Früh schon muß der Vater Zärtlichkeiten entsagt haben, auch denen seiner Frau. Wir fühlten dumpf, wie er sich nach unserem Zutrauen sehnte, das er nicht hervorzurufen verstand. Erst in seinem achten Jahrzehnt beginne ich ihn »Papa« und »alter Löwe« zu nennen und merke, wie er dabei aufblüht. Damals wollte er von seinen Kindern mehr gefürchtet als geliebt werden, das war ihnen zuträglicher. Auch im Alten Testament ist ja häufiger von Gottesfurcht als von Gottesliebe die Rede. Seine eigenen Bedürfnisse setzte er hintan, selbst die elementarsten, so verlangte es angeblich das Judentum. Alles für die kommende Generation!

Zum Kultiviertsein gehörte primär die »Bildung«. Sie hatte weniger mit Musenkuß und Schönheitsdurst zu tun als mit angehäuftem Wissen. Dieses erwarb man am Sonntagvormittag, abwechselnd im »Naturhistorischen« und im »Kunsthistorischen«. Das eine zeigt Mammutzähne, Dinosaurier und Versteinerungen, deren Alter man sich einprägen muß. Das andere venezianische Canalettos, bei denen vorzüglich auf den Realismus zu achten ist: »Jeder Pflasterstein präzise ausgeführt. Alles wie im richtigen Leben.« El Greco andererseits »litt wahrscheinlich unter Astigmatismus, daher die katastrophale Länge seiner Figuren. Mit einer guten Brille würde er heute ganz anders malen.« Wir mieteten auch einen Abonnementsitz im Burgtheater, den ich abwechselnd mit meinem Bruder belegte, auf der preiswerten vierten Galerie, dem »Juchhe«. Balser und Aslan rollten sonor ihre Rs und übten edlen Faltenwurf, trotzdem waren wir weg vor Aufregung. Manchmal durften wir mit zu Ausstellungen ins Künstlerhaus: Der Russenfilm, Das moderne Plakat. Oder zu einer Matinee von »Teschners Figurenspiegel«: In der schneeweißen Jugendstilwohnung des Puppenspielers eine Vorhangwand, darin ein kreisrunder Bühnenausschnitt mit plankonvexer Linse, hinter der sich, ohne erkennbare Antriebsmechanik, gläserne Figuren schweigend und geheimnisvoll rührten. Alles blieb an mir haften für später: Canaletto, Greco, Theater,

Kino, Plakatkunst, Jugendstil, Marionetten ... Hier waren Prächtigkeit, Faszination, Magie. Und auch, von den Wienern besonders goutiert, ihre geschmäcklerischen Auswüchse: Manierismus, Morbidezza. Tod und Untergang und die herbstliche Melancholie des Absterbens als Beweis des eigenen Lebendigseins: das trifft nur der Wiener, und damit fühlte ich mich zutiefst verwandt. Ich bin nach wie vor verzauberbar – von Menschen, Landschaften, Städten, Worten, Bildern. Eine andere Art von Lebendigsein kenne ich nicht.

Ich galt als Traumtänzer bei den Wohlwollenden, für die Klasse unvermeidlich als spinnerter Zwetschkenkrampus. Fiel mir ein Fleck an der ewig feuchten Wand ins Auge, der zur Not einen Löwenkopf suggerieren konnte oder einen Ritterharnisch, so war ich jählings aufgeflogen in höhere Regionen, kämpfte mit schuppigen Drachen, befreite arische Burgfräulein oder gründete in Palästina den ersten Judenstaat, mit mir selber, dem Dichterheros, als Präsidenten. Ich probierte mich sozusagen in den verschiedensten Rollen aus. Wo der Traum sich am befriedigendsten durchziehen ließ, dort mußte definitiv ich sein. Die endlich gefundene Antwort auf die immer unüberhörbarere Frage: Mein Gott, was soll aus dem Jungen werden?

Auf diese Art bin ich König der Sozialhelfer gewesen, habe, das Mikrofon lässig in der Linken, von abstürzenden Flugzeugen coole Reportagen geliefert sowie unter dem Druck unerträglichen Liebeskummers in einer einzigen Nacht bei Kerzenlicht komplette Dreiakter hingewühlt. Oder war ich etwa zum Boxer geboren? Einige Sonntage schattenboxte ich zwischen Kobenzl und Bisamberg durch den Wienerwald. Manchmal hämmerte ich auch auf Baumstämme ein als wären es Sandsäcke, aber natürlich nicht zu rabiat! Endlich war es soweit. Zum Glück hatte mich nicht der muskelstrotzende Uli gefordert – wir nannten ihn Uli den Bully –, sondern der Zweitkleinste der Klasse, Katz Manfred. (Ich selbst war der Kleinste.) Wir bauen uns gegeneinander auf, die Klasse blutrünstig im Kreis. Ich nehme die Linke schützend vors Gesicht, meine Füße tänzeln, die Rechte schießt vor zu einem Uppercut, der aber aus einem unerklärlichen

Grund nicht die Kinnspitze des Katz Manfred trifft, sondern daneben in die leere Luft. Dadurch lande ich mit Schwung auf dem Kies des Schulhofs – das vorläufige Ende meiner Boxkarriere. Erst viel später, als durchtrainierter Sportsmann, bin ich noch einmal in den Ring des Madison Square Garden gesprungen, um Weltmeister Muhammad Ali, der schon ganz groggy zu Boden ging, vor einem unfairen Tiefschlag Tysons zu bewahren...

Es folgte mein Bühnentraum. Als Pfadfinder hatten wir zum Schönbrunner Schloßtheater jederzeit Zutritt, wenn Max Reinhardt dem Publikum seine Schauspielschule vorführte. Wir kamen gratis herein, denn wir waren die »Claque« auf dem 2. Rang. Sobald ein markiges Wort fiel, erhob sich der Claquechef wie ein Kapellmeister und zeigte uns mit seinen schinkengroßen Pratzen, was ein Applaus zu sein hatte. Bei Lustspielen wiederum hatten wir zu lachen, bis uns die Tränen kamen. So habe ich mich durch das halbe moderne Drama durchgeklatscht und durchgeweint, alles gratis. Nachts studierte ich den Faustmonolog und, weil ich noch nicht Stimmbruch hatte, auch das Gretchen. Reinhardt selber hörte mich ab, erst den Faust, dann das Gretchen. Dazu brauchte er gar nicht lange, denn ihm reichten schon die ersten drei Verse. Danach sagte er: »Statist!« – so wie Spork, der große General, zum kleinen Grafen von Langenau »Kornett!« sagt, in dem Buch von Rilke, das wir damals für den Inbegriff der Poesie hielten. Einige Abende lang – es herrschten gerade Kohlenferien – stand ich auf der Bühne und war »Volk« oder »Masse Mensch«. Als solche hatten wir an bestimmten Höhepunkten »Rhabarber, Rhabarber« zu murmeln, was leider nicht als honorierbarer Sprechtext galt. Dementsprechend mager fiel unsere Gage aus. »Lassen Sie sich in der Kantine ein Himbeerkracherl geben und ein Paar Würstel«, sagte herablassend der Inspizient, von dem wir zwei Schilling erwartet hatten. So mußte ich schweren Herzens meinen Bühnentraum an den Nagel hängen. Außer an jenen Abenden natürlich, wo Kortner als Shylock oder Qualtinger als Herr Karl zufällig unpäßlich wurden und ich im Zuschauerraum saß und zufällig die ganze Rolle auswendig konnte...

Darauf sah ich mich einmal in Ruhe nach anderen Idealen um. Sämtliche Schulkameraden waren auf dem besten Weg, Piloten wie Lindbergh, Segelschiffskapitäne wie Graf Luckner oder renommierte Chirurgen wie Sauerbruch zu werden. Wir hatten auch schon kommende Generalstäbler und sogar einen angehenden verlebten Lebemann, der sich gut und gern zwei Gläser Sliwowitz hineinhaute und über die Subtilitäten weiblicher Kleidungsstücke (»Kombinesch«, »Schoß«) auf dem laufenden war. Mit alledem konnte ich nicht konkurrieren, das wußte ich jetzt schon. Wie eine Erleuchtung kam es über mich: Edelmut!

Unser Klassenlehrer Meyer war mit drei haushohen Töchtern gesegnet, von denen die älteste, sie hieß Gerti, auch noch schielte. Vergebens hatte er bereits den Warner, den dicken Schölermann, dessen Vater ein Hüttenwerk besaß, ja in Verzweiflung sogar Uli den Bully mit ihren Herren Eltern bzw. Vormündern zu Tee und Guglhupf eingeladen. Nichts wollte verfangen. Als Anhänger der großdeutschen Idee konnte man Meyer naturgemäß nicht zumuten, an einen Vertreter meiner Konfession heranzutreten, aber wofür hatte ich meinen Edelmut? Samstag nach der Schule paßte ich die Gerti beim Konsumverein ab, wo sie fürs Wochenende einkaufen ging, und lud sie ins Kino ein zu »Trader Horn«. Das war ein Dschungelfilm aus Afrika, also mußte es nackte Busen geben, was auf Frauen (laut Onkel Robert) immer stimulierend wirkt. Als diese auf der Leinwand aufkreuzten, brachte ich meinen Arm in Richtung von Gertis Schultern, nur war sie noch im Sitzen einen Kopf größer als ich. Ein versuchter Kuß im Dunkeln scheiterte an ihrem Brillenbügel. Aber ich hatte andere Pfeile im Köcher!

Wie immer war alles reiflich erwogen und geplant. Nach einem Lehrbuch (»Tanze dich gesund«) hatte ich auf zusammengeklebte Bogen Packpapier rechte und linke Fußspuren eingezeichnet, unser Aufziehgrammophon krächzte Walzer und Foxtrotte vor sich hin – somit war ich binnen Wochen ein erlesener Tänzer geworden, wenn auch bislang nur Solotänzer. Eine »Kinderjause« wurde veranstaltet, zu der, dank versprochener Pischingertorte mit Gefrorenem, auch Warner und Uli ihr Kommen zusagten, sogar mit einem Stoß neuer Tanzplatten. Kaum war die Gerti eingetreten, so stürzte ich mich auf sie und schwang sie los. Nur leider war es kein Foxtrott, der da vom Grammophon rauschte, sondern eine von den neuen Platten – Lambeth-walk hieß das, glaube ich. Gerti fächerte sich und gab vor, nach Abkühlung zu verlangen. Auf dem Balkon flüsterte ich ihr dicke Schmeicheleien ins Ohr, immer meines Edelmuts eingedenk. Ihr rechtes Auge blickte starr auf mich, das linke schweifte in unserm Wohnzimmer umher. Endlich entschied es sich, auf jemand zu landen. Ich folgte ihrer Blickrichtung, und es war Uli der Bully. Sie setzte sich in Marsch, er auch, aber in die Gegenrichtung, der Waschlappen ergriff die Flucht. Jetzt war meine Chance gekommen, ich würde mein persönliches Lebensglück opfern! An der Wohnungstür erwischte ich ihn. Er keuchte: »Du Schuft! Warum hast du mir nicht vorher gesagt, daß sie eingeladen ist?« »Wieso, ihr paßt doch wunderbar zusammen?« Er ballte die Faust, holte aus (wissen möchte ich, warum sie immer so weit ausholen müssen, bei mir genügt doch ein ganz kleiner Schlag), ich holte auch aus, die Gerti kam kreischend dazwischen, er traf mich, ich traf sie, und bin seitdem nie wieder so edelmütig gewesen.

Danach beschloß ich, mich von neuem der Literatur zu widmen, sie ist der rechte Hort für alle, die draußen mit der real existierenden Realität nicht fertig werden. Ich bin, nebenbei gesagt, immer recht skeptisch, wenn ich in Dichterbiographien lese, daß der Held ein abenteuerliches Leben geführt hat. Meistens führt er es nur in der Phantasie. Was ein richtiger Dichter ist, der hockt seine acht Stunden täglich am Schreibtisch, und sonntags macht er Überstunden. Sogar Goethe hat – ich finde das äußerst bezeichnend – seiner römischen Geliebten noch im Bett die Hexameter auf den Rücken geklopft. Wenn man sich auch wundern muß, was das für eine Geliebte war und ob sie sich nicht manchmal gefragt hat, wann hört er endlich auf mit dem Klopfen? Übrigens spielte wohl Goethe die Hauptrolle bei der Verführung der Juden zur Assimilation. Er verkörperte, in seiner einzigartigen Mischung aus Vernunft und Romantik, das, was sie am Deutschtum anzog, und überdies gab es nur wenig Antisemitisches aus seiner Feder. Den wissens-, liebes- und erlösungsdurstigen Faust hatte er unverkennbar uns auf den Leib geschrieben, einschließlich seiner zweifelhaften rabulistischen Schattenseite Mephisto. Während wir in der ungelüfteten Mentalität unserer Umwelt ansonsten nur wenig Faustisches entdekken konnten.

Was macht eigentlich den Juden aus? Es ist die Preisfrage, an der jeder von uns lebenslang herumkaut, auch heute noch in Israel. Schon aus dem Grund, daß ihn alle andern für »anders« halten, öffentlich oder in stiller Kammer. »Einige meiner besten Freunde sind Juden« heißt doch nichts weiter, als daß die meisten dieser Freunde keine Juden sind, schon eher das Gegenteil. Natürlich habe ich diesen Satz erst in Amerika gehört. Denn daß einige der besten Freunde eines österreichischen »Ariers« Juden sein könnten, das wäre damals so bizarr erschienen wie Gold in der Donau. Was macht den Juden aus? Schwarze Haare, dunkle Augen? Mein Vater war blond und blauäugig, die Hälfte unserer Schuljuden rothaarig. War es unsere angesammelte Geschichte, die uns mehr lastend als inspirierend auf der Seele lag? Die vielverrufene Auserwähltheit nicht etwa als bessere Menschen, sondern als die ersten Monotheisten? Die früh ausgereizte Ethik, wenn auch seither von Buddhisten und christlichen Scholastikern weit übertroffen? War es, daß wir fast als einziges Wandervolk einen gewissen Volkszusammenhalt bewahrt hatten, basierend auf der geschriebenen Bibel? Im Gegensatz etwa zu den germanischen Stämmen, den Goten und Wikingern bis hin zu den Deutschamerikanern, die ihr angestammtes Volkstum gar nicht schnell genug loswerden konnten. War's unsere rasche Auffassungsgabe und Wendigkeit des Intellekts, versetzt mit Ehrgeiz und Überlebensdrang, das alles durch Jahrhunderte der Verfolgung geschult und geschliffen? Oder unser verzweifelter Messianismus, die Sehnsucht nach einer toleranteren Welt? Und, damit in Zusammenhang, der unstillbare Durst nach Absolutem, dieser Zug zur Vollkommenheit oder ersatzweise wenigstens Vollständigkeit, bis hin zu Vaters Pedanterie? Das und einiges mehr fand ich unbestreitbar in mir vor, mit Hilfe jener Introspektion, die auch als semitisches Erbteil gilt. Aber ich fand es auch, in dieser oder jener Mischung und Dosierung, in sämtlichen Zeitgenossen. Worin unterschied ich mich *grundsätzlich* von ihnen? Grundsätzlicher als ein Tiroler vom Wiener, ein Prolet vom Millionär, ein Kretin vom Weisen? In nichts! Wir waren »anders«, weil man uns anders wollte. Die Umwelt erst arbeitete unsere Verschiedenartigkeit heraus. Man machte sich ein Feindbild, und dann ging man mit Karacho daran, uns dieser Schandkarikatur ähnlich zu gestalten. Querbeet durch alle Zeiten die Vorbedingung für Kriege und Massaker!

Im Cottage wohnten ausschließlich Assimilanten. Vater konnte zumindest noch einige hebräische Segenssprüche (»Brochen«) auswendig, ich mußte jedes Wort aus dem Gebetbuch radebrechen. Dort stand Gott als Jahwe verzeichnet, aber es wäre eine Todsünde gewesen, das buchstäblich auszusprechen. Man mußte Der Name sagen oder Adonai, der Herr. Mit Ihm persönlich gab es keine direkte Verbindung. Er hatte uns ja schon vor Jahrtausenden alles Wissenswerte mitgeteilt, in zahllosen Geboten und Verboten. Daß man sie befolgte, war anscheinend das einzige, worauf Er noch Wert legte. Ich empfand das als steril und lebensfeindlich, aber auch mit Kruzifixen und Rosenkränzen konnte ich nichts anfangen. Wir waren Dreitage-Juden: Zu Rosch Haschana, Jom Kippur und Pessach gingen die Männer gemeinsam »in Tempel«. (Auf die Frauen legte man jedenfalls weniger Gewicht.) Schwarze Gebetsriemen wurden um die Vorderarme gewunden, andere Lederstreifen banden ein quadratisches Kästchen, in dem zusätzliche Gebete steckten, auf die Stirn. Um die Schultern breitete man den Tallis, einen geplätteten schwarz-weiß gestreiften Seidenschal – nur die verheirateten Männer durften ihn groß entfalten zum Gebetsmantel. Zeitweise schlug man sich rhythmisch gegen die Brust, jeder Schlag eine Sündenkategorie. Alle Männer trugen schwarze Feiertagsanzüge und schwarze Hüte oder Schabbesdeckel. Die Religion, die man uns beibrachte, war schwarz, so schwarz wie die Gewänder der Rabbiner, schwarz wie die Sünden, die wir bereuen sollten. Hatte ich auch keine vergessen? Das erstemal brachte ich vorsorglich eine Aufzählung mit, auf Zigarettenpapier kalligraphiert, wie die »Schmierer« in der Mathestunde. Dann fand ich heraus, daß das mit den Beichtlisten eine Spezialität der Gojims war, bei uns brauchte man nur ganz generell Abbitte zu leisten. Weit und breit der einzige Vorteil der jüdischen Religion, den ich damals ausmachen konnte. Sie erschien mir ergreifend und grotesk zugleich, voller Wahrheiten, die einen immer tiefer in sich hineinzogen wie ein Wirbel. Ihre Zweckbestimmung war aber nicht, zum Glück auf Erden zu führen, sondern zum Wissen um Gott. Und wer dieses Wissen besaß, der war für die Freuden der Welt verloren. Ich fühlte mich immer heilfroh, wenn man vom Tempel ins normale Assimilantenleben zurückkehrte. Außerdem wurde ja nachher feiertäglich getafelt. »Bet dir alles Gute aus«, sagten die Mütter, wenn man zur Synagoge wanderte, und machten sich ans Kochen. Nur wußte ich nie, was ich mir ausbeten sollte, weil Kinder sich ohnehin schon für perfekt halten.

Einzig das Pessachfest mochte ich. Es wurde, wenn wir Gäste bekamen, im Prunkraum des Hauses gefeiert. Eine der wenigen Gelegenheiten für das immense ungeheizte Speisezimmer mit seinen violetten Seidentapeten und geschnitzten, braun gebeizten Kolossalmöbeln, sich nützlich zu machen. Zu Anfang seiner Ehe hatte Vater noch noble Gesellschaftsabende gegeben, bei denen man versilberte Pflanzen und goldgestrichene Stühle auffahren ließ – mein Inbegriff von Feenglanz. Jetzt war das vorbei, denn Vater kannte längst nur mehr Geschäftsfreunde und Kollegen. Intime Freundschaft wäre ihm wahrscheinlich wie Verrat an der Familie vorgekommen. Also zogen wir für den Sederabend meist zu Tante Hedi, die »ein Haus führte«. Nicht nur mit Onkel Viktor und den zwei Töchtern, unsern gleichaltrigen Kusinen. Sondern da gab es auch Onkel Robert, der noch immer nicht geheiratet hatte, sowie den Dr. Duschnitz. Dieser war Zahnarzt und Tante Hedis »Kümmerer« oder »Cicisbeo«. Solche Hausfreunde spielten in damaligen jüdischen Familien etwa die Rolle der Troubadours des Mittelalters. Sie verehrten die Dame des Hauses, erledigten Aufträge, brachten Blumen, Konfekt und die neuesten Tratschereien, dafür wurden sie regelmäßig zu Tisch geladen. Ob der Kümmerer auch eine andere Entlohnung beanspruchen durfte, blieb Frauengeheimnis wie in der Minnezeit. Zu Pessach saß Duschnitz jedenfalls am ausgezogenen Speisezimmertisch und knabberte Matzen, jene ungesäuerten Fladen, die man angeblich mit dem Blut eines von uns geschlachteten Christenkindes angereichert hatte. In Wirklichkeit waren sie bloß mit Wasser angerührt, als Symbol unseres eiligen Auszugs aus ägyptischer Leibeigenschaft. Und schmeckten dementsprechend fade, obwohl man nur schwer aufhören konnte, dran zu knabbern. Ich war regelmäßig der Jüngste bei Tisch, also mußte ich »Manischtane« aufsagen: »Warum ist diese Nacht ausgezeichnet vor allen andern Nächten?« Wochenlang hatte ich an den hebräischen Sätzen herumlaboriert, trotzdem blieb ich unvermeidlich stecken, eine Familienschande. Warum diese Nacht so anders war, hatte etwas mit dem beginnenden Festmahl zu tun, lauter Speisen, die uns an Ägypten erinnern sollten: Ein Bitterkraut stand für unsere Bitternisse, ein Gemisch von Mandeln und gehackten Äpfeln für den Lehm, den die Gefangenen im fremden Land zu Ziegeln kneten mußten. Für die zehn Landplagen taucht man zehnmal seine Fingerspitzen in den Wein, an dem heute abend auch die Kinder nippen dürfen. Dann kommt der spannendste Moment: Die Tür zum Vorzimmer wird halb geöffnet, damit der Messias eintreten kann, für den ein leerer Stuhl und auch ein Glas Wein bereitgestellt sind. Wird er tatsächlich aufkreuzen? Fast meinen die Kinder, daß sie schon draußen seine Schritte knarren hören, aber die Erwachsenen wissen es besser wie immer. »Nächstes Jahr in Jerusalem«, prosten sie sich zu. Dann wird aus der Haggada gesungen, dem einzigen bebilderten Gebetbuch der Juden, voller Häschen und niedlicher Lämmer. Die Stimmung steigt, während die Andacht sinkt, zum Schluß ist alles wieder sehr irdisch, und ich darf mein Lieblingsgedicht rezitieren, das »Grab im Busento« von Platen. Jeweils beim Busento beginnen die Damen verstohlen zu kichern, worauf sich Vater mit einem Räuspern und der Wiener Version des Französischen meldet: »Pas avant les enfants!«

Das Pessachmahl ist natürlich von Poldi zubereitet, Tante Hedis Perle seit Urzeiten. Poldi hat »immer beim Juden gedient«, wie sie später stolz vor irgendwelchen Parteibonzen aussagt, als man sie nach ihrer nationalen Einstellung fragt. Sie fühlt sich auch als Pietätswächterin der Familie. Schon lang vor den Feiertagen fragt sie besorgt, wann denn endlich mit den Vorbereitungen begonnen wird. Poldi ist es, die die rituellen Kochbücher hervorkramt und die Ingredienzien im jüdischen Spezereiladen einkauft. Und sie achtet penibel darauf, daß die Männer rechtzeitig zum Tempel kommen. »Immer nur gutt betten!« krächzt sie in ihrem heiseren Böhmisch hinter uns her und schlägt das Kreuz über unsere Köpfe. Daß es derselbe Gott ist, weiß sie ohnehin.

Waren wir Assimilanten, so fehlte uns nur leider der Assimilator. Also das Volk, das willens wäre, sich die ansässigen Zuwanderer oder Gastarbeiter einzuverleiben zwecks Auffrischung des Blutes und der Kultur. Die damaligen Österreicher empfanden das als Zumutung (vielleicht noch mehr als die damaligen Deutschen). Warum eigentlich? Waren wir ihrem authentischen Volkscharakter dermaßen entgegengesetzt? Nein, aber – viel gefährlicher – ihrem erträumten, ihrem illusorischen! Diese alpine Mischrasse, durch die, sehr zu ihrem Vorteil, seit zwei Jahrtausenden sämtliche europäischen Völkerströme durchgezogen waren, sah sich mit einemmal, nach Hitlers Beispiel, als pures Germanentum. Gegen alles kann man anstinken, aber nicht gegen einen Massenwahn, der sich den dunklen asiatischen Volksstamm der Arier zu Ahnen erkürt, dafür die hellhäutigen Juden als Nichtarier und als »Asiaten« abstempelt. Gegen solchen Etikettenschwindel war kein Kraut gewachsen. Wir standen nunmehr, auf eine unerfindliche Art, für die Durchhalteparolen der verblichenen Monarchie, aber gleichzeitig auch für die »Novemberverbrecher« von 1918 und den »Dolchstoß im Rücken«. Wir standen für die Tschechen und Ungarn, die das Nachkriegswien verhungern ließen, für die Slawen, die halb Kärnten beanspruchten, und die Italiener, die sich Südtirol untern Nagel rissen. Wir repräsentierten sowohl die Kriegsgewinnler und Kapitalisten wie auch die ihnen spinnefeinden Anarchisten und Roten. »Wissen Sie, wer schuld ist an der Krise? Die Juden und die Radfahrer!« »Wieso die Radfahrer?« – das war ein gängiger Witz. Es gab Schlagworte wie »Zinsknechtschaft«, auch das stand auf unserm Register. Und es amtierte in Wien ein rigoroser Finanzmann, der die Zinsknechtschaft zu brechen suchte, indem er Zehntausende Sozialwohnungen errichten ließ, der Stadtrat Breitner. Und weil deshalb bei den bemittelteren Bürgern, Juden wie Christen, eine drückende Wohnbausteuer erhoben wurde und weil Breitner Jude war, so rechnete man auch das zu unseren Erbsünden. Die reichen Juden waren angeklagt als Blutsauger und Schädlinge, die armen als Binkeljuden, die beim »Wirtsvolk« schmarotzten. Wenn wir unsern Traditionen anhingen, so galten wir als Orientalen, Fellachen oder Tschandalen, und wenn wir unsere Bräuche aufgaben, als Einschleicher und falsche Fünfziger. Man begann seine Karriere als Judenbub, mit langen Hosen stieg man zum Saujuden auf, das weibliche Gegenstück lautete Judensau. Lärmte man mit der Klasse, so ging es zu wie in einer Judenschul, lief man herum, so zeigte man jüdische Hast, hielt man sich abseits, so dünkten sich die Juden was Besseres. War man schwach im Turnen, aber stark im deutschen Aufsatz, dann hatte man jüdische Leibfeindlichkeit durch kalten jüdischen Verstand kompensiert, unter Beihilfe von jüdischer Zudringlichkeit, wenn nicht gar von jüdischem Dreh. Der Jud ist an allem schuld... zuletzt glaubten wir selber daran, denn dauernde Mißbilligung wird verinnerlicht. »Wir sind ein kleines, aber mieses Völkchen«, bemerkte der Vater bitter, wenn ihn mal ein jüdischer Konkurrent hereingelegt hatte. Bei den »arischen« Konkurrenten fiel ihm das weiter nicht auf, wahrscheinlich hielt er es für selbstverständlich.

Es war eine Falle, die jede Sekunde zuschnappen konnte. Insbesondere wenn man so prononciert aussah wie ich. War ich erkältet und mußte auf der Straße ausspucken, so stand unvermeidlich die christliche Krankenschwester da, die empört kundgab: »Ich weiß eh, daß ihr Juden auf uns spuckts.« Überschlug man sich beim Slalomlauf, so hieß es: »Na, wo sollen die Kasper es auch herhaben – in Palästina gibt's ja kan Schnee.« Bestellte man

Rostbraten im Wirtshaus, so schallte es neckisch vom Nachbartisch: »Die Zwiebel ist des Juden Speise, das Zebra trifft man stellenweise.« Es gab kein Entrinnen. Brachte man Kontra, so war man frech, schwieg man, so war man feig, beides typisch jüdische Eigenschaften. Alles, was Juden sagten oder hervorbrachten, wurde gerade dadurch zu etwas spezifisch Jüdischem. Ich hätte die gefeiertste Geistesleuchte aller Zeiten werden können, Einstein und Heine in Personalunion, und wäre hierzulande für die Mehrheit der »jüdische Schmierant« geblieben, der »Tintenjud«.

Die Klasse trennte sich zweimal wöchentlich zum Religionsunterricht. Religion verhalf mir zur besten Note im Zeugnis, wahrscheinlich aus Gutmütigkeit von Rabbiner Murmelstein. Kamen wir anschließend wieder zusammen, so wogte ein Raunen durch den Saal: »Ihr habts ihn um'bracht!« Die höhere katholische Amtskirche war konservativ bis reaktionär, die Volkskirche, meist bäuerlicher Abstammung, repressiv, intolerant und antisemitisch. Wir galten als das »Gottesmördervolk«. In Tirol glaubte man stramm an unsere mit Christenblut gesäuerten Brote und den legendären Ritualmord am »kleinen Anderl« – der Tag wurde dort bis vor wenigen Jahren noch gefeiert. Es gab den Alpenverein, der die Juden am Klettern, und den Turnerbund, der sie am Hanteln hindern wollte. Und natürlich den »Numerus clausus« an der Universität, denn sonst wäre ja die reine deutsche Wissenschaft von Fremdstämmigen infiziert worden. Sogar bei unserm geliebten Fußball herrschte der Arierparagraph: Juden mußten in der »Hakoah« spielen, ein Verein, der seit einem gloriosen Meisterschaftsjahr 1925 unentwegt an letzter Stelle dahinkrebste. Schon ein Sieg über Rapid oder Admira hätte wahrscheinlich die Synagogen nur desto früher aufflammen lassen.

Wie fertig werden mit solchem Seelenunflat? Es gab so viel verschiedene Reaktionen, wie es Juden gab, denn jeder mußte sich seine persönliche Antwort herausarbeiten. Wie immer die ausfiel, irgendwo ging ein Stück Menschenwürde hops. Jeder Kompromiß war der existentiellen Verzweiflung abgerungen, die wir für unsere letzte, endgültigste Wahrheit hielten: Alles

Leben ist sinnlos, unseres nur noch sinnloser. Die Umwelt gibt dir kein Recht zu leben, ergo besitzt du auch keins. Trotzdem muß man überleben – wir können uns ja nicht massenweise um die Ecke bringen wie der Philosoph Weininger, der mit 24 aus geistiger Redlichkeit abkratzte. So fahndet man eben, schlechten Gewissens aber doch, nach einem Vorwand, um weiterzumachen. Je tiefer die existentielle Verzweiflung, desto fanatischer der Drang zu »glauben«. Aber an was? Darin waren wir hoffnungslos zersplittert und zerstritten. Es gab gottgläubige Ostjuden und goethegläubige Westjuden, Paole-Zionisten und Zeire-Zionisten, Maximalisten und Minimalisten (ich habe vergessen, worauf sich das bezog), Revisionisten, Sozis und Liberale, Legitimisten, Kommunisten, Trotzkisten, Anarchisten und sämtliche Schattierungen dazwischen. Ein Jude konnte damals alles sein, sogar Antisemit und Faschist. Und man zählte nicht als das, was man menschlich gesehen war, sondern einzig das, wofür man stand.

Dann war jählings in Wien der Teufel los, bloß im Cottage merkte man nichts davon. Bis wir unsere Köchin Kathi heulend in der Küche sitzend fanden: »Sie haben den Marxerhof beschossen!« Ich ahnte kaum, wer »sie« waren, und der Karl-Marx-Hof hatte mich bislang ungerührt gelassen, da ohne historische Patina. Ein rotgestrichener Bandwurm von Gemeindebau, zehnmal so lang, wie der Stephansturm hoch war. Da drinnen hausten – Zimmer, Küche, Kabinett – zu Tausenden die »Proleten«. Das war unerquicklich, aber es ging uns nichts an. Nie hätten wir uns vorgestellt, daß Kathi sich als Proletarierin fühlte. Sie war doch unsere Perle, für dreißig Schilling im Monat plus Kost. Ihr Logis hieß das Mädchenzimmer. Sie teilte es mit dem Stubenmädchen, das häufig wechselte, teils wegen Unkeuschheit, teils wegen »Impertinenz«. Während Kathi nun schon seit Jahren zu uns gehörte. »Gnä Frau, was kochen wir nur heut?« Mutter griff sich hilflos an den Kopf, sie litt an Dauermigräne, außer wenn Vater auf Geschäftsreise fuhr. Später, in der Emigration, haben sich die Eltern von neuem zusammengerauft, da fielen Mutter auch ganz von selbst wieder Speisezettel ein. Damals beruhte alles auf Kathi. »Und für den Herrn noch Palatschinken als Mehlspeis, mit ein paar extra für die Fratzen.« Jeden zweiten Sonntag bekam Kathi den Nachmittag frei, dann ging sie aufgeputzt ihre »Freundschaft« besuchen, wir fragten nie, ob es ein Geliebter sei. Einmal im Jahr polterte sie mit einem verstaubten Strohkoffer vom Dachboden herunter und dampfte anschließend in ihr heimatliches Iglau oder Bunzlau oder wie das hieß, auf eine Woche. »Elende Wurzerei«, grantelte Vater verdrossen, denn seit den Sozis gab es bezahlten Urlaub. Bei ihrer Rückkehr verteilte Kathi dann Lebkuchenherzen an uns oder geschnitzte Kühlein und Eselein »fürs Kripperl«. Wir mochten diese heimeligen Krippen, die Kathi zu Weihnachten auf dem Küchentisch aufbauen durfte, dahinter eine magere Topftanne. Zum Kerzenanzünden sangen wir dann O Tannenbaum, das fühlte sich unschuldiger an und weniger abgründig als die Ewigkeitsmelodien des Vorsängers in der Synagoge. Vater verschwand dabei ostentativ ins Wohnzimmer, zum Radio oder seinen geliebten Stichen aus »Rom, ewige Stadt«. Ohnehin überquerte er niemals die Küchenschwelle, das war die Domäne der Frau, wie das Spielen oder Knutschen mit den Kindern.

Lang bevor ich buchstabieren lernte, hatte ich das eine Wort aufgeschnappt: Wirtschaftskrise. Schon in der Volksschule gab es Milchausspeisung in Blechnäpfen und, viel aufregender, Buntstifte, die uns gratis von amerikanischen Kindern gespendet wurden. Bettler hockten an den belebten Ecken der Inneren Stadt, ihre Schirmmützen vor sich im Kot des Trottoirs. Anfangs stand manchmal noch eine handgekritzelte Papptafel daneben: »Übernehme jede Arbeit«. Später blieben die Tafeln weg, weil es ohnehin keine Arbeit gab. Am verstörendsten die psychotischen »Schüttler« aus dem Weltkrieg, mit ihren umbremsbar wackelnden Köpfen. Arbeitslose besetzten bei gutem Wetter die Parkbänke und die schrägen Ufer des Donaukanals, wo sie rauchend Mühle und Dame spielten, was ich eigentlich für beneidenswert hielt. Für langjährige Arbeitslosigkeit wurde einem zuletzt die Unterstützung gestrichen. Jetzt war man »Ausgesteuerter«. »I bin a armer ausgesteuerter Arbeitsloser. Spendieren S' mir an Schülling, Herr Schehf!« Man konnte nicht ins Auto steigen, ohne daß jemand den Schlag aufriß und seine Hand hinstreckte. »Nepperei!« zischte der Vater aufgebracht. Es gehörte zu seiner nie verifizierten Weltanschauung, daß jeder, der wirklich arbeiten wollte, einen Verdienst fand.

Aber auch bei uns wurde heftig gespart. Manschetten und Krägen kamen zum Wenden, Schuhe zum Flicken über dem kleinen Zeh, Spielkarten in die Putzerei, denn die waren schwer besteuert und dementsprechend kostbar. Auch Hunde mußten Nummern tragen und wurden taxiert, dito Fahrräder. Unser Hausmeister schenkte seinem Jungen alle Weihnachten das nämliche Kegelspiel in Miniatur, gegen Herbst wurde es dann zurückgenommen und in der Kredenz versteckt bis zur nächsten Bescherung. Neben ihm existierten noch drei weitere Hausparteien. Keine zahlte uns je den vereinbarten Zins, aber da sie unter Mieterschutz standen, waren sie vorm Hinauswurf sicher. Jeden Ultimo ging Vater kassieren und kam wutschnaubend zurück: »Anscheinend hält man mich für einen Wohltäter der Menschheit!« Als er es satt hatte, schlug er die Villa mit Verlust los, und wir kamen selbst zur Miete in die Peter-Jordan-Straße. Das war ein Schritt bergab, der erste von vielen.

Als Hausbesorgerin fungierte hier eine geifernde Alte mit ihrer unverheirateten Tochter, die Kreszenze hieß. Ein ausladendes Riesenmädchen, allein auf dem Busen hätte man drei Bierkrügel abstellen können, von der Kehrseite nicht zu reden. Eines Sonntagmorgens, ich spielte gerade ziellos im Garten: »Will der junge Herr mit mir auf den Dachboden aufräumen kommen?« Sie kletterte die steile Holztreppe voran: »Nur brav achtgeben mit dem Geländer!« Ich gab haarscharf acht, man sah bis weit über die Kniekehlen hinauf, bis zu den schwarzen Strapsen und den Spitzen des umfangreichen Höschens. Jahrelang blieb ich auf diesen Blickwinkel fixiert, andere Aspekte verblaßten dagegen. Regelmäßig träumte ich von diesen stämmigen bestrumpften Beinen wie zwei korinthische Säulen, dann wachte ich nachts in Feuchtigkeit auf. Glücklicherweise schien der klebrige Fleck auf dem Nachthemd nur aus Stärke zu bestehen, wie das Zeug, mit dem man Vaters Krägen steifte. Das ließ sich am Morgen heimlich durch Reiben entfernen. Aber war das noch normal oder schon ein untrügliches Symptom der Auszehrung, wie bei Heine und Nietzsche? Wen fragen? Mutter las zwei »gepfefferte« französische Liebesromane wöchentlich, die wir ihr, wenn sie an ihren Kopfschmerzen litt, aus der Leihbibliothek heranschaffen mußten. Aber wer konnte über solche kitzligen Dinge mit einer Mutter reden? Das wäre unmännlich, widernatürlich geradezu. Mütter sind dazu da, um ihre Söhne zu hätscheln und ihnen jeden Wunsch von den Augen abzulesen. Außerdem werden sie von ihnen begehrt – dieses Geheimnis muß in den tiefsten Orkus verdrängt werden. Hingegen sollte man eigentlich von Mann zu Mann mit dem Vater klarkommen. Törichterweise sieht sich unser Vater vorab als Respektsperson. Das heißt, daß er die Maske, die wir alle der Welt zuwenden, für sein eigentliches Gesicht hält. Man möchte ihn fragen, ob er nicht auch mal Schwänze auf die Tafel gemalt hat oder Mädchen an die Röcke gegriffen. Wird man unwiderruflich vom Onanieren blind? Verübt man Blutschande, wenn wir unsern Kusinen mütterlicherseits nach der Brust schielen? Vater ist darauf nicht ansprechbar, er hält nichts von »Nuditäten«. Ich glaube, er kann es gar nicht erwarten, bis er zu alt wird, um von den Verführungen des Lebens belästigt zu werden. Selbst der bewunderte Goethe hatte angeblich in seiner Jugend »mit solchen Schmonzes zuviel Zeit verplempert«. So weit ich zurückdenke, schlief Vater auf dem Kanapee des braungetäfelten »Herrenzimmers«, die Mutter in ihrem mauve tapezierten »Boudoir«. Dazwischen lag, wie ein Burggraben, das weißgekachelte Bad. Nein, zu den Eltern konnte man nicht kommen mit seinen Zores. Statt dessen vertiefte ich mich in die Kopie eines italienischen Meisters, die über dem unbenutzen Flügel im Wohnzimmer hing: Jupiter befruchtet Io, oder so ähnlich. Oben schwebte Jupiter in Gestalt einer formlosen Wolke, unten saß ein sehr konkreter weiblicher Rückenakt, der hingegeben zu ihm aufschaute. Dazwischen leider ein halber Meter grüne Natur, die Befruchtung mußte irgendwie per Fernzündung stattfinden. Sobald Vater verreist war, stürzte ich mich auf die verbotene Bibliothek im Herrenzimmer. Jede Bibliothek ist einmalig. Auch heute noch befällt mich, wenn ich einem unbekannten Bücherbord gegenübertrete, ein prickelndes Gefühl von sich anbietendem Geheimnis, ähnlich dem einer Frau. Welche ungeahnten Reize werde ich entdecken? Bei Vater entdeckte ich Muthers dreibändige »Geschichte der Malerei«, für meine damaligen Begriffe pure Pornographie. Zwar sproß immer zufällig ein Blütenzweiglein da, wo es interessant zu werden versprach, oder der Wind hatte einen Tuchzipfel dorthin geweht. Immerhin blieb unverkennbar, daß das eine Ding in das andere zu passen hatte. Nur wie? Selbst mit der Briefmarkenlupe war eine entsprechende Öffnung nirgendwo auszumachen.

Inzwischen bezog ich jetzt englische Stunden von einer Miss. Sie stammte zwar ebenfalls aus Wien, hatte aber in London studiert, geradezu ein Weltwunder. An der Wand hing sie ein zweitesmal, in Ölfarben gemalt und fasernackt, ein weiteres Wunder! Miss Kessler gab Doppelstunden, dazwischen servierte sie schwedischen Tee in Silbergeschirr, weil es ein fashionables Haus war. Trat sie mit dem Tablett ins Zimmer, so hätte man eigentlich aufspringen und es ihr aus der Hand reißen sollen, das verlangte der Anstand. Aber ich blieb stur sitzen, denn so mußte sie sich ziemlich weit vorbeugen, um den Tisch zu decken, und wenn sie ausgeschnittene Blusen trug, sah man alles. Das war noch eindrucksvoller als im dreibändigen Muther! Es kam der Tag, an dem sie meine Blickrichtung bemerkte, und mit herzversengendem Lächeln zog sie den Ausschnitt um etliches tiefer. Uli der Bully hätte jetzt ungeniert zugegriffen, auch der dicke Schölermann und sogar Katz Jakob, der aus Galizien stammte und noch potthäßlicher war als ich. Nur ich griff nicht zu, denn ich wollte mich aufheben für die große Passion. Zumindest schien mir das eine stichhaltige Ausrede für meine blamable Hasenherzigkeit und Ignoranz. Es brauchte Jahre, bevor ich herausfand, daß Frauen absolut für die Rolle des Aufklärers zu haben sind. Fast noch lieber als von Miss Kessler hätte ich mich von einem der Modelle in Vaters Kürschnerzeitschrift aufklären lassen. Sie wohnte sogar neben uns in der Peter-Jordan-Straße. Eines Tages war sie berühmt, weil sie in dem Film Ekstase nackt aufgetreten war: Hedy Kiesler. Wenn auch nicht ganz so berühmt wie Mittelstürmer Sindelar, unser Idol. Ich paßte sie bei der Haustür ab und forderte drei Autogramme auf einmal. »Bin ich denn schon so prominent bei euch?« zwitscherte sie. Darauf antwortete ich mit der Taktlosigkeit, die mir leider geblieben ist: »Nein, aber für drei von Ihnen bekomme ich eins von Sindelar.«

Existierte irgend etwas auf der Welt, worin ich noch unerfahrener war als in der Liebe, so mußte es die Politik sein. Natürlich fühlte ich mich instinktiv zu den Sozis hingezogen, schon aus Bestemm gegen den Vater. Am 1. Mai marschierten sie mit dem ruf »Freundschaft! Freundschaft!« die Ringstraße entlang, das war richtig ergreifend und galt auch uns. Ich wäre total zu ihnen übergelaufen, wenn es nur den Karl Marx nicht gegeben hätte, diesen verkappten Glaubenseiferer mit seinem Theoriewahn. Als hätte er nicht schon aus der Geschichte lernen können, daß jeder Versuch, den Menschen mit Gewalt zu seinem Glück zu zwingen, unvermeidlich mit seinem Totschlag endet. Wien galt traditionell als »rot«, die Bundesländer als »schwarz«. Wenn man Wien den ungesunden Wasserkopf der Republik nannte, so hatte das irgendwie auch mit der Kopflastigkeit zu tun, die man den Juden vorwarf. Die Provinz hingegen fühlte sich urwüchsig, volkhaft und schollverbunden, und sie gab den Ton an. Dieses Landvolk sah sich tatsächlich als »tümlich«! Unsere Lesebücher ignorierten die sogenannte »Asphaltliteratur«, kein Döblin ließ sich blicken, kein Thomas Mann, Stefan Zweig oder Werfel, von solchen Verworfenen wie Brecht oder Karl Kraus gar nicht zu reden. Dafür jede Menge Bergbauern, Herrgottswinkel und schwielige Fäuste am Pflug. Allerdings blieben die Traktoren ausgespart, wahrscheinlich erinnerten sie zu sehr an Kolchos. Wer sich zum germanischen Stallgeruch und Älplertum bekannte, der trug das »Steirerg'wandl«, justament auch in Wien. Von da war es nur ein Sprung zu den graugrünen Windjacken der »Heimwehr«. Eine uniformierte Rabaukenarmee mit Hahnenschwänzen am Hut und lächerlichen Spaten, die am Gürtel baumelten. Ihr Anführer nannte sich »Fürst« Starhemberg, ein klangvoller Name, der schon in den Türkenkriegen vorkam... den rückwärts gewandten Österreichern schien es wie gestern. Der »Ferscht«, der schon 1923 in München am Hitlerputsch teilgenommen hatte, diente als Vorreiter für die »Vaterländische Front«. Die jetzt ans Ruder kam, kurz nachdem die Nazis es in Deutschland geschafft hatten. Ein autoritäres Konkurrenzunternehmen zu Hitler, kein Gegenentwurf. Kanzler Dollfuß, dieser zwergenhafte »Millimetternich«, ließ sich in der Kirche beim Beten fotografieren, danach verriegelte er das Parlament und schaffte die Parteien und die Gewerkschaften ab, alles im Namen des »christlichen Ständestaates«. Weniger interessierte ihn, die Arbeitslosigkeit abzuschaffen, hier handelte es sich ja doch nur um Sozis.

Und da hockte nun unsere Kathi, es war Februar 1934, schluchzend, weil man auf ihre Brüder im Karl-Marx-Hof schoß, und dabei waren die doch nicht einmal mit ihr verwandt. Wem gehörte diese »Exekutive«, die da mit Feldhaubitzen auf Arbeiterwohnungen ballerte? Die Gemeindehäuser stellten festungsähnliche Trutzbauten der Roten dar, verkündete Vater bei Tisch. Aber als ich am Sonntag mit der Elektrischen nach Heiligenstadt hinausfuhr, sah man nur papierdünne Ziegelwände, in denen die Einschläge blind gewütet hatten wie ein gigantischer Vorschlaghammer. Das hatte nichts mehr mit Jesus Christus zu tun, das war Uli der Bully!

Dann ging's erst richtig in die vollen. Die Vaterländer zogen in die Schulen ein, jeder war gezwungen, das rotweiße Schülerabzeichen anzustecken, ob er dran glaubte oder nicht. Auf der Schultreppe wurde ein Kriegerdenkmal eingeweiht, von Zeichenlehrer Peche in heroischem Art Deco entworfen. Am Radio nichts wie zackige Ansprachen, die nur so wimmelten von Heimat und Erde, Volkstum, Brauchtum und Soldatentum, verkörpert in den Kaiserjägern und Standschützen des letzten Weltkrieges. Denn irgendwas dergleichen wollte Dollfuß gewesen sein, der sich jetzt Frontführer nannte... da war es zum andern Führer nicht mehr weit. Auch der selige Karl Lueger war wieder groß im Rennen, ein geschickter Bürgermeister, aber ein gefährlicher Demagoge. Bei einer Lueger-Feier tönte unser Schuldirektor: »Er wirkte im echt antisemitischen Geiste«, und die jüdischen Schüler mußten diesen Geist herunterwürgen und kuschen. »Der Doktor Lueger hat mir die Hand gereicht und hat gesagt: Ich fürchte nichts für diese Stadt, solang sie solche Bürger hat!« So sang Hans Moser in einer Greißler-Operette namens »Essig und Öl«, eine unfreiwillige Vorwegnahme des »Herrn Karl«. Schon gab es auch wöchentlich Schießunterricht im Schulkeller, auf Zielscheiben, die feindliche Soldaten markierten. »Zack ins Gekröse!« kommandierte Turnlehrer Schattera und schwärmte blutrünstig von den Karpatenschlachten, die er mitgemacht haben wollte. Sonntags schleppten wir uns auf Gepäckmärsche mit Sandsäcken auf dem Rücken, wie drüben die HJ. Man wurde getrimmt und ertüchtigt bis dahinaus, wer nicht standhalten konnte, galt als »Plattfußindianer«, ein Ehrentitel, der bislang eigentlich für Juden reserviert war. Wir würden es denen im Reich schon zeigen!

Kein Führerstaat ist komplett ohne sein hauseigenes KZ. Im »Anhaltelager Wöllersdorf«, 1934 für Austromarxisten eingerichtet, saßen diese jetzt brüderlich vereint mit den Altnazis, die lieber den echten deutsch-heidnischen Markenartikel wollten als die christlich verwässerte Ersatzware. Die Mehrzahl der hitlertreuen »Illegalen« lief jedoch frei durch die Gegend, erkennbar an weißen Kniestrümpfen in »Zopferlmuster« zur Pumphose, und fühlte sich schon als das kommende Herrschaftsinstrument. Während einem Putschversuch erschossen sie Dollfuß, der ihnen bei der Machtübernahme im Weg stand. Aber die Sache versackte kläglich in einem typischen österreichischen »Pallawatsch«, und so wurde Schuschnigg Kanzler. Ein bebrillter Oberlehrertyp, anständiger aber schlapper als sein Vorgänger, was sollte der gegen Adolf aufstecken? Er stammte aus Tirol, wo man jetzt in den Kirchen Gebetszettel verteilte: »Dollfuß ist unter den Heiligen, zu denen wir beten dürfen.« Das paßte so richtig zu dem Gemütskitsch dieser Jahre. Im Namen von Mozart Wolferl und Schubert Franzl zog man gegen alles zu Felde, was irgendwie modern roch. Neger galten groteskerweise als »asiatisch«, einschließlich Spirituals, Jazzmusik und Josephine Baker: »Jazz ist Trumpf, die Kunst versinkt im Judensumpf!« Vergeblich hatten die Juden sich – natürlich nicht ohne an ihren Vorteil zu denken – um den Eintritt Österreichs ins 20. Jahrhundert bemüht. Dieses Land wollte keineswegs ans 20. Jahrhundert angeschlossen werden, oder höchstens über Vorspiegelung einer Ideologie des neunzehnten. Das war eben Hitlers Geniestreich, daß er seinem supermodernem Aktionismus die Kostüme des vertrauten deutschtümelnden Schmierentheaters umhängen konnte. Und dafür waren die Österreicher längst anfällig. Die Führer der Vaterländischen mochten ihren eigenen Parolen glauben – die Masse der Anhänger sah darin nicht viel mehr als eine Vorstufe zum Nazismus. War das so abwegig? Schließlich übermittelte ja Schuschnigg selber, drei Monate nach vollzogenem Anschluß, an Hitler seinen »festen und freien Willen, in bedingungs- und vorbehaltloser Loyalität zu Führer, Reich und Volk zu stehen... zu allen Konzessionen bereit«. Derartige Briefe kommen nicht von ungefähr. Solche Rückgratlosigkeit erfordert ein langes Training. Wie es zum Beispiel der vorgedruckte Schrieb verriet, den damals deutsche Autotouristen unter ihrem Scheibenwischer fanden: »Warum fahren Sie ohne Hakenkreuzwimpel? Sind Sie etwa Gegner des Dritten Reiches? Wir haben Ihre Nummer notiert und werden sie der SA Ihres Heimatortes mitteilen.« Kein erhebenderes Gefühl als nationale Verzückung, angereichert mit Denunziantentum.

Bei Tisch brummte der Vater: »Igel schmeckt immer noch besser als Stachelschwein«, das war bezeichnend für die vertrackte Situation der Juden. Letztlich konnte man die Schwarzen nicht riechen, aber halbherzig unterstützte und finanzierte man sie doch, als das letzte Bollwerk gegen die Nazis. Allerdings war dieses Bollwerk löchrig wie ein Schweizerkäs. Schuschnigg trat markiger auf, als er war. Seine einzige Chance blieb die Heranziehung der Sozialisten. Aber dann hatte er bei den radikalen Heimwehren verspielt, bei der Kirche und bei Freund Mussolini. Also machte man Antinazipropaganda mit Naziargumenten. »Was will Hitler?« las ich auf einem Plakat. »Die Österreicher als minderwertige Judenrasse stempeln und sie so in die Knechtschaft führen. Beweisen, daß wir alle Judenstämmlinge sind, Abkommen einer verachteten Menschenkaste. Es gibt für ihn keine arischen Österreicher!« Gegen diese empörende Unterstellung zu protestieren, die hämisch die Reinrassigkeit des »Alpenvolkes« in Zweifel zog, das sei Pflicht jedes heimattreuen Österreichers. Schwer zu sein ein Vaterländer!

Und wie verhielt sich der Mann, der seit ewigen Zeiten exemplarisch gegen jede Verlogenheit und Gesinnungslumperei anrannte ohne Rücksicht auf Verluste? Der keinem was durchgehen ließ, weder Christen noch Juden und schon gar nicht sich selber? Er, den wir für die personifizierte Rechtschaffenheit hielten, die Stimme Gottes im Sinai. Was sagte Karl Kraus zu alledem? Ganz hinten aus Vaters Bücherschrank hatten wir die versteckten »roten Büchel« der Fackel ausgegraben. Auch er mußte also einstmals Krausianer gewesen sein, denn ihn lesen bedeutete ihm verfallen sein! Ein Band hieß »Die letzten Tage der Menschheit«, das klang apokalyptisch, also stürzte ich mich darauf. Wir durchlebten ja auch wieder letzte Tage, jeden Augenblick konnte das Dach in Flammen aufgehen. Das Buch war eine Art gigantisches Schauerdrama mit Hunderten von Protagonisten, die mir alle irgendwie vertraut vorkamen. Richtig: Sie redeten ja haargenau im gleichen Tonfall wie unsere Eltern und Onkel Robert oder Julius, wie Klassenvorstand Meyer oder Turnlehrer Schattera, wie Uli der Bully und wie der dicke Schölermann, ja wie Starhemberg und Dollfuß und Schuschnigg. Und sie machten sich unsterblich lächerlich dabei. Jeder war blamiert, allein durch die Art wie er sich ausdrückte. Und einer ritt da in die Schranken, dem ich mich ebenbürtig fühlte im Lebensernst und einsamer Größe und Unverstandenheit: Es war die Person des Nörglers, mit andern Worten Karl Kraus selber! War das Drama? War das Kunst? Dann wollte auch ich ein Künstler sein wie er! So wurde ich mit einem Schlag Krausianer, vielleicht sein letzter Konvertit. Ja mehr als das: Da jeder Krausianer sozusagen ein Stück des Meisters verzehrt und sich einverleibt hat, wie der Katholik beim Abendmahl den Leib des Herrn, so war auch ich identisch mit

Karl Kraus geworden und damit der restlichen Menschheit turmhoch überlegen. Von da an schien mir alles sehr einfach: Ich brauchte ja bloß noch die Leute zu durchschauen. Anhand von KK ein Kinderspiel! Gut, und was sagte also er, der Unbestechliche, zu den Vaterländern? Ach Gott, er billigte sie als das kleinere Übel, wie der letzte jüdische Spießer. Karl Kraus resignierte, auch er! Eigentlich hätte schon das reichen müssen, um uns zu sofortiger Emigration zu veranlassen. Aber wir blieben da, denn Juden glauben an Wunder.

Karl Kraus durfte man verehren, aber nicht bei ihm unterschlüpfen. Der war ja berüchtigt dafür, daß er seine Anhänger verachtete. Ich jedoch sehnte mich nach Zugehörigkeit, nach Solidarität. Fredl und Hansi Stern, die um die Ecke wohnten, warben uns Brüder zum »Bund« an. Nicht die offiziellen Pfadfinder – die hießen zwar nach Sankt Georg, meinem Namenspatron, aber auf meinesgleichen verzichteten sie dankend: Arier unter sich. Wir hingegen nannten uns »bündische Jugend«. Das hatte etwas mit dem symbolischen Bundschuh der Bauernkriege zu tun, dem Kampf gegen Herrschaftsdenken und auch religiöses Muckertum. (Nachher gelang es den Nazis, diesen versierten Wortgauklern, sich auch das einzuverleiben.) Bündisch wider hündisch, hieß es damals bei uns – mir rann es die Kehle herunter wie der biblische Honigseim. Mit einem Schlag fühlte ich mich aufleben. Empfand mich als lebensberechtigt, vielleicht zum erstenmal.

Jeder war zu dieser Zeit »Idealist«. Wenn Uli der Bully den Spinnen die Beine ausrupfte, so geschah das im Namen irgendeiner rigorosen Doktrin, er mußte sich ja stählen für den Endsieg oder die Endlösung, je nachdem. Turnlehrer Schattera handelte als Idealist, wenn er »Zack ins Gekröse« kommandierte, und Klassenlehrer Meyer, wenn er das unterjochte Deutschtum im Osten befreien wollte bis hin zur Wolga oder möglichst Sibirien. Dieser völkische Gedankenmüll bediente sich immer des gleichen Vokabulars. Es mußte gereinigt werden, gerodet, gesäubert, desinfiziert, ausgeräuchert und ausgejätet, entlaust und entwurmt, gewichst und gestriegelt... eine Putzwut, die sich allerdings nur selten auf den eigenen Körper erstreckte. Nicht leicht, solchen Saubermännern etwas entgegenzusetzen. Woran glaubten wir im Bund? Hauptsächlich an die Freundlichkeit und den Überschwang. Und wir waren, inmitten von lauter fanatischen Mitläufern, sowas wie ein Stück Basisdemokratie: Frühhippies, Aussteiger, Selbstverwirklicher. Kürzlich haben wir uns, immerhin noch vierzig Mann stark, in London wiedergetroffen, ein halbes Jahrhundert nach unserer Trennung. Ich weiß nicht, was ich erwartete: Verlegenheit, Altersschock, den Zwang, einander mit unsern Lorbeeren zu übertrumpfen? Statt dessen waren wir zu unserer Verblüffung die gleichen geblieben: ein Haufen unentwegter und leicht naiver Enthusiasten. Damals hielten wir uns dauernd auf Trab. Organisierten Osterlager und Pfingstlager, Sommerlager am See und Skilager beim Bergbauern, dazu jeden Sonntag Ausflug in den Wienerwald, Mittwoch Heimabend im Lokal. Und das völlig autonom, ohne jeden Aufseher, keiner über zwanzig hatte bei uns was zu melden. Während der großen Ferien hausten wir sechs Wochen lang in selbstgezimmerten Hütten, mit Dachpappe halbwegs regendicht gemacht (irgendwo tropfte es immer), je vier Jungen auf Strohsäkken. Jeder war für irgendeinen Beitrag zur Gemeinschaft zuständig, je älter, desto verantwortlicher. Wir nannten uns Kuno und Kuro, Vaitz und Muli, Quappi, Stribbe, Girigari, Jumbo (das war ich)... die Familiennamen interessierten uns nur nebenher. Erst viel später fand ich heraus, daß Kugos Familie das berühmte Loos-Haus am Michaelerplatz gebaut hatte oder daß der Onkel von Brilli Perutz der verrufene Schriftsteller Leo Perutz war, wie der Vater von Heini der Parodist Robert Neumann.

War man im Sommerlager, so schlüpfte man am Samstag zum Sonnenuntergang in die sandfarbene Kluft mit dem taubengrauen Halstuch. Auf ein geflüstertes Kommando baut man sich im Karree um den Fahnenmast auf. Dann hält Fredl, unser Gruppenleiter, eine gedämpfte Ansprache, daß wir uns in dieser Woche insgesamt als ziemliche Nieten erwiesen hätten, menschlich gesehen. Also einander angegiftet oder das elterliche Kuchenpaket im geheimen aufgemampft, anstatt es brüderlich mit der Hütte zu teilen. Nur einer hätte sich vorbildlich verhalten...

und jetzt kam der spannendste Moment und es hieß: »Herbert, bitte zieh die Fahne ein«, oder wer immer der Auserlesene war. Ich hätte meinen Augenzahn dafür gegeben, aber ich wurde nie aufgerufen, die ganzen Jahre hindurch nicht. Ich war einfach der Jüngste und Unsichtbarste, nur als Schapsel und Laufbursch verwendbar. Hielt ich mich anständig, so weniger aus Selbstüberwindung als aus purer geistiger Unbedarftheit und auch purer Liebe, was vielleicht auf das gleiche hinausläuft. Es war die Zeit der Hingabe. Des Entbrennens von Mensch zu Mensch, egal, welchen Geschlechts. Eros pur, umfassend Tier und Pflanze, Bastelwerk und Buch. Mir schien alles beseelt, selbst die alltäglichsten Gegenstände. Ja, sie bestanden eigentlich nur aus meiner Beziehung zu ihnen, sonst gab es sie letzten Endes gar nicht. Und das langsame Austrocknen und Absterben dieser tausendfältigen Gefühlsbeziehungen, unvermeidlich mit vergehender Jugend, aber nur schwer ersetzbar, empfinde ich als schmerzlichen Verlust bis heute. Natürlich wußte ich nicht, daß ich liebte – eigentlich hielt ich mich für gefühllos. Was hatte es mit Liebe zu tun, daß ich bloß noch weiße Socken tragen wollte wie Fredl (ich trage sie jetzt noch)? Was mit gemurmelten Zwiegesprächen stundenlang quer durch das nächtliche Wien und wieder zurück? Was mit dem Lauschen auf die Stille am verschwiegenen Minoritenplatz (man hörte sie damals nicht... erst viel später, in New York, hat man sie gehört)? Und witternden Rehen auf Kärntner Hochalmen oder dem lautlosen Dahingleiten der Ruderplatten über den finsteren Hallstättersee? Nichts davon konnte Liebe sein, denn diese befaßte sich ja ausschließlich mit dem, was Goethe und Heine vorrangig bedichteten, und was von den Erwachsenen »avant les enfants« zu vertuschen war!

Die Winterlager fanden der Billigkeit halber auf den Heuböden von Tiroler Bergbauern statt. Eine Nacht lang rüttelte man schlaflos im Gepäcknetz eines Abteils dritter Klasse oder auf den prallen Rucksäcken, die wir zwischen die hölzernen Sitzbänke stopften. In der klappernden Morgenkälte begann dann der Anstieg, ein voller Tag Schinderei mit den bleischweren Hickoryski auf der Schulter und knüppeldicken Haselnußstöcken. Es war

Knochenarbeit, dafür stand man zuletzt hoch über den Wolken und schmetterte: »Im Frühtau zu Berge wie ziehn, vallera« oder das »Alpinistenlied« mit dem ermunternden Refrain: »Und wenn erst abgefrorene Zehen, Nas' und Ohren, ja dann wird ganz fröhlich abgestürzt.« Nachts pfiff es eisig durch die moosverstopften Spalten der Blockhütte, man mußte gerollte Zeitungswülste dazwischenklemmen. Sonntag vormittags hielten wir rings um den Ofen »Kapelle«. Eine Weihestunde, bei der Fredl Die Augen des ewigen Bruders von Stefan Zweig vorlas oder Rilkes Kornett, unter Auslassung der unzüchtigen Stellen. Zweimal die Woche keuchte der Postler mit den Elternbriefen herauf und dem Lokalblättchen aus dem Tal. »Haberbauer, was gibt's Neues?« Sein gletscherverbranntes, zerschrundenes Gesicht, wie von Defregger gemalt, leuchtete auf: »In Innsbruck haben s' das jüdische Warenhaus anzundelt, das is amol was!« Er kriegte nicht mit, daß wir in der Mehrzahl Juden waren, hatte vermutlich noch nie einen vor Augen gehabt. Sein abgeschabtes Weltbild bestand aus symbolischen weißen Lämmern und schwarzen Böcken, dazu der »kleine Anderl«, dessen Blut wir in die Matzen hineinbackten. Juden trugen Zylinderhüte und dicke geschulterte Geldsäcke, oder zur Abwechslung lederne Schlägermützen und kugelrunde sprühende Bomben. Man mußte sie »aussitreiben zum Tempel, alsdann gäb's endlich a Ruah«, das hatte Hochwürden noch vergangenen Sonntag gepredigt, in dem Dorfkirchlein, dessen Schnitzaltar vielleicht auf Pacher zurückging. Fredl versuchte mit dem Bauern zu politisieren, ich litt stumm. Die Haberfamilie aß noch mit Holzlöffeln aus der gemeinsamen Schüssel, über den duftenden selbstgebackenen Brotlaib wurde vor dem Aufschneiden mit dem Messer ein Kreuz gezogen. Manchmal gab es auch Kletzenbrot mit Dörrobst, das Jahrhunderte überdauerte (leider auch im Magen). Trotzdem empfand man Ehrfurcht davor und auch irgendwie Zugehörigkeit: Schließlich waren wir alle keine Preußen! Rings um den steinernen Grundbau des Großfamilienhauses lief ein hölzerner Balkon. In einer der vorderen Ecken stand das primitive Plumpsklo, auf dem man sich jedoch im Winter nicht niederlassen durfte, weil sonst die angefrorene Haut flötenging. Starrte man lang genug durch das ovale Loch, so rührte sich tief unten etwas Helles, es waren die Schafe in ihrem schummrigen Stall. Das war da, das war echt (es war »Bild«, würde ich später sagen), durch Jahrhunderte Verwendbarkeit und Kümmernis geheiligt, wie konnte man damit politisieren? Ich litt stumm, dieser Riß ging quer durch mich. Ich fühlte mich hier beheimatet, aber mit welchem Recht? Letzten Endes, weil ich es liebte. Hatte ich deswegen irgendeinen Anspruch darauf, wiedergeliebt zu werden? Mußte ich nicht schon dankbar sein, daß etwas vorhanden war, das ich lieben durfte? Nicht gerade eine berühmte Voraussetzung zum Politisieren. Nein, ich war kein Dialektiker und Disputant, das begann mir jetzt klarzuwerden. Kein Intellektueller war ich, der die Probleme auf den Punkt bringen mußte, als seien sie damit erledigt und abgetan. Man konnte den Riß, der durch alle Dinge ging, nur ausfühlen, ausleiden, lebendig in sich bewahren. Und später vielleicht einmal zur Darstellung bringen, Widersprüchliches durch die Form erlösen...

Und dann kam die Sache mit Greve, dem kommenden Filmstar unserer Klasse. Dem Greve lief ich nach wie ein Hund. Er hatte lockeres Blondhaar, das er in regelmäßigen Abständen mit einem Ruck in den Nacken warf, gleich darauf fiel es ihm wieder gleißend über die Augen. Das habe ich stundenlang geübt, morgens vor dem Badezimmerspiegel. Leider wollte nicht die kleinste Locke vornüberfallen, aus meiner »Klosettbürste« von schwarzen Haaren. Es waren nicht die glatten von Hitler, die eigentlich nachgedunkeltes Blond darstellen sollten (»Der Führer ist blond!« – Völkischer Beobachter). Sondern eine »Niggerwolle«, so exotisch, daß sie sogar in der Biologiestunde ausgiebig mikroskopiert werden mußte. Der schicke Greve verstand sich mit allen. Einschließlich dem Turnlehrer Schattera, diesem animalischen Kraftkerl und Amateurboxer, der sonst nur Klassenhäuptlinge wie Warner oder Uli den Bully protegierte. Nur sie durften sich beim Völkerball die Mannschaften aussuchen, aber wenn einer von ihnen fehlte, kam gleich Greve dran. Es galt als selbstverständlich, daß bei der Auswahl die jüdischen Schüler als letzte gerufen wurden, auch wenn sie beim Völkerball glänzten wie Katz Jakob oder ich. Greve pickte uns immer unter den ersten heraus, ein Affront gegen die Klasse und tausend Jahre österreichische Geschichte, aber ihm machte das nichts aus. Er ging heiter lächelnd durch alle Vorurteile hindurch wie die Israeliten durchs Rote Meer. Sein Vater, seinerzeit berühmter Theologe und der einzige Linkskatholik weit und breit, war im Krieg gefallen, die Familie verarmt. Greve trug alle Tage dieselben Knickerbockerhosen. Allerdings nicht geplustert, sondern straff in die Strümpfe hineingestopft wie Reithosen. Einmal zog ihn der Uli deswegen auf: »Spielen wir noch Fußball, oder reitest du jetzt gleich nach Hause?« Greve grinste ihm bloß unverschämt in die Visage, und eine Minute später flüsterte er mir zu: »Ihr und wir sind doch die einzigen.« Das war toll! In der großen Pause, während wir alle im Hof herumkurvten, las Greve Bücher. Aber nicht im Sitzen, sondern gemessen auf- und abwandernd. »Wie ein Katechet hinterm Brevier«, höhnte Uli mit der mörderischen Treffsicherheit des Volkstribunen (er wurde später Propagandaleiter). Einmal versenkte sich Greve in einen schmalen Band aus Büttenpapier, schwarz und rot gedruckt, mit Pergamentrükken und silbernen Deckelpapieren. So was Feines hatte ich noch nie in der Hand gehalten. »Hugo von Hofmannsthal, Gedichte«, buchstabierte ich ehrfürchtig. »Leihst du mir das, wenn du's fertig hast?« Ich lernte es in einer Nacht so ziemlich auswendig, verstand kein Wort, aber war auf Lebenszeit gefeit gegen »Wildgänse rauschen durch die Nacht« oder »Josef Stalin sprach von Hirse«.

Es kam der jährliche Schulausflug, ich glaube zum Heustadlwasser. Ich besaß nur Augen für Greve, der mir jedoch aus dem Weg ging. Klassenvorstand Meyer hatte seine drei Riesentöchter mitgeschleppt zwecks Kontaktaufnahme. Die jüngste war sogar annehmbar hübsch geworden. Angstvoll erspähe ich, wie sie sich an Greve heranpirscht. Sofort baue ich mich neben ihm auf: »Willst du rudern gehn oder sowas?« Greve wirft die Haare zurück, wie einer, der sich Zeit lassen will zum Nachdenken, und in diesem Moment höre ich es. Das Wort, dessen genaue Bedeutung mir abgeht, das aber für etwas Grauenhaftes stehen muß wie die Cholera oder Syphilis oder Pest, das Wort: »Schwul!« Irgend jemand hat es im Hintergrund ausgespuckt, schon gakkern andere hämisch dazu, es sind die ewigen Kenner von Pleuelstangen und Nockenwellen, jetzt auch Spezialisten für Titten, Vögeln und Fut. Dann trommelt Turnlehrer Schattera, feldmarschmäßig ausgerüstet, auf seiner militärischen Proviantdose zum Mittagessen. Alles fegt kreischend zu den Picknicktischen, ich kriege gerade noch mit, wie Greve sich ostentativ in die Jüngste einhängt, darauf wird mir schwarz vor den Augen. Es war wieder mal wie bei der Matheprüfung, mit Schweißausbrüchen und Brechreiz. Zum Glück stand ein Gebüsch am Seeufer, in das ich mich verkriechen konnte, hinlegen, ausstrecken, durchatmen. Nur ebbte diesmal die Übelkeit langsamer ab als sonst. Es ging ja auch nicht um die Schule, sondern das Leben... non scōlae sed vitae discimus.

Ja, ich war schwul, das war's! Schwulsein bedeutete, keinen dampfenden Buschen in den Achselhöhen zu tragen und nur schwächlichen Flaum zwischen den Schenkeln anstatt des unheimlichen Gewühls, das im Freibad den andern aus der »Dreieckshose« herausprotzte. Schwulsein hieß der nasse Fleck vorn am Nachthemd und daß sich beim Ringkampf das da unten sträubte. Schwulsein war der Grund, warum man sich im Dunkeln aus dem Bett bis ans Schlüsselloch zum Badezimmer vortastete, wo die Fini oder Toni oder wie unser Stubenmädchen gerade hieß einmal wöchentlich unter die Dusche durfte. (In Hitchcocks Psycho fand ich die Szene wieder, nie bekomme ich sie vor Augen, ohne im Tiefsten zu erschauern.) Und Schwulsein hieß schließlich, einem anderen Menschen bedingungslos hinterherzulaufen, dessen Schönheit man vergötterte. Aber personifizierte er nicht mehr als das, der Greve? War er nicht »kalos k'agathos«, wie man uns das im Griechischen eingetrichtert hatte, schön und edel zugleich? Und waren die Griechen etwa nicht schwul, diese feinnervigen Décadents, im Unterschied zu den urwüchsigen Germanen? Jeder wußte das.

Es war Schluß zwischen Greve und mir. Von da an blieb ich

ihm vom Pelz, ich wollte ihn ja nicht mit meiner Beulenpest anstecken! In der siebenten Klasse – wir standen schon unterm Streß der heraufdräuenden Matura, von Hitlers täglich wachsendem Druck auf Österreich nicht zu reden – war er von einem Tag zum andern verschwunden. Erst hieß es Blinddarmentzündung mit tödlichem Ausgang, dann erfuhren wir die Wahrheit. Man hatte ihn aus der Schleuse des Donaukanals gefischt, in der Brusttasche einen unabgeschickten Liebesbrief an den Turnlehrer Schattera. Der daraufhin, trotz Unschuldsbeteuerungen, pensionslos aus dem Lehrkörper ausgestoßen wurde als Homosexueller. Schülerselbstmorde sind Wiener Spezialität, ich glaube bis heute. Zum Begräbnis erschien ich als einziger von der Klasse, außer Katz Jakob, dem jüdischen Proletarier und Frondeur, der später in Palästina mit der illegalen Haganah erschossen wurde. Er kam verspätet und stieß mich in die Seite: »Hast du schon gehört?« »Was denn?« »Die Volksabstimmung von Schuschnigg ist abgesagt, die Nazis marschieren in Österreich ein.« Es war der 11. März 1938, das Ende meiner Kindheit.

2

Unser Rundfunkgerät hatte ehedem aus einem Rhombus von aufgespulten Drähten bestanden, später aus einem riesigen Schalltrichter. Gegenwärtig war es ein protziger Holzkasten aus stoffbespannter Neogotik, der diese keifende, geifernde Stimme mit der »größten Vollzugsmeldung seines Lebens« ausspuckte. Wie konnte sich irgend jemand einem solch hysterischen Organ anheimgeben? Dann ein Sprechchor, nur mit Mühe als Menschenworte auszumachen. Nein, das durfte nicht wahr sein: »Lieber Führer, sei so nett und zeige dich am Fensterbrett!« Der nämliche atavistische Massenrausch wie ihn Karl Kraus (der nun zu seinem Glück tot war) zu Anfang der »Letzten Tage der Menschheit« aufbrechen ließ wie eine Eiterbeule. Nur daß man damals »Serbien muß sterbien!« skandierte... unschuldige Zeiten. Endlich wagte ich mich hinaus zum Gymnasium. Irgendwie mußte es ja weitergehen, und mehr als eine Woche Schulferien hatte man auch von einer Nationalen Erhebung nicht zu erhoffen. »Weber!« rief ich am Schultor – wir hatten schließlich vehement voneinander abgeschrieben, er in Goethe, ich in Mathe. Weber trug jetzt eine Art Räuberzivil: oben schon in Kackerlbraun, unten noch die geplusterte Pumphose mit den weißen »Zopferlstrümpfen«, das Insignium deutschvölkischer Gesinnungstüchtigkeit. Erhobenen Hauptes marschiert er an mir vorüber. Auf der Treppe stoße ich auf Professor Witzel, den Griechischlehrer, am Rockaufschlag die runde »Pletschen« des Alten Kämpfers. Er mußte also schon »Illegaler« gewesen sein, während der Zeit des illusorischen Naziverbots. Mißtrauisch glotzt er mich an. »Sie hier? Ja, wurden Sie denn nicht von Ihren Herren Eltern oder Vormündern notifiziert?« Genau in diesem hirnverbrannten Kanzleistil hat er auch die klassischen Hellenen reden lassen. Das Schulzimmer enthält von den Juden sonst nur Katz Jakob, furchtlos wie stets. Klassenvorstand Meyer kreuzt auf, auch er mit dem Parteibonbon. »Katz! Troller!« Geniert bugsiert er uns hinaus. »Haben Sie den Anschlag am Schwarzen Brett nicht gelesen?« Blödsinn, wer kümmerte sich schon um die Verkündigungen des hochlöblichen Stadtschulrats. »Ahem, Troller... Sie waren ja einer von meinen Besten... wie Sie das Gretchen rezitiert haben, ich vergesse das nicht...« Er schüttelt andauernd meine Hand, die Kratzbürste ist tatsächlich gerührt. Sentimentalität und Sadismus, ein vertrautes Paar, aber das lerne ich erst später. Zum Abschied ein bedauerndes Achselschupfen: »Wären Sie jetzt Arier, dann könnten Sie bei der großen Volkserneuerung mitmachen. Schade, schade.« Er schreitet mit allen Zeichen des Bedauerns von dannen, und ich nehme mir die Verlautbarung vor.

Etliche Jahre später – ich sollte ein Kulturfeature über Wien für das deutsche Fernsehen drehen – sah ich diesen Text wieder, der bestimmte, daß die mosaischen Schüler ab sofort »ausklassifiziert« waren. Er gehörte zu einer Filmdokumentation aus Wochenschauen, die mir ein Wiener Verleiher am Schneidetisch vorführte, denn ich brauchte historisches Fremdmaterial. Da hing er wieder, der Anschlag, an den ich mich so gut erinnerte, nur stand diesmal ein Haufen Schuljungen davor mit hängenden Köpfen. »Dös san die arischen Mitschüler«, klärte mich der Filmhändler auf, »die was untröstlich sein, weil s' jetzt ihre Juden nicht mehr ham.« Und dann mit treuherzigem Augenaufschlag: »Selbstredend is des a nachgedrehte Einstellung, weil gegeben hat's des natürlich net.«

Auf der Straße wurde »gerieben«. Es mußten ja die aufgemalten Propagandasprüche der Vaterländer weggeschrubbt werden. »Mander, 's ischt Zeit!« hatte Kanzler Schuschnigg markig am Radio getönt, nicht etwa zur Einführung der Demokratie, aber zu einem patriotischen Plebiszit. Jetzt waren die nämlichen Patrioten am Ring und Heldenplatz versammelt, um Hitler zuzukreischen, geschätzte 500 000 Menschen! Rechnet man Kleinkinder, Alte und Sieche ab sowie die Hausfrauen, die ja für die heimkehrenden Helden kochen mußten, so entsprach das etwa der halben Bevölkerung von Wien. Es fehlten die linken und vaterländischen Prominenten, die schon ins Ausland unterwegs waren ... oder im Sonderzug nach Dachau. Es fehlten auch Tausende unberühmtere Hitlergegner. Sie protestierten, indem sie zu Hause blieben, sonstige Möglichkeiten gab es nicht. Auch die Juden waren anderweitig beschäftigt, mit den »Reibpartien« nämlich. Beaufsichtigt von Steirerg'wandeln, Zopferlstrümpfen und den übrigen »Märzveigerln«, die ja beweisen wollten, daß sie immer schon dabeigewesen waren. Nun hießen wir nicht mehr bloß Brunnenvergifter und Borkenkäfer, sondern Tuberkelbazillen, Eitergeschwüre, Fermente der Dekomposition und ähnlich Appetitliches aus dem gemeinsamen Unterbewußtsein der Reinheitsfanatiker. Und das, was hier kollektiv die Sau herausließ, nannte sich wie schon im Mittelalter der »heilige Volkszorn«, ohne daß die Kirche gegen diese Inanspruchnahme der Heiligkeit ein Wort verlor. Im Gegenteil, jetzt krochen über alle Reklamewände gigantische Plakate, eine einheitliche Stellungnahme der Bischöfe Österreichs. »Aus innerster Überzeugung und mit freiem Willen erklären wir...« Sie, die eben noch mit der päpstlichen Bulle »Quadragesimo anno« dem vaterländischen Regressionsdenken das geistige Rüstzeug geliefert hatten, unterschrieben wenige Tage später mit Heil Hitler und den besten Segenswünschen für die neuen Herren. Gezwungenermaßen, hieß es im nachhinein ... aber wer das Kleine Blatt las (ich las es schon wegen des Comic strips »Seicherl«), der konnte den Kardinal Innitzer bereits Jahre zuvor pontifikal herausposaunen hören, wie »die göttliche Vorsehung der Umgestaltung der Welt aus demokratischen Formen zu autoritärer Führung rechtzeitig in Papst Pius XI. mit seinem stahlharten Willen und diamantenen Verstand den Meister gegeben. Das Führerprinzip bricht sich Bahn. In der Kirche herrscht es seit jeher.«

Nein, was mich von den »Ariern« trennte, war nicht Religion oder Rasse. Was mich anders machte, war einfach, daß ich aus irgendeinem unfindlichen Grund diese Sprache nicht konnte. Dieses wollüstige, knechtselige Speichellecken, Katzbuckeln, Parieren, Duckmäusern, Beweihräuchern, Beflissensein, Positivsein, Einer-Meinung-Sein, Dabeiseinwollen, Mittunmüssen, Mitmarschieren, Mitbrüllen, Mitstrafen, Mitmorden... Gesetzte Bürger, die mit Gabelfrühstück und Jause ihre fünf Wiener Mahlzeiten täglich herunterschlangen, stürzten sich frenetisch auf den »Hilfszug Bayern«, der Gulasch gratis auf der Straße verteilte. Sie fraßen aus Patriotismus, aus völkischer Glaubenssatzung, Fressen war nationale Pflicht. In der Leopoldstadt, dem Getto der ärmeren Juden, wütete das goldene Wienerherz. Frommen Chassidim wurden die Bärte gerupft, und hinter kleinen Bubis mit Schläfenlocken jagte frohgemut das Staatsvolk. Die Hetz wandelte sich zur Hatz, auch das stand schon bei Karl Kraus. Bei uns im Nobelviertel ging es gemäßigter her. Aber als ich zur alten Frau Ameranth schlich, um nach meiner Französischlektion zu fragen, wurde sie gerade hinausgetragen zum Rettungswagen, Selbstmord durch Gift. Hinter ihr die Leiche des spastischen Sohnes, der ein mathematisches Genie war, den aber kein Land der Welt aufgenommen hätte.

Gesinnungswedelei allenthalben. Professoren wiesen auf ihre »unerschütterliche Haltung in Sturm und Wettern« hin, während sie umfielen. Politiker, die sich »nie dem roten oder schwarzen Ungeist ergeben hatten«, schrieben Ergebenheitsadressen an den »braunen Ungeist« (wie sie ihn sieben kurze Jährlein später wieder nennen würden). Poeten des »Inneren Reiches« liefen mit fliegenden Hosenträgern zum Dritten über. So Josef Weinheber. So Robert Hohlbaum (»Kennen Sie die feinen Künstlerhände des Führers?«). So der fromme Legendenreimer Max Mell, der jetzt Hitler dithyrambisch bedichtete: »Erhabener Mann, wie können wir dir danken?« Na ja, wenn er es nicht wußte, konnten wir ihm auch nicht helfen. Ich hatte den Seicherl geliebt, eine der ersten Comicfiguren Europas und Vorläufer des »Herrn Karl«. Jetzt wurde, von einer Woche zur andern, und notabene in der

Hand des nämlichen Zeichners (er hieß Kmoch), der Sozi-Strip zum Nazi-Strip, der »Hau ruck nach Palästina!« kläffte.

Palästina... Ich ging zu Hebräischlektionen, der Sprache der Heimstätte. Und ahnte dumpf, daß sie nie meine werden konnte. Ich war Assimilant von Geblüt, die Diaspora mein Biotop und Heimat nicht zu trennen von Muttersprache. In den Zeitungen bot man spaltenweise Schnellsiederkurse an. Mein Bruder schaffte es in Wochen zum Elektroschweißer, er, der frühzeitige religiöse Grübler gegenüber meiner weltzugewandten Allesfresserei. Ich selbst kam zu Johann Panek, Buchbindermeister. Das Beleidigtsein über meinen sozialen Abstieg dauerte nur Minuten, danach war ich dem seligen Handwerk verfallen auf Lebenszeit. Panek hatte längst nur noch Massenware geliefert: Notizblocks, Schreibhefte, Schulbuchflickerei. Vom Vater bezahlt, durfte er mit mir zu seiner Gesellenzeit zurückpilgern. Wir vollführten phantastische Saffian- und Halbfranzbände mit Ledermosaik, auf echten oder falschen Bünden, mit dreifarbig genähten Kapitälchen über bunt gemustertem Kopfschnitt. Dazu gab es marmorierte Papiere, gezogen von Bottichen voller Gallert, die man oben mit Farbtupfern bespritzte. Am aufregendsten die Heftchen mit lauterem Blattgold, für die Prägung bestimmt und so feingewalzt, daß schon der leisteste Atemzug sie unwiederbringlich zerknüllte. Ich lernte fix wie immer. Schon nach wenigen Wochen entstand in verspätetem Jugendstil ein knallroter Ganzlederband aus lauter jungfräulichen Blättern. Bestimmt für meine erste Selbstbeschreibung, die allerdings schon nach einem halben Bogen zu Ende ging, weil mehr Erlebtes nicht vorhanden war. Nur ein einziger Satz ist mir noch in Erinnerung: Ich sei ein »hinter dem Pessimisten schlau versteckter Optimist«, keine schlechte Beobachtung.

Von den Schulkameraden hörte ich nichts mehr. Kam man am Gymnasium vorüber (irgendwie mit kneipendem Gewissen, als würde man vorsätzlich Schule schwänzen), sah man sie zackig in schnieken HJ-Uniformen Appelle abhalten. Jeden riß es damals, sich bekennerisch zu geben, mich auch, bloß nicht in Einheitskleddage. Dann telefonierte mich eines Sonntags der Weber an, es wäre gerade kein Appell, ob ich nicht zum Spielen kommen möchte. Hochanständig, man war also doch nicht ganz im Abseits. Weber gehörte zu den Frühpubertierern, die schon »ihre Katz ins Ronacher ausführten«, als die Mehrzahl von uns sich noch mit dem Mysterium herumschlug, warum Fausts Gretchen in der Kirche ihre Nachbarin um ein Fläschchen anhaut, ob sie da vielleicht gerade an Verstopfung leidet? Weber schlug vor, Marterpfahl zu spielen, das schien mir reichlich pueril, aber schließlich war er ja der Gastgeber. Ich wurde an einen Stuhl gefesselt, und plötzlich merke ich, wie er an meinem Hosenschlitz herumfummelt. »Aufhören, bist du verrückt geworden!« »Jetzt werden wir endlich ergründen, wie das ausschaut, womit ihr die christlichen Mädchen vergewaltigen tuts.« Juden sind prüde, oder waren es damals. Ich brüllte konvulsivisch, er kugelte sich vor Lachen, darum setze ich seinen vollen Namen hierher: Weber Richard – er soll heute Tierarzt sein.

Wir lernten nicht nur Handwerke und Hebräisch, sondern ein ganzes neues Vokabular: Affidavit – Quotennummer – Beglaubigung – Transitvisum – Führungszeugnis – Steuerunbedenklichkeit – Ausreiseerlaubnis. Eins bedingte immer das andere, es glich einem Jonglierakt mit lauter scharfen Messern, nur fehlte uns alles zum Jongleur. Wir fühlten uns mitnichten als Auswanderer, sondern Auswanderndgemachte ... wie man eben hierzulande im Weltkrieg »einrückendgemacht« wurde. Information und Formulare gab es im Rothschildpalais. Eine Zentralstelle, die schon Eichmann unterstand. Dieser nette SS-Mann sollte sogar Jiddisch sprechen, erzählte man. Am amerikanischen Konsulat wiederum stellte man die Quotennummern aus, von denen letztlich unsere Zukunft abhing. Wer sicher sein wollte, hineinzukommen, mußte die Nacht auf der Straße anstehen. Statt dessen lief ich zum Heimabend von unserem Bund, es war ja der letzte. Wir sangen »An der Saale hellem Strande« und »Straßburg, ich muß dich lassen«, dann murmelte Fredl ein paar einschlägige Worte. Was sollte man schon sagen? Es fühlte sich an wie ein Begräbnis, nur buddelten wir uns ja selber ein. Nie wieder im Leben (ich bin fast sicher, nicht einmal in der Liebe) würden wir uns je wieder so rein verströmen können. Daß wir auch das Hinscheiden der deutschen Jugendbewegung zelebrierten, konnten wir damals nicht wissen. Zuletzt durfte ich, weil es meine Idee war, unsere silbergraue Fahne in Stücke schneiden, für jeden ein Schnipsel. Meins kam zu Hause hinter den gerahmten Dürerritter, den ich aber am Ende zurücklassen mußte, mit allem Übrigen. Durchaus möglich, daß er noch jetzt in unserer früheren Wohnung hängt.

Anschließend hatte sich natürlich die Schlange, in die ich mich einreihen sollte, vervielfacht. Was mich später fast das Leben kosten würde. Das amerikanische Quotensystem zielte ja darauf ab, daß jährlich nicht mehr als drei Prozent von jeder Nationalität einwandern durften, die schon 1890 im Lande ansässig war. Österreich gehörte jetzt zu Deutschland, und dessen Gesamtquote betrug, wenn ich mich recht erinnere, 26000 pro Jahr. Dank bürokratischer Schikanen hat man selbst diese Anzahl nie erreicht. Manche wurden aus politischen Gründen zurückgewiesen. Andere als Gesetzesübertreter. Es gab sogar einen Konsul, der die Juden ausschloß, »weil sie die Nürnberger Gesetze übertreten hatten«. Um an die Nummern überhaupt heranzukommen, brauchte man zunächst ein Affidavit. Also die Bürgschaft eines Idealisten, der dir drüben deinen zukünftigen Unterhalt garantierte. Und nebenher für deinen moralischen Lebenswandel gutstand. Dazu hatte er nichts weiter zu tun, als seine persönlichen finanziellen Verhältnisse zu offenbaren. Und naturgemäß mußte er ein Zeugnis des eigenen moralischen Lebenswandels durch wiederum eine andere Person beibringen. Dann fehlte nur noch ein Nachweis, inwieweit der Einwanderer zu Amerikas Wirtschaftsblüte beizutragen fähig und willens sein würde. Und mit allen diesen Erklärungen in der Hand hatte der Affidavitgeber sich schließlich einem mündlichen Verhör zu unterziehen. Daß sich überhaupt jemand dazu hergab, war ein Gotteswunder. In unserem Fall hieß der Wundertäter Mister Wantoch, ein Geschäftsfreund des Vaters. Der allerdings auf der Geheimklausel bestand, daß wir ihm nie leibhaftig unter die Augen treten würden. Daran haben wir uns auch eisern gehalten.

Beim Münchner Abkommen vom September 1938 steckten

wir noch in Wien. Wer hatte es schon so eilig, draußen ein neues Leben anzufangen, mit den legal exportierbaren zehn Mark in der Tasche? Die berühmte »Steuerunbedenklichkeit« bedeutete ja, daß uns unter dem Vorwand einer Voraussteuer, die der »gesamten statistischen Lebenserwartung« entsprach, das komplette Vermögen eingezogen wurde. Wir waren Bettler, immerhin mit Verwandten in Brünn und Prag. Allerdings war jetzt Vaters geliebte streitbare Tschechoslowakei ihren Festungsgürtel in den Sudeten los, zurück blieb ein hilfloser Rumpf. Wieder jubelte ganz Wien im Machtrausch, wo die Leute nur die viele Energie hernahmen? Und diese verdammte Gottseligkeit des Rechthabens, von keinerlei Gewissenszweifel getrübt. Statt den Bündischen gehörte ich jetzt einem jüdischen Sportverein an, dem Makkabi Hazair. Natürlich durfte man nicht im Wienerwald sporteln. Also wurde in einem Heim beim Judenplatz froschgehüpft und anschließend der Talmud diskutiert. Beispielsweise das Kapitel Keuschheit. Eine jüdische Jungfrau, so lautete eine Parabel, hätte sich, um Schändung abzuwehren, ihre Röcke an die Knöchel genagelt. Mir schien das reichlich übertrieben, denn an jüdische Mädchen war ohnehin unmöglich heranzukommen. »Die sind unten zubetoniert«, belehrte mich Onkel Robert mit der bildhaften Drastik, die seiner literarischen Prosa leider so abging: »Schickse ist nur vor der Ehe zu haben, Jüdinne nachher!« Ach Gott, wo sind die Familienorakel hin, die einem so denkwürdige Sprüche vermachten?

Vaters Pelzgeschäft wurde »arisiert« – auch eine von diesen herzigen Wortschöpfungen der Nazis. Ein kommissarischer Leiter übernahm, praktisch gratis, Laden, Kundschaft und Ware (die er uns zehn Jahre später mit einem »Pelzjäckchen für die Gnädige« wiedergutmachen wollte). Leiter gab es jetzt allenthalben: Kreisleiter, Ortsgruppenleiter, Propagandaleiter, Gauleiter... In einem Flüsterwitz wird ein besoffener Kutscher auf der Mariahilferstraße angehalten, man fragt ihn nach Name und Stand: »Ich bin Pferdeführer.« »Nix da, bei uns gibt's nur einen Führer.« »Dann bin ich eben Gaulleiter.« Der Wiener Gauleiter hieß Bürckel. Als er die ärgsten antisemitischen Übergriffe kurzfristig eindämmen sollte, natürlich nur wegen der Touristensaison, stand im Stürmer oder im Schwarzen Korps, ich weiß nicht mehr in welchem, die gejüdelte Schlagzeile: »Inser Birckel« – als hätten wir uns den gekauft. Diese Pogromblätter hingen in öffentlichen Schaukästen an allen Straßenecken aus, obszöne sadistische Orgien, die man klammheimlich las. Das war erregend wie die herausquellenden Busen im Familienbad oder die Pranken von unserm Fleischhauer, wenn er ein blutiges Trumm absäbelte. Nur wieso das gerade uns betraf, blieb schleierhaft. Einmal räusperte sich was hinter mir, ich fuhr herum und es war ein grüner Wachmann, der sich auf leisen Sohlen herangeschlichen hatte zwecks Überraschungseffekt. Dann erkannte ich ihn von den Geschenkpaketen her, die er sich Weihnachten bei uns abzuholen pflegte, er hieß Fuchs. »Öha, wie hammas? Wann soll's denn losgehn?« erkundigte er sich anteilnehmend. »Wir sitzen schon auf den Koffern«, log ich, denn die Leute wurden ungeduldig. Bestimmt würde es goldene Mohnstriezel regnen, wenn der letzte von uns raus war. »Na, dann machens Eana aber auf die Socken! Im Radio ham s' verlautbart, der Botschafter, den was der Jud in Paris ang'schossen hat, der is tot. Jetzt, da steh i für nix ein.«

Ich rannte nach Hause, man wußte es schon. Früh am nächsten Morgen, es war der 9. November 1938, nahm ich, ausgestattet mit zwei Wurstsemmeln, die Elektrische zu Panek. Bloß nicht dem »Volkszurn« ins Gehege kommen! Die Werkstatt lag im Keller, eine hohe Fensterluke ging auf den Hinterhof der Bezirkswache. Panek galt als »alter Sozi«, das und die brave Polizei, was sollte mir hier schon passieren? Als ich hereinkletterte, war der Meister gerade dabei, sich gegen die Wand gelehnt Maß zu nehmen. »Nur um zu sehn, ob ich groß genug wär für die SS. Rein theoretisch bittschön.« An Arbeit war nicht zu denken. Alle Augenblicke keuchte Panek die steile Treppe hinauf, um sich das Spektakel nicht entgehen zu lassen, am Ende blieb er ganz weg. Mal brandelte es irgendwo, dann klirrten eingeschlagene Auslagenscheiben, was verlangte das Wienerherz mehr? Nur gegen Mittag gab's Ruhe, da mußte ja die kochende Volksseele ihr Gulasch verzehren, das ging vor. Am Nachmittag begann dann das Dröhnen der Lastwagen, die ihre Ladung in den Hof ausluden. Gleich darauf gellende Kommandos, wie ich sie von Turnlehrer Schattera so gut kannte, wenn er uns Kampfgeist einhauchen wollte: »Auf – nieder! Auf – nieder!« Ich kraxle die massive Bücherpresse hoch, das reicht gerade bis zur Lichtluke. Im Hof wird Gymnastik betrieben, aber nicht von Schülern. Es sind gestandene Herren in Paletots und Hüten, manche mit Kneifern und Krückstöcken, turnende Spießbürger, ein aberwitziges Bild, unvergeßlich. Jetzt bleibt ein alter Jude genau vor meiner Luke erschöpft liegen, einen Moment lang treffen sich unsere Blicke. Dann beugt sich ein SA-Mann über ihn: »Was bist du?« »Ich bin Invalide aus dem Weltkrieg, Herr... Herr Wachtmeister.« Ein Faustschlag ins Gesicht. »Was bist?« »Ich bin hochdekorierter...« Ein Faustschlag, der schwarze Hut kullert direkt auf mich zu. »Also was bist?« »Ich bin ein Saujud.« »Na alsdann.« Der Triumph mußte verbal ausgekostet werden, das Opfer sich mit hingehaltenem Steiß zu seiner Unterwerfung bekennen, sonst war der Orgasmus nicht komplett.

Dann wird es Nacht. Draußen geht das Turnen unentwegt weiter. Ich habe mich tief in unsern riesigen Altpapierhaufen eingegraben und versuche zu schlafen. Da: Jemand in genagelten Tretern poltert die Hintertreppe herunter, dazu hört man das schöne Heurigenlied »Es wird ein Wein sein...«. Er rüttelt an der Tür, kriegt sie grölend mit einem Fußtritt auf. Im fahlen Licht der Treppe erkenne ich die braune Uniform. Jetzt ein Knistern und Rascheln, er pinkelt gegen den Papierhaufen, in dessen anderem Ende ich versteckt liege. »Ah, ein Genuß!« Interessiert verfolgt er die ausgiebige Spur seines Produkts, das direkt auf mich zurollt. Wenn er einen weiteren Schritt macht, hat er mich im Blickfeld, und was dann? Aber er dreht sich nur grunzend wieder zur Tür und torkelt hinaus.

Frau Platzer, die Hausbesorgerin – die mit der dicken Tochter –, empfängt mich überschwenglich schon auf der Straße: »Jessas, der junge Herr!« Sie fegt gerade die Scherben vor unserem Haus zusammen, Ordnung muß sein. Zum erstenmal höre ich den Ausdruck »Kristallnacht«. »Ja, wissen Sie schon?« Sie kann es gar nicht erwarten, mein Gesicht zu sehen, wenn ich es weiß. »Der jüdische Tempel is abbrannt. Und die Frau Glückselig, die Fischhändlerin, haben s' mit der Rettung abtransportieren müssen. Und, ah ja – den Herrn Vater ham s' auch mitgenommen, leider, leider.« Das Beste hat sie sich für den Schluß aufgehoben. Oben schluchzt Mutter, von Kathi getröstet – mein Bruder Herbert ist schon vor zwei Monaten illegal über die holländische Grenze. Dafür ist Onkel Robert da, er sagt, was einem bei solchen Anlässen eben einfällt: »Jetzt bist du der Mann im Haus.« Er hat gut reden. Normalerweise gab es in jüdischen Verwandtschaften einen, der mit allen Wassern gewaschen war, der »den Minister« kannte und die Börsenprognose (»Man kommt flau aus Berlin«), der wußte, »wer mit wem und warum«, wer im spezifischen Notfall »betamt war« oder andererseits, gottbehüte, »kein Seachel im Koppe« hatte, sondern Stroh. Das war eben der Familienweise – ein Fels in der Brandung. Und häufig sogar ein weiblicher Fels, wie die Cillimutter oder zuletzt noch Tante Hedi. Unsere Generation hatte diesen zuversichtlichen praktischen Weltverstand schon verloren, wahrscheinlich in einem Buch von Kafka. Glücklicherweise mußte ich meine Mannheit nicht gleich unter Beweis stellen, denn ein paar Tage später stand der Vater plötzlich wieder in der Wohnungstür. Zum erstenmal sah ich ihn mit Stoppelbart und brillenlos, was die Fremdheit, die er zwischen uns aufgerichtet hatte, noch verstärkte. »Na, umarmst du mich nicht?« fragte er scharf. Ich warf mich aufschluchzend an ihn, aber es war weniger die Freude seiner Rückkehr als die Trauer um das nie mehr zu Überbrückende. Ich hoffe, er hat es nicht bemerkt. Kein Wort über diese Woche kam je aus seinem Mund, denn bei Trollers ließ man sich nichts anmerken. Aber in seinen wenigen hinterlassenen Papieren (die sich fast ausschließlich mit Monetärem befaßten) fand ich einen Ausschnitt aus der Emigrantenzeitung »Aufbau«, mit Augenzeugenberichten, die einem den Magen umdrehten. Da hatte er an den Rand gekritzelt: »So war es!«

Jetzt mußten wir endgültig los, das war ja der Zweck der

Übung. Das Kind zuerst. In einem düsteren Hinterhaus der Leopoldstadt saßen wir dem »Pascher« gegenüber, der die tschechische Grenze kannte wie seine Hand, mich hinüberexpedieren würde wie mit der Rohrpost, mich behüten wie seinen Augapfel. Der Pascher war voller Poesie, das gefiel mir. Noch mehr die schöne fahle Tochter, die häkelnd im Fenster saß und mich mit den unergründlich tristen Augen der Ostjudenkinder fixierte. (Immer habe ich diese Mädchen als Schwestern längst vergangener Tage empfunden, weswegen es auch im Bett nicht klappen kann.) Einmal schüttelte sie fast unmerklich den Kopf, aber vielleicht irrte ich mich. Das Honorar war im vorhinein zahlbar, und der Pascher meinte, ich solle auch ruhig den Familienschmuck mitnehmen, der ja auf legalem Weg nicht hinauszukriegen war. Davon besaßen wir nur ein Perlenhalsband der Mutter sowie Vaters goldene Zigarettendose. Diese steckte der Pascher zu sich, um sie schnell auf unscheinbar vernickeln zu lassen, im Fall, daß man uns doch erwischte.

Mein kleiner brauner Fiberkoffer wurde trotz Protest mit unnötigen Hemden und Unterhosen vollgestopft, so blieb nur noch Platz für ein einziges Buch, selbstverständlich die »Letzten Tage der Menschheit«. Und da stand auch schon Frau Platzer atemlos in der Wohnungstür, hinter ihr salutierend Wachmann Fuchs: »Die Herrschaften verreisen?« Es war der lang erwartete Moment. Daß vorerst nur ich losfuhr, goß Wasser in ihre Suppe, aber aufgeschoben war nicht aufgehoben. Fuchs trug schon einen Zollstock in der Hand, mit dem er ungeniert die Möbel und den Bechsteinflügel vermaß. Dabei murmelte er nickend und kopfschüttelnd vor sich hin, genau wie Herrenschneider Dobschek, wenn er Vater einen neuen Anzug verpaßte. Frau Platzer interessierte sich mehr für den Radioapparat: »Darf man fragen, wird das mitgenommen?« Beim Hinausgehen streiften sie sich die Schuhsohlen ab wie jemand, der aus einem Infektionsspital tritt.

Dann war Abschied am nächtlichen Nordbahnhof. Auch jetzt konnte ich auf elterliche Tränen nur mit Verlegenheit antworten. Meine linke Hand umkrampfte die vernickelte Dose in der Tasche meiner ersten langen Hose. Sie saß reichlich knapp, da von Herbert geerbt. Aber um nichts auf der Welt wäre ich in Pumphosen emigriert. Im Abteil spielten SA-Männer dröhnend Skat. Einer hatte seine gewichsten Stiefel neben sich auf der Bank aufgebaut, man war eben Herr im Land. Der Zug ruckelte an, ich stellte mich auf dem Gang ans offene Fenster und streckte den Kopf in die Nacht hinaus. Der Fahrtwind roch nach verbrannter Braunkohle, trug Funken und zerraufte die Haare. Deswegen war ich sofort Jack Londons »Abenteurer des Schienenstranges« oder auch Lawrence von Arabien, wie er mit seinem Panzerzug auf die Türken zubraust. Hoffentlich wurde das »neue Leben«, dem ich entgegenfuhr, mindestens so aufregend. Jedenfalls stellte ich es mir als »Realität« vor, im Gegensatz zu meinem herrschenden Zustand als Wachträumer oder »Tramhappeter«, was von der gesamten Familie mißbilligt wurde. Juden hatten weder Träumer noch Trinker zu sein, sondern jeden Moment ihren Verstand voll beisammenzuhalten, sonst waren sie ja den unberechenbaren Gojims hilflos ausgeliefert. Ich aber genoß mich als Bühnenfigur, befangen in wechselnden Phantasievorstellungen vor mir selbst, die sich schließlich, zu meiner Verblüffung, auf mein ganzes übriges Leben ausgedehnt haben.

In diesem Moment streckte jemand den Kopf aus dem Nebenfenster und brüllte mir draußen gegen den Wind zu: »Sie sind doch einer von unsere Leut?« Ich gab mich geistesabwesend, aber er wußte schon Bescheid. »Wem erzählen Sie das? Also los, nehmen Sie schon!« Mit ausgestrecktem Arm hält er mir ein loses Bündel Geldscheine hin. »Ich hab Dollars. Wenn Sie mir die bringen nach Prag, die Hälfte für Sie. Mehlig, Hotel Metropol, haben Sie kapiert? Ich glaub, ich steh auf der Liste.« Jetzt stapft wütend der stiefellose SA-Mann aus dem Kupee und knallt mit einem Ruck mein Fenster hoch: »Soll ich mir wegen dir die Hatschen erkälten?« Er wendet sich ab mit dem Ausdruck totaler Mißbilligung, den der Funktionstüchtige für unwertes Leben hat. Gleich darauf kreischt der Zug zum Halten, wir sind in Lundenburg, der früheren tschechischen Grenzstation. Ich klettere mit meinem Koffer hinaus, da zündet sich jemand am Bahnsteig eine lange Virginia-Zigarre an, das ausgemachte Signal. Es ist nicht, wie versprochen, der poetische Pascher, sondern ein Böhme mit schiefem Mund. »Jetzt dadaher!« Ich werde hinter einen Ziehbrunnen gedrängt, an der finsteren Schmalseite des Stationsgebäudes. »Lieber warten, bis Zug weg.« Der Zug fährt aber nicht los, auch nicht, als ein Buffetwagen erscheint mit dem dazugehörigen Ruf »Heiße Würstel! Oderberger!«, was doch in Österreich die sofortige Abfahrt zu bewirken pflegt. Statt dessen marschiert eine schwerbewaffnete Zollstreife auf, und wie sie das nächstemal aus dem Zug klettert, hat sie Mehlig bei sich. Mehlig mit seinem verdächtig verschnürten Fiberkoffer, dazu noch ein praller Rucksack. Man bugsiert ihn zum Zolldienst, keine zehn Meter von uns. Die Lokomotive dampft stoßweise, sonst hätte man bestimmt das Klappern meiner Zähne gehört. Jetzt bleibt Mehlig mit einem Ruck stehen, ja, er baut sich sogar stramm auf: »Bitte gehorsamst, austreten zu dürfen.« Damit hat er den richtigen Kommißton dieser Leute getroffen. »So a Jud scheißt si immer an!« Mehlig hockt sich zwischen zwei Puffer, zieht aus seinem Schuh das Banknotenbündel und placiert es sorgfältig zwischen die Schwellen. Dann zeigt er mit zwei Fingern auf wie ein Schüler: »Hier bin ich schon wieder, Herr Wachtmeister!« »Zeit wär's.« Sie stoßen ihn ins Büro, aber einer setzt sich draußen zum Rauchen direkt an unsern Ziehbrunnen. Ich bete darum, daß bloß diese Nacht kein Mond aufsteigt. Nach einer Ewigkeit kommen sie wieder und hauen Mehlig brüderlich auf die Schulter: »Na, noch mal Schwein gehabt, Jüdelach! Und jetzt gehma, gehma, die haben eh schon saumäßig Verspätung.« Sie verziehen sich, und Mehlig trottet wie absichtslos zwischen die Puffer. Fast ist er schon in Griffweite von seinen Dollars, da dreht sich der letzte um und schreit: »Jetzt wird nimmer geschissen, los, auffi!« Mehlig muß hochklettern, der Zug rollt in die Nacht hinaus, und zwischen seinen Rädern zerflattern die grünen Scheine. Dann stößt mich der Tscheche über den Bahnhofszaun ins Freie.

Eine Ewigkeit stolpern wir über rutschige, lehmige Felder, während es abwechselnd regnet und schneit. Beim Morgengrauen – ich war tatsächlich im Gehen eingeschlafen – zeigt mein Begleiter auf eine Pappelallee: »Dort drieben ist neie Grenze!« Ich atme tief durch, da plötzlich wirft er sich hin: »Die Grenzer! Jetzt schnell! Hier ist akkurat mein Haus.« Wir keuchen geduckt zur Tür, eine Frau im Morgenrock schließt sofort auf, als hätte sie auf uns gewartet. Der Mann gibt ihr mein Köfferchen: »Wird alles versteckt unter Wäsche. Wenn kommt jemand, Sie sind Verwandter aus Wien. Haben noch Schmuck bei sich, Geld? Alles verstecken!« Ich schüttle den Kopf, und noch während die Frau Kaffee kocht, bin ich auf dem Sofa weggesackt.

Jemand rüttelt mich wach, es ist der Tscheche. »Da drieben – die Grenzer! Wir missen hinaus durch Garten!« Ich schreie noch: »Mein Koffer!«, aber er drückt mich schon durch die Hintertür. »Wird Ihna alles nachgeschickt, so ist Gott mein Zeuge!« Auf einem Holzstoß neben dem Kamin liegt mein Karl Kraus. Den schiebe ich noch eilig unter die Jacke, dann sind wir wieder auf dem glitschnassen Feld. Wie wir nach Stunden endlich in einem Wirtshaus unterkriechen, hängt hinterm Schanktisch ein Foto von Präsident Benesch. Der Tscheche bestellt Sliwowitz für zwei, schüttet dann beide Stamperl allein hinunter. »Jetzt mir geben Ihre zehn Mark, ich laß Ihnen dafier Kronen für Autobus nach Brünn.« Ich reiße das Vorsatzblatt der »Letzten Tage« heraus und schreibe ihm die Adresse unserer Brünner Verwandten auf, für den Koffer, den ich nie wiedersah. Ich bin in der Emigration gelandet, mit einem »Marsdrama« als einzigem Gepäck.

In Brünn kam ich zu Onkel Nori, der das »Stammschloß« der Familie auf der Zeile bewohnte. Jahrzehnte später habe ich es wieder besucht. Die Zeile hieß jetzt Gottwaldova, das erinnerte Stadtpalais war in Wirklichkeit ein erbärmlicher, kleinstädtisch umgemodelter Bauernhof. Noch im Hoftor schrie mir jemand auf tschechisch zu, gefälligst zu verschwinden.

Onkel Nori liebte dieses verwinkelte Haus seiner Kindheit, hat es später immer von neuem aus dem Kopf gezeichnet. Nori war Künstler. Er galt als der Schandfleck väterlicherseits, wie Onkel Robert auf seiten der Mutter. Statt morgens ins Büro zu gehen, fummelte er daheim auf Millimeterpapier herum, mit

Buntstiften, Reißzeug und schwungvoll gekurvten Linealen. Dann setzte man links unten in quadratischen Zierbuchstaben: »Norbert Troller, Innenarchitekt«, und dafür zahlten die Leute auch noch Geld. Am vergnüglichsten die Wohnhausmodelle, die ich mit ihm zusammenkleistern durfte, bunte Puppenstuben aus Pappe und Pelikanol. Nori trieb sich mit zahllosen Freunden und Freundinnen herum, das war Vorrecht der schwarzen Schafe, während die Geschäftsleute nur stinkfade Geschäftsfreunde haben durften. Einer seiner »Spezis« war der Zeichner Walter Trier, Illustrator vieler Kinderbücher von Erich Kästner. An der Wand hing ein skizziertes Doppelporträt der beiden Freunde mit der Widmung: »Im Bilde seht ihr hier den Troller und den Trier. Wer ist nun wundervoller, der Trier oder Troller?« Das warf mich um. Wie konnte eine solche allseitige Berühmtheit (gedruckt sein hieß berühmt sein!) mit normalen Sterblichen wie uns verkehren?

Onkel Nori war verschossen in Tante Thea, seine ausnehmend hübsche Frau. Leider war sie ihm kürzlich durchgebrannt, um mit Anton Kuh zu leben, dem berüchtigten Bohemien aus dem Wiener Grichenbeisl, der überdies schwul war. Danach galt Nori wieder als gute Partie, hat aber nie mehr eine andere Frau zum Heiraten gefunden. Jahre später – er war unglaublicherweise aus Theresienstadt und Auschwitz zurückgekehrt – trug er mir auf, sie in Paris zu besuchen, wo sie in dritter Ehe lebte. Die Wohnungstür öffnet sich, ich rufe: »Tante Thea, du hast dich überhaupt nicht verändert!«, sie antwortet: »Pardon, Monsieur?«, denn es war die Haushälterin. Zeitlebens blieb ich unfähig, Gesichter zu behalten, eine der wenigen Geistesschwächen, die bei Freud nicht aufscheinen, und natürlich ideal für Journalisten.

Der Onkel war kleingewachsen und füllig, geschlagen mit einem scharfen Geierprofil, trotzdem liefen ihm die Frauen nach. Laut Vaters Erziehung (er hatte auch Nori mit erzogen) mußte ein ehrenwerter Mann über vierzig längst impotent sein. Und allen »Schweinekram« sublimiert haben in Richtung Gelderdienen, Job und Familie. Ganz wie im Hause Freud selber.

Während sich der kleine Onkel nach wie vor erfolgreich und ungeniert durch die Brünner Damenriege furchte. Lange druckste ich verlegen herum, dann fragte ich ihn nach seinem Rezept. Es hieß: »Behandle jede Dirne wie eine Dame und jede Dame wie eine Dirne, damit es dir wohlergehe auf Erden.« Was mir leider nicht weiterhalf, denn ich kannte weder Damen noch Dirnen. Über meine gleichaltrige Kusine Dora lernte ich dann Fritzi kennen. Mein erstes Verhältnis, nur daß es eben nie vollzogen wurde. Übrigens taufte ich sie sofort auf Friederike um, wie beim jungen Goethe. Erst viel später stieg mir auf, daß für mich die Anziehung über den vokalreichen Namen gehen muß – bei Viola oder Octavia kann ich noch heute nicht widerstehen!

Auch Fritzi machte Umschulung. Vorgestanzte Stücke Pergamentpapier mit gelochten Kanten wurden mittels farbiger Schnürsenkel zu Lampenschirmen und Papierkörben zusammengeschustert. Das war Kunstgewerbe und sollte in Palästina äußerst gefragt sein. Wir verabredeten uns fürs Kino, es gab Schneewittchen von Disney, sein erster abendfüllender Zeichentrickfilm. Fritzi behauptete, daß die sieben Zwerge alle von kleinen Bubis dargestellt sein müßten oder von Liliputanern, denn Erwachsene gingen in diese putzigen Kostüme nicht hinein. Sie war mit Dummheit gestraft, was bei Juden selten ist, aber was machte das schon aus? Sie besaß ja ES, das Geheimnis, das siebente Siegel! Ich hatte noch nie einen Busen in der Hand gehalten und griff, laut Muthers dreibändiger Geschichte der Malerei, um eine Handbreit zu hoch. Das schien sie aber keineswegs zu stören, denn sie fiel mir umgehend in die Arme. Damit waren wir Ein Paar. Obgleich ich eigentlich viel lieber ihre Schwester Franzi gehabt hätte, die keine Kniestrümpfe trug, sondern bei der die Strapse sich durch den engen Rock abzeichneten. Das mit den Schwestern ist mir dann mehrfach passiert. Jedesmal machte ich mich an die derbere heran, um die feinere zu ergattern, aber irgendwie kam es nie so weit. Nach dem Kino eskortierte ich also Fritzi zur Atelierwohnung von Onkel Nori, der die meisten Abende ausging, nur unglücklicherweise hatte sie gerade ihre Periode. Darauf nickte ich erstmal verständnisinnig – verstehen war immer schon mein Forte –, obwohl ich Perioden eigentlich nur von der lateinischen Rhetorik her kannte. Von nun an durften wir jeden Samstag im Kino knutschen, aber nachher war Periode. Während Franzi anscheinend nie Periode bekam, sie ging mit allen ins Bett, sogar mit Onkel Nori.

Genau ein Jahr nachdem Hitler sich auf dem Wiener Heldenplatz verbal ausgetobt hatte (wie so viele künstlerische Naturen war er Datenfetischist), ließ er auch den kümmerlichen Rest der Tschechoslowakei zerschlagen. Zum Glück waren die Eltern gerade noch aus Österreich herausgekommen. Mit zehn Mark, der legal zugelassenen Summe. Es hätten ebensogut null Mark sein können, aber das war eben Hitlers subtiler Zynismus, so wie später viele der Auschwitz-Reisenden für ihre eigene letzte Fahrt blechen mußten. Diese Bosheit hatte nichts von der tumben Totschlagewut etwa der Türken gegen die Armenier. Sie war fein gesponnen, aus einem Zustand spätzeitlicher Dekadenz und artistischer Eleganz. An dem meine ehemalige Heimat einen überproportionalen Anteil hatte (zwei Drittel von Eichmanns Stab sollen Österreicher gewesen sein). Eine ausgeklügelte Dramaturgie, der Sadismus von Kennern, die ihre Erfindungen narzißtisch auskosteten. Etwas Humoriges schwang um alles, das die Nazis mit uns anstellten. Angefangen mit den dekretierten Vornamen »Israel« und »Sara« in unsern Pässen. Eine Idee von Globke, Adenauers späterem Staatssekretär. Von ihm stammt auch die Namensliste für neugeborene jüdische Kinder. Darunter solche Phantasieprodukte wie »Kaleb«, »Feibisch«, »Saudik« oder »Sprinze«. Ganz schön witzig für einen deutschen Beamten! Auch »Schutzhaft« gehört dazu, »Arbeit macht frei« oder die mit dem Wort »Duschraum« beschrifteten Gaskammern. Über der Tür einer Frauenbaracke in Auschwitz-Birkenau kann man noch jetzt die Wandmalerei lesen: »Sei froh und heiter, bald geht's weiter.« Auf dem KZ-Briefpapier den Vordruck: »Pakete verboten, da die Häftlinge alles kaufen können.«

In einem Lagerlied, von den Bewachern in Auftrag gegeben, heißt es: »Ob Arbeitsdienst, ob Sport uns winkt, doch stets ein frohes Lied erklingt, hollaria, hollario...« Auch der von Eichmann vorgeschlagene Austausch ungarischer Juden gegen alliierte Lastwagen war so ein Scherz. Das ist auch die einleuchtendste Erklärung, warum die Nazis noch bis zuletzt, als es für die angeschlagene Wehrwirtschaft schon fast untragbar sein mußte, die Transporte nach Osten rollen ließen. Unsere Ausrottung war das, was ihnen am meisten Spaß machte! Wie ein besinnungsloser Schachspieler, der noch versessen Bauern frißt, während sein König schon in den letzten Zügen liegt. Hier war, wenn alles übrige bereits in Trümmern lag, noch Lust zu holen.

Wieder saßen uns die Deutschen auf den Fersen, diesmal verstärkt durch Österreicher und Sudetenländer. Diese Armee wurde immer fetter und opulenter. Während einem alle berufsmäßigen Antifaschisten vorrechneten, daß Hitler binnen sechs Monaten an Rohstoffmangel krepieren müsse, verleibte er sich laufend neue Rohstoffe ein, von den dazugehörigen Industriegebieten nicht zu reden. Von neuem hatte man anzutanzen vor Konsulaten und Komitees, aber welche waren die richtigen? Die jüdischen Hilfskomitees hießen Hias, Hicem und so ähnlich. Sie waren – leider ungenügend – von unseren amerikanischen Glaubensgenossen finanziert, und das »H« stand für »Hebrew«. Noch als ich Jahre später endlich das amerikanische Visum beantragen durfte, war unter Rasse nicht etwa »weiße« einzutragen (oder gar »menschliche«), sondern hebräisch. Das Wienerkind hat ausgedient, mitnichten dem Volk Grillparzers oder Goethes gehört man mehr an, man ist Hebräer.

Unter Komitee hatte ich mir Damenkränzchen ausgemalt mit Milchkaffee und Gugelhupf. Sie stellten sich als umfunktionierte Turnhallen oder Kellerlokale heraus, wo es nach Angst und Schweiß roch. Man bekam Nummern und endlose Fragebogen, die man gegen die Wand gelehnt ausfüllen mußte. Beruflicher Werdegang? Vorhandene Barmittel? Weiterreise gesichert? Durchgangsländer? Angestrebtes Endziel? Noch heute vertrage ich keine Fragen nach dem Mädchennamen der Mutter und ähnlich Absurdes. Und als ich später um »Wiedergutmachung« einreichen sollte – mit Fragebogen, die noch länger waren als jene für die sogenannte Entnazifizierung –, habe ich lieber verzichtet... »Raten Sie mal, wer sich dort drüben anstellt!« »Was, so einer muß auch?« Literarische und sonstige Berühmtheiten, die man von ihren heroischen Autogrammfotos her kannte, die Brille ab und die Hand an der Denkerstirn, fummelten hier mit zittrigen Fingern Dokumente aus durchgewetzten Aktenmappen: »Die Sorbonne hat mir zugesagt...« »Ein Brief von Roosevelt ist unterwegs...« Dazu längst vergilbte und zerkrümelte Zeitungsausschnitte: »Da, lesen Sie, wie Silbergleit über mein Werk urteilt! Was, Sie wissen nicht, wer Silbergleit war? Schande!«

Im Automatenbuffet Fenix, dem Feldherrnhügel der Prager Emigration, traf ich den Spanienkämpfer Gandhi. An die Nazis ausgeliefert, war er aus Dachau entkommen mit einem Bajonettstich in den Gedärmen. Gandhi hieß eigentlich Fritz von Gandersheim. (Daß sich auch in Gandersheim ein KZ befand, gehörte zu diesem Humorigen, das uns umbrachte.) Er war mehr als ein bloßer »Arier«: ein authentischer Feudaler, ein roter Graf. Im Fenix segelte jeder aufgeregt von Gruppe zu Gruppe, die Wurststulle in der Hand und happig nach Information: »Was meinen Sie, ist Budapest noch offen?« »Schweden soll herich wieder zugemacht haben.« »No, Sie Nebochant? Auch noch ka Visum?« Nur Gandhi stand abseits mit seiner Tasse Schwarzem – später entdeckte ich, daß er sich praktisch von Kaffee ernährte. Er redete wenig und nie von sich. Sogar von seiner Verwundung habe ich durch andere erfahren. Einmal sagte er beiläufig: »Wissen Sie, was Ihre Hauptwaffe ist in diesem Kampf? Mit Würde Spannungen ertragen.« Das habe ich nie geschafft, trotzdem wurde Gandhi mein einziger Freund in der Emigration.

Auf dem Wenzelsplatz stieß ich auch auf Mehlig, den Witzbold aus der Eisenbahn. Der aber längst nicht mehr das noble Metropol bewohnte, sondern eine Pension auf der Kleinseite. Mehlig war einer jener unabdingbaren Luftmenschen der europäischen Gettos, die auf jedem Gebiet sachverständig sind, weil sie mit allem gehandelt haben. Bist du in ihrer Gunst, so kann dich kein Mensch der Welt mehr betrügen. Da wir jetzt dringend Geld brauchten, fragte ich ihn nach dem Wert der goldenen Zigarettendose in meiner Tasche. Sofort holte er eine Stecknadel aus dem Revers und kratzte an den Deckel. »Was soll ich Ihnen sagen? Nickel!« »Ja, aber darunter ist pures Gold!« »Darunter ist pures Blech! Da haben Sie sich schön übers Ohr hauen lassen, mein Lieber!«

Wir meldeten uns beim amerikanischen Konsulat. Der geschniegelten Miss gelang es sogar, unsere Quotennummern telegrafisch aus Wien kommen zu lassen, aber die waren ehestens in drei bis vier Jahren fällig. Ebensogut hätte sie uns auf das nächste Jahrhundert vertrösten können. Man hielt jetzt Sommer '39, und als reichten unsere Antennen bis hin zum Braunen Haus, so präzise wußten wir, daß Hitler seinen Krieg haben wollte, noch bevor die Blätter fielen. Schon startete die nämliche verlogene Hetze gegen die Polen wie vorher gegen die Tschechen und noch früher gegen die Österreicher. Viel Neues fiel dem Goebbels nicht ein, aber das verlangte auch niemand von ihm. Die Deutschen nahmen ihm jedes Wort ab, die waren programmiert auf Gläubigkeit. Und sie waren nicht die einzigen. Gläubigkeit galt zu dieser Zeit als Wert an sich, gleichgültig woran man glaubte. Und Skepsis als Unwert an sich, egal woran man nicht glaubte. Das Gespenst, das, seit Nietzsche, in der bürgerlichen Gesellschaft umging, war die panische Angst, nichts mehr zu fühlen. Darum boten – und bieten – die Diktatoren uns ja vor allem eins: die Chance zu fanatischer Gläubigkeit. Wer glaubt, fühlt. Sind es noch dazu ewige Werte, die man anbietet (nur Demokratien befassen sich mit materiellen), dann ist die Sache geritzt. Niemals flossen ewige Werte jemandem glatter von der Zunge als den Propagandisten des Nazireiches. Sie hatten geradezu ein Weltmonopol darauf. Und diese Werte hatten sich nicht etwa im täglichen Anspruch zu bewähren. Wer sie besaß, und praktisch besaß sie jeder Volksgenosse instinktiv durch sein »Blut«, dem war einfach alles erlaubt. Glaube an ewige Werte als Freifahrschein zum Massenmord ... darauf mußte man erst einmal kommen. Das aus seiner Epoche herausgespürt zu haben war Hitlers blutige Originalität.

Vater kannte den Ehrenkonsul von Uruguay, natürlich kein Dortiger, sondern ein geschleckter tschechischer Windhund.

Jetzt der umworbenste Mann von Prag, denn er verkaufte Einreisevisen in das Land, das er nie gesehen hatte, für bares Geld. Vor Urzeiten war er mit Vater in derselben Klasse gesessen, darum überließ er uns die Visen zum Selbstkostenpreis. Wir standen noch händeschüttelnd und gerührt in seinem Büro, da erschienen zwei tschechische Polizisten und verhafteten den Konsul vom Fleck weg wegen Amtsmißbrauchs. Uruguay war »zu«, die Stempel wertlos, trotzdem haben sie uns das Leben gerettet. Gandhi, uns andern um etliche Flüchtlingsjahre und Grenzen voraus, klärte mich auf: »Vielleicht wissen die noch nicht in Zagreb oder Rom oder Paris, daß die Prager Visen Makulatur sind. Vielleicht erfahren sie es erst, wenn du schon drin bist. Amigo, als Emigrant überlebst du nicht, weil die Menschen gut sind, sondern weil sie schlampig sind!«

Unseren tschechischen Verwandten waren wiederum wir um eine Grenze voraus. Sie tummelten sich nicht vor Konsulaten und Komitees, sondern wollten abwarten und Tee trinken, weil ja bekanntlich nicht so heiß gegessen wird wie gekocht. »Prag ist nicht Wien, mein Lieber!« Wie wollte man schon tschechische Juden und die übrigen Tschechen auseinanderdividieren? Ein Ding der Unmöglichkeit. Wir begriffen noch nicht, daß die Deutschen es auf jeden einzelnen von uns abgesehen hatten. Nicht anonyme Massenabschlächterei, wie im Krieg. Sondern millionenfacher Einzelmord. Warum gaben sie sich eigentlich so infernalische Mühe, uns Stück für Stück einzufangen und zu vernichten? Dieser gigantische Aufwand an Energie und Pedanterie gegen Leute, die absolut keine Bedrohung mehr für sie darstellten? Vom finanziellen Aufwand gar nicht zu reden! Auch Blausäure wird von der Giftgasindustrie nicht gratis geliefert, und Verbrennungsöfen kosten eine Stange Geld. Nämlich 133756 RM pro Stück, wie man in den penibel geführten Büroakten von Auschwitz nachlesen kann. Geliefert von Firma Topf und Co. in Wiesbaden, die dann noch bis 1975 Krematorien herstellte. (Während die »Deutsche Gesellschaft für Schädlingsbekämpfung«, ohne mit der Wimper zu zucken, ihr Spitzenprodukt Zyklon B bis heute vertreibt.) Was muß es nicht alles gekostet haben, zirka dreiundzwanzig meiner näheren Verwandten umzubringen? Wahrscheinlich darf man schon froh sein, daß die Bundesrepublik als Rechtsnachfolgerin dafür nicht von uns Überlebenden Wiedergutmachung fordert!

Durchlaßschein Nr. A 2/44. Der – die – Georg Troller ist berechtigt, in der Zeit vom 28. 3. 1939 bis zum 1. 5. 1939 die Grenze zur Reise in das Reichsgebiet zu überschreiten. Gestapo-Einsatzgruppe Prag, Unterschrift: Wuh (oder so ähnlich). Ich frage mich, wo er geblieben ist, der Herr Wuh. Vor Stalingrad gefallen? Als Haupttäter abgeurteilt? Wetten daß nicht? Mit dem Ruhegehalt eines höheren Staatsbeamten sich am Strand von Mallorca sielend? Das schon eher. Vielleicht einer von den Unzähligen, die – in mir den Verzeiher witternd – brieflich und ungefragt mit ihrer jüdischen Großmutter aufwarten... so viele jüdische Großmütter haben nicht einmal wir gehabt!

Am 29. April – also einen Tag vor Ablauf des kostbaren Scheins – fuhren wir in einem versiegelten Zug quer durch die nächtliche Heimat, die sich jetzt begeistert Ostmark nannte, nach Italien und von dort nach Paris. Das uruguayische Visum wirkte Wunder. Jeder Stempel, der draufgedroschen wurde, galt als zusätzlicher Beweis seiner Authentizität. Wer wußte schon, wo Uruguay lag, ich selbt hatte es immer mit Uganda verwechselt. Paris kam mir schäbig vor, die Bewohner muffig und kleinkariert. Allerdings wohnten wir keineswegs auf den Champs-Elysées, nicht einmal im Quartier Latin oder am Montparnasse. Das Villedo stand dicht beim jüdischen Konfektionsviertel, ein heruntergekommenes Wohnhotel voller aufgeregter Emigranten, die ewig mosernd in der Halle Schach spielten, »das beruhigt«. Warum waren wir so sauer aufeinander? Letzten Endes, weil jeder sich ausmalte: »Gäbe es nur mich, dann hätten die Nazis sich erst gar nicht die Mühe gemacht, mich rauszuschmeißen. Also sind die andern dran schuld, daß ich hier müßig herumkrebse, anstatt meinen Lebenszweck zu erfüllen und mit Hosenträgern zu handeln oder mit Gummiwaren.« Andererseits hatte kaum einer die Nerven, sich Paris zu Gemüte zu führen: »Schließlich ist man nicht als Tourist da!« Das war bezeichnend für uns. Man verbiß sich den Genuß, auch wo er gratis geboten wurde. Der Zwang verdarb uns alles, der Zwang macht auch das Paradies zur Hölle. Außer für jene Schlangenmenschen, die das Talent besitzen, sich im Handumdrehen einer fremdartigen Atmosphäre anzuverwandeln. Was dann bis zur Selbstkarikatur reichen konnte. »Ik nix so gut mehr spreken die Deutsch«, auch das existierte.

Einmal kletterte ich mit den Eltern zum Montmartre hoch, da wurden »Apachentänze« vorgeführt. Die Männer in Schlägermützen und blau-weiß gestreiften Trikots, die angeblichen Verbrechermiezen mit hochgeschlitzten Röcken. Erst preßten die Ganoven im Tanz ihre Hände gegen die voluminösen weiblichen Popos. Dann gab es Zoff, und die Miezen wurden im Rhythmus der Musik herumgeschleudert und verhauen, was aber ihre Hingabe nur zusätzlich anheizte. Das war das berüchtigte »Milieu«, die Unterwelt. Und wir durften privilegierte Zeugen solcher empörenden Szenen sein, erklärte uns der Patron, indem er einsammeln ging. Mutter war tief befriedigt, denn der Emigration haftete ja sonst das Asexuelle, Sterile jedes Kleineleutemiefs an. Während Vater solche Unzüchtigkeiten als deplaciert empfand. Schlüpfriges ertrug er nur im Louvre. Dort stand, als ich endlich hinging, auf der Fassade in schwarzer Farbe gepinselt: »Die Juden sind die Könige von Frankreich und Navarra.« Schade, daß ich nicht wußte, wo Navarra lag, um mich in eines meiner Königreiche zu begeben.

Alle zwei Wochen mußte man zur Präfektur zwecks Aufenthaltsgenehmigung. Der Anschauungsunterricht in schikanösem Kompetenzwirrwarr dauerte den vollen Tag. Zwar hätte man Nummern ausgeben können oder uns in Schlange aufbauen, aber solcher Organisationsfimmel würde ja den Beamten geistige Anstrengung abfordern. Also drängten wir uns in geballten Haufen schreiend und gestikulierend um die wenigen Türen. Typisches Gehabe dieser »sales étrangers«, die das Land verseuchten »und den Einheimischen das Brot wegaßen«. Einmal traf ich dort Gandhi, bemüht einem Beamten zu erklären, daß er wegen seiner Verwundung nicht lange stehen könne. »Wären Sie doch in Ihrem Land geblieben«, fauchte der Flic höhnisch. Regelmäßig war Mehlig anzutreffen, weil er jeweils nur eine Woche Verlängerung kriegte, er besaß ja auch kein Visum nach Uruguay. »Vierzehn Täg«, seufzte er neidisch, »das wär schon das Paradies.« Wer kein Französisch parlierte, mußte sich mit »Monsieur Kron« ins Einvernehmen setzen, dem Vertrauensmann, der Geld in die hohle Hand nahm oder zumindest Zigaretten. Hätte man uns nicht gleich eine Dauerkarte ausfolgen können? Nein, die Präfektur war geschaffen als moralische Anstalt, in der man sich hochdienen mußte, von »récépissé« auf »carte temporaire« auf »carte d'identité« auf »carte de résident«, aber das galt schon als Nobelpreis. Monsieur Kron, von dem Mehlig wußte, daß er auch einer von »unsere Leut« war, der sich aber als Elsässer ausgab, erklärte mir die Logik des Systems: »Ist doch ganz einfach. Ohne Arbeitskarte keine Aufenthaltserlaubnis, ohne Aufenthaltserlaubnis keine Arbeitskarte. Somit bleibt jeder Ausländer ein geduldetes Provisorium, dem man, wann gewünscht und vonnöten, den Weisel zuschicken kann.« Der »Weisel«, das war die gefürchtete Ausweisung. Davon gab es aber – seliges Frankreich – nicht nur einen, sondern gleich drei! Beginnend mit dem Aufenthaltsentzug, genannt »refoulement«. Dagegen konnte man nicht nur Berufung einlegen, sondern es wurde einem auch eine gewisse Frist gesetzt, um seine Abreise zu organisieren. Diese Frist war überdies zu verlängern, inzwischen diente das »ordre de refoulement« als gültiges und vielbeneidetes Ausweispapier. Schlimmer war man schon mit einer Aufenthaltsverweigerung dran, dem »refus de séjour«, das sich nur um Tage verlängern ließ. Aber auch das galt noch als Privileg gegenüber der »expulsion«, der endgültigen Ausweisung innerhalb von 24 Stunden, deren Nichtbefolgung mit Gefängnis bestraft wurde. Ihr zu folgen war aber den meisten Emigranten schon rein technisch unmöglich. Also wurde man unter Polizeibewachung nachts zu einer verborgenen Stelle der belgischen Grenze gebracht: »Jetzt marschieren Sie immer geradeaus, und lassen Sie sich bei uns nicht wieder blicken!« Die Belgier machten anderntags das nämliche. Landete man von neuem in Paris, so setzte es drei Monate Knast wegen illegaler Einwanderung. Danach durfte man dich guten Gewissens wieder ausweisen, denn jetzt warst du ja vorbestraft. Es gab Emigranten, die Dutzende Male auf Staatskosten zwischen Paris, Belgien und Holland hin- und herpendelten, nur zu den Hohen Feiertagen versuchten sie immer daheim bei ihren Liebsten zu sein. Ich traf einen, der seit ewigen Zeiten auf Kanalfähren zwischen Dover und Calais schaukelte, er galt als kauziges Original und stand sich nicht schlecht dabei. Man erzählte auch von einem Italiener, der, weil er zu einem Tag Gefängnis verurteilt worden war, seinen Ausweisungsbefehl erhielt. Anschließend kam er 29mal wegen Nichtbefolgung ins Kittchen und büßte insgesamt neun Jahre und acht Monate ab.

Wovon leben? Zeitweilig verkloppte ich auf der Straße unanständige Postkarten (»gauloiseries«), die aber schwer zu beschaffen waren. Dann half ich mir mit einem Umschlag Kunstreproduktionen aus dem Louvre, obenauf Leda mit dem Schwan. Bevor die Provinzler den Schwindel klar hatten, war man um die Ecke. Später hausierte ich mit Krawatten, die man in einem offenen Regenschirm auslegte. Kam ein Flic daher, so klappte man den Schirm zusammen und spazierte davon, elegant wie Charlie Chaplin. »Cravate, Monsieur?« In der Passage Vivienne habe ich mich einem dicken Spießer genähert, mit Gamaschen und Regenschirm. »Cravate, Monsieur?« Er wendet sich mir zu und öffnet enschuldigend seinen Schirm. Der Schirm ist voller Krawatten. Einer von uns... Jedes Proletariat besitzt noch seine Lumpenversion, dazu gehörten bei uns die alleinstehenden Frauen, die Kleinkinder mitschleppten. Damit ließen sie sich nicht als »undeklariertes Hauspersonal« unterbringen, sondern mußten auf die Straße. Erwischte man sie, so stand jetzt auf ihrer Kennkarte das Kürzel »cc«, das hieß »cuisses chaudes« oder Heiße Schenkel. Als wären sie aus purer Ausländergeilheit über die französischen Männer hergefallen.

Paris war mir unheimlich. Anders als Wien und Prag schien es keinerlei Interesse daran zu besitzen, von mir erfaßt, ausgefühlt oder geliebt zu werden. Ich blieb ihm total gleichgültig – ein Eindruck, den ich bis heute nicht ganz überwunden habe. Paris, so willig es sich mit seinen Schätzen jedem Betrachter darbot, hieß mich nicht willkommen, strömte keine Wärme aus, ließ sich nur wenig nach meinen Stimmungen zurechtbiegen. Es war wie ein verführerischer, aber letztlich unverdaulicher Brocken Realität. Eine Herausforderung, an der man reifen konnte, ja, die einen dazu zwang, erwachsen zu werden, was ich heute für grandios halte. Damals hat mich das hauptsächlich verunsichert.

Auch Paris wurde von uns verunsichert, ohne daß wir es ahnten. Es war auf zahlungskräftige Touristen eingestellt und auf romantische Exilanten, als da sind polnische Patrioten oder russische Großfürsten. Wir erschienen alles andere als pittoresk, besaßen weder Volkstrachten noch Wolgalieder, dazu redeten wir die gutturale Sprache des Erbfeindes. Die ersten durchwegs modernen Flüchtlinge. Es gab keinen ersichtlichen Grund, uns zu mögen. Nach heutigen Schätzungen waren es nicht mehr als ein paar Zehntausend Emigranten, die in Frankreich Unterschlupf fanden. Wir wurden behandelt, als seien wir ein Feindesheer von Millionen: »Wenn man Sie alle rausgeschmissen hat, so wird es wohl einen triftigen Anlaß gegeben haben.« Man haßte die Boches, aber dieser Haß war mit Bewunderung gemischt: Deutschland »verjüngte sich« zusehends, Frankreich hingegen blieb alt, und am ältesten schienen die Juden. Warum sich nicht mit den Nazis verständigen, diesem Bollwerk der christlichen Zivilisation? Wer aber stand dem im Weg? Wir vor allem. Die ewigen Störenfriede, die Gewissensbeunruhiger. In einer Emigrantenzeitung las ich von Alfred Polgar: »Ein Mensch fällt in den Strom. Er droht zu ertrinken. Von beiden Landseiten springen, eigener Gefahr nicht achtend, Leute in den Strom, ihn zu retten... Ein Mensch wird hinterrücks gepackt und in den Strom geworfen. Er droht zu ertrinken. Die Leute auf beiden Seiten des Stroms sehen mit wachsender Beunruhigung den verzweifelten Schwimmversuchen zu, denkend: Wenn er sich bloß nicht an *unser* Ufer rettet.«

Das unterschwellige, Tag und Nacht dich kneipende Gefühl zu dieser Zeit war: Angst. Die Angst sitzt dem Exilierten in den

Knochen, sie markiert ihn auf Lebenszeit. Er lernt, daß er eigentlich nur überleben kann als Gauner, als Uhrenabzwicker. Sein Überleben als ehrlicher Mensch ist im Schöpfungsplan nicht vorgesehen. Ganz im Gegenteil, um sich zu behaupten, muß er durch ein feinmaschiges Netz von Vorschriften und Verordnungen schlüpfen, verfaßt von ahnungslosen Bürokraten und deshalb allesamt zugeschnitten, seinen Tod herbeizuführen. Jeder falsche Federstrich – ein schlecht buchstabierter Name, ein überstempeltes Datum – kann ihn seine Existenz kosten. Hier hat er den einen Beleg vorzuweisen, nebenan abzuleugnen, ihn je besessen zu haben. Er darf nur als Todkranker ausreisen, soll aber als Kerngesunder einreisen. Die eine Stelle verlangt den Nachweis seiner politischen Gefährdung, die andere das weltanschaulich unbeleckte Blatt. Beim Morgengrauen durch eine Razzia aus dem Schlaf geschreckt, sollst du in Sekunden entscheiden, welches Dokument du herausholst, welchen Akzent du vortäuschst, welche Rolle du dir zulegst. »Ich bin ein Antinazi!« schreie ich einmal verzweifelt und kriege die lachende Antwort: »Uns ist egal, was für ein Nazi Sie sind!« Aber nicht nur den Einheimischen hat man eine Rolle vorzuspielen, sondern sicherheitshalber auch den Kollegen, und am Ende sich selber. Wer bist du, Emigrant? Dein Beruf, dein Wissen – ein Witz, je intellektueller desto lachhafter. Dein soziales Engagement? Wer die am Heldenplatz juchzen gehört hatte, der wußte, daß hier weniger der Monopolkapitalismus am Werk war als ein Neuaufguß des guten alten Hexenwahns. Wir stellten die Hexen dar, die man verbrennen mußte, und Hitler philosophierte mit dem Hexenhammer, wie Nietzsche und Wagner ihm das verbal vorgezaubert hatten. Und was vermochten wir dagegenzusetzen? Irgendeine vage Humanitätsduselei. Ich kaufte mir einen Band Rimbaud, und was stand da: »Man muß absolut modern sein!« »Es ist die Zeit der Mörder!« Darauf lief's hinaus. Morden ist modern, aber Juden sind altmodische Leute, geschlagen mit einem eifervollen, moralinsauren Gott. Hat die Welt das nötig?

Und das abfällige Urteil der Welt wird vom Emigranten verinnerlicht. Wer allzulang Pech hat, der beginnt ja, sich schuldig zu fühlen. Und verdiente Strafe ist immer noch besser als sinnlose Strafe. Also identifiziert er sich unbewußt mit seinen Vertreibern, die »in manchen Dingen nicht so unrecht haben«, so daß »schon mal mit eisernem Besen durchzugreifen war«. Allzuviel jüdische Anwälte, Journalisten, nicht genug Ziegelschupfer! Zunehmend wird man die Sauberkeit, die Ordnung, die Kultur des Staates, der einen hinausgefeuert hat, proklamieren. Ohne es zu merken, verwandelt man sich zum absurden »Bei-unsnik« oder »Chez-nousist«. Der Flüchtling leidet an Heimweh nach einem Land, das ihn haßt, und kann dasjenige nicht lieben, das ihn immerhin existieren läßt. Er treibt wurzellos in einem Zwischenreich, und wenn er so aufgewachsen ist, daß man »irgendwohin zu gehören hat«, empfindet er diesen Zustand als Schuld. »Abel, wenn er vor den Mordabsichten seines Bruders Kain geflohen wäre, hätte als Emigrant bittere Unannehmlichkeiten zu erdulden gehabt. Er wäre sein Leben lang in der Welt herumgelaufen mit dem Abel-Zeichen auf der Stirn« – ich zitiere wieder Polgar.

Wir besaßen unser vielbestempeltes Visum nach Uruguay, also mußten wir in Zwangsresidenz nach Boulogne-sur-Mer, dem Haupthafen in die Neue Welt. Zwar gab es keine Schiffe mehr nach Uruguay, aber es hätte ja zufällig ein fliegender Holländer aufkreuzen können, das genügte der Pariser Präfektur zu unserer Abschiebung. Wir mieteten uns in dem benachbarten Wimereux ein und stellten »Eau de Javel« her. Einen Weißmacher, der daraus bestand, daß man Chlorpulver in Wasser schüttete und heftig umrührte. Das füllte man dann in leere Weinflaschen ab, die überall in Mengen herumlagen. Die Abendstunden verbrachte ich mit Strandwanderung, aufgehend in erotischen Phantasien. Dazu trällerte ich ein Liedchen oder rezitierte laut Gedichte, in der irrwitzigen Vorstellung, daß von irgendwoher eine Mädchenstimme darauf antworten mußte, Verheißung prompter Liebeserfüllung. In Fellinis La Strada fand ich später dieses romantische Motiv wieder, das mich über Jahre beherrscht haben muß. Und dann geschah fast ein Wunder! Die Tour de France rollte durch unsern Ort, und dabei lernte ich zwei süße französische Zwillingsschwestern kennen. Die eine hieß Kiki, die andere Nounou. Ich war sofort versessen auf Kiki, deswegen bändelte ich unvermeidlich zuerst mit Nounou an. Ins Kino mußte ich sie gemeinsam führen, man spielte »Hafen im Nebel« mit Jean Gabin und Michèle Morgan. Augenblicklich verwandelte ich mich in Gabin und legte forsch meine Hand auf Kikis Knie zu meiner Rechten, indem ich heiß ihren Namen flüsterte. Es war aber Nounou. Zu weiteren Intimitäten ist es dann nicht gekommen... Statt dessen begann ich (Kunst ist Ersatzbefriedigung) meine bisherigen Flüchtlingserfahrungen als Drama aufzuschreiben. Es sollte für ein Marstheater bestimmt sein, ganz wie mein einziges Besitztum, die »Letzten Tage« des Karl Kraus. Dreißig Akte hatte ich vorgesehen. Nach drei Akten war Feierabend, nicht weil mir der Stoff ausging, sondern weil er mich überrollte.

Spielt man Fußball, so pflegt man sich automatisch mit der Mannschaft, in der man vielleicht ganz zufällig kämpft, zu identifizieren. Je länger die Emigration andauerte, desto unfähiger wurde ich, mich mit irgend jemand zu identifizieren. Am wenigsten mit dem lahmen Emigrantenteam, das nicht die geringste Aussicht zeigte, je ein Spiel zu gewinnen. Sie alle gingen mir jetzt auf die Nerven, einschließlich der Eltern sowie Onkel Viktor und Tante Hedi, die zeitweilig mit uns wohnten. Es lag auf der Hand, daß sie mir nichts mehr beizubringen hatten, sonst würden sie nicht genauso belämmert aus der Wäsche schauen wie ich! Eines Morgens schlich ich mit meinem verschnürten Fiberkoffer davon, zum Hafen Boulogne. Egal wie, zur Not als Schiffsjunge, aber weg wollte ich. Vor einer Hafenkneipe freundete ich mich mit einem sonnenverbrannten Typ an, der dort Rum trank wie ein alter Seebär. Tatsächlich stammte seine Bräune vom »Bat d'Af«, einer Kolonialtruppe in Afrika. Jetzt war er Polizist. Nach langem Studium meiner Papiere von vorn und hinten flachste er: »Sie können von Glück reden, daß ich heute dienstfrei habe, sonst müßte ich Sie wahrscheinlich einlochen. Ich an Ihrer Stelle würde jetzt ganz schnell nach Wimereux zurückmachen, bevor ich mir's überlege. Und kaufen Sie sich unterwegs eine Zeitung!« rief er mir launig nach. In der Zeitung stand nichts Besonderes, nur, daß der deutsche Außenminister zu Besuch in Moskau war. Was ging mich das an? Ich trat ins Haus voll dringender Erwartung, daß sich jetzt die ganze Familie mit ausgebreiteten Armen auf mich stürzen würde wie auf den verlorenen Sohn. Statt dessen hockten sie rund um das Radio, und nur Onkel Viktor drehte sich unwillig um und machte: »Sch!« Meine Abwesenheit hatte man noch nicht einmal bemerkt, denn jetzt ging es wieder um die Wurst. Es war, als ob Hitler nach einem längst vorgedruckten Fahrplan operierte. Und haargenau alle sechs Monate mußte die Schraube um eine Windung angezogen werden. »Monsieur le chancelier du Reich», »Monsieur de Ribbentrop«... in letzter Sekunde kroch man den Nazis auch noch in den Hintern. Aber die hatten inzwischen ihre heiße Liebe zu den Sowjets entdeckt. Am 31. August platschte ich noch im Meer mit einem rosigen englischen Touristen. »Glauben Sie mir, das Ganze ist reiner Bluff. Ihr Hitler weiß ja, daß jeder britische Soldat zehn deutsche wert ist.« Am 1. September war der Tourist abgesegelt, dafür baute man schon ein vorsintflutliches Maschinengewehr auf die Mole. Die Schnauze nicht etwa ostwärts gerichtet, sondern gegen den Bundesgenossen England. Anderntags hingen an der »Mairie« die blauweißrot gerahmten Stellungsbefehle aus. Dann kam ein Anschlag dazu, daß alle »feindlichen Ausländer« sich registrieren lassen sollten. Der Bürgermeister erklärte uns zuvorkommend, wir als »konvenable Leute« seien selbstverständlich davon ausgenommen, »bitte machen Sie sich keine Sorgen«. Am folgenden Tag wurden unsere Sorgen voll bestätigt, da blieb auch die Zuvorkommenheit weg. Die männlichen »Feinde« mußten sich bei einer Sammelstelle einfinden, »mit einer Wolldecke und Lebensmitteln für zwei Tage«, daraus wurden dann neun Monate. Das war weniger Böswilligkeit als die gefürchtete »pagaille«, die Panik der letzten Sekunde, wenn man nichts vorausbedacht hat. Der nächste Winter kam bestimmt nur nach Deutschland... in Frankreich durfte man getrost die Panzer auf die einzelnen Kompanien verteilen und die Fliegerhorste an die Riviera, wo sie wahrscheinlich minderer Rostgefahr ausgesetzt waren. Kleckern, bloß nicht klotzen!

Als im Mai 1940 Churchill nach Frankreich flog, um zu retten, was zu retten war, fand er zu seiner Verblüffung, daß dem Oberstkommandierenden zwischen 12 und 14 Uhr kein Telefon zur Verfügung stand... Mittagspause! Wir hätten ihm das alles vorher verraten können. Aber wer waren wir schon, wer waren diese Ausländer, die einem so viele Entscheidungen aufhalsten, wo man doch weiß Gott andere Sorgen hatte? Nichts wie Spione, Saboteure, Fünfte Kolonne! Also erst mal internieren, die Patentlösung des 20. Jahrhunderts.

Vater, Onkel Viktor und ich kamen ins Lager. Die Frauen ließ man vorläufig draußen, die waren ohnehin hilflose Geschöpfe ohne ihre Männer, das stand schon im Code Napoléon fixiert. Als Lager fungierte eine Volksschule, der ein ältlicher Capitaine vorstand, höflich und ahnungslos. »Irgend etwas werden Sie ja ausgefressen haben...«, das kannten wir schon. Vorerst mußte man auch seine Uhren abgeben, wie leicht hätten wir mit den Leuchtziffern nächtliche Blinkzeichen ausstrahlen können an unsere Freunde, die Boches! Die Zwergschule enthielt nur drei Stehklosette im Hof, »aber so viel werden wir eh nicht zu scheißen haben«, prophezeit Onkel Viktor. Allerdings wurden wir nun mählich an die hundert. Darunter die Mannschaft eines Hamburger Frachters, die schon keine Vorstellung mehr hatte, was wir eigentlich darstellten. »Die Juden, die haben sich doch alle längst mit ihren Millionen in die Staaten verdrückt.« Nach zwei Wochen tauchte das Rote Kreuz auf, wir jubelten: »Die Kommission! Die versprochene Siebungskommission!« Sie siebte aber bloß die Seeleute aus, die anstandslos über die Schweiz repatriiert wurden, vermutlich, um die deutsche U-Boot-Waffe zu stärken. Wir hatten – noch liefen die Schulferien – die Schreibpulte gegen eine Wand gestapelt, dazwischen wurde uns Spreu aufgeschüttet wie im Viehstall, nicht einmal Strohsäcke gab es. Von den Wachmannschaften erfuhren wir, daß dies ein »komischer Krieg« sei. Und daß die Boches nie wagen würden, das französische Heer anzugreifen, das bis an die Zähne gewappnet sei – »bis zum letzten Gamaschenknopf« hatte man das 1870 vor Sedan genannt. Sie zeigten uns auch ein deutsches Flugblatt, in Form eines herbstlich vergilbten Ahornblattes. Darauf stand in zierlicher Kursivschrift: »Die Blätter fallen, weil Gott es will, aber wir fallen, weil die Briten es wollen.« Das war Goebbels' Geschoß und traf haargenau die defätistische Stimmung im Lande. Eine ganze Generation war hier im Weltkrieg zermahlen worden. Sollte jetzt eine weitere dran? Und wofür, »für Danzig«? Man verstand die Franzosen und empfand Mitgefühl mit ihnen... was uns allerdings noch leichtergefallen wäre, hätten auch sie etwas für uns empfunden. Oder uns wenigstens in der Armee dienen lassen. Aber wer sich dazu meldete, endete als Söldner in der Fremdenlegion. Mit einem Zwangsvertrag auf fünf Jahre.

Nach weiteren Wochen wurden die Männer über fünfzig entlassen, darunter mein Vater. Er war zuletzt nur noch kopfschüttelnd im Kreis um den Schulhof gelaufen. Etwas für die Glorie der Troller-Sippe zu unternehmen war seine Lebensaufgabe gewesen, als zweites kamen Verdienst und Geschäft, mehr war da eigentlich nicht (außer seinem verschwiegenen Laster, der Kunsthistorie). Jetzt hatte man ihm den Betrieb wegstibitzt, die Familie auseinandergerissen, der Sohn verweigerte in blutiger Entwicklungskrise jeden Kontakt. Einmal brachte Vater mir eines von den zerlesenen Nackedeiheften, die im Lager zirkulierten. Sie hießen Frou-Frou oder Paris-Canaille und zeigten Damen mittleren Alters in runzligen Seidenstrümpfen und panzerartigen Büstenhaltern. Was mußte es ihn an Überwindung gekostet haben, sowas auch nur in die Finger zu nehmen. Es war ein demütiger Versuch der Annäherung, ich aber schnauzte bloß ungerührt: »Danke, hab ich schon gelesen.« Aus solchem Stoff sind die Familientragödien gemacht.

Der Vater ging, eine eingeschrumpfte Figur mit verschnürtem Bündel. Den Koffer hatte er mir gelassen. Als das Schuljahr begann, transportierte man uns unter schwerer Bewachung in ein zweites Lager, eine baufällige Kaserne. Hier stand die einzige Toilette auf dem Hof, der nachts nicht betreten werden durfte. Statt dessen stellte man uns einen Eimer ins Treppenhaus, der regelmäßig gegen Morgen überlief und sich auf die Stiegen ergoß. Zu essen bekam man, was die Wachsoldaten »singe« oder Affenfleisch nannten: blaue Cornedbeef-Dosen, bestempelt »1918«. Wir überwinterten in Lager Nummer fünf, eine hölzerne Ferienkolonie, um die wir selbst den Stacheldraht ziehen mußten. Wie ein Hund, der sich an die eigene Kette schließt. Immerhin hatte ich Gandhi und Mehlig wiedergetroffen. Später auch Monsieur Kron, der seine Vertrauensstellung bei der Präfektur los war und jetzt zugeben mußte, daß er eigentlich Kohn hieß. Wir pennten eng gepackt wie die Cannelloni, quer über uns das ewig tropfende Ofenrohr. Nachts machte man turnusmäßig Freiwache, um Holz nachzulegen. Nachdem ich zweimal mittendrin eingeschlafen war, worauf alle frierend und fluchend erwachten, richtete es Gandhi so ein, daß er mit mir zusammen am Bullerofen hockte. Im Weltkrieg war er Seeoffizier gewesen, hatte sich aber 1919 zu den Spartakisten geschlagen. »Natürlich war mir vom ersten Moment an klar, daß daraus nichts wird. Nicht in Deutschland. In Spanien übrigens auch nicht.« »Warum bist du dann hin?« Er lacht: »Um Flagge zu zeigen, amigo.« Noch einen anderen Satz von Gandhi habe ich mir gemerkt: »Es geht gar nicht ums Rechthaben. Sondern ums richtig Sein!«

Im Lager wurde er von Dr. Fein behandelt. Ein spitzbärtiger Internist, der auch noch beim Schlafen sein Stethoskop um den Nacken trug wie einen Halsbandorden, wir hatten ja alle unsern Dachschaden weg. Eigentlich hätte Gandhi sich im Militärlazarett von Berck-Plage verarzten lassen müssen, aber das war ihm zuwider: »Dann führen die meinen Namen im Register. Nie Spuren hinterlassen, mein Lieber!« Einmal bei der Inspektion erwischte der Lagerkommandant den Dr. Fein, wie er jemand mit dem Stethoskop abhorchte. »Haben Sie eine Lizenz, in Frankreich zu praktizieren?« Dr. Fein hatte keine Lizenz. »Bitte übergeben Sie mir Ihr Gerät.« Am Abend fanden wir ihn in der Vorratskammer, an einer Wäscheleine erhängt. »Nie sich an Äußerlichkeiten festkrampfen!« sagte Gandhi warnend zu mir. Obwohl er in Spanien bis zum Bataillonskommandeur aufgestiegen war, machte er jetzt seelenruhig den Lagerschneider. Die Spitzenposition hatte natürlich wieder Monsieur Kron inne, der die Post verteilen durfte. Er war Schauspieler gewesen, Rollenfach Heldenvater, »aber den Hamlet lege ich euch auch noch hin«! Den übte er laufend für Amerika in einem monströsen Englisch: »Tu pi or not tu pi.« Im entscheidenden Moment zog er dann ein Döschen mit Gift heraus, das er seit Jahren in der Hosentasche trug, ich glaube es war Strychnin. Als jemand bei der Abenddiskussion hysterisch aufbrüllte: »Vor Weihnachten bin ich hier raus, drauf könnt ihr Gift nehmen!«, fischte Kron grinsend seine Dose aus der Tasche: »Welches Gift sollen wir denn nehmen, dieses?«

Im Geist schrieben wir dauernd Botschaften an Roosevelt, den Völkerbund oder ans Rote Kreuz – irgend jemand mußte doch von uns Notiz nehmen, bevor wir endgültig verfaulten. Nur Gandhi wiegelte ab: »Ich kann ganz schön leben, ohne daß jemand Notiz nimmt.« Und dann meldete sich schließlich doch das Rote Kreuz, wenn auch nur in Form einer Kiste aus Genf. Gänseschmalz? Schokolade? Mit geifernden Mäulern brachen wir den Holzdeckel auf. Was zum Vorschein kam, waren Reclamhefte. Hunderte von rosigen Reclamheften. Immerhin besser als nichts, wenn man seit Monaten kein Wort mehr zum Lesen hat. Obenauf lagen Luthers Tischgespräche, das war allerdings nicht berühmt. Je tiefer wir gruben, desto mehr Tischgespräche ergaben sich. Am Ende war es eine ganze Kiste voller identischer Tischgespräche. Eins für jeden von uns. Luther hatte sich auch nicht lumpen lassen und seine Gespräche reichlich gesalzen mit Kraftausdrücken aus dem Afterbereich, die sich so ziemlich alle auf uns bezogen. Nur den »kleinen Anderl« vermißten wir und die Ostermatzen aus Christenblut.

Daß es im Lager keinen Lesestoff gab, war fast das Unerträglichste. Juden brauchen Bücher, sie sind das Volk der Schrift. So lasen wir in einander, bis jeder den andern ausgelesen hatte. Von da an ging man sich nur mehr auf die Nerven. Wir hatten einen Bruno von Salomon – Bruder des Fememörders und reaktionären Schriftstellers Ernst –, der besaß eines der wenigen Bücher im Lager, die Geschichte der Bauernkriege. Das war sein »Quellenwerk«, aus dem er wiederum seine eigene Geschichte der Bauernkriege destillierte (aus rechts mach links). Es war seine Methode, sich aus der Gegenwart auszublenden, jeder probierte eine andere. Nach langem Palaver überließ mir Salomon das Quellenwerk leihweise auf eine Stunde. Ich las es hingegeben auf der Einmannlatrine. Wie so oft, litt gerade, dank unserm Affenfleisch, das halbe Lager an Durchfall. Alle paar Minuten hämmerte jemand gegen die Brettertür: »Wichsen Sie sich da einen ab, oder was? Wie lang gedenken Sie noch zu thronen?« Zuletzt sprang ich wütend hoch, dabei kollerte das Quellenwerk durch das runde Loch in die Tiefe und versackte. Es war wie ein Mord. 1943 fiel Bruno dann in Südfrankreich der Gestapo in die Hände. Wir haben nie wieder von ihm gehört.

Wir alle steigerten uns zu gereizten Propheten unserer fixen Ideen und unserer Faktenhuberei. Meine Besessenheit, als gestandener Krausianer, war die Sprache. Unüberquerbare Grenzen von der verlorenen Heimat getrennt (nicht nur ich habe sie verloren, auch sie hat mich verloren, aber das macht ihr nicht soviel aus), wurde ich zum Deutschtümler und Puristen. Ich sagte Rundfunkgerät für Radio, Fernsprecher für Telefon, und zu allgemeinem Hohngelächter: »Könnten Sie mir allfällig Ihren Radiergummi leihen?« Dabei wurde meine Sprache immer papierener und dürrer. Mit sechzehn war ich emigriert, seitdem hatte ich kaum mehr richtiges Deutsch gehört. Im Lager schwätzten sie ein müdes Kauderwelsch, »camion« für Lastwagen, »courrier« für Post, man »renseignierte«, »débrouillierte« sich, fiel einem kein präziser Ausdruck ein, so setzte man »truc« oder »machin«. Einmal gab es Sprachdiskussion, und ich weiß noch, daß ich im Lagerkoller den Komparativ »schlänker« und den Plural »Pärke« bis zum Paroxysmus verteidigte. Kam es drauf an? Mir ja. Als würde mir mit jedem entlaufenen Wort ein Stück Identität abhanden kommen. Ich sah mich ganz konkret und plastisch nur aus meiner Sprache bestehen. Ging sie flöten, so war nichts mehr von mir übrig. Verstohlen legte ich meine ersten Wortlisten an – ein manischer Zwang bis heute. Trotzdem schrumpfte mein früher so prunkend zur Schau getragenes Vokabular mit erstaunlicher Schnelle. Zurück blieb eine Art Luftwurzelsprache, mit der ich mich eben behelfen muß. Später, hellhörig geworden, habe ich ähnliche Ausdörrung bei viel sprachmächtigeren Emigrationskollegen bemerkt, bis hin zu Döblin und Thomas Mann. In Brechts Arbeitsjournal wimmelt es von Schnitzern und Amerikanismen. Da findet er eine Nachricht »distortiert« und den »Rekord« der Bourgeoisie jämmerlich, er »addiert« einiges am Galilei, bedauert, daß Peter Lorre seine gruselige Vergangenheit »niederzuleben« hat, und bemüht sich, die beste Automarke »auszufinden«. Kein Wunder, wenn da die Filmbilder »verblurren« und der Kameramann lethargisch in seinen »Apparatus« starrt. Zuletzt kriegt Brecht das Wort Pate nicht mehr zustande, bloß »godfather« oder das bayrische »Dohdle« seiner Kindheit. Schon sieben Jahre nach der Emigration ist er bei einer Stammelsprache gelandet, die als Vehikel für weltanschauliche Künderphraseologie ausreicht, aber kaum für Dichtung. Auch ein ungesungenes, ja ängstlich verschwiegenes Kapitel der Tragikomödie, genannt deutscher Geist im Exil. Und hat Brechts Sprache je den früheren poetischen Glanz zurückgewonnen? Die Stücke nach der Courage lesen sich platt und banal – daher vielleicht seine versessene Inszenierungswut, die den Verlust kaschieren soll.

Habe ich schon erwähnt, daß wir alle unsern Knall weghatten? Es gab welche, die sich schwarze Vollbärte zulegten, den aufgekrempelten Hut am äußersten Hinterkopf balancierten und halbe Tage am Drahtzaun Gebete »dawneten«. Manche turnten bei jedem Wetter im Freien. Andere ließen sich von Lagerschneider Gandhi militärische Schiffchen nähen und stopften die Hosen in hohe Gummistiefel, als wären sie beim Militär. Den schlampigen französischen Wachsoldaten gaben sie sich stramm überlegen. Es fehlte nicht viel, und sie hätten sich per »Heil« begrüßt. Identifikation mit dem überlegenen Feind, auch das war drin, so schaurig es klingt. Gandhi, wenn sonst nichts zu tun war, organisierte Schachturniere. Aber diese Kämpfe gingen nicht kameradschaftlich vor sich, sondern verbissen wie Weltmeisterschaften. Es passierte, daß der Verlierer das Brett an die Wand feuerte oder in haltloses Schluchzen ausbrach: Nun war ihm auch das letzte Stück Selbstachtung genommen. In hellen Mondnächten ging man zwischen den Baracken spazieren, obwohl das eigentlich verboten war. Mit der Weihnachtskälte blieben nur Gandhi und ich übrig. »Kennst du das? Als ließe sich, seit man von daheim weg ist, nichts mehr fühlen? Hier drin, verstehst du? Als wär da auf einmal ein großes Loch.« Gandhi lacht leise vor sich hin: »Stacheldrahtgespräche...« Ich: »Woher kommt das eigentlich, daß die uns so hassen? Und wir, wir haben sie sogar geliebt.« Gandhi: »Sie haben ihre eigenen Sünden auf euch abgewälzt – ein allgemeiner Brauch.« Und nach einer Pause: »Wir Deutschen... wie Gottsucher, die nicht an Gott glauben können. Daher kommt alles. Die schöne Musik... und der ganze Mief!« Heroisch trotzen wir dem Schneewind, der durch die steifgefrorenen Wäscheleinen knattert. Gibt es in diesem Moment etwas Deutscheres auf der Welt als uns zwei?

Im Frühjahr avancierten wir halbverschimmelten Lagerinsassen zu »Prestatären«, eine Art freiwillige Arbeitssklaven mit himmelblauer Armbinde. Immer noch besser als bald darauf die gelbe mit dem Judenstern. Den versprochenen Tageslohn von fünf Francs behielt der Kommandant »provisorisch« ein, wir haben ihn nie zu Gesicht gekriegt. Mich vermietete man an eine Mastfuttermühle in Hesdin. Dort hatte ich Zentnersäcke Häcksel, dazu ein Kilopaketchen »Spezialnährstoff«, oben auf dem Dachboden in einen Holztrichter zu leeren. Was nach vielen knirschenden Mahlvorgängen unten im Erdgeschoß herauskam, waren grüne, gepreßte Pastillen, die angebliche »Lieblingsspeise der Kühe«. Aus dem Kilo Nährstoff wurde bald ein Pfund, kurz darauf blieb auch das weg, wer sollte schon den Unterschied merken? »Faut se débrouiller«, man muß sich zu helfen wissen, verkündete der Chef apodiktisch, und »A la guerre comme à la guerre«, Krieg ist Krieg. Zwei Sätze, mit denen man in Frankreich fabelhaft durchs Leben kam. Ich »débrouillierte« mich und brach unter der Last der Säcke zusammen. Fortan durfte ich mit andern Lagerkollegen »an der frischen Luft schaffen«, beim Bauern. Es war ein ehrwürdiger Vierkanthof, drei Flügel für das Vieh, der vierte für uns. Fließwasser, Heizung und sogar Toiletten mußten hier dermaleinst vorhanden gewesen sein. Schätzungsweise zur Zeit Napoleons des Dritten war dann nach und nach alles ausgefallen. Das Reparieren schob man von einer Generation auf die nächste, inzwischen herrschte das Provisorium. Durch die mit Zeitungen verklebten Fenster wehte die versprochene Luft, angereichert von den Düften des mannshohen Misthaufens, der den kompletten Innenhof ausfüllte. Die Frontseite war für unsere Bedürfnisse bestimmt, die Hinterseite für die Mägde, deren Röcke auch danach rochen. Sie weckten uns um fünf Uhr morgens mit dem ersten Frühstück, das war Schweinesülze. Danach hatten wir die Ställe auszumisten bis zur »collation«, die ebenfalls aus Sülze bestand. Wie übrigens sämtliche Mahlzeiten, denn man hatte frisch geschlachtet. Unser Pensum lautete, Heerscharen von Zuckerrüben aus dem festgefrorenen Boden zu reißen und aufzuschichten. Sie hießen »betteraves« und waren für das Rindvieh bestimmt, das keine Sülze zu fressen brauchte. »Ihr dürft die Rüben beim Herausreißen nicht beschädigen«, kommandierte der Bauer und zog die erste mit mächtigem Ruck heraus, wonach er sich ans schmerzende Kreuz faßte und zum nächsten Café verschwand. Wir gaben jeder Runkel zuerst einmal einen wuchtigen Fußtritt, das half.

Zum Glück kam bald Nachricht aus dem Lager, wir seien hinfort abkommandiert zum Bau einer kriegswichtigen Munitionsfabrik am Strand von Ambleteuse. Als wir ankamen, schaufelte man gerade die Fundamente aus dem Sand. In dreißig Zentimeter Tiefe wurde der Grund bereits wäßrig, aber das störte niemanden. Warum das Werk ausgerechnet in die Dünen der Ärmelkanalküste gesetzt werden mußte, ließ uns ebenso kalt wie die Frage, wann bei unserem Tempo der erste Munitionsausstoß fällig war – ob vor oder nach der Jahrtausendwende. Wir schippten gemütlich vor uns hin und beluden Loren, die man einige Meter strandaufwärts wieder leerkippte. Dafür bekamen wir abends Ausgang und durften den Marktflecken besuchen, der aus sechs Fischerhäuschen und einem Café bestand. Aus dem rief mir ein Mädchen verführerisch zu: »He, frisette!« Das konnte sich nur auf meine »geschneckerlten« Haare beziehen, deswegen tat ich zuerst beleidigt. Bis ich herausfand, daß dergleichen in dieser platten flandrischen Öde hoch im Kurs stand. Sie hieß Mady, ihre Eltern waren die Wirtsleute des Cafés, die sie streng beaufsichtigten, denn die französische Provinz ist nicht Paris. Aber Krieg war Krieg, man mußte sich zu helfen wissen. Weit draußen an der Mole lag eine abgewrackte Fischerbarkasse, in deren Bauch wir allerhand halbverrottete Segelleinwand vorfanden. Es war ein hartes Bett, um so weicher fühlte sich Mady an, wenn sie mir mit zärtlichen Küssen Instruktionen gab. Lange hatte ich Französisch nicht gemocht, aber was konnte es Lieblicheres geben als die »nichons« oder »petite chatte«, die sie auf bestimmte Arten gestreichelt haben wollte. Dazu schaukelte bei Flut das Boot vor sich hin und gab uns den Rhythmus vor. Es war wie ein Hauch jener »douce France«, des holden Frankreich, von dem der zynische Tucholsky so schwärmte und dem ich nie begegnet war.

Als wir vom Dorf her den schweren Motorenlärm hörten, waren wir überrascht. Schließlich war es Sonntag, und hierzulande mußte der Tag des Herrn geheiligt werden, selbstverständlich auch im Krieg. Mady und ich liefen zur Hauptstraße, da stand eine Kolonne von grünen Armeefahrzeugen verkeilt in Massen von Zivilautos, die in die Gegenrichtung strebten, nach Süden. Diese Wagen waren vollbestückt nicht nur mit kompletten französischen Großfamilien, sondern auch mit ihrem Hausrat samt auf das Dach geschnürten Matratzen. Im Lager wartete man schon auf mich. »Die Nazis greifen über Belgien an, wie 1914 gehabt«, stöhnte Gandhi. Ich hatte ihn noch nie so verstört gesehen. Der Kommandant trug jetzt seine gewaltige Pistole, beim nächsten Morgenappell verkündete er: »Vos gens approchent«, Ihre Leute kommen näher. Er kapierte noch immer nichts. Der Flüchtlingsstrom verdickte sich zunehmend. Jetzt gab es sogar schon Autos, die mangels Treibstoff von Ochsen gezogen wurden, auch hochbepackte Fahrräder und sogar Schubkarren. Dann hörte man wieder endlosen Motorenlärm: Gegenoffensive, strahlten die Wachsoldaten. In der Nacht kroch Gandhi verbotenerweise zum Lagertor und kam entgeistert zurück: »Sie kneifen!« Tags darauf murmelte der Kommandant etwas von »camions«, die uns nach Süden abtransportieren würden, und verschwand definitiv zum Radio in der Schreibstube. Und dann war es offiziell: »Die Belgier kapitulieren! Die französisch-britische Nordarmee ist abgeschnitten! Und die Boches stehen schon südlich von uns bei Amiens!« Jetzt wurden wir mitsamt unsern Koffern tatsächlich evakuiert. Nicht etwa wie versprochen auf Lastwagen nach Südfrankreich, sondern nordwärts und zu Fuß in das Kaff mit den sechs Häusern. Wahrscheinlich sollte dort durch uns »Prestatäre« eine neue Hauptkampflinie errichtet werden, jeder Misthaufen ein unbezwinglicher Bunker. Nach zwei Kilometern Gepäckmarsch flog das meiste von unserm Zeug in den Straßengraben. Ich behielt nur eine Deckenrolle mit Wäsche und war damit wieder einmal auf demselben Stand wie bei der Flucht aus Wien. Im Dorf hielt der Kommandant dann eine zündende Ansprache, während er sich die Stiefel putzen ließ, um für alle Eventualitäten gerüstet zu sein: Die Deutschen seien dreißig Kilometer nördlich durch einen tapferen Gegenstoß abgefangen worden. Sollten sie dennoch durchbrechen, so könnten wir uns ja zu »unseren Volksgenossen« schlagen. Anschließend trat er ins Café, um »mit dem Hauptquartier zu telefonieren«. Durchs Fenster konnte man beobachten, wie er neben Mady genüßlich seinen Aperitif schlürfte, es ging schließlich auf Mittag.

In dem Moment hören wir es: ein dumpfes Dröhnen wie Trommelwirbel, dazu metallisch schleifende, klirrende Obertöne. Und da tauchen die zwei Ungetüme auch schon am Dorfeingang auf und kreischen zum Stillstand. Gespenstisch wie im Alptraum drehen sich ihre Geschütztürme drohend gegen uns. Und was macht man jetzt? Auf die Panzer zulaufen und rufen: »Halt, bitte nicht feuern! Wir sprechen Deutsch, vielleicht können wir als Dolmetscher bei Ihnen anfangen?« Dann knattert um die Ecke ein Motorrad auf uns zu, mit dem, was man vor urdenklicher Zeit in Wien eine Pupperlhutschen genannt hat. Nur daß der Beiwagen keine Ausflugsbraut enthält, sondern einen Übermenschen in Stahlhelm, Staubbrille und grauem Gummimantel. Höflich beugt er sich heraus, mit einem Schulfranzösisch, das ungefähr meinem entspricht. »Pardon, Monsieur, s'il vous plaît.« Unter dem Helm sitzt ein sommersprossiges Jungengesicht, jeden Moment wird es in den Schlachtruf der Schoschonen ausbrechen. »Le chemin nach – wie heeßt det Kaff – Dünkirchen?« Er hält mir eine Landkarte vor, ich deute irgendwohin ans blaue Meer, hierauf saust er dankbar zu seinen Panzern zurück, und Sekunden später ist der ganze Spuk verschwunden. Nur daß wir jetzt besetztes Gebiet darstellen. Wieder haben sie mich erwischt, so happig sind die nach mir. Mit Kompressormotoren rasen sie hinter mir her, sie werden mich noch am Ende der Welt einholen. Wo haben sie das bloß gelernt, dieses Blitzkriegmetier, daß sie es so perfekt beherrschen? Etwas Dumpfes kocht in mir hoch, nein, nicht Haß, sondern blanker Neid! Einmal, ein einziges Mal nur möchte ich zu den Siegern gehören. Möchte schnieke ausgerüstet auf ballernden Stahlgefährten durch die Lande brausen, hinter mir das Lobgeschrei von Millionen, frei und unbelästigt von einem längst zum Kuschen gebrachten Gewissen. Ja, und ihr werdet laufen, laufen, laufen... In der Zwischenzeit haben sich unsere Wachen längst verkrümelt. Mit Gandhi schleiche ich zum Dorfausgang, Richtung Küste. Gandhi überlegt: »Blitzkrieg spielt sich auf den Straßen ab. Was dazwischen liegt, mögen die Panzer nicht so gern, da kommt einem der Magen hoch. Der Strand ist unsere beste Chance. Irgendwo wird es ja noch Transport nach England geben.« Wir stapfen stundenlang über die grasbewachsenen Dünen. Das halbe französische Heer scheint hier zu lagern, die Gewehre brav zu Pyramiden aufgeschichtet. Es wird fröhlich abgekocht, »la bouffe« geht allem vor. Dann stoßen wir wieder auf einen britischen Sektor. Die Tommies starren wie gebannt hinüber zu ihren Kreidefelsen, so nah und doch so fern. Sie wirken echt am Boden zerstört, das Debakel frißt an ihnen. Ein Cockney mit Schulterverband stöhnt in die Luft: »How in hell did it happen?« Alle suchen sie jetzt krampfhaft nach Spionen und Verrätern, die große Treibjagd auf den Sündenbock kann beginnen. Die Franzosen schimpfen auf die Holländer und Belgier, deren Stehvermögen man blöderweise überschätzt hat, die Engländer auf die knieweichen »Froggies«.

Gleich werden sich beide auf uns einigen, nach dem Motto: Schuldig ist, wer sich nicht wehren kann. Wir fragen einen Offizier nach Transportmöglichkeiten über den Kanal. »Bei Gravelines oder Dünkirchen soll es Schiffe geben, aber wie kriege ich meine Boys dorthin? Wir sind die Nacht durch zur Küste marschiert.«

Das Fischerdorf Gravelines liegt einen halben Tagesmarsch nordwärts. Gandhi hinkt jetzt mordsmäßig, aber er gönnt sich nicht mal eine Zigarettenpause, gejagt von dem Gedanken an die »Liste«, auf der er verzeichnet stehen muß. Es ist später Nachmittag, als wir anlangen. Weit und breit kein Schiff in Sicht, außer einem hölzernen Fischkutter, der wegen Ebbe mitten in der Flußmündung auf dem Schlamm sitzt. Einen Moment lang fällt mir Mady ein, was die jetzt wohl macht? Na ja, einen »frisette« wird sie auch unter den Fritzen finden. Jetzt kriecht ein französischer Leutnant in Paradeuniform, wahrscheinlich direkt aus der Kadettenanstalt, über ausgelegte Leitern quer über den Schlick bis zu dem Kahn hin, durchschießt die Ankerkette mit seinem Revolver. Leere Schau, denn ohne Flut läuft hier nichts, und die ist erst in Stunden fällig. Weit draußen glänzt das Meer in der Abendsonne, verlassen und wurstig. Erst Tage später werde ich am Radio erfahren, daß im selben Moment, zwanzig Kilometer von uns, nur leider hinter der nächsten Landzunge verborgen, eine Riesenflotte von Segelkuttern und Lastkähnen, Luxusjachten und Motorbarkassen den Ärmelkanal bevölkert. Sie evakuieren 300000 Mann des britischen Expeditionskorps, auch französische Soldaten und sogar Prestatäre kommen mit. Es ist das »Wunder von Dünkirchen«, das wir hier knapp versäumten.

Aber jetzt funkt schon der erste Artillerieeinschlag herüber, Volltreffer auf den minimalen Leuchtturm des Hafens von Gravelines. »Nu na, verhaun wer'n sie sich«, murmelt Gandhi in dem unvollkommenen Judendeutsch, das wir ihm beigebracht haben. Dann ein zweiter Schuß ebendahin, deutsche Präzisionsarbeit. Wir schlagen uns hurtig landeinwärts. Vor die Front kommen und vor der Front bleiben ist Gandhis einziger Gedanke: »Irgendwann müssen die ja Pinkelpause machen.« Denkste. Auf der Landstraße herrscht munterer Militärverkehr. Dirigiert von einem Feldgendarmen, der seinen Helm bereits am Gürtel trägt wie im tiefsten Hinterland, so schnell geht das. Und wer sich da seinerseits an ihn herangepirscht hat, ist niemand anders als Mecki, offenbar von derselben schlauen Idee ergriffen wie wir. Mecki, der eigentlich Mecklenburger heißt, aber trotzdem aus Berlin stammt. Mit einem Blondschopf, als hätte er mindestens vier arische Großmütter. »Falls wir uns verlieren, Treffpunkt Bahnhof Orléans«, flüstert Gandhi, bevor wir gemeinsam den Feldgendarm anquatschen: Wir seien deutsche Zivilisten, von den Franzosen widerrechtlich interniert. Und jetzt auf der Suche nach einem Stab, der uns in die Heimat hilft. Der Typ grinst herablassend: »Alle Stäbe sind längst vorn« und hält prompt zwei Motorräder an, auf deren Beiwagen man uns verstaut. Nach 200 Metern habe ich Gandhi und Mecki aus dem Blick. Offene Kübelwagen sausen in Gegenrichtung an uns vorbei, zur Tarnung mit Reisig geschmückt. Man winkt sich spaßhaft zu, es ist wie der Pfingstkorso im Prater. Gibt es was Schöneres als siegen? Einer signalisiert unter komischen Gesten zu uns herüber und zeichnet mit dem Finger einen Elefantenrüssel vor sein Profil. Mein Fahrer schüttelt den Kopf: »Teppert! Nur weilst a große Nasen hast, meinen die, du bist a Jud.« Dem Dialekt nach muß er aus Hernals stammen oder aus Ottakring, den urigsten Bezirken Wiens. Mir krampft sich der Magen zusammen, ich frage so hochdeutsch wie möglich, ob ich austreten darf. »Klar, Kamerad.« Ich schlage mich ins Gehölz und zerfetze sämtliche Dokumente, die irgendwie auf meine Herkunft Bezug haben. Dann packen mich meine üblichen nervösen Koliken, und wo kriege ich jetzt Klopapier her? Da vor mir schimmert etwas Weißes durch die hereinbrechende Dunkelheit. Ich hopple mit heruntergelassenen Hosen darauf zu und stürze längelang über eine Erhebung. Es ist, notdürftig verscharrt, ein gefallener deutscher Landser. Am Kopfende steckt ein Kreuz aus zwei zusammengebundenen Ästen. Und darin das weiße Blatt, das mir aufgefallen ist. Etwas Bedrucktes, anscheinend aus einem Buch herausgerissen: »Tief unten in der Erde, da liegt mein Kamerad, der mich mit seinem Leben vom Tod errettet hat.« Ich habe bis heute keine Ahnung, ob das Volkston ist oder Nazilyrik. Das Blatt wird seinem Zweck zugeführt, weil der Fahrer schon ungeduldig hupt. Am liebsten möchte ich ihn jetzt sausen lassen. Aber mir ist klar, daß ich mich dann nie mehr an einen andern herantraue, und wie finde ich je Gandhi wieder? Spätnachts kommen wir schließlich ins Quartier, ich verdrücke mich schlaftrunken zu einer isolierten Scheune. »Servas, Jud!« ruft er mir gemütlich hinterher.

Hunger weckt mich, durch die Bretterspalten kann ich einen zerschossenen Kirchturm ausmachen, über dem die Sonne schon im Zenit steht. Ich schleiche mich vorsichtig an, aber kein Boche in Sichtweite. Die hocken jetzt wahrscheinlich längst im Café Flore oder im Deux Magots und finden es nicht mal erforderlich, läppische Schildwachen zurückzulassen. Auf einer Brücke stehen schon bequem angelehnt die üblichen Angler: Mir gruselt's vor so viel Einverstandenheit. Der Bäcker auf der Hauptstraße schenkt mir eine halbe Baguette: »Mehr gibt's nicht, da sind schon zu viele Flüchtlinge durch.« Er meint nicht die ungeliebten deutschen »Refugiés«, sondern das halbe Frankreich, das jetzt auf den Beinen ist. Ich empfinde das irgendwie als Trost. Beim Bürgermeister hängt vom Balkon ein weißes Laken, daneben eine Hakenkreuzfahne. Und hier gibt's nun doch Uniformen zu sehen. Ein deutscher Offizier, piekfein mit grauen Handschuhen trotz der Hitze, tritt heraus zu seinem tuckernden Kübelwagen. Und wird stramm von einem Wehrmachtsposten salutiert sowie einem französischen Gendarm, dem er leutselig die Hand schüttelt. Die große Verbrüderung kann beginnen. Auf einmal verspüre ich gar keine Lust mehr, mich in der Mairie nach den Lagerkollegen zu erkundigen. Mit dem kommt ein Haufen vierschrötige Bauernjungen johlend die Dorfstraße heraufgezogen, die triumphierend einen großgewachsenen Mann umtanzen. Sie leiern so was wie »Pardon! Pardon!«, aber wir sind ja hier nicht in der Bretagne, wo man auf Pardons zu Wallfahrtsorten pilgert. Dann kann man ihre Worte ausmachen. Was sie rufen, ist

»Espion! Espion!«, und, o Gott, der Mann in ihrer Mitte, den sie gefesselt vor sich hertreiben, ist Gandhi. Sie haben ihn als Spion verhaftet, wahrscheinlich weil er sich irgendwo mit seinem deutschen Akzent verriet. Sie haben einen deutschen Spion verhaftet und liefern ihn pflichtgemäß bei der Behörde ab, ohne mitzukriegen, daß hier schon alles den Deutschen gehört. Gandhi wendet mir den Kopf zu, eine Sekunde lang treffen sich unsere Blicke, dann schaut er wie achtlos beiseite. Es ist seine letzte Liebestat für mich, er möchte, daß ich mich da raushalte. Was hätte ich auch für ihn tun können, eine Nichtperson, ein Mensch ohne Ausweispapier? Der deutsche Offizier ist längst davongespurt, er weiß, Verantwortung läßt sich delegieren. Weil es einer noch so finsteren Doktrin nie an Sachwaltern fehlen wird, solange nur das kleinste Fürzchen Machtzuwachs dabei herausschaut. Jetzt tritt der Gendarm auf Gandhi zu und fordert in einem süffisanten Ton, der mich bis heute zu sofortiger Mordlust reizt: »Vos papiers, Monsieur!« Gandhi muß seine Papiere vernichtet haben wie ich, er schüttelt nur schweigend den Kopf. Die Knirpse heulen auf, da jetzt ihr patriotischer Eifer voll gerechtfertigt scheint, und der längste von ihnen spuckt sehr erwachsen aufs Pflaster: »Sale boche!« Es ist fertig und vorbei, mit keiner List der Welt kann Gandhi aus dieser Falle heraus. Als Nazi wird er an die Deutschen ausgeliefert, die ihn als Antinazi umbringen. Man stößt ihn hinein, und der deutsche Wachtposten zündet sich lässig seine Pfeife an. »Na, Bengel, was guckste?« gähnt er jovial und ohne Ahnung, daß ich ihn verstehe.

Und das war's dann. Leben und Tod als Lotterieticket, gar als Mokanz oder sardonische Bosheit der Götter – solche mörderische Ironie hat mein Lebensgefühl bis heute bestimmt. Unsägliches Mißtrauen muß tagtäglich niedergekämpft werden, jede Äußerung von Zuversicht auf seiten meiner Umwelt reizt mich augenblicklich zu unterdrückter Wut. »Nächsten Sommer fahren wir nach Indien«... wieso fahren wir? Wir wollen fahren, hoffen zu fahren, sofern das Schicksal es gestattet. Von dem ich überzeugt bin, daß es nur im falschen Moment zuschlägt und auf die unerwartetste Tour. Alles andere wäre Vermessenheit für mich, Herausforderung des Fatums durch übermäßige Positivität. Und auch hundert glücklich abgedrehte Filme können mich nicht überzeugen, daß mein nächster nicht schändlich mißlingt.

Zwei Tage später stieß ich in Wimereux zur Familie. Eltern sind dazu eingerichtet, ihre Kinder vor Dummheiten zu bewahren, damit muß man rechnen dürfen. Also bestand ich partout darauf, sofort weiterzutrampen auf irgendwelchen deutschen Krafträdern, obwohl dergleichen weit und breit nicht mehr zu sehen war. Mutter fuhr das große Geschütz auf, das allen Müttern in solchen Krisen zur Verfügung steht: »Dazu habe ich dich nicht unter Schmerzen geboren... etc.« Da Anspielungen auf Obstetrisches und Sexuelles von seiten der Erzeuger jeden Sohn sofort in tödlichste Verlegenheit bringen, ließ ich mich breitschlagen. Danach erkundigte sich Vater, ob ich auch Langenscheidts französisches Wörterbuch nicht im Lager vergessen habe, dann könne ich jetzt wieder mit Büffeln anfangen. Das war seine Art, mit den Ereignissen fertig zu werden. Damals fand ich diese Pedanterie lächerlich. Erst im Alter pflegt man zu entdekken, daß die Absurditäten der Eltern erblich sind. Über hundert Generationen hinweg hieß lernen bei den Juden, mit entsagungsvoller Hingabe die Thora und den Talmud zu »klären«, und »Schul« nannte sich die Weihestätte solchen religiösen Eifers. Mit zunehmender Säkularisierung gingen diese ganze gewaltige Energie und Scharfsinnigkeit in Profanes über, wie Kommerz, Kunst und Politik. Wo man aber nicht minder zu glänzen hatte als vor Gottes Angesicht. Sich schlicht am Leben zu freuen war uns nicht gegeben. Geld, Sport, Liebe, Sex und wie die Freudenbringer der Gojims alle hießen waren für uns so was wie moralische Metaphern. Anlaß zu der »Tiefgründelei«, die mir spätere Kritiker gern vorwarfen. Indem wir uns über das Wesen des Genusses den Kopf zerbrachen, ging uns der direkte Genuß verloren. Auch Vater, vorgeblich ganz dem Merkantilismus verhaftet, war insgeheim so ein Lerner. Noch mit 75 hat er begonnen, Vorlesungen zu hören, noch mit 90 fragte er mich neugierig und perplex nach dem Sinn solcher Nachkriegsvokabeln wie Filz oder Frust.

Boulogne wimmelte von deutschen Soldaten und Matrosen, man hatte ja die »Operation Seelöwe« vorzubereiten. (Später ging dann zum Glück die Invasion andersrum vonstatten.) Was waren mir diese Boches? Exotisch und unheimlich, schon weil ich nie den Fuß über die deutsche Grenze gesetzt hatte. Außerdem dürsteten sie nach meinem Verschwinden, wenn auch nur als Nebenprodukt ihrer Herrschaftsgelüste. Sie verbreiteten Furcht und Schrecken, aber im Grunde haßte ich sie nicht. Ganz im Gegenteil, ich empfand ein geheimes Bedürfnis, von ihnen anerkannt oder wenigstens erkannt zu werden. Die Deutschen waren ja seit Lessings und Mendelssohns Zeiten die einzige Instanz, die uns Assimilierten neben Gott und den Erzvätern etwas galt. Wir machten uns vor, daß sie und wir die zwei herausragenden »metaphysischen« Völker seien, beide Unerreichbarem zustrebend und durch weltliche Wonnen nicht zu sättigen. Letztlich mußten sie uns verstehen, so wie wir sie verstanden, und unsere Hingabe mit Gleichem belohnen. Also verspürte ich jetzt den perversen Drang, mich diesen Deutschen zu erkennen zu geben, sozusagen als »Mitmetaphysiker«. Glücklicherweise taten sie alles, um meinen Wunsch im Keim zu ersticken. Auf der Straße blickten sie durch mich hindurch, ich war nicht einmal Jude für sie, sondern bloß Besetzter, also ohne Existenz. Außerdem redeten sie alle preußisch oder was ich dafür hielt. Man verkroch sich vor diesem knallenden, befehlshaberischen Ton, näher einem Hundegebell als dem Faustmonolog. Auch miteinander schwadronierten sie so harsch, daß die Fenster klirrten: »Los, zack, zack«, »jetzt aber dalli«, »hau ab, du Arschloch«, »Mensch Meier«: eine gellende Siegersprache. Herzklopfend drängte ich mich in Hörweite. Während ich aber gleichzeitig verstohlen mit etwas Hölzernem in Berührung kommen mußte – Haustür, Fensterladen oder was immer. Das machte einen nämlich unsichtbar, nur so war man vor ihnen gefeit. Krampfhaft versucht man solche lächerlichen Ticks zu verbergen. Es war aber eine richtige Zwangsneurose, von der ich erst später in Amerika loskam.

Da die Franzosen nur wenig Widerstand geleistet hatten, hofften sie auf einen gnädigen Frieden. Das Waffenstillstandsabkommen brachte ein Diktat, dem gegenüber der »Schandfrieden von Versailles« pures Honiglecken gewesen war. Artikel 19 bestimmte, daß jeder von der Reichsregierung angeforderte Deutsche widerspruchslos auszuliefern sei. Und die Franzosen apportierten auch brav, nämlich uns. Zuerst diejenigen, die schon auf der Suchliste der Gestapo standen, im Bedarfsfall dann alle übrigen. Warum wollten die Deutschen uns eigentlich zurückhaben, nachdem sie uns zuerst nicht schnell genug loswerden konnten? Es hatte irgendwas mit deutscher Gründlichkeit zu tun, mehr fiel uns dazu nicht ein. Die Vernichtungswut erkannten wir erst später. Jetzt mußte man spuren, wenn man noch herauskommen wollte. Mit dem Zug fuhren wir nach Paris. Schon am Austerlitzbahnhof wurden Landkarten verscherbelt mit den neuen Grenzen. Elsaß-Lothringen war wieder einmal perdu, der unbedeutendere Teil des Landes im Süden nannte sich »freie Zone«, alles übrige blieb besetztes Gebiet. Paris stand bei unserem Eintreffen leer, es fehlten die Flüchtigen und die Kriegsgefangenen. Ganz wie 1871, als Rimbaud die geflohenen Pariser in einem mörderischen Gedicht beschimpfte. So konnte man unschwer eine kleine Wohnung in der Rue Monge ergattern, fünf Stockwerke hoch, natürlich ohne Fahrstuhl (die waren in Paris gleich am ersten Kriegstag stillgelegt worden). Vater gründete wieder ein »Geschäft«, das aus einem Briefkopf bestand, unter dem er per Post Pariser Kürschner mit seinen alten Lieferanten auf dem Balkan zusammenbrachte. Von den spärlichen Kommissionen hatten wir zu leben. Eine trügerische Atempause.

Als ich es nicht länger hinausschieben konnte, ging ich Warwara besuchen. Im letzten strahlenden Sommer vor Kriegsausbruch war sie Gandhis Freundin geworden, eine Prager Pianistin, seine Spätliebe. Kafka hatte einst von ihrer Schönheit geschwärmt, aber der war jetzt lange tot. Als früher Skeptiker (wie ich mich damals sah) dachte ich, daß man nur in Trivialromanen aus Betrübnis dem Alkohol verfiel. Jetzt begriff ich, daß das Leben prinzipiell das Schmierentheater nachzuahmen pflegt, selten die hohe Literatur. Warwara hatte vergeblich für

Gandhi »alle Hebel in Bewegung gesetzt«, war »von Pontius zu Pilatus« gelaufen und sogar »in die Höhle des Löwen«, die deutsche Kommandantur. Das waren die Phrasen, mit denen wir unser Schicksal benannten, für das es keinen Poeten gab. Und ich, ich hatte ihn also noch lebendig gesehen, erst vor wenigen kurzen Wochen. Also war er praktisch noch am Leben, nicht wahr, bestimmt lebte er noch, und ich wollte bloß mit dem erlösenden Wort nicht herausrücken. Warwara rüttelte an mir, schrie Unverständliches mit zurückgeworfenem Kopf auf französisch und auf tschechisch, dabei bemerkte man, daß ihr schon die Hälfte der Zähne fehlte, Vitaminmangel wahrscheinlich. Es war furchtbar, fast schämte ich mich für sie. Dann beruhigte sie sich und wollte mit mir »une petite promenade« machen. Das würde ihr guttun, die frische Luft, und Gandhi eine gesunde und schicke Frau vorfinden, wenn er wiederkäme, heute oder morgen, n'est-ce pas? Ich verwies auf einen dringenden Gang zum amerikanischen Konsulat und rannte die Treppe hinunter.

In der Schlange vor dem Konsulat traf ich Mecklenburger wieder, genannt Mecki, den aus Berlin. Von allen schlechten Emigrantenwitzen der horrendeste. Er hatte nicht nur den restlichen Frankreichfeldzug der Nazis mitgemacht – zuerst als Maskottchen, dann als schnell eingezogener Soldat –, sondern auch die nachfolgende Siegesparade in Aachen. Tausende übergeschnappte deutsche Jungfrauen, die ihm Rosen unter die Stiefel streuten. Bis man in der Schreibstube über seine anrüchige Herkunft informiert wurde. »Fenster aufmachen, es stinkt hier nach Jude!« Worauf Mecki zum zweitenmal schwarz über die Grenze ging...

Paris war voller herumlungernder Boches, die man irgendwie nicht ernst nehmen konnte. Sie sonnten sich vor dem Trocadero, schmökerten beim Bouquinisten oder pinselten Pittoreskes am Montmartre. Und überall bot man ihnen Schokoladetafeln, Seidenstrümpfe oder Damenschuhe zum Kauf an, als wären sie nur eine Fortsetzung der amerikanischen Touristen von gestern. Dabei stand schon die Organisation bereit, um diese ganzen Schätze, vermehrt um etliches Appetitliche aus Louvre und

Orangerie, gratis (wer hat noch nicht, wer will noch mal?) über die Grenze zu transportieren. An allen Fassaden klebten Plakate: »Verlassene Bevölkerung, zeigt Vertrauen zum deutschen Soldaten!« Dazu ein impressionistisch gezeichneter Landser im Hans-Albers-Look, umjubelt von butterbrotmampfenden französischen Rackern. Es war Sommer, es war Friede, und die Deutschen waren Friedensbringer. »Ils sont corrects«, schwärmte unsere Concierge und sprach Paris aus der Seele. Man hatte Barbaren erwartet, jetzt mußte man in Eile deutschsprachige Stadtführer und Museumsführer drucken, von Bordellführern nicht zu reden. Und wer hatte diese Superkorrekten zu Barbaren gestempelt? Wer überdies den Franzosen eingeredet, daß sie noch nicht fertiggerüstet seien, bzw. ihnen verheimlicht, daß sie bereits unschlagbar waren? Wir, wer sonst! Die neuen Journale hießen »Heute« oder »Ich bin überall« oder sogar »Der Sieg«, was sich natürlich auf den kommenden Sieg des »Abendlandes« unter Naziführung bezog. Auf ihren Karikaturen und Anschlägen wurde der ganze Unrat der Dritten Republik hinweggefegt, und wer wuselte da rattenhaft unter den berstenden Säulen des morschen Parlamentarismus? Wir! Dazu Schnappschüsse des angeblichen ostjüdischen Gettos von Paris, in Wirklichkeit ein paar mittelalterliche Gäßchen des Maraisviertels mit schnuckeligen Restaurants. Nur hatte der Fotograf im Vordergrund einen Haufen zerknüllte Zeitungen hingetürkt, und das waren wiederum wir und unser typischer Auswurf. Obwohl es immer noch sauberer aussah als auf den Champs-Elysées.

Von Mecki erfahre ich, daß man unsere Lagerkollegen in neue Camps eingepfercht hat, verglichen mit denen die unsern ein Volksfest waren. Die Endstation heißt Auschwitz, sie wissen es bloß noch nicht. Von 120000 aus Frankreich deportierten Juden sind 55000 Ausländer. Ohne Paß kein Leben. Ich selbst besitze keinen Entlassungsschein, das ist mein schwächster Punkt. Je hilfloser die Einheimischen sich den Besatzern gegenüber fühlen, desto frenetischer verbohren sie sich in einen höllischen Bürokratismus. Man liebt die Fritzen nicht, aber man wetteifert mit ihnen auf dem einzigen Gebiet, auf dem sie den Franzosen vorbildlich erscheinen: dem Behördenwahn, der Paragraphenreiterei.

Eines Morgens steht Warwara vor unserer Tür, im speckigen Morgenmantel und Pantoffeln. »Er ist frei!« brüllt sie sofort los, »wir können ihn Mittag rausholen!« In der Hand schwenkt sie einen offiziellen blauen Brief, auf dem tatsächlich etwas von »cherche« und von »midi« steht. Erst beim zweiten Durchlesen wird mir klar, daß es sich um Cherche-Midi handelt. Das berüchtigte Gestapogefängnis in der Straße desselben Namens, wo wir irgendwas abholen sollen. Was man uns nach einer Ewigkeit Warterei übergibt, sind Gandhis Uhr und der Rest einer Klosettpapierrolle. Darauf hat Gandhi, nach Tagen der Folterung, seinen Abschiedsbrief an Warwara gekritzelt, bevor er sich in seiner Zelle erhängte. Auf dem Papier sind Blutflecken. »Sie können von Glück sagen, daß man Ihnen das ausfolgt«, meint der wachhabende Polizist.

Wir blieben ein halbes Jahr in Paris. Jeden Morgen stand ich Schlange in der Marktstraße Rue Mouffetard, um Lebensmittel, die nach und nach alle rationiert wurden. Sobald auch der letzte der drei Millionen geflohener Pariser schamhaft zurückgekrochen war, reichte es gerade noch zu einem Viertelpfund Schweinefett pro Woche. Die früher so gemütliche, menschenfreundliche Stadt wurde hämisch und rabiat. Es gab kaum Kohle mehr, kein Heizöl, kein Benzin. Die Autos standen zumeist aufgebockt in den Garagen oder beim Bauern im Heuschober vergraben. Der trübe Rest trug stinkige Holzgasöfen auf den Trittbrettern, die alle paar Kilometer nachzulegen waren. Statt der Taxis benutzte man Fahrrad-Rikschas wie in Indien. Als meine Wiener »Haferlschuhe« endgültig durchgewetzt waren und ich neues Schuhwerk brauchte, bestand die Sohle schon aus Karton.

Mit diesen Schuhen habe ich mir Paris erobert. Ich zog regelmäßig erst gegen Abend los, wenn der schüttere Verkehr, der noch existierte, so ziemlich eingeschlafen war. Wie mit geschlossenen Augen schleuderte ich mich in die dämmrigen Straßen, verlor mich in ihnen, ließ mich treiben. Allem vom Tag her Vertrauten ging ich aus dem Weg, ich konnte mich gar nicht schnell genug verirren. Ich wurde zu Stanley und Livingstone, Jack London und Joseph Conrad, alles mitten in der Großstadt. Aber welch eine Metropole war das auch! Als hätte jemand Paris gedacht, und es stand da! Eine Stadt wie dem Gehirn eines Künstlers entsprungen. Alles richtig dosiert zwischen grade und krumm, verkommen und nobel, erschreckend und gemütlich. Eine Theaterbühne, dazu geschaffen, daß sich alle menschlichen Triebe und Bedürfnisse ausleben konnten. Allerdings waren meine eigenen Triebe und Bedürfnisse damals minimal (bestimmt auch wegen Unterernährung), desto grenzenloser meine Sehnsüchte und Ahnungen. Ich zwängte mich durch angelehnte Gartenpforten, erkletterte Steinmäuerchen, schlich auf den Zehenspitzen in versteckte Hinterhöfe, starrte hoch in gewundene Treppenhäuser oder mit verzehrendem Blick in schummrig erleuchtete Fenster. Was war es, das ich da suchte? Heute kann ich es nur mehr schwer nachvollziehen, obwohl mich zuweilen, bei Sonnenuntergang in fremden, grau gewordenen Städten, wieder der alte Wahn ergreift. Bestimmt hatte es etwas mit erotischem Voyeurismus zu tun, oder (was laut Freud identisch ist) mit archäologischem. Für den solches kriegsverdunkelte, scheinbar in die Epoche von Balzac und Doré zurückgeworfene Paris das ideale Objekt bot. Man konnte sich in diesem finsteren, vergammelten und fast ausgestorbenen Steinhaufen, streckenweise von mondbeschienenen Wolken erhellt, richtig aufgehen lassen wie sonst nur in unerschlossenen Gebieten oder halb ausgegrabenen Ruinen. Es war Stadtnatur, Stadtwildnis, Stadturwald! Auf diese Art lernte ich ein Paris kennen, das heute längst verblichen ist. Oder nur noch in Andeutungen besteht – letzte Überreste der »îlots insalubres«, der unsanierten Viertel, die, damaligen Urbanisten ein Greuel, den Charme dieses Altparis ausmachten. Und zuweilen, wenn ich heute ungeduldig mit dem Auto einem Termin nachjage, grüßen ein erinnertes moosbewachsenes Steintreppchen, eine mit verblaßter Werbung bemalte Abrißfassade oder ein hutzeliges Metallpissoir, das ich vor urdenklichen Zeiten benutzt haben muß, zu mir herüber. Fast höhnisch, wie ein Jugendgedicht, das jemand zufällig wiederfindet, der seine Versprechen nicht erfüllt hat.

Erhöht wurde der Reiz dieser nächtlichen Eroberung der Stadt noch durch die prickelnde Gefahr der Sperrstunde. Wer Schlag zehn nicht in seinen vier Wänden saß, der konnte von einer der zahlreichen und vielfarbigen Streifen gefaßt werden. Da gab es die mit hallenden Knobelbechern marschierenden Feldgrauen... die blauen »Schwalben«, also paarweise radelnde Flics mit Taschenlampen an der Brust... und schließlich, am gefürchtetsten, die mit braunem Leder bemantelten Herren, die per schwarzem Citroën durch die menschenleere Stadt donnerten mit Aufträgen, die man sich gut vorstellen konnte. Einmal, wie ich verspätet und schweißtriefend nach unserer Straße suche, springt aus einem Hauseingang ein Polizist auf mich zu. Und ich werde in einen Flur geschleppt, wo mich eine schmierige Vettel im Schlafrock mißgünstig mustert. »Madame, ist das der Mann, der vorhin durch Ihre Jalousien geluchst hat?« »Unbedingt. Da bin ich fast sicher.« »Ja oder nein?« Die Alte schupft mit den Achseln, wobei sie ihre Lippen zu einer Art Fischmaul verzieht: »Was wollen Sie, in meinem Alter sieht ein Mann aus wie der andere!« Der Polizist zu mir: »Vous pouvez disposer, Monsieur« – Sie sind frei. Er hat mich wahrscheinlich, ohne es zu ahnen, vor dem Holocaust bewahrt.

Dann kam der Winter 1940 – dieser miese, nieselnde, naturferne Pariser Winter, der nur durch Menschenwärme erträglich wird. Aber seit Gandhis Tod hatte keiner mehr den Schlüssel zu mir. Als ob man mit jedem geliebten Menschen auch ein Stück Liebesfähigkeit verliert. Trauerarbeit heißt auch: sich stückweise einschaufeln. Mein Stolz war, in den Brasserien der Rue Mouffetard oder den andern Emigrantenlokalen mit verbissenem Schweigen herumzuhocken. Während man meinem Gesicht ablesen sollte, daß ich jedem vorgebrachten Gesprächsstoff haushoch überlegen war. Ein Patentekel, ein Fiesling, der sich in Wirklichkeit fühlte wie ein umgestülpter Igel, alle Stacheln nach innen. Am liebsten wäre ich unaufhörlich aus der Haut gefahren. Die Emigration hatte mich irgendwie zweckentfremdet, man lebte wie neben sich her. Nur in den Wandernächten empfand ich mich halbwegs bei mir zu Hause, aber deutete nicht auch das auf Krankhaftes? Für sechs Franc erstand ich am Boul' Mich' in einem Antiquariat Brechts Hauspostille. Die las ich als Rechtfertigung meiner anarchischen, nur leider momentan verstopften und unproduktiven Triebe. Mit dem »armen B. B.« identifizierte ich mich total. Genauer gesagt, mit seinen proklamierten moralischen Lastern und Unzulänglichkeiten. Wie es mir auch späterhin unfehlbar gelang, mich in jede bewunderte Figur zu verwandeln, einfach indem ich ihre Schattenseiten in mir entdeckte. Meine reizbare Bockigkeit machte mich umgehend zu Rimbaud, mein eingebildeter Lebensüberdruß zu Kleist. Na, und Heinrich Heine war ich ohnehin, schon durch die jungen Leiden meines Exilantentums. Nur, wie hatte der es bloß geschafft, so viele Gespielinnen seiner Leiden ins Bett zu kriegen, daß es für ganze Goldschnittbände reichte? Während ich selbst mich nun schon seit Wochen um eine betörende Servierdame des »Tea Caddy« am Square Viviani bemühte, die mit dem hüftlangen Blondhaar und den violetten Augen. Außerdem nannte sie sich Delphine, unwiderstehlich. Leider trug sie eine Hornbrille, was ich damals (genau wie Goethe, sagte ich mir sofort) aus Naturschwärmerei streng mißbilligte. Endlich konnte ich die Vielbewunderte dazu überreden, sich kommenden Sonntag nach Arbeitsschluß von mir abholen zu lassen. Eine vornehme Dame in Pelz und Turmfrisur öffnet die Tür, wohl die feine Besitzerin des Lokals, die ich schüchtern nach Delphine frage. Zu jener Zeit hielt ich mir noch viel auf meinen »baratin« zugute, die geistesgegenwärtige Suada des Parisers in allen Lebenslagen. Sie hat mir nicht geholfen zu erklären, wieso ich nicht sofort die Veilchenaugen wiedererkannte, die ja keine Brille verbarg! Nein, als Heine war ich ein Fiasko. Und noch heute mache ich um die Teestube, wenn ich in die Notre-Dame-Gegend komme, einen weiten Bogen. Daß sich solche Blamagen auch in einem halben Jahrhundert nicht verdrängen lassen...

Vater seinerseits nannte alles Einschlägige: »Seelenblähungen«. Hatte er sie nie gekannt? Er blieb weiterhin rührig, praktisch und optimistisch, ein Anhänger der Aktion (während ich eher zur Passion tendierte, sofern das Gegensätze sind). Er glaubte noch an den ursächlichen Zusammenhang zwischen Tat und Resultat. Absurd, aber irgendwie funktionierte es doch. Damit gelang es ihm auch, uns die gesuchte Ausreisegenehmigung in die unbesetzte Zone zu verschaffen. Legal gab es das nur für Rentner und Krüppel, deswegen mußte ich mich bei der Behörde krumm stellen und unter der Hose seinen Bruchgürtel tragen. Das war zweifellos listig, aber in mir brodelte es wieder. Jetzt war ich auch meine Jugend los, meine jugendliche Unversehrtheit, das einzige, worauf ich mir noch etwas einbilden konnte. Ohnehin schien diese Emigration nur aus Krankheiten und seelischen Wehwehchen zu bestehen. Nicht um unserer Überzeugungen willen, nicht mit Adelsstolz oder Hugenotteneifer waren wir erhobenen Hauptes ausmarschiert, sondern gebückt und unter Ächzen und Klagen. Und warum das alles? Letzten Endes, weil unser Nasenbuckel um etliche Millimeter tiefer saß als bei Winnetou. Die göttliche Blödheit unserer Verfolger machte auch uns zum Gespött! Nein, mit solchen »Schicksalsgenossen« wollte ich nichts gemein haben. Schicksal ist Privileg, hatte ich in etwa bei Nietzsche gelesen. Schicksal steht nur dem einzelnen zu. (Die Masse darf bestenfalls einen Haufen Unglück über sich ergehen lassen.) Wer wollte schon Karpfen im Karpfenteich spielen, anstatt unter Larven die einzige fühlende Brust? Emigrant sein war wie Sohn sein, abhängig, unzulänglich, ein Teilchen, nie was Ganzes. Wo war Erlösung? Es gab nur eine für mich: das was damals mit Mady bei Ebbe und Flut passiert war, rund um das Ding, welches sie »le petit prince« nannte. Aber, weiß der Teufel warum, niemand wollte sich derzeit für den kleinen Prinzen interessieren.

Wir zogen nach Pau in den »Unteren Pyrenäen«, dicht an der spanischen Grenze und nicht allzuweit von Marseille: die zwei letzten Fluchtlöcher aus Frankreich. Man wohnte in einer minimalen Pension am Flüßchen Gave, in dem sich der visumlose Dichter Carl Einstein kurz zuvor ertränkte. Hier hatte kein Mensch je von Emigranten gehört, wir galten als verhungerte Pariser, die sich in der Provinz aufpäppeln wollten. Einmal standen ausgemergelte Gestalten am Hintereingang, die um Küchenabfälle bettelten. Jemand rief meinen Namen: Es war Kron, der frühere »Vertrauensmann« der Präfektur, nunmehr um die Hälfte zusammengeschrumpft. Er war auf Urlaub von Gurs, dem gefürchteten Ausländerlager des Departements, wo man in Schlamm und Kacke umkam. Dort hatte er auch Warwara wiedergetroffen. Eine zahnlose Alte, die sich jetzt Freifrau von Gandersheim nannte... es war der Lagerwitz. »Wieso seid ihr eigentlich nicht drinnen?« fragte Kron lauernd. Ich schenkte ihm mein Frühstücksbrot und verdrückte mich schlechten Gewissens. Es gab keinen Grund, warum wir nicht drin waren. Überleben war Zufall, war die Packung Gauloises, die der eine Beamte als Bestechung annahm, während der andere dich erbost denunzierte. Ein launischer Gott, der die Schwindler triumphieren ließ und den Einfältigen noch eins auf den Deckel gab, beherrschte unser Schicksal.

Zu Ostern pilgerte ich zu Fuß nach Lourdes, vierzig Kilometer über die Berge. Der Dichter Franz Werfel muß sich um die nämliche Zeit dort aufgehalten haben und verliebte sich gemütvoll in die kleine Bernadette, die Lokalheilige. Mir vertrieb der organisierte Rummel den letzten Schuß Religion. Nur das sehnsüchtige Herumschweifen durch die Natur genoß ich, über das mir religiöse Gefühle einzig zugänglich waren. »In der Natur, beglückt wie mit einer Frau«, las ich vollsatt beim sechzehnjährigen Rimbaud, obwohl ich ja nun schon neunzehn war.

In Pau fand sich sowas wie ein Mirakel: eine deutsche Leihbibliothek. Nämlich zehn gerettete Klassikerbändchen, die irgend jemand, in Packpapier eingeschlagen, für einen Franc pro Stück und Woche verlieh. Zum erstenmal las ich Lenz und Grabbe, in deren ohnmächtiger Aufsässigkeit ich mich wiedererkannte. Nur Hölderlin, jetzt von den Nazis vereinnahmt, kam mir verteufelt deutsch vor, auf eine gefährliche, wirklichkeitsfremde Tour. Pardon, aber solche schwärmerischen Edelinge liefen derzeit mit Hundspeitschen herum... Dann herrschte wieder wochenlang Ebbe, bis ich eines Nachts aus einer Wonnephantasie fuhr, fast so hinreißend wie meine Sexträume. Früh am nächsten Morgen rannte ich los, und tatsächlich: In der Stadtbücherei auf dem Schloß Heinrichs des Vierten, die kein Mensch je besuchte, stand eine richtige deutsche Literaturgeschichte. Zwar auf französisch, aber gespickt mit Originalzitaten. Die Verse brauchte ich erst gar nicht abzuschreiben, die konnte ich schon beim zweiten Durchgang auswendig. Aber das war auch das einzige, was man in Pau konnte, diesem spießigen Kurort. Keine Chance, mich als Mann zu erweisen oder sexuelle Potenz abzufackeln. Und nun nicht einmal mehr die Pariser Dschungelschauder! Ich hing seelisch durch, eine knifflige Empfindsamkeit begann mich zu zerfressen, eine ungesunde Selbstergriffenheit, die das Schicksal der andern nicht an mich ranließ. Nachts im Park schrieb ich Gedichte, die schon fast autistisch gewesen sein müssen in ihrer Menschenleere. Auch sie sind längst verloren, nur ein einziges blieb mir haften:

> Mond durch Trauerweidenzweige
> scheint.
> Ausgesendet von der Quelle
> nimmt das Licht auf Well an Welle,
> trägt es in den Teich.
> Well an Welle, immer gleich.
> Stetig bleibt der kleine helle
> Fleck doch auf derselben Stelle,
> wie der Mond auch selig durch die
> Trauerweidenzweige scheint.

Immer hatte ich mir einen wegweisenden »Meister« herbeigewünscht, hier fand ich endlich sogar zwei. Der erste hieß Monsieur Estrabeau. »Manche sind schön, ich bin extra schön, so können Sie sich meinen Namen leicht merken.« Und ich habe ihn mir gemerkt, bis heute. Er war ein lernwütiges Provinzoriginal mit Spitzbart und Kneifer, der von mir deutsche Lektionen wollte. Nämlich um Jean Gött in der Ursprache zu lesen, Monsieur Gött und seinen »Faust«. Leider kam es nie dazu, denn mein Meister hatte mich ja zuerst in seine Lebensauffassung einzuweihen. Die hieß Theosophie: »Das bedeutet, daß man sich für alles interessiert, was Gott angeht, ohne gleich an einen persönlichen Gott zu glauben.« Jetzt mußte ich Gurdjieff lesen oder

Madame Blavatsky, die das ganze Himmelreich sonnenklar aufzuschlüsseln vermochte. Alles war da nach lauter Primzahlen zusammengefügt, Dreien und Siebenen und Siebzehnen. Und ging sich auch tadellos aus, wie der pythagoreische Lehrsatz oder die Badewanne, bei der das Wasser gleichzeitig ein- und auslief. Das war sehr tröstlich, nur eben nicht mein Problem. Trotzdem machte es Spaß, Herrn Estrabeaus südlicher Beredsamkeit zu lauschen. Samstags, wenn er das örtliche Freudenhaus besuchen ging, durfte ich ihn diskutierend bis zum Eingang begleiten. »Mein Kind, ich schicke mich jetzt an, dem Cäsar zu zahlen, was des Cäsars ist«, seufzte er schwermütig und verschwand im Innern, ohne mich je einzuladen.

Den Namen meines andern Lehrmeisters habe ich vergessen. Ein sarkastischer Knurrhahn, der in Sachsen Philosophieprofessor gewesen war. Jetzt erzeugte er unverkäufliche Ledergürtel in Heimarbeit. Jeden Sonntag trafen wir uns im Bistro, dann schlürfte er auf meine Kosten zwei Glas roten Jurançon und erklärte mir herablassend die Anfangsgründe: »Da haben Sie Plato, und da haben Sie Aristoteles...« Ich fragte zaghaft nach dem Sinn des Lebens, ob er mir den in ein paar leichtverständlichen Sätzen umreißen könne. Er zog den Mund schief, dazu müsse ich mich schon an Madame Blavatsky wenden, für Erleuchtungen sei er nicht zuständig. Erst viel später stieg mir auf, daß meine beiden Mentoren, der Schwärmer und der Rationalist, mich lebenslang zwischen sich hin- und herzerren sollten, ohne daß ich je irgendwo mit mehr als einer halben Hinterbacke zu sitzen kam.

Vater war nach Marseille vorausgefahren, um dort »aktiv zu werden«. Er kannte von Jean Gött hauptsächlich den einen Satz: Dem Tüchtigen ist diese Welt nicht stumm – das reichte. In seiner arbeitsamen Jugend hatte er Freud mißbilligt, später über Kafka nur perplex den Kopf geschüttelt. Das waren jüdische »Lozelach«, etwas für weltfremde Talmudjüngel. Daß Freud aus Mähren stammte wie er, verdroß ihn besonders: »Da haben sie doch sonst den Kopp vernünftig aufgeschraubt.« Zu Kafka fiel ihm nichts ein, als daß man »in Prag von der Familie eh nie besonders viel gehalten hat«. Nur bei Karl Kraus, ebenfalls aus Böhmen gebürtig, machte er manchmal eine Ausnahme, denn »der konnte es denen geben, daß die Wände gewackelt haben!«. Nein, mit dem Vater ließ sich nicht über »geistige Belange« reden. Aber auch für seine Liebe hatte er keine Ausdrucksmöglichkeit. Einmal las er mir aus der Lebensbeschreibung eines viktorianischen Gentleman vor, der im Krimkrieg tagelang über die Schlachtfelder von Sebastopol irrt, auf der Suche nach seinem vermißten Sohn. Und wie er ihn endlich schwerverwundet wiederfindet: »Well, how are you, my boy?« »Fine, Dad.« Es war Vaters verschämte Art, mir seine Liebe begreiflich zu machen, und seine Unfähigkeit, sie zu demonstrieren.

Vater hatte in Marseille »die Jerseys besorgt«, unsere Geheimsprache für Papiere. »Lisa« (für Monalisa, also Moneten) hieß Geld, »emes«, daß etwas tatsächlich stimmte, und »oser«, daß man das genaue Gegenteil von dem lesen sollte, was dastand. Zwar mußte den Postbehörden das alles viel verdächtiger vorkommen als unverschlüsselter Text. Aber der Emigrant ist ohnedies davon überzeugt, daß nur Lügen den Autoritäten plausibel erscheinen, während der Wahrheit leider stets etwas Unwahrscheinliches anhaftet. Ich fuhr also nach Marseille, vorher wollte ich mich aber von meinen zwei Meistern verabschieden. Der Philosoph lag unrasiert und mit feuchtem Kopfumschlag auf dem Sofa, davor zwei leere Flaschen Jurançon und ein Wasserglas mit dem falschen Gebiß. Er winkte mich müde zur Tür hinaus: »Ist schon recht. Lassen Sie mich hier nur in Ruhe krepieren.« Monsieur Estrabeau hingegen nahm bedächtig den Kneifer ab, schloß mich alsdann aufschluchzend in seine mächtigen Arme und empfahl mich der Obhut Gottes, »sofern es ihn gibt«. Ich hatte sie noch bitter nötig.

Von allen Zimmern, in denen wir bisher gehaust hatten, war das in Marseille das mickrigste. Nicht einmal Bettlaken – so weit war es also mit uns gekommen. Auf dem Tisch lag ein Zettel mit Vaters Handschrift, die schon anfing zittrig zu werden: »Bin in einer Razzia verhaftet worden, erkundige dich bei Mehlig im Café Tomasi.« Das Tomasi war ein Emigrantenlokal um die

Ecke, und dort saß nicht nur Mehlig, sondern mit ihm der Vater, der sich für den Schrecken entschuldigte: »Man weiß ja hier nie, ob man nachts noch in seinem Bett zu schlafen kommt.« Vater machte jetzt immer wie zur Probe ein paar stumme Mundbewegungen, bevor die Worte herauskamen. Nach dem Kaffee wanderte Mehlig ungeniert von Tisch zu Tisch, bis er seine zwei Verdauungszigaretten beisammenhatte: »Ich rauch nur eine Sorte, und das ist die geschnorrte.« Er wohnte auf einem stillgelegten Fischerboot. Dort betrieb er, unter der Schutzherrschaft der Ganoven des Alten Hafens, die anscheinend an diesem Witzbold einen Narren gefressen hatten, seine Druckerei für gefälschte Dokumente. So kam ich auch zu meinem astreinen Entlassungsschein, obwohl ich bezweifle, ob er mit irgendeinem existierenden Vordruck übereinstimmte. Mehlig wütete aus dem vollen, mit verschiedenfarbigen Tinten und einem verwirrenden Assortiment von Stempeln, bis hin zur »commission rogatoire de criblage des refugiés politiques et religieux«. Das war Amtsfranzösisch, und so hätte tatsächlich die Siebungskommission heißen können, auf die wir im Lager neun Monate lang gläubig gewartet hatten – nur schade, daß es sie gar nicht gab.

Marseille bestand für uns aus Ämtern und Konsulaten, nicht anders als vorher Prag, Paris oder Boulogne. Ein Umschlagplatz für drittklassige Schicksale. Ich kann mich nicht erinnern, je das pittoreske alte Hafenviertel gesehen zu haben oder den berühmten Rollkran quer über das Becken. Da die direkten Schiffsverbindungen nach Amerika immer rarer wurden, führte der beste Ausweg über Lissabon. Dazu brauchte man ein Visum nach Portugal und zusätzlich ein spanisches Transitvisum. Diese waren allerdings nur zu ergattern, wenn man bereits eine Schiffspassage nach Amerika besaß, die an die 200 Dollar kostete. Oder zumindest eine Anzahlung darauf, die »Kaution«, hinterlegt war. Hatte man sich lange genug vor einem der Hilfskomitees im Staub gewälzt, so bekam man vielleicht die Dollars vorgeschossen, nur mußte man dazu seine absolute Mittellosigkeit nachweisen. Was wiederum diametral gegen ein französisches Dekret verstieß, daß mittellose Emigranten in die für sie zuständigen Lager abzuschieben seien. Die Schiffspassage ihrerseits war für bestimmte Dampfer zu buchen. Allerdings konnte man erst endgültig buchen, wenn man bereits sein Ausreisevisum, das »visa de sortie«, von der Fremdenabteilung der Polizeipräfektur besaß, welches man wiederum ohne Schiffsbuchung nicht bekam. Also brauchte man einen offiziellen Nachweis, daß dieses Visum ausgestellt würde, im Falle und sobald die Kaution eingezahlt war. Überdies war gefordert, sich vom deutschen Konsulat eine Bestätigung ausstellen zu lassen, daß man nicht mehr deutscher Staatsbürger sei. Ein Todesurteil für jeden, der auf der deutschen Suchliste stand. Fuhr das Schiff ab, bevor man es erwischen konnte, so verfiel das portugiesische Visum, was seinerseits den Verfall des spanischen Zwischenvisums zur Folge hatte. Auch die Aufenthaltserlaubnis für Marseille blieb begrenzt, zumeist auf vier Wochen. Konnte man bis dahin nicht ein todsicheres Ausreisedatum vorweisen, so hatte man in sein zuständiges Departement zurückzufahren und von dort aus eine neue Reisegenehmigung nach Marseille zu beantragen. In der Zwischenzeit verfiel selbstverständlich alles, was man sich bisher verschafft hatte, und man durfte von vorne anfangen. Zu guter Letzt war noch ein Stempel vom Hafenamt vorgeschrieben, der unsere »Ausreisefähigkeit« bestätigte, was immer das sein mochte. In ihrer Verzweiflung ließen sich viele Emigranten auf Länder ein, von denen sie nie gehört hatten: Santo Domingo, Guadeloupe oder Martinique, auch Siam und Belgisch-Kongo waren stark gefragt. Viele Tausende verschlug es nach Schanghai, obwohl Mehlig beschwören wollte, daß der chinesische Visumstempel in wörtlicher Übersetzung lautete: »Besitzer dieses ist autorisiert, in jedes gewünschte Land einzureisen außer China.» Ein Häuflein schaffte es sogar bis hin nach Japan – der barmherzige Konsulatsbeamte wurde nach dem Krieg aus der Volksgemeinschaft Nippons ausgestoßen!

Unser Schlüsselerlebnis hieß amerikanisches Konsulat. In Mehligs Worten: »Grad das amerikanische Visum, das läßt sich nicht erfinden und nicht erfälschen... das läßt sich nur erknien!« Schon im Morgengrauen stand man Schlange, denn nur wer es bis mittags zum Eingang schaffte, erhielt ein grünes Ticket ausgefolgt. Für drei grüne Tickets gab es ein rotes, mit drei roten durfte man endlich hinein ins Allerheiligste: das Foyer, das von einer durchgestylten Brillenschlange mit blutroten Fingernägeln regiert wurde. Das Anstellen war keineswegs eintönig, denn man hatte ja den berühmten Indianertanz zu vollführen. Mehrere Male täglich, leider zu unangesagten Zeiten, kamen die planenbespannten Lastwagen der Gendarmerie herangebraust zu ihren gefürchteten Razzien. Bei denen jeder hopsging, dessen Papiere nicht den hochgespannten Erwartungen des Vichy-Staates entsprachen. Also stand man nicht in Reihe, sondern ging unverdächtigen Schrittes spazieren, immer die gleichen faden Auslagen entlang. Öffnete sich die Tür des Gartens Eden, um die nächste Gruppe einzulassen, so schoß alles wie zu einer Conga-Schlange zusammen, um den angestammten Platz zu behaupten. Gleich darauf begann die Promenade von neuem. Der Türsteher war ein schwarzer Soldat, der uns mit sportlichen Zurufen anfeuerte: »Come on, people, move that ass!« Oder, wenn die Razzia in Sichtweite kam: »There she blows!« Auch sonst wurde fleißig arretiert, obschon wir uns fragten, wie man uns und die ansässigen Südländer eigentlich auseinanderhielt. Schlurften nicht auch sie verschwitzt und mit ausgebeulten Hosen durch die Gegend? Wahrscheinlich verriet uns der Geruch der Angst, der den Gewaltinhaber so aufreizen muß wie Blutgeruch das Raubtier. Fraglos ging es auch – Ökonomie, Ökonomie! – um billige Arbeitskräfte. Für die marokkanischen Phosphatbergwerke, hieß es, sowie die Trasse einer illusorischen Transsaharabahn von Algier nach Dakar, die bis heute nicht existiert. Von 1500 Unglücksvögeln wußten wir, die der Dampfer »Massilia« bereits zu diesem edlen Zweck nach Nordafrika geschafft hatte ... was ist aus ihnen geworden?

Nach einiger Zeit ließen sich die Amerikaner immerhin herbei, die Warteschlangen von der Straße in den Vorraum des Konsulats zu verlegen. Es gab jetzt auch Notvisen außerhalb der Quote, für die man spezielle Bedrohung nachweisen mußte. Die Sache hatte nur den Haken, daß man sich nicht als *allzu* bedroht darstellen durfte, denn sonst war man sofort suspekt als Linker und Kommunist. Und die wurden nicht nur nicht hereingelassen, sondern (als »vorzeitige Antifaschisten«, wie das später hieß) auch schon wieder abgeschoben. Am begehrtesten das »Künstlernotvisum«, das ein Amerikaner, Mister Fry, vermittelte. Aber wie herankommen? Einen ehemals berühmten abstrakten Maler trafen wir, den hatte man mit Zeichenblock und Bleistift zum Alten Hafen geschickt, um seine Befähigung nachzuweisen. Mußte ich jetzt meine gesammelten Gedichte zur Prüfung vorlegen und bekam am Ende den Bescheid: »Schade, etwas weniger grammatikalische Fehler, und wir hätten Ihnen gern das Leben gerettet«? Als die gefährlichste Falle galt der Arbeitskontrakt. Hatte sich nämlich der amerikanische Sponsor in seinem Eifer etwa dazu hinreißen lassen, dem Neueinwanderer schriftlich einen Posten anzubieten, so war alles nichtig und hinfällig. Die Anordnung ging auf die berüchtigten »Kulikontrakte« zurück, mit denen man vor einem Jahrhundert die Chinesen ins Land gelockt hatte, um billig Eisenbahnen zu bauen. Jetzt gab es genügend Eisenbahnen und zu viele Chinesen. Auch diese bornierte Vorschrift hat, wie anderes Einschlägige, zahlreiche Emigranten ins Jenseits befördert.

Ich selbst würde wahrscheinlich immer noch Schlange stehen, hätte nicht Vater einen früheren Geschäftsfreund getroffen, der mir sein rotes Ticket vermachte: »Das Kind muß überleben.« Im ersten Stock händigte man mir ein blütenweißes Attest aus, das ich noch heute besitze: »Affidavit in lieu of passport«. Es bestätigte, daß ich, ohne den dokumentarischen Nachweis dafür erbringen zu können, laut meiner eidesstattlichen Versicherung mit mir selber identisch sei. Zwei eingeprägte Stempel unterstrichen die Glaubwürdigkeit. Das nächstemal durfte ich schon beim Vizekonsul persönlich vorsprechen. Er hieß Lee Randall und war gefürchtet als Emigrantenfresser. »Quotennummer?« fragte er streng, während eine superoxydblonde Sexbombe übersetzte. Meine Nummer betrug an die 16000. »Damit können Sie so ungefähr zur Jahrtausendwende einreisen.« Er zwinkerte der Sekreätrin zu: »Haben wir irgendwelchen Jammerlappen mit niedriger Nummer?« Aus Wolkenkratzern von Papieren wurde eine Akte herausgekramt, flüchtig sah ich das Kennfoto eines bärtigen Alten mit Schabbesdeckel. »Fein, Sie tragen von jetzt an die Nummer 1840, verstanden? Amerika braucht Soldaten. Heben Sie die rechte Hand!« Von einem Vordruck las er im Blitztempo eine endlose Litanei: »Ich beschwöre hiermit feierlich, daß ich nicht der Kommunistischen Partei oder einer ihr angeschlossenen oder von ihr befürworteten Gruppierung angehöre, je angehört habe oder anzugehören gedenke und daß ich nicht den Umsturz der Verfassung der Vereinigten Staaten oder der anderen Institutionen der Vereinigten Staaten wünsche, beabsichtige oder vorbereite. Mit andern Worten, sind Sie Kommunist?« »Yes, yes!« schrie ich begeistert, weil ich kein Wort verstand. Der Vizekonsul besaß die schönste aller Tugenden: Humor. Er lachte und drückte den Stempel auf das paradiesische Papier, dazu das Datum: 12. Mai 1941. Meine Eltern kamen einige Monate später mit dem Totenschiff »Navemar« heraus, das dann auf der nächsten Überfahrt versackte. Sie gehörten schon zu den letzten, die es aus Europa schafften.

3

Ein verrosteter Frachtkahn nimmt uns auf, von amerikanischen Hilfsorganisationen für Marseille gechartert. Die »Wyoming«. Noch drei Tage, und wir werden sie in die »Weinoming« umtaufen, nicht nach Traubensaft, sondern nach unsern gesalzenen Tränen. Obwohl wir zahlende Passagiere sind, weist man uns in Laderäume ein, wo Hunderte von Bettstellen aus ungehobelten Tannenbalken übereinandergeschichtet stehen. Aus ihnen tropft und quillt frisches gelbes Harz, das phantastisch nach unsern Kärntner Sommerlagern duftet, aber das war lang den Bach runter. Im letzten Augenblick hat es noch einen Zwischenfall gegeben. Ein Schwarm Flüchtlinge ohne Papiere und ohne Chance, schwarzgekleidete Chassiden zumeist, tauchen, weiß Gott aus welchen finsteren Unterschlüpfen, an unserem Ladekai auf. Nein, die sahen sich noch nicht wie wir Assimilanten als Spielball sardonischer Mächte, unterworfen einem teilnahmslosen »Schloß« oder widersinnigen »Prozeß«. Eher glichen sie Hiob – furchtbar strafend lastete der Zorn Gottes auf ihnen, den man besänftigen mußte durch Talmudauslegung und Gebet, und dazu war erst mal Überleben erforderlich. Darum stürmten sie jetzt schreiend und mit geballten Fäusten das Fallreep hoch, worauf der Kapitän um Hilfe tutete. Welche auch alsbald heranrollte, in Form der wohlbekannten militärischen Planwagen. Wo waren diese nur einst im Mai 1940 gewesen, als man sie gegen die Panzerdivisionen der Nazis brauchte? Wo sonst als hier, in Erwartung des todesmutigen Einsatzes gegen wehende Kaftane und wandermüde Juchtenstiefel. Die stoben nun angstvoll auseinander, aber Sekunden zu spät. Wir standen oben an der Reling und sahen hinunter auf den immer enger zusammengeschnürten Kreis, wie in einen schwarz kochenden Vulkan. Dann wurden die Männer einzeln in die Lastwagen kassiert.

Die »Wyoming« schob ab von Europa, würden wir es je wiedersehen? Zwei Wochen sollte die Überfahrt dauern. Eigentümlich, wie wenig wir uns nach der Neuen Welt sehnten, auch jetzt noch. Selten kann eine Einwanderungswelle mit weniger Begeisterung hinübergeschaukelt sein als wir, die man so lange Materialisten geschimpft hatte, bis wir es selber glaubten. Am zweiten Tag kamen wir anstandslos durch Gibraltar, das wie ein plombierter Zahn zu uns herüberwinkte. Wir winkten ausgelassen zurück. Schiffspassagen sind wie Räusche, bei denen man endlich für nichts mehr verantwortlich ist. Spielwiesen der Freizügigkeit – es sollte meine letzte werden auf lange. Nachts weckte mich ein ungewohntes Geräusch: eine eisige Stille, denn das Stampfen der Maschinen hatte ausgesetzt. Ich klettere an Deck, wir liegen so lautlos und apathisch da, daß man das Schwappen der Wellen gegen den Schiffsleib hört. Dann blinkert von fern etwas herüber, ein Scheinwerfer, nein, eine Signallampe. Und jetzt läßt sich auch schon, gespenstisch im Mondlicht, die dreieckige Silhouette eines Zerstörers ausmachen. Mittschiffs sendet er Morsezeichen, nicht anders als bei den Pfadfindern. (Ich hatte immer geahnt, daß Kriegführen nur eine verteuerte Version unserer Durchschleichspiele war.) Mechanisch buchstabiere ich mit: »... sind in britischem Sperrgebiet. Weiterfahrt zwecklos, laufen Sie nächsten Hafen an.« Darauf gibt unser Kapitän keine Antwort, entweder mangels Signalanlage oder weil ihm zu uns nichts einfällt. Der nächste Hafen heißt Casablanca, wir erreichen es in Nullstimmung den folgenden Nachmittag. Behörden kommen an Bord und wirken überfordert. Wir haben ihnen gerade noch gefehlt, als hätten sie nicht schon ausreichend Sorgen mit Vichy und de Gaulle, den Nazis und den Arabern. Wir melden unsere Befürchtung an, wieder in ein Lager zu kommen. Die Autoritäten leugnen energisch. Einige Tage später werden wir ausgeladen. Natürlich in ein Lager. Adieu, Wyoming, obwohl wir dich nie aussprechen lernten. Du sollst ein so hoffnungsgrüner Staat sein, dort drüben im Wilden Westen!

Am Pier empfangen uns weder Humphrey Bogart von »Rick's Café« noch Ingrid Bergman, ja nicht mal Conrad Veidt als eleganter Gestapofritze. Sondern, erraten, eine ganze Streitmacht Eingeborenentruppen. Rechts und links in Abständen von je fünf Metern und mit aufgepflanztem Bajonett. Stundenlang schwitzen wir auf unserm Gepäck in der kochenden Sonne. Dann bringen uns Lastwagen nach Oued-Zem, ein Hüttenlager der Fremdenlegion im »bled«, dem Vorland der marokkanischen Sahara. Dort zeigt sich zwar leider kein romantisches Wüstenfort, dafür ein deutschstämmiger Sergeant. Der uns zu täglicher Sauberkeit ermahnt, »auch wenn es nicht unsern normalen Gepflogenheiten entspricht«. Tagsüber erreicht die Temperatur fünfzig Grad. Am unverdaulichsten der Schirokko, wie ein sandbeladener glühender Windkanal. Dann muß man sich in die fensterlosen Hütten verkriechen. Wir leiden an Fieber und Ruhr, auch weil wir in unserem mörderischen Durst das Duschwasser trinken. Nachts phantasiert Halberstamm, ein Berliner, schweißgebadet von »Weiße mit Schuß«. Mir fällt das Gletscherwasser ein, das einst so monoton in die hölzernen Viehtröge der Landbrunnen plätscherte. Oder der Strichregen auf die steinbeschwerten Schieferdächer der Bergbauernhöfe. Und nachher, wenn die Sonne wieder aufglänzte, dieses eigentümliche Stöhnen der trocknenden Dachrinnen. Das gehörte doch zu uns, und wir gehörten ihm. Was war da schiefgelaufen?

Nach zwei Monaten holt uns der Personendampfer »Nyassa« ab, der von Lissabon nach New York unterwegs ist. Die Passagiere in glänzender Verfassung, sie hatten ja auch nie Oued-Zem genossen. Ein dicker Wiener Schauspieler namens Feldheim, zuletzt beim Volkstheater tätig, spielt hier den Platzhirsch und sorgt für Bordunterhaltung. »Was ist ein Emigrant? Ein Emigrant ist erschütternd, zehn Emigranten sind langweilig, hundert sind selber dran schuld.« Feldheim sieht sich, wie die meisten Komiker, zum Tragöden geboren. Im Burgtheaterdeutsch liest er uns, mit verteilten Rollen, die große Szene zwischen König Philipp und dem Marquis Posa vor: »Sire, geben Sie Gedankenfreiheit!« Frenetischer Applaus, ja diesen Schiller, den machte uns keiner nach. Der Clou der Veranstaltung war ein einaktiges Drama, das ich soeben in Oued-Zem verfaßt hatte. Eine Schlichtdarbietung, deren Inhalt mir gnädig entfallen ist. Die mir aber die Feuerblicke einer hochbusigen Ungarin namens Vera zutrugen. So fand ich heraus, daß Worte sich in praktischen Nutzen ummünzen lassen. Nachts liebten wir uns im Rettungsboot... und wenn man zwischendurch hochschaute, so war es plötzlich nicht mehr die schwankende Mastspitze, die quer über den bestirnten Himmel wischte. Sondern umgekehrt das gesamte Sternengewölbe, das rhythmisch und bedächtig um den Mast schaukelte. Ich bekenne, daß ich auch bei späteren einschlägigen Gelegenheiten diesen verwunschenen Moment wiederzufinden gesucht habe, was nicht gutgehen kann.

Veras Vater war der Verfasser pikanter historischer Romanzen, eine florierende Heimindustrie der Ungarn. Derzeit schrieb er an seiner umfangreichen Lebensgeschichte. Sie sollte heißen: »Einmal rum ums Brot«. Ich fand das bodenlos prosaisch. (Meine – nie geschriebenen – Romane führten solche schwammigen Titel wie »Wovon der Mensch lebt«, »Wanderschaft« oder »In die Tiefe«.) Er hatte auch schon Kontakt mit den »besten deutschen Verlegern Amerikas« aufgenommen, die sich scheinbar alle um ihn rissen. So wie Feldheim nicht minder von »sämtlichen deutschen Ensembles in New York« angefordert war wie von den »alten Ufa-Kollegen in Hollywood«. Amerika schien überhaupt nur aus Deutschen zu bestehen.

Wir landeten in New York, ohne daß ich mich erinnern kann, angesichts der Freiheitsstatue in Tränen ausgebrochen zu sein, wie sich das gehörte. Aber ich weiß noch, daß ich die Kordillere der Wolkenkratzer Manhattans mit allen ihr zustehenden Superlativen bedachte. Während ich sie im stillen als Gipfelpunkt der Unnatur und Vermessenheit empfand: keine Bergkette, sondern gegen den Himmel gerichtete Geschützbatterien. Praktisch ging aber auch etwas Beruhigendes von ihnen aus. Ein Hitler, der gegen solche Machtburgen anrennen wollte, glich Don Quixote bei den Windmühlen!

Kurz vor der Landung schrammten wir noch mit der Mastspitze gegen die Unterseite der Brooklyn-Brücke, wahrscheinlich aus Mangel an Ladegewicht. Nun ja, wir wogen alle nicht mehr sehr viel. Würde man uns überhaupt ins Land der Freiheit hereinlassen? Jeder kannte Schauergeschichten von Emigranten, die man wegen läppischer Formalitäten zurückschickte in den voraussichtlichen Tod. Zumindest hatten sie Monate auf Ellis Island abzuschwitzen, der »Träneninsel«. Sind auch alle unsere Nachweise vollzählig da und in Ordnung, »Form A« und »Form B« sowie die beiden Referenzbriefe, die man ihnen beizufügen hatte? Und die jetzt nicht mehr von Neueinwanderern stammen durften, sondern von echt amerikanischen Bürgern! Während »Form C« nunmehr zwei Sponsoren benötigte, wo doch früher ein einziger ausreichte. Waren wir geisteskrank? Mitglied einer linken Partei (was augenscheinlich das nämliche bedeutete)? Hatten wir uns je der Prostitution hingegeben, beabsichtigten wir ein Attentat auf den Präsidenten der USA? Und besaßen wir genügend Dollars, um damit die ersten Tage zu überdauern? Ich jedenfalls nicht. Feldheim andererseits brauchte nur sein Rockfutter aufzutrennen und konnte triumphierend eine Zehndollarnote hochhalten, die er schon durch halb Europa geschleift haben mußte. Überheblich pfeifend schritt er durch die Sperre. Unser Sorgenkind war Halberstamm, der seit Afrika kreidebleich und ausgekotzt auf seiner Pritsche lag. Man hatte uns vorgewarnt, daß auch Leichterkrankte ohne viel Faxen zurückgewiesen wurden, als wären sie leprös oder gar kommunistisch. Mit Veras Hilfe schminkte ich ihm apfelrote Bäckchen an, zwei Kollegen faßten ihn wie mit jugendlicher Ausgelassenheit unter, und so kam er anstandslos durch die erste Kontrolle am Fallreep.

Verwandte waren nicht zum Zollpier zugelassen, dafür ein Obsthändler mit seinem Karren. Feldheim kaufte unten bei ihm eine Tüte Kirschen und ließ sie durch einen freundlichen Zöllner hochbringen. Als ich sie aufriß, fand ich darin das Wechselgeld seiner zehn Dallar, das reichte zum Vorzeigen. Erst viel später fiel mir ein, daß die Beamten den Trick mit den Kirschen längst auswendig kennen mußten. Vielleicht hatten sie ihn sogar selbst organisiert. Warum? Das fußte in der eingefleischten Widersetzlichkeit des Amerikaners gegen jede Vorschrift. Und in einer Gutmütigkeit, die, unvermeidlich verbunden mit bodenloser Naivität, lebenslang so beglückend wie irritierend auf mich gewirkt hat, je nachdem wie man aufgelegt war.

Danach schwärmten die Reporter an Bord, ausgestattet mit ungetümen Pressekameras und Notizblocks. Unsere Flüchtlingserlebnisse wischten sie gelangweilt vom Tisch. Statt dessen: »Was ist Ihr erster Eindruck von Amerika? Wie lange wollen Sie bleiben?« (Als hätten wir uns das aussuchen können.) Und hauptsächlich fahndeten sie nach Berühmtheiten. Einige kletterten ungeniert auf die sakrosankte Steuerbrücke: »Anybody famous? Anybody famous?« Wir führten an Bord einen renommierten Chirurgen, Medizinalrat Bauer. Irgendwann wollte er den Herzog von Westminster an der Galle operiert haben. »Herzog«, brüllte er jetzt zur Schiffsbrücke hinauf, »understand? Medizinalrat, understand?« Es war zum Heulen. Was sie brauchten, war eine Sensation wie Einstein oder Toscanini, bei anderen Namen haperte es schon. Mehrere Schiffe vor uns war der »bekannte deutsche Autor Golo Mann eingetroffen, in Begleitung seines Onkels Heinrich«. So stand es jedenfalls in der Zeitung. Der große Heinrich Mann hatte – als Urvater des Blauen Engels – immerhin hoffen dürfen, »auf den Beinen von Marlene Dietrich die Erfolgsleiter zu erklimmen«. Nichts dergleichen. Den Rest seines Lebens zehrte er von den Almosen seines geschmeidigeren Bruders Thomas.

Ich stand noch an der Reling und suchte (Erbübel aller Schreiber) meine Eindrücke gleich in Begriffe zu fassen. Warum konnte dieses reale Amerika unserm Traum von Amerika nicht das Wasser reichen? »Halten Sie die Pose!« rief da jemand und verwandelte nach Fotografen- und Filmerart meine echte Nachdenklichkeit sofort in eine gestellte. Ein zappliges Kerlchen, tipptopp angetan mit blau-weiß gestreiftem Leinenanzug und Panamahut. »Professor Popper«, stellte er sich vor, »der Titel ist aber mehr fiktiv.« Er vertrat die Emigrantenzeitschrift Aufbau, »your home away from home«. In Prag, wo er herrührte, hatte er angeblich unsere Familie gekannt, »first class family«. Er schwärmte von Amerika, etwa so wie der Schiffbrüchige von der Insel schwärmt, auf die er lebenslang verbannt ist. »Ich werd Ihnen sagen, was die Amerikaner sind: Sie sind *nett*! Stellen Sie sich vor, Sie brauchen einen Job, und es gibt keinen Job, so sagen sie's einem noch immer *auf nett*! So sind die.« Poppers Kreissäge und leuchtendes »searsucker suit« waren damals obligatorische Sommerausrüstung der New Yorker. Popper gehörte zu jenen Emigranten, die sich sozusagen von außen nach innen anpassen wollten. Vielleicht hatte er sogar recht, denn umgekehrt ging es auch nicht. Jedenfalls nicht für mich.

Vera wurde von einer großspurigen Tante abgeholt, die im Auto mit Chauffeur vorfuhr, und entschwand demnach für immer aus meinem Leben. Ich selbst kam mit Bravour durch die Sperren, obwohl bestimmt keins von meinen Attesten dem Idealzustand entsprach. »Schwören Sie... beeidigen Sie...« Ich beeidete, daß ich mich zur Hebräerrasse bekannte, keiner Politik hörig war und noch nie an einer Geschlechtskrankheit gelitten hatte. Dann stand ich mit meinem Koffer auf der Straße, flankiert von Popper und Feldheim. Die Straße hieß Canal Street, damals wie heute die bunteste Schlagader von New York. Fünf Minuten später hatte ich mein erstes »ice cream soda« hinter mir, nach einer Viertelstunde das dritte. Wenn das Amerika war, so wollte ich nie mehr weg! Dann wurde mir übel.

An einem Donnerstag war ich angekommen, am Montag begann ich in einer Werkstatt zu arbeiten, die man »sweat shop« oder Schwitzkasten nannte. Wir stellten Einzelteile her für irgendeinen Modeschmuck von unsagbarer Vulgarität. Draußen wie drinnen lagerte die subtropische Dampfhitze, gegen die man in solchen Knauserbetrieben keine Klimaanlage für nötig hielt. Dazu eine ehemalige Staatsanwaltsgattin stöhnend: »Wieder mal hundert Grad!« Ich: »Was, da ist man doch tot!« »Gott, jetzt weiß dieser Nebbich noch nicht, daß man hier nach Fahrenheit zählt.« »Wieviel macht das in Wirklichkeit?« »Fünfunddreißig, im Schatten.« Frotzelt ein bärtiger Emigrant im Hintergrund: »No, wer hat Ihnen gesagt, sie sollen gehn in Schatten?« Nachts wälze ich mich schlaflos in einer weißglühenden Dachkammer, deren Oberlicht versiegelt ist. Einmal träume ich von Brechts »Orge, der auf dem Aborte frißt«, und wie ich aufwache, liege ich in meinem eigenen Unrat. Eine Schande! Die folgende Nacht dasselbe. Popper bringt mich im Taxi zum Beth-Israel-Hospital, wo man Paratyphus feststellt, vermutlich von dem ungefilterten Trinkwasser in Marokko. Ich komme hinter eine Art Moskitonetz, wegen der Infektionsgefahr. Nach zwei Wochen bin ich fieberfrei, nach zwei Monaten immer noch da. Vor Entlassung muß ich drei negative Bluttests hintereinander bestehen, ein unübersteigbares Hindernis. Gäbe es nicht im Spital ein paar weißgekleidete Karbolgirls, die mir abends Gesellschaft leisten, so würde ich vor Untätigkeit krepieren. Nummer eins ist eine dralle Naive, ein kicherndes blondes Superding aus Kalifornien (mein Typ). Nummer zwei eine dunkle deprimierte Emigrantin aus Karlsruhe (deprimiert bin ich selber). Aus einer farbigen Postkarte schnipsle ich für die Blonde mein erstes amerikanisches »I love you« heraus. Es ist aber leider die andere, die mich dabei erwischt, mein lebenslanges Verhängnis. »Ach, Sie lieber, guter Junge! Das kommt mir ja völlig überraschend...« Jetzt hätte ich kontern müssen: »Pardon, es handelt sich hier um ein kleines Mißverständnis.« Aber dazu bin ich nie imstande gewesen. Nur Schurken und Verworfene lehnten Frauenanträge ab, ein Gentleman litt und schwieg. Die Dunkle hieß Lissa und mußte ungefähr ein Dutzend Jahre älter sein als ich. Das kann für Grünlinge eine gute Lehranstalt bedeuten, muß aber nicht. Vielleicht ist es ein undurchführbares Programm, hilfsbedürftigen Männern Einläufe zu machen oder Leibschüsseln unterzuschieben und dann noch im Bett auf sie verführerisch zu wirken.

Die Blonde schickte mir eine von diesen vorgedruckten Grußbotschaften, mit denen die Amerikaner sich die Mühe ersparen, ihrer wahren Gefühle habhaft zu werden. (Heutzutage ist die ganze Welt amerikanisch.) »Congratulations« stand darauf, in einem herzförmigen Ausschnitt. Manchmal wippte sie noch mit ihrem schwingenden Gewölbe vorüber, in das ich hätte hineinbeißen können. Aber außer einem gelegentlichen »Hi!« war die Verbindung abgebrochen. Dann bestand ich endlich meine drei negativen Tests, doch da ahnte ich schon, daß Lissa so ziemlich frigide war. Zweimal die Woche, wenn sie zum Nachtdienst mußte, kam sie verstohlen zu mir unters Netz geschlüpft. Sie war ein braves jüdisches Mädchen, anschmiegsam und hingabewillig. Aber sie konnte nicht mehr aus mir herausholen, als in mir war... die beste Definition der Liebe, die ich kenne.

Mein Dachzimmer war ich los, meinen Job auch. Bei dem Einwandererkomitee, das Arbeit vermitteln sollte, bewarb ich mich um eine Stelle im Westen. Auf der Landkarte, die im Tagesraum des Spitals aushing, hatte ich Orte mit solchen magischen Namen entdeckt wie Santa Fé und Albuquerque, da mußte ich hin. Weg von der New Yorker Stallwärme, dem Emigrantenmief, und das hieß am Ende, weg von mir selbst. Meinem alten Ich. Seit Jahren war ich nur mehr besinnungslos davongelaufen: Angst, Angst, Angst! Jetzt wollte ich nicht mehr feig sein müssen. Nicht mehr unterkriechen. Sondern dorthin verschwinden, wo einen niemand kannte, wo man deinen Typ nicht kannte, den mit dem eingezogenen Schwanz. Wo die Leute vielleicht gar nicht wußten, was das war, Angst. Wo sie einfach *lebten*! Vielleicht kam man da auch selbst wieder zum Leben?

Aber wie das alles einem Papierkrieger erklären, der dich routinemäßig deine Daten abfragt? »Was gedenken Sie denn da zu unternehmen, im Westen?« »Könnte man als Tellerwäscher anfangen?« »Ausgerechnet. Das ist eine von den exklusivsten Gewerkschaften.« »Oder als Zeitungsausträger?« »Geträumt. So was machen hier nur die Schwarzen.« Ich endete als »push boy« bei einem Konfektionär in der 34. Straße. Da hatte man rollende Ständer voll frisch geschneiderter Kleider quer durch Manhattan zu schieben zum Grossisten oder Verteiler. Das billigste Transportmittel der Welt. Dafür gab es den gesetzlichen Mindestlohn von zwanzig Dollar die Woche. Nie habe ich in Amerika mehr verdient als diese »twenty bucks«. Allerdings gingen davon bloß fünf ab für das möblierte Zimmer in Untermiete. Und Abendessen kostete, wenn man sich mit dem »blue plate special« begnügte, nur »two bits« oder 25 Cent. Zu Mittag schlang man im Stehen seinen Hamburger herunter, der eine »dime« gleich zwei »nickel« oder 10 Cent wert war. Inklusive »root beer«, ein braunes Rübengetränk von unbegreiflicher Scheußlichkeit. Als Einzelstehender brauchte ich höchstens 15 Dollar zum Existieren. Der Rest war Überschuß. Ein ungewohnter Luxus.

Meine Unterkunft lag in der 75. Straße bei der Amsterdam Avenue. Dieser ganze Stadtteil zwischen der 70. und 100. Straße West hieß das »Vierte Reich«, weil es aus Überlebenden des Dritten bestand. Landessprache (laut Popper): »Emigranto oder emigrantig – je nach Laune.« Nie hätte ich mir vorgestellt, daß New York so schäbig sein könnte. Irgendwie wirkte es aus der Distanz imposanter. Aber die Skyline, das entsprach eben der City, »downtown«. Rundherum wohnten, bis hin nach Harlem, der Bronx und Brooklyn, die Arbeitsameisen, die diesen Stadtkern zu bedienen hatten. Sie hausten in einem eisgrauen Betonmeer, das sich bis zum Horizont hinzog. Und meiner Ansicht nach schon halb Amerika zugestopft haben mußte, so daß die Erdporen gar nicht mehr zum Atmen kamen. Dieses ökologische Verbrechen mit anzusehen war ich nicht gewillt. Ließ es sich nicht bis Sante Fé schaffen, so konnte man ebensogut im granitenen Manhattan bleiben, wo man dir wenigstens keine Natur vorlog! Tatsächlich bin ich damals, mit minimalen Ausnahmen, nie aus dem Zentrum herausgekommen. Aber einen meiner ersten Sonntage marschierte ich zu Fuß von oben in Harlem bis hinunter zur äußersten Südspitze der Insel, um das Territorium in den Griff zu kriegen. Schätzungsweise 200 bis 230 Blocks. Ich bezweifle, daß seit den Indianern irgend jemand dergleichen unternommen hat.

Im Herbst traf Onkel Robert ein, kurz darauf kamen auch meine Eltern. Sie berichteten, daß Tante Hedi, Mutters ältere Schwester, jetzt in einem südfranzösischen Dorf untergekrochen sei, wo sie sich mit Handweberei durchschlug. Onkel Viktor hatte leider versucht, für sie beide über die Alpen einen Weg in die Schweiz zu bahnen, und war dabei von Grenzern geschnappt worden. Waren es Deutsche, Franzosen oder Schweizer, die ja damals begeistert Hand in Hand an unserer Ausmerzung arbeiteten? Hedi hat ihr Leben lang die Anzüge ihres Mannes aufgehoben, wohlversehen mit Mottenpulver. Er hat sie aber nicht mehr gebraucht.

Robert, der gewesene k. und k. Kavallerist, schlug sich fürs erste als Reitlehrer durch. Vater gründete wieder eine Pelzfirma, die sich Impex nannte, mit einem jüngeren Kompagnon. Es reichte gerade für die ärmlichste Zweizimmerwohnung. Meinen Wunsch, sein neues Geschäft in Augenschein zu nehmen, schlug er unter diversen Entschuldigungen ab. Mal mußte er auf Kundenbesuch, dann wieder war »alles mit Ware so vollgestellt, daß man kaum durch die Tür kam«. Zuletzt schlich ich mich uneingeladen in die Pelzhändlergegend, da sah ich ihn gebückt aus einem Laden herauswanken, schwerbepackt mit Kartons. Er war nur mehr Austräger der Firma. Ich drückte mich schamhaft in den nächsten Hauseingang und bin nicht mehr hingegangen.

Da ich in Europa nie eine Stellung innegehabt hatte, konnte ich auch keine verlieren, und der Schmerz, aus dem Gymnasium verstoßen zu sein, blieb gedämpft. Die meisten Emigranten andererseits waren »etwas gewesen«, was sie jetzt nicht mehr sein durften. Heroisch, wenn auch in ihrem Selbstwertgefühl gekränkt, versuchten sie bei der Stange zu bleiben, die sich aber nur selten als Leitersprosse erwies. So sanken Ärzte zu Medikamentenvertretern herab, Kinobesitzer zu Platzanweisern, Restaurateure zu Kellnern, Germanisten zu Sprachlehrern... Eigentlich lief alles mit geniertem Gesicht herum und konnte gar nicht die Frage erwarten: »Was sind Sie vorher gewesen?« Danach titulierte man sich mit Herr Doktor oder Frau Professor, auch wenn der andere schon einem Pariser Clochard ähnlicher sah. Kam die Frage nicht zustande, so mußte man die Information selbst einflechten, nach dem Muster: »Stellen Sie sich vor, eine Woche vor Abfahrt hat uns das Stubenmädchen noch ein Perlenkollier im Wert von 80000 Mark gestohlen.« Oder: »Sie sehen etwas fiebrig aus, mein Lieber, lassen Sie sich mal den Puls fühlen.« Oder: »Wie ich meinen Studenten immer zu sagen pflegte...«

Feldheim, der ruhmreiche Menschendarsteller, jobbte jetzt als Tierstimmenimitator beim Radio. In Wahrheit konnte sich New York auf Dauer gar kein deutsches Ensemble leisten. Und wer schaffte es schon zum Broadway, wenn man nicht gerade Elisabeth Bergner oder Luise Rainer hieß (sie war wegen schwarzer Haare als Orientalin gefragt). Dazu Feldheim: »Alles hat uns Hitler nehmen können, nur nicht unsern deutschen Akzent.« Sonntags trat er als Anekdotenerzähler im Emigrantencafé Eclair auf, West 72. Straße. Zum Beispiel: »Zwei Dackel treffen sich auf der Amsterdam Avenue. Sagt der eine zum andern: Wissen Sie, drüben in Europa war ich Bernhardiner.« Fritz Kortner wurde als »zu europäisch« abgelehnt, wahrscheinlich weil er im Sturm der Gefühle die Augen rollte, anstatt bloß die Brauen leicht anzuheben. Albert Bassermann, Träger des Iffland-Ringes, der respektabelste Edelmime Deutschlands, kam zu keiner Rolle, weil er (»wie der Goi, der er ist«, laut Popper) sich als unfähig erwies, Englisch zu lernen. Von dem großen Joseph Schildkraut erzählte man, daß er bei einer Party von seiner Tischdame angeschwärmt wurde: »Ihre Stimme hat ein so sinnliches Timbre, warum versuchen Sie es nicht einmal beim Theater oder beim Film.« »Madam, mein Name ist Schildkraut!« »Aber das macht doch nichts, den können sie immer noch ändern.«

Trotz Roosevelts New Deal blieben Millionen Arbeitslose brotlos, davon 260000 allein in New York. (Vielleicht wird man einmal die Frage lösen, warum nur Kriege und Kriegsvorbereitungen Vollbeschäftigung garantieren.) Wollte man als Akademiker unterkommen, so hieß es: »Hier schlafen die Professoren auf den Parkbänken.« Ein deutscher Professor, bereits reichlich gedämpft, bewirbt sich um einen bescheidenen Posten als Lohnbuchhalter. Endlich hat er die Anstellung in der Tasche, da kann er sich nicht verkneifen, mit seiner Vergangenheit anzugeben. Bis der neue Boß entsetzt ausruft: »Wie soll ich einem Mann wie Ihnen einen so mickrigen Job anbieten? Sie sind gefeuert!« So erlebt von dem ehemaligen Generalsekretär der Deutschen Liga für Menschenrechte, dem Journalisten Kurt Großmann. Wahrscheinlich hatte er den Aufbau nicht genügend studiert, denn dort stand betreffs Jobsuche: »Wenn Sie sich um einen Posten als Nachtwächter bemühen, so antworten Sie auf die Frage nach Ihrem Berufsziel: Obernachtwächter!«

Das Wochenblatt Aufbau war unsere Hauspostille, unser Augentrost. Es kommentierte die Weltlage ausschließlich aus der Sicht der Emigration. Im Mittelpunkt standen wir mit unseren Zores, dann lange nichts, dann das so hilfsbereite Amerika, das nur leider kein Deutsch verstand. Der Aufbau verzeichnete »unsere« Ärzte, Delikatessenläden, Miedererzeuger, Komikerabende und eintreffenden Schiffe (die es bald nicht mehr geben würde). Im Aufbau wurde man geboren, konfirmiert und zu Grabe geleitet. Und vor allem wollte jeder im Aufbau publizieren, von ehemaligen Weltautoren bis zu expressionistischen Lyrikern. Da ich weder das eine noch das andere darstellte und noch nie eine Zeile Journalismus ausgebrütet hatte, wurde ich gleich vom bebrillten Türsteher abgewimmelt. Der ohnehin so aussah, als ob er nebenher den halben redaktionellen Teil im Alleingang verfaßte. Danach präsentierte ich mich als potentieller Austräger bei der kurzlebigen Nachmittagszeitung »PM«, dem Leibblatt der New Yorker jüdischen Intellektuellen. Eine meiner Jugendlektüren hatte geheißen: »Vom Zeitungsjungen zum Millionär«, das wollte ich jetzt erproben. Zu meiner Überraschung war der Vertriebschef keineswegs ein jüdischer Intellektueller, sondern ein arischer Grobian, der mich für einen Witz der Weltgeschichte hielt. »Aber bevor Sie hier eilends verschwinden, gebe ich Ihnen noch einen Ratschlag mit auf Ihren ferneren Lebensweg: Wer unten anfängt, hört unten auf! Haben Sie das begriffen mit Ihrem Spatzenhirn?« Leider habe ich noch ewig gebraucht, bis ich es kapierte. So wurde ich Buchbinder an der Maschine, ungefähr der schäbigste Job, den New York zu vergeben hatte. Für zwanzig Dollar, wie gehabt. Der Boß, Mr. Silberman, kam aus Polen, spielte aber den Stockamerikaner. Von seinen Angestellten ließ er sich »J. B.« nennen, nach den Anfangsbuchstaben seiner Vornamen. Als aus irgendeinem Grund kurzfristig die Arbeit ausblieb, wurde ich von J. B. noch am selben Tag »abgelegt«: »Sie können ja in ein paar Monaten wieder vorbeischaun.« Betriebsräte existierten nicht, Gewerkschaftsschutz war illusorisch, weil man erst gar nicht hineinkam. Schaffte man es dennoch durch viel Protektion, so wurde man wiederum nicht angestellt, weil die Shops keine Gewerkschaftslöhne zahlen wollten. Simpel.

Am schlimmsten waren die Emigrantinnen dran, die keinen Beruf erlernt hatten. Typisch die frühere Arztgattin als Haushaltshilfe. War sie vom Glück begünstigt, so durfte sie zusammen mit ihrem Gatten ins »Dienerzimmer« einziehen. Der dann die nächsten Jahre englische Fachausdrücke für sein Doktorexamen büffelte, falls ihm noch die Energie dazu blieb. Medizinalrat Bauer, den ich auf der Straße traf, brachte es nicht. »Dabei habe ich seinerzeit den Herzog von Westminster...« Seine Hand zitterte inzwischen so stark, daß er kaum die Kaffeeschale halten konnte, auf die ich ihn ins Eclair einlud. Dort traf ich auch Feldheim, der nun drauf und dran war, sich in John Field umzunennen: »Oder wie wär's mit Johnny? Das macht sich urwüchsiger, was meinen Sie?« Von Hollywood träumte er noch immer vergeblich. »Wieso, ich denk, Sie haben längst Kontakt zur Filmindustrie?« fragt Popper, der ihn nicht leiden kann, aus Bestemm. »Derzeit leider ein Wackelkontakt. Hollywood antwortet nicht.«

Ins Eclair gingen wir üblicherweise am Sonntagnachmittag, wenn Lissa dienstfrei hatte. Darauf Kino und schließlich zu ihrer Studiowohnung im »Künstlerviertel« Greenwich Village, um Liebe zu machen. Manchmal klappt es, dann wieder nicht. Wir haben beide unsern Emigrantenknacks weg, sie noch verzweifelter als ich. Im Grund krepiere ich vor Begierde, aber nicht nach ihr. Da sie als gelernte Krankenschwester alles wissenschaftlich auffaßt, hat sie mir anhand von farbigen Diagrammen in einem Fachbuch präzise vorgeführt, wie die Sache sich im Querschnitt und im Längsschnitt darstellt und wo man was zu fühlen hat. Danach fühlte ich überhaupt nichts mehr. Lissas Fenster geht auf die enge MacDougal Alley, die drei Gaskandelaber aufweist und daher im Stadtführer als »quaint old street« verzeichnet steht. Wahrscheinlich die einzige von New York. Lissa starrt verloren hinunter und spielt dabei mit den Knöpfen ihrer Bluse. Wie läßt sich einer Frau begreiflich machen, daß man nicht mit ihr schlafen will? Ich kann in Lissas Blicken lesen, ihren stummen Aufschrei nach Erlösung. Aber ich vermag niemanden zu erlösen, für so was bin ich nicht geschaffen. Dafür kann ich klaftertief in eine Frau versinken, zum Beispiel eine süffige, unwissende Hinterländlerin, sagen wir aus Santa Fé.

Ich schaffte es nie nach Santa Fé, der Indianerstadt. Zwar hatte ich mir sogar ein Zugticket dorthin besorgt, das ich in der Brusttasche trug wie einen Fetisch. Jetzt wartete ich nur noch auf den richtigen Moment zum Abspringen. Nur wollte der sich absolut nicht einstellen. Heute ist Santa Fé längst zur Touristenfalle für Pauschalurlauber umfunktioniert. Aber bin nicht auch ich inzwischen zum Touristen geworden: ein Mensch, den kein Ort der Welt mehr verändern kann? Einmal, als Lissa nach Kleingeld suchte, stieß sie zufällig auf das Billett in meiner Tasche und brach in Tränen aus. »Okay«, sage ich verzweifelt, »laß uns zusammen nach Santa Fé. Vielleicht wird dort alles gut.« Lissa schüttelte den Kopf: »Ich bin halt sehr viel älter als du. Ich glaub halt nicht mehr dran, daß man ein anderer wird, weil man woanders ist.« Mir war das damals unverständlich, heute weniger.

Im Café Eclair trifft zusammen, wer immer sich Mohnstrudel und Indianerkrapfen leisten kann. Und sonntags, wenn Feldheim seine Anekdoten aus dem Ärmel schüttelt, ist sozusagen Gottesdienst. Da serviert man heiße Mehlspeisen wie Marillenknödel, Powidltatschkerln oder Buchteln in Vanillesoße. Es ist, in unserer Sprache, »Wien away from Wien«. Die Nachrichtenbörse blüht, von meinem Freund Popper notiert und angeheizt. Er gehört zu den Journalisten, die ihrer Meinung nach alles Erlebenswerte erlebt, jeden Kennenswerten gekannt haben. »Dem Doktor Benesch hab ich die Hand geschüttelt. Werfel und Kisch hab ich fotografiert. Joseph Roth? Wieso, der ist doch niemand.« Popper ist wissend, ohne weise zu sein – eine wandelnde Emigranten-Enzyklopädie. Auch wenn die Information in der Regel nur aus »sicherer Quelle« stammt, also aus dritter Hand. Vordem war er beim Prager Tagblatt tätig, bei der »Wiener Sonn-

und Mon«, sogar für die »Tante Voss«, und »nebenher hab ich noch meine Rätselfabrik betrieben«. Jetzt ist sein Traum ein Fotografenjob bei der Illustrierten Life. Und mit einer Großreportage über uns will er dort einsteigen. Das Eclair ist sein Jagdgrund, der »unbeobachtete Augenblick« sein Blattschuß. Leider sind mitteleuropäische Juden, die sich nicht benebeln und scharf auf dem Quivive bleiben, denkbar ungeeignet für solche Exerzitien. Popper blitzt wie besessen, bis ihn Feldheim mitten in seinem Vortrag anbafft, dies zu lassen, weil ihm »sonst gleich die Gall herausgeht«. Nie ist Poppers so oft angesagte Reportage erschienen. Er bleibt eben der geborene Schlemihl. Das heißt, er ist, noch bevor er den Kampf mit viel Getöse aufnimmt, bereits von seiner Niederlage überzeugt. Allerdings darf auch das nur sozusagen »überchochmetzt«, also um zwei Ecken, gesehen werden, weil Popper möglicherweise nur so tut, um das Schicksal auszutricksen. Das Schicksal steckt voller Tücken. Es läßt ihm schon mal einen Sieg durchgehen, aber bestimmt keine Siegeszuversicht. Gibt man sich hingegen als Patzer, so rutscht einem vielleicht unversehens ein Treffer ins Haus, und das Schicksal hat das Nachsehen. So operiert Popper.

Seine minimalen Bezüge als Knipser ergänzt er durch journalistische Dauerberieselung des Aufbau, unter diversen Pseudonymen. Auch dafür ist die Quelle das Eclair – eine Wiener Konditorei, die sich den unbedarften Amerikanern gegenüber als französisch geriert. Wir alle gaben uns ja notfalls als Franzosen aus. Frankreich war »in« seit seiner blamablen Niederlage und wurde von vierzig Millionen Widerständlern bewohnt. Die Vorstellung von »Gay Paree« unterm Barbarenjoch ließ Amerika (oder zumindest seine Gebildeten) erschauern, wie es nie über unser Ungemach erschauert war. Der Publizist Hans Habe aus Budapest und Wien schrieb seinen ersten Bestseller, »Ob tausend fallen«, mitnichten über uns, sondern über den Fall von Frankreich. Und heiratete kurz darauf seine erste Frau aus bester amerikanischer Diplomatenfamilie nicht etwa (laut Popper) als jüdischer Emigrant, sondern als »ungarischer Edelmann in französischen Diensten«. Janos de Bekessy, wenn ich nicht irre. Natürlich hatte man in Amerika längst verschwitzt, daß der letzte ungarische Aristokrat in französischen Diensten ein Graf Esterhazy gewesen war – der unrühmliche Fälscher aus dem Dreyfus-Prozeß.

Aber im Grunde hielten wir andern uns nicht weniger für Heuchler und Wetterfahnen, denn was stellten wir eigentlich dar? Es gab unzählige Amerikaner deutscher Abstammung – der Mittelwesten war voll von ihnen –, die nur den losesten Zusammenhalt mit »the old country« verspürten. Und es gab die vereinsmeierischen Deutschamerikaner, die sich im Stadtteil Yorkville zu altbackener Kurzweil bei Turnfesten und Bierhallenkränzchen trafen. Sie besaßen ihr eigenes Traditionsblatt, die »New Yorker Staatszeitung und Herold«. Und sogar ihre Kampforganisation, den »Deutsch-amerikanischen Bund« zum Schutz des »Vaterlandes« und der Neutralität Amerikas. Neutral gegen wen? Gegen Hitler natürlich. Bis vor kurzem hatten sie sogar ihre Sprößlinge, blau uniformiert, zur Ertüchtigung in ländliche »Siegfriedlager« geschickt. Ihr Führer hieß Fritz Kuhn, üblicherweise kein »arischer« Name. Vielleicht paßte er in Friedrich Torbergs Kategorie »Wozu Juden alles fähig sind«? Allerdings war er kurz vor meiner Ankunft mit der (wahrscheinlich von Goebbels stammenden) Bundeskassse durchgegangen, worauf es in Yorkville einigermaßen stiller wurde. Trotzdem fuhr unsereins nur selten hin. Zum Turnen war man nicht aufgelegt, und deutsches Bier kriegte man auch anderswo.

Der »Bund« gehörte zu einer handfesten Bewegung im Lande, die sich damals »Isolationismus« nannte. Sein Rückgrat war das »America-First-Komitee« mit vielen Senatoren aus dem Westen und Mittelwesten. Und genügend Finanzierung, um eine der bedeutendsten Werbeagenturen Amerikas anzuheuern. Neben den Amerikadeutschen tendierten auch die Iren in diese Richtung (aus Haß gegen England), die Italiener (aus Bewunderung für Mussolini) und ein Haufen reaktionäre Verbände wie die »Amerikanischen Patrioten«, die »Kreuzfahrer Amerikas«, die »Silberhemden«, die »Christliche Front«, die »Ritter des Kolumbus«, die »Töchter der Revolution« sowie der unvermeidliche

Ku-Klux-Klan. Es gab auch einen einflußreichen antisemitischen Rundfunkprediger namens Pater Loughlin und nicht zuletzt den Fliegerheros Charles Lindbergh. Der noch im September 1941 im Radio verkündete: »Wer hat ein Interesse, uns in den Krieg hereinzuziehen? Nur die Briten, die Juden und Präsident Roosevelt.«

Natürlich hofften wir, daß Amerika bald mobilmachen würde, bevor die Nazis sich auch noch Moskau unter den Nagel rissen. Aber komischerweise hofften die meisten von uns es eben mehr als Deutsche oder Österreicher denn als Juden. Nur 17 Prozent der Emigranten, so stellte ein Statistiker fest, bekannten sich bewußt zu ihrer Religion. Im Gegensatz zu den ansässigen Juden, zumeist polnisch-russischer Herkunft und dementsprechend orthodoxer.

Bei ihnen waren wir als »Zylinderjuden« verschrien, womit man sich auch nicht gerade identifizieren wollte. Wer waren wir also? Exilanten? Ich finde es ergreifend, wenn heute so viel von unserem »Exil« die Rede ist. Von dem man schnellstens auf die »Exilliteratur« hinüberschwenken darf, ein so gut wie wertneutraler Begriff, der sich so schön in Seminaren aufarbeiten läßt. Das alles gab es ja praktisch gar nicht. Nie habe ich mich als Exilant angesehen. Und glaube nicht, daß ich das Wort je benutzte. Eine viel zu hochgestochene Vokabel für unsern würdelosen Rausschmiß. Das existierte nur in den Köpfen der wenigen Politiker und politischen Schriftsteller, die ihre Rückkehr fest einplanten, wie Otto von Habsburg, Hubertus von Löwenstein, Alfred Kantorowicz, Bertolt Brecht. Aber schon Thomas Mann ließ sich naturalisieren und trat dann ganz selbstverständlich als Amerikaner auf. Wir empfanden zum überwiegenden Teil unsere Vertreibung als etwas Endgültiges und Unwiderrufliches, ohne daß uns das bei der Identitätsfindung viel weitergebracht hätte. Was waren wir? Nach unserm intimsten Gefühl: deutsche Diaspora. Ein Begriff, den es aber bis heute nicht gibt. Zu unserem Erstaunen hatten die »arischen« Deutschamerikaner weitaus weniger Schwierigkeiten mit ihrer Selbstdefinition. Mister Wibbel, der »Vormann« unseres Betriebs, stammte aus Schlesien und war »seit twentig Jahre im Lande«. Er fühlte sich »einhundert Percent Amerikaner«. Und warum? »Weil hier du kannst verdienen viele Talers. Wenn du gut arbeitest. Wenn nicht, du wirst gefired, okay?« Ich fragte ihn, ob ihm nicht manchmal bang sei nach Schlesien? »Listen, wenn so liebst dein Land, warum gehst du nicht dahin zurück? Und warum willst du, daß Amerika macht Krieg gegen dein Land und macht es kaputt?« Also nie Heimweh? Er feixt: »Wozu, ich bin ja kein Jude.«

Eigentlich hätte ich vor Seligkeit bersten müssen, gerettet und in den USA zu sein. Manche barsten tatsächlich oder taten so als ob. Die »Schnellamerikaner«. Sie priesen allen Ernstes das Rokkefeller Center als die »erhabenste Kathedrale der Welt«. »Grandma Moses« als das größte Malgenie seit Leonardo. In Kalifornien entstand der »Neue Mensch«, laut Max Reinhardt. Der dann keinen roten Cent mit Regie verdienen konnte, sondern von einer armseligen Schauspielschule leben mußte. Nach außen hin zelebrierte jeder von uns die »neue Heimat« in den höchsten Tönen. Und jeder empfand gerade sich persönlich als Versager, als Außenseiter, als »Hühnerauge an einem Holzbein«, als »Pferd im Automobilzeitalter«. Und benahm sich zwanghaft wie ein rückwärtsblickender »Beiunsnik«, während es doch deine verdammte Schuldigkeit war, den »Alrightnik« zu markieren. Amerika schlug uns tot, was jeden Heutigen mit Verwunderung erfüllen muß. Und erst die Amerikaner, jedenfalls die, mit denen wir zu tun bekamen. Hatten wir uns Amerika wie ein Märchen vorgestellt, so konnten sie sich Europa überhaupt nicht vorstellen. Und schon gar nicht Hitler und seine Mannen. Bestimmt übertrieben wir mit unsern Greuelgeschichten. Schließlich erwies sich jeder Mensch, wenn man ihn nur richtig zu nehmen wußte, als »decent feller«, als »nice guy«. Benahmen sie sich nett zu uns, die Amerikaner, so sahen sie in der Regel auch keinen Grund, nicht ebenfalls nett zu Hitler zu sein. Zumindest im Geschäftlichen, »businesswise«. Und warum spielten wir da nicht mit? »Seid nett zueinander« – immer schon das Patentrezept derjenigen, die die Macht besitzen und Geschäfte machen wollen.

Wer sich dagegenstemmt, gilt als Störenfried und Chaot. Auch in den USA waren wir nicht überall beliebt. Uns hatte man in den Fluchtjahren zugespitzt wie mit einem Federmesser. Zu dauerndem Argwohn, zum Überleben am Abgrund und täglichen Umgang mit den letzten Dingen. Nichts konnte den Einheimischen fernerliegen. Dafür boten sie uns freigiebig Manna, das Brot des Überlebens, und Lethe, den Wein des Vergessens. Warum griffen wir nicht einfach zu und vergaßen unsere »troubles«? Ja warum? »Forget it« ist ja die Beschwörungsformel wider alle Probleme. »Take it easy« das probate Mittel dazu. Sie begrüßten uns freundlich mit »Hi, Doc, what's up?« bzw. »What's cooking, goodlooking?« und verabschiedeten sich mit einem ebenso neckischen »Laß dir keine hölzernen Nickels anhängen«. Nur schade, nichts davon hatte den mindesten Bezug auf unsere Situation.

Das Amerika, das wir vorfanden, erschien mir wie das Mutterland aller Pleuelstangen und Nockenwellen. Diese Leute machten Liebe mit der Materie. Sie lebten in einer reinen Sachwelt ohne näheren Bezug zur Schöpfung. Nach Ausrottung der Urbevölkerung kam jetzt die Natur dran. Danach blieb nur noch, den Kontinent von Küste zu Küste mit »manufactured goods«, also Industriefabrikaten, zu überziehen. Zum Beispiel mit »split-level homes«, den millionenfach identischen Einfamilienhäuschen plus Tiefgarage. Es waren Dinge, die nicht wie in der Alten Welt (oder unserem Traum von der Alten Welt) auch etwas darstellten, symbolisierten, sondern rein für sich selbst vorhanden waren. Erst jetzt erkannte ich, wie tief es uns im Blut steckte, in Metaphern und Parabeln zu denken. Unsere ganze Kultur beruhte ja darauf, daß man jedes Ding sowohl wörtlich wie auch bildlich zu nehmen hatte. Mit einer irisierenden Spannung zwischen seinen vielen Assoziationen, die alles in poetisches Licht tauchte. Jede Sache bedeutete sie selbst, bildete aber gleichzeitig Teil einer Idee. Ein Fischer zum Exempel war jemand, der Fische fing, aber da schwangen auch Erinnerungen mit an einen, der mit dem Butt redete, und einen andern, der ruhevoll nach der Angel sah oder den es, zu Füßen der Lorelei, mit wildem Weh ergriff. Oder an den Menschenfischer Petrus und so immer fort. Höchst beglückend, wenn auch bestimmt sehr verführerisch und gefährlich. (Nur so ließen sich altgermanische Runenzeichen mit der Mörderbande der SS verbinden und Barbarossa mit dem Rußlandfeldzug.) Im damaligen Amerika das genaue Gegenteil: Alles wird auf das Dingliche festgenagelt, auf hier und jetzt. Und das Hauptding, das Ding an sich, ist das Auto. Deswegen waren die drei häufigsten Fragen, die man unvermeidlich auf der amerikanischen Straße hörte: »How fast does she go?«, »How many miles do you get?«, und »How much you pay for this buggy?«

In der Welt, mit der wir zu tun hatten, herrschte so etwas wie der Totalitarismus der Konformität. Vielleicht existierten in einem mythischen Amerika die landschaftsverbundenen und abgründigen Barbaren, die Faulkner beschrieb, die todwunden Kraftkerle Hemingways oder die feinsinnigen Philosophen, mit denen Einstein debattierte. Nicht für uns. Unsereins kam ausschließlich mit Langweilern zusammen, deren Bibel Reader's Digest hieß, das verbreitetste Periodikum aller Zeiten und Völker. Die Essenz seiner Religion: Gott liebt Amerika. Und warum? Weil er das Einfache dem Komplizierten vorzieht! Europäer waren von geradezu unnatürlicher Komplexität. Anders hierzulande: Der richtige Knopfdruck, der entsprechende Hebelzug, und sämtliche Fragezeichen sind weggewischt. Wo nicht, bleibt es deine eigene, private Schuld. Die Umwelt bietet dir jedwede Chance zum Glück. Fühlst du dich dennoch unbefriedigt, so suche den Grund in dir selbst, zum Beispiel per Bibelexegese oder Seelenanalyse. Aber gefälligst nicht in der Öffentlichkeit. Nach außen hin hast du zu lächeln, verstanden. Lächle, Emigrant. Sonst lernst du nie das Amerikanersein.

Und ein letzter Ratschlag: Halte dich bloß nicht für was Besseres, weil du angeblich ein »geistiger Mensch« bist. In den glanzlosen Sphären, in denen du dich von nun an durchschlagen mußt, gibt es keine Rangordnung. »Intellektuell« ist ein Schimpfwort. Die Frage »what is he worth?« bezieht sich ausschließlich auf das Bankkonto. Wer zu viele Bücher liest – sagen wir mehr als eins im Jahr –, »verdirbt sich die Augen«. (Übrigens heißt hier schon jedes Krimiheft »a book«.) Von zu vielem Nachdenken wird man »haywire«, also plemplem. Ideen diskutieren hat etwas Ausländisches. Beispielsweise muß man Roosevelts New Deal prinzipiell als eine Sache der »Yankee ingenuity« darstellen, die aus puren »nuts and bolts« besteht. Also eine typische praktische Yankee-Erfindung aus Pleuelstangen und Nokkenwellen. Wenn demgegenüber die Republikaner behaupten, daß sich hier auch Ideen eingeschlichen hätten, so ist das für sie schon gleichbedeutend mit verfassungsfeindlich und subversiv. Als potentiell subversiv im Lande gelten »die Liberalen«, »die Roten« und insbesondere »die Juden«. Warum müssen Juden auch irritierende Fragen stellen und mit jedem rechten, sogar mit ihrem Gott? Herrschende Ideologien lieben das gar nicht! FBI-Boß J. Edgar Hoover führte in seinem Informationsnetz, das ganz Amerika überzog (allein über Brecht gab es tausend Seiten), eine spezielle Kategorie für »jüdische Intellektuelle mit bekannt liberalen Überzeugungen«. Diese Leute (auch Einstein gehörte dazu) waren automatisch suspekt. Daß die Juden nicht zu exorbitant wurden und etwa dem eingesessenen Business-Establishment, das Amerika in die eigene Tasche zu regieren suchte, ins Gehege kamen, dafür sorgte damals ein verschwiegener Arier-Paragraph. An der Börse und bei den Aufsichtsräten der führenden Unternehmen saßen kaum Juden. Die vornehmsten der ländlichen Sportklubs, Golfplätze, Ferienhotels, Jachthäfen und Badestrände, wo man die eigentlichen Geschäfte tätigte, waren für Juden tabu. Ebenso die entscheidenden »fraternities« in solchen feinen »Efeu-Colleges« wie Harvard, Yale und Princeton. Dort und an zahlreichen anderen »campusses« bestand auch ein inoffizieller Numerus clausus, der jüdische Studenten auf zehn Prozent beschränkte und überdies Katholiken und Ostasiaten diskriminierte. Was die Schwarzen betraf, so waren sie natürlich zur Gänze auf ihre eigenen primitiven Hochschulen beschränkt. Übrigens blieben nicht nur im tiefen Süden, sondern auch im aufgeklärten New York die feineren Restaurants, Bars und Unterhaltungslokale für sie gesperrt, ja sogar der Zuschauerraum von solchen Harlemer Music-halls wie dem Apollo. Das Hinweisschild »We reserve the right to seat anyone« bezog sich zwar vorgeblich nur auf Betrunkene, die man abweisen durfte. Aber man lernte schnell, was gemeint war. Selbstverständlich diskriminierten auch wir Neuankömmlinge die Schwarzen. Rassismus gehört jedem. Wir empfanden ihn geradezu als Eintrittsbillett in die amerikanische Gesellschaft.

Wieder mußte ich mich feuern lassen, das wurde jetzt nachgerade zur Manie. Da hatte sich ausnahmsweise ein exklusiver, ledergebundener Gedichtband mit gebrochenem Falz in unsere Massenbuchbinderei verirrt. »Mach mir das heil, aber fix«, kommandierte der »Vormann«. Anstatt einfach einen Lederfleck draufzupicken, trennte ich verträumt die Bögen fein säuberlich auseinander, wie ich das in Europa gelernt hatte. Wibbel griff sich an den Kopf! »Weißt du, was wir kriegen für dies Ding? Einen Dollar! Weißt du, wie lang du gemacht hast an dies Ding? Für einen Dollar!« Also war ich nicht nur total übergeschnappt, sondern ein Meuterer, ein Freak, eine Bedrohung des American Way of Life. »Du geh zur Kasse. Laß dich auszahlen. Du bist gefired!« Fünf Minuten später stand ich auf der Straße als Arbeitsloser, einer von Millionen.

War dies vielleicht ein Wink des Schicksals, um mich in die vorbestimmte literarische Laufbahn zu lenken? Also ging ich erst mal Onkel Robert konsultieren. Kurz nach seiner Ankunft hatte er bei einem »Familienrat«, der jetzt nur mehr aus den Eltern, ihm und mir bestand, zu nichtigem Anlaß etwas von »heraushängenden Genitalien« vorgebracht, im übertragenen Sinne. Darauf ergriff Vater fuchtig seinen Regenschirm und prügelte Robert trotz Mutters Wehgeschrei zur Wohnung hinaus. Fortan durfte man ihn nur noch im verborgenen besuchen. Sein Mietzimmer war vollgestellt mit turmhohen Stößen von Gedrucktem, denn Regale konnte er sich nicht leisten. Robert lebte jetzt von Buchkritiken, und die Honorare dafür wurden ihm in Rezensionsexemplaren beglichen, die er beim Trödler verscherbelte. Natürlich schrieb er sie englisch (das er noch zwanzig Jahre später nicht fehlerfrei beherrschte). Nur seinen neuen Roman verfaßte Robert auf deutsch. Einen historischen Schinken, bezeichnend für

Emigrantendichter. Weil man ja seine eigene beknackte Situation nicht an den Mann bringen konnte, und was verstand man schon vom jungen Amerika? Robert schrieb über Sokrates, dessen jüdischnihilistischer Witz bereits Nietzsche unliebsam aufgefallen war. Leider kein Thema, das dem hiesigen Lesepublikum besonders naheging. Und wer sollte bei dem erwarteten Absatz von 1000 oder 2000 Exemplaren für die Übertragung aufkommen, monierte der Verleger. Ein Thomas Mann, Werfel oder Feuchtwanger wurden übersetzt, aber bei einem Robert Pick spielte das die Kosten nicht ein. Robert wußte, daß er seine Muttersprache zum letztenmal umfing. In Zukunft würde er seine Schreibe »aus dem Wörterbuch zusammenklauben«. Würde er nicht das sagen, was er wollte, sondern das, was er konnte. Der geistige Tod. »Ein Schriftsteller ohne Sprache ist wie ein Klavier ohne Saiten«, las ich später bei einem, der seinen Beruf an den Nagel hängte und sich dazu. Ich hatte nicht den Mut, den Onkel nach einem Fingerzeig betreffs meiner Karriere zu fragen. Statt dessen ging ich ins Eclair, verkroch mich in die Telefonkabine und schlug die »Gelben Seiten« des Telefonbuchs auf. Nicht bei W für »Writer«, sondern wie gehabt bei B für »Bookbinder«.

Auch Lissas Vater war einst Autor gewesen: der »orphische Lyriker« Alfred Treumann. Jetzt diente er halbtags als Bürogehilfe bei dem Buch- und Briefmarkenhändler Herzfelde. Briefmarken waren nunmehr seine ganze Passion. Zwischen den Haltestellen Karlsruhe und New York war er irgendwann vom Leben auf Postwertzeichen umgestiegen. Wollte man ihn in seinem Hinterzimmer besuchen, so mußten zuerst sämtliche Öffnungen der Wohnung luftdicht verschlossen werden, damit nur ja kein geheiligtes Papierfetzelchen davonschwebte. Das einzige, was Treumann noch mit dem realen Erdenwallen verband, war Lissa. Aber auch sie hätte er wahrscheinlich gegen die blaue Mauritius eingetauscht. Sonntags saß er im Hintergrund des Eclair, einen grünen Augenschirm tief über die Stirn, und »dichtete«. Es war seit Jahren die nämliche Stelle des nämlichen unverkäuflichen Romans, längst ins Stocken geraten und unmöglich mehr aufzutauen. Erst nachdem mich Lissa den dritten

Sonntag vorgestellt hatte, nahm er mich halbwegs wahr. »Lissa, was meinst du? Ich habe mich jetzt endgültig entschlossen, daß Hansjörg sie nicht kriegt. Er kriegt sie nicht, weil er sie nicht verdient.« Und dann erklärend zu mir: »Mein Werk spielt nämlich zu einer Zeit, als man noch Gefühle kannte. Nicht wie hier in diesem... Proletenland.«

Zwar gab es auch Verwandlungskünstler wie Arthur Koestler, der es in drei, und Joseph Wechsberg, der es sogar in vier Sprachen hintereinander zu etwas brachte. (Dieser immerhin zuletzt beim »New Yorker«, der stilisiertesten und ziseliertesten Zeitschrift Amerikas.) Aber das blieben Ausnahmen. Der typische Autor konnte sich nur in seiner eigenen Sprache bewegen, und auch die begann mit dem Tag einzufrieren, wo er die Grenze überschritt. Von nun an nahm er nicht mehr teil an ihrer organischen Weiterentwicklung. Und war zwanzig Jahre später für seine Landsleute entweder Klassiker oder unslesbar.

Der Aufbau wäre in Friedenszeiten das Blatt mit dem außergewöhnlichsten Feuilleton Deutschlands gewesen. In einer einzigen Ausgabe konnte er mit solch illustren Namen aufwarten wie Thomas und Heinrich Mann, Lion Feuchtwanger, Franz Werfel, Walter Mehring, Bruno Frank, Hermann Kesten, Alfred Polgar und vielen anderen. Fast die einzige Lücke in dieser Riege hieß Stefan Zweig. Es war jedoch (ich greife vor) die Ausgabe zur letzten Februarwoche 1942, und die genannten Autoren schreiben den Nachruf zu Zweigs Freitod in Brasilien. Durfte er das? Besonders wenn man noch Geld und Publikationsmöglichkeiten besaß. Hielt er denn sein Leben für reine Privatsache? War es erlaubt, sich so aus dem Dasein zu stehlen, solange Hitler noch lebte? Und seinem Erbfeind solchen Triumph zu gönnen? Allerdings: Was keine dieser Größen, auch jetzt noch, kapierte, war der göttliche Witz, daß unser Erbfeind den Triumph noch nicht einmal wahrnahm. Die großen Namen waren ihm Wurst, das deutsche Volk konnte auch ohne sie sehr gut auskommen. Zum Teil kommt es bis heute ohne sie aus.

Meistens verfertigten die großen Namen allerdings weniger Pathetisches. Sie schrieben über Jobsuche, Mietprobleme, Behördenumgang. Es waren kurze, sachliche Artikelchen, für die der Aufbau fünf Dollar hinlegte oder schon mal zehn. Für dieses Geld schrieben auch Hermann Broch, Ernst Waldinger, Hans Sahl, Reinhold Niebuhr, Brod, Graf, Berthold Viertel, Piscator, Jessner oder wer immer gerade ein paar Kröten brauchte. Auch Treumann schickte Gedichte, die ihm aber postwendend retourniert wurden. Verse kamen nur unter, wenn sie drollig waren, zum Beispiel: »Ich bin in a hell of a fix, weil ich Deutsch und Englisch vermix...« Fast alle großen Namen arbeiteten im geheimen an Prosawerken, in denen sie unsere Befindlichkeiten seismographisch registrierten. Wenn auch mehr für die Nachwelt, denn wer wollte dergleichen lesen? Mit leerem Magen befaßt man sich lieber mit Essen als mit Hunger. Und für das amerikanische Publikum hatte ein Roman aus »action« zu bestehen, nicht gerade eine Kardinaltugend europäischer Autoren. Der Wiener Erzähler Raoul Auernheimer konnte nicht einmal seinen Erlebnisbericht aus dem KZ Dachau unterbringen, da »zuwenig sensationell«, wie ihm der Verleger ungeniert mitteilte. »Zu erträglich! Ein paar Morde, Selbstmorde und Sadismen tun's bei uns nicht.«

Ich besuche Popper im »Fotoatelier« – eigentlich das Badezimmer seiner Kellerwohnung. Dort knipst er (zu je einem Quarter, einem Vierteldollar) Kennfotos für Ausweispapiere, das ist seine Haupteinnahmequelle. Erst zeigt er dem Kunden dicke Musterbücher mit romantisch ausgeleuchteten Starporträts, die er aus »Life« ausgeschnitten hat. Dann werden sie, was immer sie sich aussuchen, von vorne weggeblitzt, weil das die einzige Lichtquelle ist, die Popper zur Verfügung steht. Dafür besitzt er ein Telefon, fast unerhörter Luxus unter Emigranten. Statt der erwarteten Klienten ruft ihn aber vorzugsweise Feldheim an, um zu erkunden, ob sich »Hollywood schon gemeldet hat«. (Er hat Poppers Nummer als sein »Sekretariat« angegeben.) Oder es ruft Lissa an, die einen »gemütlichen Abend« für ihren Papa zusammentrommelt, damit er nicht völlig vereinsamt. Auch über ihn weiß Popper Bescheid. Nämlich daß seine Frau Adele, Lissas Mutter, kurz vor der Abfahrt unter geheimnisvollen Umständen verstorben sein soll. Aber hierüber schweigt man sich aus bei Treumanns. Auch während der gemütlichen Abende, die in der Regel aus Popper und mir bestehen. Kommt Treumann aus seinem Philatelistenzimmer, so hat er den grünen Augenschirm schon auf. Heute ist ja leider eine weitere Lesung aus dem Roman fällig. Wobei Popper dauernd beifällig nickt, was mit der Zeit in ein Nickerchen übergeht. Der Roman ist so altbacken wie die Ärmelschoner, die Treumann zum Briefmarkenkleben trägt. Nach der Lektüre fummelt Popper ein bißchen an dem Kurzwellengerät herum, das Lissa ihrem Vater geschenkt hat, ungefähr sein einziger Kontakt zur Außenwelt. Dazu Treumann bissig: »Prag, Herr Popper, kriegt man erst spät in der Nacht.« Popper dreht geniert mit einem Ruck das Radio ab: »Wer redet von Prag?« Treumann: »Hab halt gedacht... Heimwehland.« Popper nach einer Pause: »Was meinen Sie, Treumann? Ob wir jemals noch zurückkommen? Und wie wir denen dann vorkommen werden?« Darauf das einzige Lachen, das ich je von Lissas Vater gehört habe: »Sie werden uns nie verzeihn, was sie uns angetan haben.« Fast genau ein halbes Jahrhundert nach dem Anschluß Österreichs, zum Höhepunkt des Waldheim-Rummels, titelte die Wiener »Presse«: »Juden fallen über Papst her. Sie jagen uns, weil sie uns hassen.« Da mußte ich an Treumann denken... Manchmal, wenn er's nicht länger aushält, ruft Popper Prag an. Niemand im besonderen, nur so. »Gestern hat sich ein neues Telefonfräulein gemeldet. Sie hat gesagt: Bitte Momenterl warten. Bitte Momenterl warten. Dann nix mehr. Das war alles.« Und Popper wendet den Kopf weg und schneuzt sich gerührt.

Ich krieche in einer neuen Buchbinderei unter, Braunstein und Co. Ein noch viel durchrationalisierterer Betrieb. Das läßt sich schon nicht mehr Werkstatt nennen, das ist laufendes Band, mit infernalischen Kadenzen. Grobschlächtig schustere ich an einer Maschine zerfledderte Schulbücher zusammen. Dann noch mächtig Leim auf den Rücken gepappt, und die Sache hat sich. Schneller, schneller! »Warum suchst du dir nicht eppes was Besseres?« stichelt Popper. »Umdenken, umsatteln, mobil sein, darauf ist Amerika gebaut!« (Als ob er es je könnte.) Ich bin altmodisch und bleibe kleben: an Jobs, an Frauen, an Heimaten. Pünktlich am Samstagmittag zur Lohntütenzeit (zwanzig Dollar, was sonst) taucht die kokette Mrs. Braunstein auf, um sich Nadelgeld für ihr Shopping zu holen. »Die klemmt auch die Beine zusammen, bis der Nerzmantel angeschwommen kommt«, giftet unser Vorarbeiter, ein schmächtiger herzkranker Ire. Nach meiner Schätzung macht er nicht mehr als einen Dollar die Stunde. Dazu jährlich eine Woche bezahlter Urlaub, aber erst nach zwölf Monaten Maloche im Betrieb. Während der halbstündigen Mittagspause schleichen die Reisewerber mit Handzetteln hoch und preisen uns eine Woche in Florida an, erstklassiges Ferienhotel, 25 Dollar einschließlich Bahnfahrt. Wofür lebt man? Wofür habe ich überlebt? Eines Morgens stürzt der Vorarbeiter direkt vor seiner Maschine zusammen und ist weg. Mausetot. In der katholischen Kirche wirft sich seine Frau kreischend auf den lebfrisch geschminkten Leichnam. Hat sie ihn wirklich so geliebt? Oder bangt sie mehr um ihre Versorgung, mit der es ja hierzulande schwach bestellt ist? Eine Bosheit kocht in mir hoch, eine Wut auf dieses genormte, formierte Dasein, von dem einem jeder hier sagt, daß es schon alles ist: »This is life. What else do you want?« Irgend etwas ist schiefgelaufen, ohne daß ich den Finger drauflegen kann. Ich ahne dumpf, daß es diese Sinnlosigkeit des modernen Existenzmodus sein muß, was die wüste »violence« von New York und Chicago hervorbringt, aber auch die Kriegsbereitschaft und die Hitlers. Mit solchem Wahnwitz stopft man noch am einfachsten »the black hole«, das schwarze Loch, das man soeben im Weltraum entdeckt haben will und das in Wirklichkeit in uns selber steckt. Die gähnende Leere des Ennui, des Lebensekels. Wer Heil brüllt, fühlt sich noch atmen. Wer mordet, auch. Gibt es tatsächlich irgendwo ein Leben, so intensiv, daß man sich nach keinem andern mehr sehnt? Ich weiß es nicht. Aber hier an dieser Heftmaschine, in der 7. Avenue dieser Monsterstadt, fühle ich mich so gut wie begraben.

Dies war meine New Yorker Krankheit: eine Lähmung, eine graue Passivität, eine zähe Tatenlosigkeit. Ich lebte nicht mehr, ich wurde gelebt. Eine Schattenexistenz. In dieser Stadt der tausend Möglichkeiten griff ich kaum eine auf. Wozu auch? Man konnte es ebensogut bleibenlassen. Wie ein Spuk strich ich nachts durch den Central Park, was man damals noch gefahrlos durfte. (Heute bricht einem bei der bloßen Vorstellung der Schweiß aus.) Wieder sage ich laut Gedichte auf, oder buchstabiere, unter den spärlichen Bogenlampen, aus meinem Rimbaud: »Das wahre Leben ist anderswo.« Ja, aber wo? An milden Abenden zieht es mich zu den verrotteten Docks der Unterstadt, dann wieder dem Uraltkirchlein Trinity Church bei der Wall Street, mit seinem anachronistischen Landfriedhof. Oder an den einsamen Battery Park, von dem man, mit einem Sternenteleskop ausgerüstet, die Küste Europas hätte ausmachen können. Regelmäßig schleichen da andere Emigranten herum, im Selbstgespräch befangen und mißmutig hochstierend zu der aufregendsten Stadtlandschaft der Welt. Einmal war sogar Onkel Robert darunter, den keiner der Sentimentalität verdächtigen konnte. »Schwimmen müßte man jetzt!« »Aber Onkel, es gibt doch genügend Schwimmbäder in New York.« »Nach Europa zurückschwimmen, du Lümmel!« schrie er aufgebracht, weil ich seine Subtilitäten schon wieder mal gegen den Strich bürstete. »Notfalls in einer Nußschale!«

Wir alle kamen uns wie Schlafwandler vor, in einer Stadt, die von Schemen bevölkert schien. Nein, von lauter Aktionsbesessenen, die an uns vorbeirasten, ohne uns wahrzunehmen. Jeder Mensch hier und jedes Ding hat Zweck und Namen, bloß wir versinken in Unwirklichkeit. Ein Gespensterball. Man klagt über das Tempo der Stadt, die Höhe der Wolkenkratzer, die Entfernungen. Aber letzten Endes meinen wir unsern eigenen unwürdigen Dämmerzustand. Wir sind Kranke in einem Land, das Gesundheit nicht als Glücksfall auffaßt, sondern als Anrecht, ja als deine verdammte Pflicht. Woran wir am Ende leiden, ist der Zweifel an unserer eigenen Existenzberechtigung. Das tröstliche »Geistige«, das man noch seiner Flucht umzuhängen pflegte, ist ja aufgebraucht. Es geht nicht mehr um »allen Gewalten zum Trotz sich erhalten«, sondern um den nächsten Hamburger. Womit sich identifizieren? Mit einem Glauben oder einem mitgeschleppten Kulturpaket, beide längst fragwürdig geworden? Und noch etwas anderes scheint sich da zu verpuffen, und das greift an den Kern: Die Liebeskraft ist angeschlagen, die Fähigkeit, sich einzubinden, sich anheimzugeben. Eine Distanz entsteht zwischen dir und deiner Umwelt. Seinerzeit hat man in tausend vertrauten Gefühlsbeziehungen gelebt: zu Berufskollegen und Schachfreunden, zu Burgschauspielern, zum Gosausee, zum Korso am Pulverturm, zum Café Central oder zum »kleinen Café in Hernals«. Jetzt ist man wie abgekappt. Die Vergangenheit wird zu einer unfruchtbaren Mischung aus Wehmut und Zorn. Und an welchem von diesen neuen, oft überdimensionalen und bedrohlichen Dingen soll sich das Gefühl festmachen? Und dabei steht man ja unter Anpassungsdruck, wird dauernd aktive Liebesbezeugung gefordert (»How do you like America?«), während man die früheren Lieben, die offensichtlich die falschen waren, zum alten Eisen werfen soll. Man kommt sich kalt und weggedreht vor, unterschwellige Irritationen entstehen, zu den Freunden, aber auch zur eigenen Frau (besonders wenn du von ihrem Einkommen leben mußt). Es gibt Verstörungen bis zur emotionalen und physischen Impotenz. »Wir sind ja lauter Witzblattfiguren!« schreit Lissa mir bei einem »lustigen Heimatabend« ins Gesicht. »Wir sind ja alle tot, wir sind ja alle tot!«

Lissa hat den schlimmsten Knacks weg. Sie »kann nichts mehr fühlen«, weder im Bett noch sonstwo. »Als wär dir nicht nur die Heimat abhanden gekommen, sondern auch deine wahren Empfindungen. Und weißt du, was das bewirkt? Dann traut man auch den andern kein Gefühl mehr zu, ist doch so?« Trotzdem kennt Lissa prinzipiell nur ein Thema: »Wie wir jetzt miteinander stehen«, das soll ich ihr gefälligst mal definieren. Bis heute werde ich aggressiv, wenn ich »Gefühlskisten ausdiskutieren« soll. Auf die Frage »Magst du mich noch?« gehe ich in die Luft, und bei »Hast du was? Du bist heute so anders« kriege ich einen Anfall. Solche Fragen sind für mich Liebestöter, so gut wie Flanellunterwäsche oder Knoblauchgeruch. Man kann eben ein Gefühl auch wegreden. Übrigens gesteht mir Lissa, ihre Mutter sei keineswegs gestorben, sondern bei der Flucht notgedrungen in der Wiener Nervenheilanstalt, sprich Irrenhaus, Steinhof zurückgelassen worden. Dafür bestrafen sich hier Treumann und Tochter. Und wer sich selbst bestraft, straft andere mit dem gleichen Psychoterror. Darum muß ich jetzt von ihnen zum Opfer gemacht werden. Das Emigranten-Einmaleins.

Auch Treumann hat seine Schraube locker. Er redet sich ein, daß er »die Wörter verloren hat«, deswegen ist seine Schreibe blockiert. Um die Wörter nicht noch weiter zu kujonieren, weigert er sich, Englisch zu lernen. Erwischt er mich mit meinem »Linguaphon« unterm Arm, so bringt ihn das zu einer mühsam gebändigten Raserei. »Was macht Ihr Englisch?« »Danke, es geht ihm gut.« »Sie meinen, Ihnen geht das Englische gut vonstatten, von der Hand.« »Meinetwegen.« »Denn dem Englischen kann es ja nicht gutgehn, nicht wahr. Es ist kein Lebewesen.« »Ist doch egal«, sage ich, um ihn zu beruhigen, aber das bringt ihn erst recht in Rage: »Wieso ist das egal? Jede Sprache hat ihre eigenen Gesetze. Deutsch ist Deutsch, und Chinesisch ist Chinesisch, falls Sie das noch nicht wissen!« Aus Ärger spiegle ich ihm vor, daß ich demnächst einen erstklassigen Job antrete in Santa Fé, New Mexico. (In Wirklichkeit habe ich bloß einen Brief an die dortige Handelskammer geschrieben, einstweilen ohne Antwort.) Treumann wird ganz still. »Und Lissa?« fragt er. »Sehen Sie, ich hab nur einmal in meinem Leben geliebt. Ich weiß nicht, wie oft Sie lieben können.« Dann rauscht er ab zu seinen Briefmarken. Ja, ich bin Gefangener. Festgekettet an eine Frau, mit der ich nicht schlafen will, an einen Mann, der unfähig ist zu schreiben, einen Job, den ich verabscheue, und eine Stadt, die mich wahnsinnig macht. Das ist Amerika für mich...

Fühlten wir uns damals tatsächlich alle so ausgestoßen und isoliert? Oder projizierte ich, zimperlicher als nötig, bloß eigene Identitätskrise und Bindungsverlust auf die Schicksalskollegen? Was wir uns wahrscheinlich nicht klarmachten: Für die bürgerliche Mehrheit der Emigranten wären auch der soziale Abstieg und Neuanfang im *eigenen* Land schon ein harter Brocken gewesen. Hier in den USA kam zu der gesellschaftlichen noch die kulturelle Divergenz hinzu. Die vielleicht erträglicher gewesen wäre, hätte man den Begriff »Kulturschock« bereits gekannt. Weil ja nichts so erschreckt wie namenlose Epidemien. So suchten wir die Wurzel des Übels in uns selbst und bekannten uns schuldig, auch wenn wir nicht wußten wozu. Trotzdem scheint mir die Verweigerungshaltung so vieler von uns auch jetzt noch gerechtfertigt. Damit gehörten wir ja zu den ersten Zivilisationskritikern in dieser seinerzeit größten und fortschrittlichsten Stadt der Welt. Waren, mit allen unseren spätbürgerlichen »hangups«, so was wie die Vorläufer der Grünen. Und das was wir so unerträglich fanden, eben den Mangel an Lebensqualität, ist heute Gemeingut aller wurzellosen Massenmetropolen der Welt geworden, bis Mexico City und Seoul, von Frankfurt/Main nicht zu reden.

Café Eclair. Café Old Europe. Café Vienna, mit der Erstaufführung »Dreimäderlhaus 1942«. Café Grinzing, mit Hermann Leopoldi. Helene Moslein wird ein neues Lied kreieren: »Die Lerche vom Times Square«. Das neue Duett »Summertime in New York« erweckt allabendlich wahre Lachstürme. »Ali Farkas und die vierzig Berge«, dies der Titel der Revue, die das frisch vereinigte Komikerpaar Karl Farkas und Armin Berg... »Das weiße Rößl am Central Park in der Originalbesetzung. Gedeck (Kaffee und Kuchen) 40 Cent.« »Der Abend der Prominenten«, erste Liste der Mitwirkenden: Dolly Haas, Ellen Schwannecke, Robert Stolz, Oscar Karlweis, Ralph Benatzky, Willy Trenk-Trebitsch. Heiterer Abend, Lachen ohne Ende. Valeska Gerts »Beggar Bar«. Ein Jahr Kabarett der Komiker, mit Kurt Robitschek. »Wie einst in Wien«. Bunter Abend. Cabaret und Ball. Nacht des Lachens. Dance. Tanztee und Varieté. Allabendlich Konzert und Tanz. Beste Wiener Küche.

Ein paarmal lasse ich mich pflichtschuldig von Feldheim oder Popper hinschleifen, aber in Wahrheit ist dieser frohgemute, in Gemütsbrei getunkte Schwachsinn kaum auszuhalten. Das ist nicht mehr jüdischer Galgenhumor, hier tanzen sie schon am Strick. Während in Wien gerade die letzten Juden liquidiert werden, singen wir tränenselig Wien, Wien, nur du allein, dazu gepfefferte oder schmalzige Schnurrigkeiten. Nur selten taucht, vor diesen Pappkulissen von Prater und Ku'damm und Hradschin, ein Satz auf, der trifft: Die Emigrantin, die im Bus ihren Mann belämmert, doch nicht mehr in der Öffentlichkeit deutsch zu reden: »Wenn du englisch sprichst, versteht dich wenigstens kein Mensch!« Oder als Kontrast dazu der Kinomogul, der in der Studiokantine seine Drehbuchautoren anpflaumt, weil sie ungarisch schwatzen: »Wissen Sie denn nicht, daß Sie hier in Hollywood sind? Reden Sie deutsch!« Oder der Spruch, der die Situation aller Emigranten und Boat People wie mit einem Blitzlicht erleuchtet und für alle Zeiten fixiert: »O Fremde, wie bist du so schön – für den, der noch eine Heimat hat!« Aber das waren Ausnahmen.

Erträglicher als dieses Wochenendreich des Tinnef sind immerhin die »Kulturabende«, wenn auch sie nicht weltbewegend. Oft finden sie im Theater der New School for Social Research an der 12. Straße statt, wo man auch Kurse und Seminare veranstaltet, allerdings auf englisch. Englisch wollte ich nur so weit lernen, daß ich damit anständig meine Brötchen verdiente. Nicht mehr. Um keinen Deut mehr. Meine Sprache blieb Deutsch. Das Deutsch des Zarathustra, den ich vor der Einschiffung in Marseille noch schnell gekauft hatte. (Und den ich sogar als amerikanischer Soldat mit mir herumschleifen würde – bestimmt der einzige GI in der gesamten Army!) Und das Deutsch der Letzten Tage von Karl Kraus, das ich so verinnerlichte, bis ich aus lauter verbaler Aggressivität meine wenigen Freunde los war. Danach habe ich Kraus mit Gewalt auf Jahre beiseite gelegt und wurde fast ein verträglicher Mensch!

Nein, in die New School pilgerte ich nur, um Bassermann zu hören, wenn er donnernd aus Joseph Roths Antichrist vortrug, oder Heini Schnitzler im Smoking die Novellen seines Vaters. Dann wieder war irgendein Goethe-Jubiläum fällig, zelebriert von dem bayrischen Urviech und Kraftlackel Oskar Maria Graf in Lederhosen, mit dem Maßkrug vor sich auf dem Pult. Weiß Gott, warum Roth oder Schnitzler und sogar Goethe in diesem

Zusammenhang so kleinkariert und emigrantenhaft auf uns wirkten. Wie übrigens auch Nietzsche, wenn Thomas Mann im schlichten Hausfrauenton über ihn dozierte. Aber möglicherweise hatte das mit uns selber zu tun. Man konnte sich ja nicht herausnehmen, bei diesem Publikum anzuecken, weil es kein Ersatzpublikum gab. Wir paar hundert waren die einzigen, die sich 30 oder 50 Cent für kulturelle Erbauung leisten konnten. Und wir fühlten uns keineswegs aufgelegt, unser arbeitsmarodes Gehirn überfordern oder gar von experimentellen Neuerungen martern zu lassen. Sondern wollten Kunst als Feiertagsbonbon und als Bestätigung, daß wir zur Zeit den »Deutschen Geist« darstellten. »Wo ich bin, ist die deutsche Kultur« hatte ja unser »Repräsentant« Thomas Mann verkündet, und wenn die Amerikaner ihm das abnahmen, warum nicht wir?

Fast nie konnte eine Vorstellung wiederholt werden. Auch nicht, wenn sie solchen Aufwand erforderte wie ein mäßiger Zusammenschnitt der »Verbrecher« und »Rassen« von Ferdinand Bruckner, in der Hauptrolle Herbert Berghof. (Den ich in einem Wiener Werkel vor dem Anschluß unvergeßlich die Antinaziversion von »Ich hatt einen Kameraden« rezitieren hörte: »Darfst mir die Hand nicht geben? Wie trägst du nur das Leben, mein guter Kamerad?«) Einen vollen Dollar kostete die Uraufführung von Bertolt Brechts Furcht und Elend des Dritten Reiches, zumindest vier Szenchen daraus. Die uns aber nach dem soeben in Europa Gehabten und Geahnten höchst unbedarft vorkamen. Hier wirkten nicht bloß die Bösewichter banal, sondern das Reich des Bösen an sich. Ich vermute, Brecht hat davon lebenslang nicht viel mitgekriegt (so gern er sich über die Bosheit der Menschen ausließ), denn zu Auschwitz fiel ihm auch nach dem Krieg nichts ein. In seiner großartigen Verbohrtheit entflammte ihn nur das gesellschaftliche, »objektive« Übel zur Empörung. Was tatsächlich im menschlichen Innern vorging, auch in dem der Massen, ja sogar in seinem eigenen, undurchdringlichen, ließ ihn letztlich kalt. Noch an einen weiteren Brecht-Abend erinnere ich mich, bei dem immerhin Peter Lorre und Elisabeth Bergner auftraten. Auch Feldheim durfte mitspielen, wiewohl nur stumme SA-Komparserie. Zum Schluß meldete sich im Hintergrund der Bühne eine verlegene Brilleneule, das war der Autor persönlich. Und wir wurden aufgefordert, sein Solidaritätslied mit anzustimmen: »... reih dich ein in die Arbeitereinheitsfront, weil du auch ein Arbeiter bist!« Vorne in der Prominentenreihe saß der angejahrte Roda Roda mit seiner berühmten roten Weste, daneben Hermann Kesten, Berthold Viertel, Zuckmayer und die anderen stockbürgerlichen Figuren der New Yorker Emigration... es war rührend und grotesk. Um so mehr, als uns ja vor Augen stand, daß Brecht sein kalkuliertes »Lob der Partei« nicht so weit getrieben hatte, auch persönlich in das Land der Partei auszuwandern. Da war uns Oskar Maria Graf eigentlich sympathischer, der jeden spontan mit Genosse anredete, nicht aus Prinzip, sondern aus purer Menschenfreundschaft. Wir wußten, daß er als bayrischer »Provinzschriftsteller« und Dickschädel sich weigerte, englisch zu reden. Aber trotzdem seit Jahren um die amerikanische Staatsbürgerschaft kämpfte. Allerdings sollte vorher der Paragraph, der ihn verpflichtete, das Land mit der Waffe in der Hand zu verteidigen, ersatzlos gestrichen werden. Obgleich der Dichter ja nun schon zu alt (und zu umfangreich) war, sich ein Schwert umzugürten. Aber Graf blieb unerschütterlicher Pazifist. Am Ende, wenn auch erst 1958, erhielt er tatsächlich die Bürgerpapiere zu seinen eigenen Bedingungen, ein Ruhmesblatt der amerikanischen Demokratie. Ich kann mir nicht verkneifen, hier zum Kontrast auf Brechts Vernehmung durch den »Senatsausschuß für unamerikanische Umtriebe« im Jahr 1948 hinzuweisen. Wo er, »eingehüllt in Zigarrenrauch und einen undurchdringlichen deutschen Akzent«, seine heiligsten Überzeugungen schlaumeierisch verschwor.

Brechts Gedichte zirkulierten handgeschrieben in New York als eine Art stalinistischer Samisdat. Außer dem minimalen Aurora-Verlag von Wieland Herzfelde gab es wenig Chancen, in den USA auf deutsch zu publizieren, gar wenn man politische Meinungen kundtun wollte. Oder man mußte sich auf die vielen parteipolitischen Winkelblättchen zurückziehen, von denen allein die Österreicher drei oder vier herausbrachten. Im Sommer 1942 begann dann der »Aufbau« mit der großen Deutschland-Kontroverse, die auch heute nicht ausgestanden ist. Für Brecht war der Nationalsozialismus deckungsgleich mit der marxistischen Klassentheorie erklärbar. Und sobald Hitlers Macht militärisch absackte, mußte die deutsche Arbeiterschaft – obschon durch den »Verlust von 300 000 Märtyrern geschwächt und von 30 SS-Divisionen im Lande niedergehalten» (wo er nur die Zahlen herhatte?) – zum Aufstand blasen und die Unterdrükker hinwegschwemmen. Demgegenüber meinte Emil Ludwig, der Verfasser damals erfolgreicher Biographien, die Deutschen hätten im Nazismus nur endgültig ihre tiefsten Nationalinstinkte verwirklicht. Keine gefährlichere Illusion, als daß die Emigranten »von einer vorüberrauschenden Regierung verfolgt, von der Mehrheit des versklavten und irregeleiteten Volkes aber heimlich geliebt und erwartet würden». Und er plädierte für einen alliierten Reichsverweser im kommenden Deutschland sowie Kontrollorgane in Schulen, Hochschulen, Zeitungen. Keine Bestrafung der Nation, aber eine zeitweilige Entmachtung. Die sogenannte Kollektivschuldthese, von Amerika vorübergehend unterstützt, aber bald als unpraktikabel fallengelassen. Ergreifend Ludwigs Naivität, wenn er sich etwas davon versprach, daß »überall, wo das Bild Hitlers gehangen hat, das Bild Goethes aufgehängt werden soll«. Unsere ewige Goetheschwärmerei...

Zwischen diesen beiden extremen Auffassungen hielt Thomas Mann, das »Reptil«, wie Brecht ihn nannte (der wiederum bei Mann als »Scheusal, leider begabt« fungierte), eine schwankende, unsichere Mittelstellung. Die nichts Glorioses an sich hatte, wenn er beispielsweise seine abends zu einem Manifest gegebene Unterschrift am nächsten Morgen wieder zurückzog. Die uns aber heute als die einzig verständliche vorkommt. Kollektivschuld nein. Kollektivverantwortung ja. Wie jedes Volk eben für seine Geschichte verantwortlich ist. Beruft man sich auf Goethe, so hat man sich auch auf Hitler zu berufen. Identifiziert man die Juden mit ihrer Vergangenheit, wie weithin üblich, so kann man sich nicht durch die Gnade der späten Geburt aus seiner eigenen wegstehlen. Mann spürte überdies als einer der ersten die metaphysische Dimension heraus, den »Sündenfall des 20. Jahrhunderts«, ahnte auch schon den drohenden weltweiten Holocaust des kommenden. Und wir? Rückblickend erschauere ich vor unserer Stumpfheit und gewollten Ignoranz. Vor der Katastrophe, die schon eingesetzt hatte, hielten wir uns die Augen zu und verstopften uns die Ohren. Wie hätte man sonst schlafen können mit der täglichen hilflosen Todesangst um die Freunde und Verwandten? Und mit der Gewißheit, daß nichts je wieder so sein würde wie früher? Der Mensch lebt von Hoffnung und Selbstbetrug, bis hin zur Schwelle der Gaskammer. Ich kann mich nicht erinnern, daß ich mich in New York um das Schicksal der europäischen Judenheit sehr gesorgt hätte. Irgendwie würden sie schon durchkommen, so wie ich es geschafft hatte. Und schließlich durften sie ja in Europa leben, die Glücklichen. Sogar, als Gegensatz zu uns, in freier Natur, zum Beispiel »Buchenwald« oder »Birkenau«. Aus irgendeiner Wanderbibliothek hatte ich mir, wie einiges andere, auch die »Heilige Johanna« von Bernard Shaw angeeignet, mit dem verzweifelten Fazit: »Muß denn in jeder Generation eine Johanna sterben, nur weil die Leute keine Phantasie haben?« Ich war ahnungslos, daß sich das auf mich bezog. Es bezieht sich auf die ganze Menschheit im Atomzeitalter.

Dann bringt es Feldheim endlich nach Hollywood. Kein herber Verlust für das deutsche Kulturleben der Ostküste. Wir sahen ihn in B-Pictures als opernträllernden italienischen Pizzabäcker. Als Pariser Bohemien mit Menjou-Bärtchen und Samtbarett. Oder als bekloppten deutschen Erfinder, der in einem fort »Mein Gott« zu röhren hatte und »Diß ist korrekt, mein Herr«. Sonntags klingelt er uns im Eclair an, damit wir auch keine seiner Glanzrollen verpassen. »Wieso hängen Sie schon wieder an der Strippe?« brüllt Popper in die Muschel. »Ich denk, Sie liegen im Bett mit Betty Grable! Was, *wieviel* machen Sie da? Dreihundert? Die Woche?! Das hat die Welt noch nicht gesehn!« Popper legt auf wie erschlagen: »Zerspringen soll er!« Dabei bleibt ihm noch verborgen, daß dieser selbe John Field es in Bälde zu höchsten Nazi-Ehren bringen wird. Wie Conrad Veidt, wie Stroheim, John Wengraf, Hans Jaray und sogar der reichlich »prononcierte« Preminger. Der in schwarzer Uniform am Telefon die Hacken zusammenschlägt und zackig »Jawohl, mein Führer!« schnarrt.

Was Feldheim in der Woche verdient, das hat man meinem Vater, von einem Kunden heimkehrend, in der Subway unbemerkt aus der Tasche gezogen. Er wird das noch Jahre abstottern müssen. Dann stoße ich auf den ehemaligen Medizinalrat Bauer, wie er auf der Park Avenue die drei Dackel seines Arbeitgebers Gassi führt. Verlegen schielen wir aneinander vorbei. Und eines Tages erreicht Treumann und Lissa über ihre Schweizer Deckadresse eine Mitteilung der Nervenheilanstalt Steinhof bei Wien. Eigentlich nur ein ausgefüllter Vordruck, auf dem man sich nicht einmal die Mühe gemacht hat, das Unzutreffende zu streichen: »Sehr geehrter Herr – Frau – Fräulein! Wir teilen Ihnen höflichst mit, daß der – die Treumann Adele an den Folgen eines – einer Blinddarmentzündung verstorben ist. Wien, Datum des Poststempels.« Was das bedeutet, wissen wir. (Um so mehr, als Frau Treumann seit ihrer Kindheit keinen Blinddarm mehr besaß.) Man hat sie abgeholt, als »unwertes Leben«. Durch welche verschrobenen psychologischen Windungen kommen wir uns jetzt selber unwert vor, als wären wir an Adele Treumanns Tod mitschuldig? Als hätte man auch uns mit abholen müssen? (Vorbote des späteren »Holocaust-Komplexes«.) Nicht zum erstenmal beneide ich die Nazis, deren Todessehnsucht nur durch Patriotismus zu wecken ist, dieses hochstehende Edelgefühl. »Wir Deutschen verstehen zwar nicht zu leben, aber sterben, das können wir«, sagt Rudolf Forster markig als Kaleun in irgendeinem U-Boot-Film. Erstaunlich, wie es den Nazis gelingt, sich auch bei ihren Feinden als Vollmenschen in Szene zu setzen. Während wir bekanntlich an der »jüdischen Zerrissenheit« leiden, was die Welt gar nicht gern sieht. Auch die Juden wird sie erst verdaulich finden, wenn sie sich (im Sinai, auf den Golanhöhen) als kriegsfromm erwiesen haben. »Ah, wer da für Israel mitkämpfen dürfte!« höre ich, zur Zeit des Sechstagekrieges, einen von Hitlers berüchtigtsten Panzergenerälen seufzen.

Schaffte ich es nicht bis Santa Fé, so zumindest in ein weniger biederes Stadtviertel Manhattans. »Davenport's Free Theater« liegt in der 27. Straße Ost und gleicht bis heute (jetzt spielt es auf spanisch für Puertoricaner) aufs Haar dem Vieux Colombier und anderen romantischen Pariser Kleinbühnen. Ein Treppchen führt aus dem engen Vorgarten hinauf zur Haustür. Darüber eine Art Baldachin, gestützt von verschnörkelten schmiedeeisernen Pfeilern. Hatte ich den Hausschlüssel vergessen, so brauchte ich bloß diese Säulen hochzuklettern, das Fenster aufzuschieben und war in meiner Wohnung. Eine ausgeräumte Garderobe von drei mal drei Metern, dafür mußte ich auch wieder bloß einen Fünfer pro Woche hinblättern. Das ganze Erdgeschoß nahm dann ein hölzerner Theatersaal ein. Vor der Holzbühne mit Holzkulissen an die hundert hölzerne Klappstühle, darüber ein hölzerner Balkon mit noch mal einem Dutzend hölzerne Hocker. Man konnte sich so reglos verhalten, wie man wollte, etwas Hölzernes knarzte immer im Saal und häufig alles zusammen. Umkleideräume gab es keine, die wurden sämtlich von Mietern wie mir bewohnt, denn von irgendwas mußte das Unternehmen ja leben. Der Eintritt war, wie schon der Name sagte, gratis. So gratis wie das Amen in der Kirche, hinter dem der Klingelbeutel herumgereicht wird. Für den Klingelbeutel war ich zuständig, nachdem sich bei einer kurzen Sprechprobe wieder einmal meine komplette Unbegabtheit herausgestellt hatte. Lang dauerte das Einsammeln nicht, denn in der Regel hatten wir weniger als ein Dutzend Zuschauer. Da auch die Mimen gratis agierten (zur Schulung), flossen die gesamten Einkünfte in die wohlgeformten Hände von Mr. Butler Davenport, der das zweite und letzte Stockwerk des Hauses bewohnte. Eine schummrige Wunderhöhle, ein Raritätenkabinett, bestückt mit Plakaten, historischen Theaterzetteln, signierten Porträts, Bühnenentwürfen, Kostümen, Federhüten und Holzschwertern. Was sich alles ausnahmslos auf Mister Davenport bezog, den gefeierten »actor-manager« der Jahrhundertwende. Mit »Der Widerspenstigen

Zähmung« (wo er den geilen Chauvi spielte) bis zu »Damaged Goods«, einem seinerzeit sensationellen Aufklärungsreißer über die Syphilis (worin er den miesen Verführer spielte), war er durch die Lande gezogen, von Bad Ems bis Buenos Aires. Jetzt gab er die nämlichen Rollen hinter dicken Schichten von Schminke, und bei unseren halbblinden Scheinwerfern merkte man ihm seine achtzig Jahre nicht an. Ohnehin spielte er grundsätzlich Profil. Und sein Profil war noch immer vergleichbar mit dem von John Barrymore oder Rudolph Valentino, mit einem schwachen Einschlag von Greta Garbo. Davenport war nicht etwa schwul, sondern höchstens pädophil. Er vergötterte hübsche junge Menschen, wie sein intimer Jugendfreund Oscar Wilde. Meine Plumpheit bewahrte mich davor, zu seinem Epheben erkoren zu werden.

Drei Tage vor meinem zwanzigsten Geburtstag griffen japanische Trägerflugzeuge die amerikanische Pazifikflotte in Pearl Harbor vernichtend an, Blitzkriegskenner auch sie. Das Ereignis war vorauszusehen – oder, wie Popper es besser wußte, sogar vorausbestimmt. Und zwar von Präsident Roosevelt, der schon längst Hitler an den Kragen wollte, bevor der mit seinen U-Booten England abwürgte. Jetzt befand man sich also Knall auf Fall im Krieg gegen die Japaner, mit den Nazis als bloße Draufgabe, als Nebenprodukt. Irgendwie fühlten wir uns um einen moralischen Triumph betrogen, denn was ging uns schon Ostasien an?

Damit wurden mir aber die lang hinausgeschobenen Entscheidungen von selbst abgenommen. Die bequemste Lösung und einer der Gründe für die allseitige Beliebtheit von Kriegen. Einerseits konnte ich Santa Fé gründlich vergessen. Feindliche Ausländer (das waren wir schon wieder einmal) mußten nicht nur Kurzwellenradios und Kameras bei der Polizei abliefern, sondern durften nur mit Sondererlaubnis reisen. Und ohnehin stand warnend an allen Bahnhöfen: »Is this trip necessary?« Andererseits brauchte ich Lissa nicht zu heiraten... diesbezügliche Andeutungen waren in letzter Zeit chronisch geworden. Schließlich ist es nicht fair, so junge Kriegerwitwen zu hinterlassen. Und daß die U.S. Army auf die Dauer nicht ohne mich auskommen konnte, war klar. Dazu hatte mich ja der allmächtige Konsul in Marseille hinübergeschleust. Während ein bärtiger Frommer (falls er noch lebte) jetzt irgendwo mit seinem Gott haderte, der ihm die Quotennummer weggezaubert hatte. Und nach Judenart den Grund bei sich selber vermutete, wegen Einschlafens im Bethaus als kleiner Bubi oder unzüchtiger Gedanken, seine Mamme betreffend.

Die Army konnte erstaunlich lang ohne mich auskommen, fast ein Jahr. Sie mußte ja zuerst eine Kaderschmiede schaffen, denn im Vergleich zum deutschen »Hunderttausendmannheer« (über dessen Dürftigkeit sich Klassenvorstand Meyer nie genug erbosen konnte) war das amerikanische Friedensheer ein Witz. Die neuen Offiziere rekrutierte man aus Business und College. Die Unteroffiziere mit Vorliebe auf den hinterwäldlerischen Farmen der Südstaaten, ausgepowert von Depression und falscher Agrarpolitik. Ungefähr das letzte, was man in dieser Anlaufzeit benötigte, waren die muskelschwachen Höhlenbewohner (»cliff dwellers«) der Millionenstädte. Insbesondere wenn sie für politisch unzuverlässig galten. Immerhin erwies ich mich als gesund und geisteskräftig genug, um 1 A klassifiziert zu werden. Und zwar durch meine »Freunde und Nachbarn«, von denen ich allerdings nicht einen einzigen persönlich kannte, die Formel stammte aus dem Unabhängigkeitskrieg. Während Popper es wegen perforiertem Trommelfell (da hätte ja gottbehüte Giftgas eindringen können!) nur zu 4 F brachte. Niedriger ging's nicht mehr, danach hielt man bei den Liliputanern!

Und dann ist eines Tages Feldheim wieder in New York! Auf Urlaub von Hollywood. Und mit dem Flugzeug natürlich, er schafft ja kühl seinen Tausender die Woche. Auch er ein 4 F, denn so unabkömmlich wie John Field ist keiner. Jetzt braucht er sich auch nicht mehr von Stroheim oder Wengraf zusammenputzen zu lassen und dabei mit den Hacken zu knallen: »Jawohl, mein General!« Er ist selber General und wird es noch vor Kriegsende bis zum vollgefressenen Feldmarschall Göring bringen, wie er die alliierten Spione verhört. Das macht er uns im Eclair vor, schick kalifornisch in Weiß ausstaffiert und mit preußischem Bürstenhaarschnitt: »Und Sie, Sie jüdisch-plutokratisch-bolschewistisches Würmchen! Sie wollen mir hier Widerstand leisten? Wir haben Mittel, Sie zum Reden zu bringen!« (Lacht teuflisch): »Hahahaha!« Wir alle grölen mit, weil ja die Phrase »We have means to make you talk« eher aus Hollywoods Gangsterfilmen stammt als aus dem Sprachschatz des deutschen Generalstabs. (Dementsprechend hieß auch der erste amerikanische Propagandafilm: »The nazi gang«.) Nur Popper jüdelt herablassend: »Von Feldheim zu Feldherr – weit gebrengt!«

Stalingrad gefallen ... Nordafrika von den Alliierten besetzt... Hamburg von tausend Flugzeugen bombardiert... die militärische Großwetterlage steht auf Sieg. Und zum erstenmal im Leben spüre ich Kampfeslust in mir hochsteigen, Rachedurst, gar atavistischen Blutrausch! Ich ahne: Das Ende der Angst, das Ende meiner Lähmung ist in Sicht. Und unversehens liebe ich jetzt auch dieses putzmuntere Amerika. Ja, das Rockefeller Center ist tatsächlich die grandioseste Kathedrale der Welt, in Kalifornien wird zweifellos der Neue Mensch geboren, und es geht nichts darüber, im Sonnenschein die Fünfte Avenue auf dem offenen Verdeck eines zweistöckigen Busses hinunterzufahren. Das sollen sie uns drüben in Europa erst mal nachmachen! Viel tiefer eingefressen, als ich im Moment noch ahne, sitzen in mir die demokratische Aufmüpfigkeit, die unbekümmerte Direktheit, die flotte Ungeniertheit der Hiesigen, von denen ich mich so abgeschottet meinte. Und noch etwas: Fast gegen meinen Willen, und ohne es zu merken, habe ich ein Amerikanisch gelernt, das man (zumindest im unzureichend zerkochten New Yorker Schmelztiegel) für akzentfrei halten kann. Damit ist mir, hinter meinem eigenen Rücken sozusagen, etwas nie Erhofftes passiert. Aus einem halben Menschen, als der ich mich bisher empfand – nicht Fisch nicht Fleisch –, bin ich unterwegs, ein doppelter zu werden: sowohl Fisch wie auch Fleisch. Sowohl Europäer wie auch Amerikaner. Ja, mehr noch: Jude, Österreicher, Deutscher, Ami, sogar Franzose und was weiß ich. Warum auch nicht? Hat alles seinen Platz. Kann alles mir gehören. Aber erst nachdem ich mit dem sentimentalen Unfug aufgeräumt habe, daß ich selbst irgendwohin gehören muß. Oder irgend jemandem. Aber ehe ich das begriffen hatte, mußten noch ein paar Jährchen vergehen.

Sollte man als Österreicher zur Army, so erhielt man zuvor einen Schrieb des Erzherzogs Otto von Habsburg, ob man nicht seinem »Österreichischen Bataillon« beitreten wolle. Könnte mir einfallen. Im Kopf spukte mir noch das bescheuerte Foto des Thronanwärters im Tirolerg'wandl herum, mit einem Riesensäbel an der Seite, das in den provinziellen »Kaisergemeinden« an den Kirchentüren ausgehängt war. Nicht geschenkt! Zur Mobilisierung gab es dann per Post einen verzierten Vordruck, der mit dem Wort begann: »Greetings!« Sobald meine Greetings eingelangt waren, kaufte ich nach alter k. und k. Sitte einen »Blumenbuschen« und präsentierte ihn feierlich Lissa. Sie brach in Tränen aus wie alle Kriegsbräute. Wurde aber kurz darauf selbst als Krankenschwester eingezogen. Mit Leutnantsrang notabene (während ich es nie weiter als zum Korporal brachte). Da Frauen in Uniform etwas Unwiderstehliches haben, fand sie auch bald einen braven Stabsarzt zum Heiraten und verschwand für allezeit aus meinem Leben. Was Mutter betraf, so strickte sie mir noch schnell ein paar unförmige Winterwollsocken, die ich Jahre später ungebraucht einem deutschen Kriegsgefangenen vermachte. Vater empfahl mir mit männlich zurückgenommener Rührung, »nicht im dicksten Kugelhagel herumzulaufen wie der Oberchochem, was du bist«. Onkel Robert, der Kavallerist, sagte markig: »Gib ihnen Saures!«, und das war auch meine feste Absicht. Bruder Herbert, nunmehr im britischen Pionierkorps, riet mir brieflich, mich mit den Unteroffizieren gut zu stellen, alles Weitere ergebe sich dann automatisch. Am letzten Tag verabschiedete ich mich vom gesamten Café Eclair, lieh mir dort einen »Aufbau« und fuhr mit dem Fahrstuhl zur Dachterrasse des Empire State Building. Oben riß ich das Emigrantenblatt, das mit dem 12. März 1943 datiert war, symbolisch in Streifen und ließ sie auf das ameisenhafte New York hinunterregnen.

4

Als New Yorker Höhlenbewohner wurde man einberufen nach Fort Dix in New Jersey. Fort, das klang nach Bergfestung mit hölzernen Palisadenzäunen, darin Schießscharten gegen die Rothäute. Es erwies sich als plattgewalztes Terrain voll zweistökkiger Baracken. Ich lernte, was der Soldat wissen muß, will er nicht geradewegs im tiefsten Verschiß absaufen. Unser Drill-Sergeant trug zwanzig »hash marks« am Unterärmel, die standen für seine Berufsjahre. Nur sein Oberarm wies derzeit nicht den kleinsten Streifen auf. Er wurde, so wie man auf einem Klavier die Skalen rauf- und runterspielt, regelmäßig vom sechsstreifigen »topkick« zum einfachen Soldaten degradiert und wieder zurück. Je nachdem um welche Uhrzeit und in welchem Zustand er sonntags vom Stadturlaub wiederkehrte, wenn überhaupt. Das jedoch tat seiner Autorität keinerlei Abbruch, er blieb der finsterste Schleifer der U.S. Army. Ab sieben Uhr früh ging das Gebrüll los: »Alle, die kein Allabei haben, rechts ab!« Wer rechts abmarschierte, der durfte auch den übrigen Tag exerzieren, vorwärts, rückwärts und »oblique«, im schiefen Winkel. Gerade dieses war kaum hinzukriegen, würde aber todsicher die »Krauts« gebührend beeindrucken. Am dritten Tag kapierte ich endlich, daß Allabei ein Alibi bedeutete. Also daß man bereits zu einem andern Dienst, oder »detail«, abkommandiert war. Von da ab verfügte ich jeden Morgen über mein Allabei. Meistens zum Poker in den verborgenen Hohlräumen unter den Baracken.

Leider war der Spaß nach einer Woche vorüber, da kam man ins richtige Ausbildungslager bei Spartanburg, South Carolina. In khakifarbener Sommeruniform, denn hier fing schon der tiefe Süden an. Das Gewehr »M-1« war halbautomatisch und zerfiel spielend in acht Teile. Nur ließen sich diese anschließend nicht mehr zusammensetzen, schon gar nicht mit verbundenen Augen. Obwohl die Kollegen es auch nicht hinkriegten, wurde ich (wegen meiner »gebildeten« Aussprache) zum »fuck-up« des Zugs designiert, also zum Schandfleck. Die bodenloseste Stufe, knapp vor den Maultieren der Gebirgsartillerie, die nebenan lagerte. Wir hatten acht Wochen, um richtiggehende »fighting soldiers« zu werden, kriegsbereite Soldaten. Also mußte man beim Bajonettstich in den Sandsack ein unirdisches Gebrüll ausstoßen, das stärkte den Kampfgeist. Sämtliche Ausbilder stammten aus den Südstaaten, muskelgespickte Bauernsöhne voller Streitlust. Und beim Schießen von einer Zielsicherheit wie Annie Oakley, die sagenhafte Zirkusschützin. Als Belohnung durften sie logischerweise den Krieg über »stateside« bleiben, anstatt »overseas« ihre kostbare Haut zu riskieren wie wir. Die »sojers« hatten strammzustehen wie Stauden im Maisfeld, sich dem Terrain anzupassen wie Rammler – alle Vergleiche stammten aus dem hinterwäldlerischen Gesichtsfeld der Unteroffiziere, die von uns »city boys« exakt soviel verstanden wie vom Mond. Wer aufmuckte, wurde respektiert, bekam aber zum Wochenende keinen »pass« nach Spartanburg, wo ein weißes Mädchencollege blühte und zahlreiche schwarze Puffs, genannt Hühnerhöfe.

Unser ganzes Zeug lagerte in einer blechernen Seemannskiste zu Füßen der Bettstelle. Bei der Morgeninspektion durfte nichts zutage liegen als Olivgrünes oder mit den Buchstaben GI Markiertes, für »government issue«. Auch wir heißen kurz GIs, staatliche Fabrikation. Und genauso empfanden wir uns auch, wie neu zusammengesetzt, was in diesem Alter noch verkraftbar ist. Dachte ich wenigstens. Bis sich das Problem ergab, wo ich meinen Zarathustra (dessen Prosa ich schon recht überzwirbelt fand) zur Inspektionszeit verstauen sollte. Ich probierte es unter der Bettdecke, aber das war verfehlt. Die Decken mußten ja, mit Hilfe von »Hospitalecken«, so strammgezogen werden, daß ein Nickel, wenn Lieutenant Dabbert ihn drauffallen ließ, wieder hochprallte. So kam Nietzsche zum Vorschein und wurde mißbilligt. »You read books?« Das war schon nicht mehr als Frage zu werten, das war die bare Fassunglosigkeit vor dem Unbegreiflichen. Demgemäß schrubbte ich den nächsten Sonntag die hölzernen Bodenbretter der Baracke mit der Nagelbürste, »that'll make a sojer-boy of you«! Auch das Aufklauben von Zigarettenstummeln mußte regelmäßig gedrillt werden. Nach der Devise, die uns Colonel Snedal bei seinen wöchentlichen »peptalks« vortrug: »Wenn es läuft, mitlaufen. Wenn es steht, salutieren. Wenn es liegt, aufheben.« Die Offiziere residierten am »Hügel« und hatten per »Sir« angeredet zu werden. Aber nicht mit strammen Händen an der Hosennaht, sondern die Finger »natürlich eingerollt«. Schließlich waren wir ja in einer Demokratie und die Offiziere sechs bis zwölf Monate zuvor noch Schullehrer, Wollhändler oder Brandmeister gewesen. Uns redete man mit »Soldat« an, das klang immer noch weniger herabwürdigend als das »Mac« oder »Doc«, das mir in New York so auf den Wecker fiel.

Kameradschaftlichkeit existierte nicht, sondern kam bestenfalls später, im Einsatz. Hier stahl man mir in der dritten Woche die Gasmaske. Dieses quietschende Ungetüm, das in einem Drillichsack unterm linken Arm hing und uns an jeder Bewegung hinderte wie eine Geschwulst. Jetzt war ich aufgeschmissen, einer, der Regierungseigentum an die Zivilbevölkerung losschlug und den Rebbach verjuxte. Nur eine Sekunde zögerte ich, dann mauste ich mir eine andere Gasmaske am Ende der Baracke. Der erste Diebstahl meines Lebens (wenn man von der Quotennummer absieht). War man schon Fuck-up, so brauchte man deswegen noch lange nicht Masochist zu sein. Als wir im zweiten Monat zum Granatwerfer aufstiegen, bekam ich für den Marsch zum Schießstand das Rohr zugeteilt, ein Muskelprotz aus Brooklyn die schwerere Bodenplatte. Nach der Zigarettenpause hatte auf einmal er das Rohr auf der Schulter und ich das Nachsehen. Er flachste: »Tough shit!«, das hieß: Mir kommen die Tränen.

Oder: Jeder ist sich selbst der nächste. Der Grundsatz des amerikanischen Geschäftslebens und demzufolge der Army.

Ich beschloß, es auch dahin zu bringen, zumindest verbal. Maulheldentum, »tough talk«, mußte zu erwerben sein. So begann ich herauszufinden, wie man mittels geborgter Sprache zeitweilig jeden beliebigen Typus fingiert. Was mir später als Gefangenenvernehmer, Reporter und Filmemacher von Nutzen war. Meine Rede floß über von »hell yes« und »shit no« (nie umgekehrt!), »motherfucker« und »cocksucker«, »Gawd almighty« und »Jesus H. Christ«. Ich lernte, unsere Offiziere als »ninety day wonders« zu verhöhnen (weil ihre Ausbildung nur 90 Tage dauerte). Ein neugebackener Leutnant galt als »shavetail« (aus dem abgeschnipselten Hemdsaum wurden billigerweise die Schulterklappen genäht), und das Goldlaub auf der Generalsmütze als »Rührei«. Das Prinzip, nach dem die Army funktionierte, war das »snafu« (»situation normal, all fucked up«). Was sich in etwa mit »Die Lage ist tragisch, aber nicht ernst« übersetzen ließ. Diskutieren hieß »das Fett kauen« oder »die Briese schießen«. Und der Diskussion würdig waren ausnahmslos zwei Themen: einerseits, wie man nach dem Krieg »die Army exponieren« würde. Und andererseits »making out«. Ausmachen bedeutete, was in Wien als bürsten oder pudern bezeichnet wurde. Ausmachen war das Lebenselixier des GI, auf jedem Erdteil und in jeder Situation. Nicht aus dem Soldatentum in Sieg oder Niederlage bezog er seinen Stolz, sondern vom unermüdlichen Ausmachen. Ansonsten sah er sich als Zivilisten, den man leider Gottes auf Jahre zu einem miesen und schlechtbezahlten Job abgestellt hat. Dementsprechend herabwürdigend die Namen, die er sich (zumindest als Infanterist) selber zulegte: Hundegesicht (dog face oder doggie), Söldner (doughboy), Grunzer (grunt) oder Fußmarschierer (slogger). Letzteres nicht zu verwechseln mit »slugger« (Schläger), »slug« (Patrone), »slick« (aalglatt), »slack« (der Spannreserve beim Abzugshahn) oder »shlock« (Geschwätz) – »shlockmeister« ist ein Flunkerer. Das war unser Slang, und wer solche Ausdrücke nicht im Schlaf hersagen konnte, der sank noch unter das Ansehen der Fuck-ups und der

Schlappschwänze, die nicht »ausmachten«. Er war reif für »section eight«: der Paragraph, nach dem man wegen geistiger Webfehler aus der Army gefeuert wurde.

Wir marschierten zehn Meilen, fünfzehn Meilen, zwanzig Meilen pro Tag, mit immer kriegerischerem Gepäck. Mir, der an einem Sonntag von Harlem zur Battery getrottet war, machte das nichts aus. Anders die Landpomeranzen der Kompanie. Verfettete Riesenbabys mit Plattfüßen, die lebenslang ihre »Chevvies« gefahren hatten. New York und Brooklyn schlugen das Hinterland spielend. Wie übrigens häufig auch später im Einsatz, wo wir schlicht die abgebrühteren Nerven hatten.

South Carolina erwies sich als uriger Süden, unvorstellbar weit von New York. Rechts und links der Marschroute endlose Baumwollplantagen. Halbnackte Schwarze pflückten die Wattebäusche in schlauchförmige Säcke, die sie hinter sich herzerrten, kontrolliert von Berittenen. Bei den zehnminütigen Zigarettenpausen (»take ten!«) durfte man sich nicht einfach in den Straßengraben fläzen, wegen der fatalen Klapperschlangen. Es gab mehr Ödland, als ich je im Leben gesehen hatte. Straßenlose Berge, Sumpftäler, Schluchten. Über eine feuerten wir mit Maschinengewehren auf bewegliche Ziele, während der kraftmeierische Corporal Lavigne herumröhrte: »Hit them Krauts! Hit them Japs!« (Ob jetzt Turnlehrer Schattera in Wien wieder Ausbilder war? Und »Zack ins Gekröse« kommandierte, auf Zielscheiben, die *uns* darstellten?)

Abends dröhnte die Baracke von Radiomusik: Jazz und Swing und die schmachtenden Schlager der New Yorker »Tin-pan Alley«. Aber wehe, man versuchte auf Mozart zu stellen, gleich kläfften sie los: »Turn that shit off!« Andererseits ließen sie einen in Ruhe lesen, weil man da nicht mit seiner Überheblichkeit auftrumpfte. Guter Geschmack war toleriert, solange er sich nicht was Feineres dünkte als schlechter. An einem Sonntag stoße ich auf Corporal Lavigne, wie er sich auf offenem Feuer einen Haufen Austern in Wasser brutzelt. Und kann mir nicht verbeißen, eine spitze Bemerkung zu machen betreffs seiner französischen Vorfahren, die sich im Grab umdrehen müßten. Ein hirnverbrannter Versuch, meine europäische »sophistication« an den Mann zu bringen (ohnehin hatte ich nie eine Auster gegessen). Der Corporal blickt mich mehr verblüfft als beleidigt an, räkelt sich hoch und versetzt mir, ohne zu fackeln, einen saftigen Schwinger. Unmöglich, darauf nicht zu reagieren, um so mehr als schon meine »army buddies« herangeschlendert kommen. Also ziehe ich todesmutig vom Leder mit allem, was ich habe. Ungefähr wie ein Luftgewehr gegen einen Panzer. Trotzdem lange ich ihm ein paar rein und bin ganz schön stolz auf mich. Bis ich drauf komme, daß Lavigne die ganze Zeit über mit der linken Faust geboxt hat, seine andere steckt hinten im Gürtel. Lektion in amerikanischer Fairneß, die mir haftenblieb.

Nein, ich schwimme keineswegs in Seligkeit als drangsalierter Zögling dieser Army, aber fühle mich Ballast abwerfen, innerlich leichter werden wie ein aufsteigender Ballon. Die Sonnenbrände, Rückenschmerzen, Wasserblasen, die ich erleide, teile ich demokratisch mit dem »platoon«, den fünfzig Mann meiner Baracke. Zu anderen Wehwehchen bleibt mir keine Minute Zeit. Sogar die Nächte sind zu kurz und erschöpft für Alpträume. Was bin ich? Private Troller, ein verpatzter soldier-boy, aber ein Glied in der Kette. Keinen Judenstern trage ich auf der Brust, sondern eine komische Schützenmedaille mit zwei horizontalen Blechplättchen darunter. Manche müssen sich mit einem Plättchen begnügen, die schießen noch öfter daneben als ich. Bin ich scharf darauf, meine Fertigkeiten gegen die Nazis einzusetzen? Mit der Masse der Army will ich mich, obschon nicht zum Helden geboren (dazu habe ich zuviel Phantasie), in Gottes Namen abschlachten lassen oder Europa zurückerobern. Als Soldat unter Soldaten. Wo steht geschrieben, daß ich mit spezieller Emigranten-Motivation kämpfen muß, eine persönliche Vendetta? Wieder handverlesen, ausgegrenzt, selektioniert? Nicht als Jude will ich siegen – so wie man jahrelang als Jude getürmt war, wer schloß sich uns sonst schon an –, sondern als Bestandteil der gemeinsamen Sache. Der Sache der Anständigkeit, der Gerechtigkeit und wie die schönen Ausdrücke lauten. Juden rechts raus zum Rachenehmen – nicht für mich! Niemals will ich hören müssen: Ach so, der kocht ja sein eigenes Süppchen, der geht so scharf ran, weil er Jude ist. Nie wieder dazu verdammt sein, daß ich für meine eigene Sache einstehen muß, weil sich sonst keiner damit beschlabbern möchte. Lieber soll meine Sache verloren sein, als daß es allein meine bleibt!

Wir robben unter dichtem Stacheldrahtverhau hindurch, die Fersen platt gegen die Erde, denn spannenweit über uns belfert ein Maschinengewehr. Wer den Kopf hebt, »kicks the bucket«, der kann sein Leben abschreiben. Dann stürmen wir noch ein feindliches Kaff, halb Kasbah, halb St. Anton am Arlberg. Aus allen Fenstern, Türen und Dachluken tauchen urplötzlich wakkelnde Pappkameraden auf, die man umzulegen hat wie am Schießstand im Prater. Daraufhin sind wir reif für »overseas«. »Haben Sie irgendwelche Vorbehalte, in Europa zu dienen?« fragt man die Italiener und die Deutschen. Nicht daß ich wüßte. Bonny Johnny, der Lagerschwuli, nimmt mich verstohlen beiseite: »You from Tschermany?« Ich korrigiere, daß ich aus Wien stamme, aber das ist schon zu kompliziert für seinen Hillbilly-Schädel. »Dann mußt du ja gut mit Hitler bekannt sein?« »Hell yes, mein bester Buddy«, und er zieht sich befriedigt zurück.

Eine Woche später schifft man die gesamte Kompanie nach Nordafrika ein, wo die Mehrzahl bei dem unrühmlichen Debakel vom Kasserin-Paß verbraten wird. Achtwochenrekruten gegen fronterfahrenes, ausgekochtes Afrikakorps. Ich bleibe in Camp Croft zurück, um weiter Zigarettenkippen aufzuklauben. Auch darf ich fünfmal wöchentlich den »KP« genannten Küchendienst ableisten, als Topfschrubber. Im Dezember kriege ich meine Bürgerpapiere und muß dazu nicht mal die Unabhängigkeitserklärung auswendig hersagen. Soldaten sind davon ausgenommen, bei ihnen gilt der Patriotismus als garantiert. Also, was ist los? Ich will was erleben, will ran an die Krauts, statt dessen läßt man mich hier versauern. Endlich melde ich mich am »Hügel«: Warum werde ich nicht »shipped out« nach Übersee wie alle anderen? Der Colonel wiegt bedenklich den Kopf: »In Ihrer Akte steht, Sie sind ein persönlicher Freund von Hitler! Demnach ein Sicherheitsrisiko.« Hat denn keiner von diesen Hornochsen je von Karl Kraus gehört? Werde ich denen lebenslang vorbuchstabieren müssen, was Ironie bedeutet? Glücklicherweise stammt die Anzeige von Bonny Johnny, und mit »Stiefmütterchen« hat der Colonel nichts am Hut – für die ist eigentlich »section eight« mandatorisch. Wie ist der überhaupt in die Army gekommen, wo uns doch schon bei der ersten Untersuchung in New York ein Psychologe am laufenden Band ausforschte, was wir von Mädchen halten: »Machen Sie's gern?« »Welche Teile ziehen Sie vor?« Ausgerechnet ihm werde ich auf die Nase binden, daß ich in Popos verschossen bin, hierzulande eine Todsünde. »Nur in der Missionarsposition!« beteuerte ich feierlich. Und durfte anschließend meinen Schwanz medizinisch untersuchen lassen, von einer Krankenschwester wie Rita Hayworth.

Eine Stunde später bin ich vom Colonel überseetauglich geschrieben, und nach weiteren 48 Stunden lichten wir Anker vor Newport News. Erbärmlich schlingert das Truppenschiff durch den Atlantik, dabei wurde ich schon beim Rudern im Salzkammergut unvermeidlich seekrank. Der Geleitzug läuft im Zickzack, aber als alter Pfaderer habe ich bald die Richtung spitz. Wohin es geht? Genau dahin, wo ich zuletzt hergekommen war. Und richtig, eine Woche später taucht auch schon das vertraute Casablanca aus dem Küstendunst. An der Mole, o Wunder, keine uniformierten Gorillas, sondern bettelnde Berberjungen. Nicht mehr Emigrant bin ich, sondern Herr über die reinste aller Gottesgaben, den grünen Dollar! Siegerpose stellt sich ein, wie dunnemals bei den Nazis in Paris. Ich lasse mich nicht einmal herab, französisch zu reden, sondern belle: »Vamoose!« (Das ist Westernslang für verduften.) Als Kafkas Mistkäfer hatte ich die Alte Welt verlassen, als Gary Cooper kehre ich wieder. Die Reconquistà hat begonnen, meine höchstpersönliche Rückeroberung ... welcher Regionen? »Mannesmut, Würde, Selbstvertrauen«, höre ich im Geist den New Yorker Diplompsychologen murmeln, aber das ist es ja nicht ganz. Sondern ich muß mir wieder eintrichtern, daß aus dem A ein B kommt. Aus Ursache Wirkung. Aus Entschluß Geschehnis. Ich will endlich aus dieser Grauzone heraus (die Kindern eigen ist, aber auch Hitlergegner in sich hineinsog), worin die Ereignisse nur einander folgten, anstatt bewerkstelligt zu sein! Und welch schlagenderen Beweis von Tat und Resultat gibt es als einen Schuß? Und wenn er das Leben kostet...

Allein schaffe ich es nicht, aber vielleicht im Schoß der Army? Der solche Skrupel so fremd sind wie der Mond. *Americanus sum, ergo sum!* Die Nummer 32 86 15 18 steht auf dem »dog tag«, der Hundemarke, die ich um den Hals trage. Damit ist mir gestattet, neu anzufangen, ein neuer Mensch! Es findet sich sogar ein neuer Name drauf. Nicht mehr (o Scham) Gockel, auch nicht Schorschi und Georges und George, sondern fix amerikanisch abgekürzt »G. S.« (Wer ist S.? wird mein Vater danach brieflich anfragen.) Aber halt! Steht da, unter der Elternadresse aus dem Vierten Reich, die schon verräterisch genug ist, nicht noch etwas anderes eingraviert? Ein einzelner Großbuchstabe nur, aber ein »H«? Gewiß, er soll bloß dafür sorgen, daß dein Kadaver nach dem richtigen Zeremoniell begraben wird. Heißt aber, allen Nazis zur Kenntnis und so unauslöschlich wie einst das rote Jot im Paß oder die eintätowierte Lagernummer des KZ: »Hebrew«! Vormärsche, Rückzüge, Siege, Abenteuer, Freundschaften, Frauen, Strände, Palmen, Bücher, Filme, Preise... nichts wird mir je erlauben, dieses H zu vergessen, dessen genaue Bedeutung mir undefinierbar bleibt. Aber noch im Jenseits, das weiß ich jetzt schon, werden die Geister auf gut wienerisch krächzen: »Eigentlich is er nur a Jud!«

In Casablanca empfängt uns ein »repple depple«, das Replacement Depot genannte Ersatzlager. Von hier wird man je nach Verlustziffern auf die verschiedenen Kampfeinheiten verteilt. Traditionell sind die Divisionen und ihre Grundkader regionalen Ursprungs, weil sie auf den zwergenhaften Nationalgarden der 48 Staaten beruhen. Was danach als Ersatzmannschaft hereingestopft wird, ist kunterbuntes Kriegsvolk, natürlich mit Ausnahme der Neger. Die Schwarzen finden grundsätzlich nur als Köche, Fahrer und im Nachschub Verwendung, denn Amerika sieht sie als die geborenen Dienstleister. Zwar gab es auch eine schwarze Division, die – von Anfang an als minderwertig eingestuft – unvermeidlich bei ihrem ersten Fronteinsatz versagte. Erst als man die Rassentrennung in der Army aufhob, mauserten sich die Schwarzen, siehe Vietnam, zu hervorragenden Soldaten. Logo.

Man schläft in Achtmannzelten auf Feldbetten, wie im Camping. Um das Lager ein löchriger Drahtzaun, der von Militärstreifen in Jeeps kontrolliert wird. Kaum ist nachts so ein Jeep vorüber, schleichen Marokkaner ans Gitter, winkend und heiser flüsternd: »Wanna zigzig? Wanna my sister? Wanna my daughter?« Die angebotenen Mädchen sind so an die zwölf oder dreizehn Jahre alt und bestimmt eher Sklavinnen als Verwandte. Auf Wunsch schlängeln sie sich durch den Draht, ziehen ihre Fetzen hoch und zeigen rührende verdreckte Kinderbeine. Haben sie gegen Morgen die Grenze ihrer Leistungsfähigkeit erreicht, so ruft der angebliche Vater oder Bruder: »Closed for business!« Inzwischen röhrt und stöhnt es aus allen Gebüschen: »Give me head, goddammit!« Oder: »Give me a hand job, for Chrissakes!« Vor richtigem Bumsen war man gewarnt, auf Lustseuche und andere venerische Krankheiten stand Kriegsgericht. Trotzdem lagen überall die Präservative herum wie fahle Däumlinge. Die Army, wenn sie nicht gerade unter Beschuß lag, sprach eben nur auf eines an. Und das waren nicht gerade die propagandistischen »Why we fight«-Filme von Frank Capra, die man uns abends quer über Bergschlüchte auf eine Riesenleinwand projizierte. Da zeterte Hitler in Berliner und Nürnberger Mikrofone, ließ sich auf der Kaiserempore der Wiener Hofburg rhythmisch zujauchzen und vollführte Juni 1940 seinen gestiefelten Siegestanz. Die GIs lachen sich tot, und ich lache mit, befreit und unbetroffen. Was geht mich dieser Popanz noch an?

Endlich stehe ich nicht mehr allein mit meinem Haß. Besser gesagt, mein Haß war mir ja fast abhanden gekommen in der Emigration, da verwaltet von lauter nervösen Eiferern, mit denen ich nichts zu tun haben wollte. Die Soldaten hingegen hassen mit Spott, Verachtung und Distanz, das ist, was mir jetzt not tut. Sie sehen sich als Kreuzfahrer nicht gegen einen Verbrecher, sondern einen Verrückten. Auch recht. Ich liebe die Army.

Nachts pokern wir stundenlang im Freien. Zwischen je vier kniende Soldaten kommt eine Kerze, über uns eine Wolldecke wegen der Fliegergefahr, dann kann's losgehen. »Come on, buddy, play that fucking card!« Warme Zugehörigkeit durchfließt mich zu diesen rauhbeinigen Barbaren, die mich als ihresgleichen anerkennen. Hoffentlich erweisen sie sich an der Front nur halb so hartgekocht wie hier, dann bin ich geborgen. Sonntags dürfen wir per Anhalter nach Casablanca, wo ich mich sofort im Treppenlabyrinth der Kasbah verirre. Ein bebrillter Araber quatscht mich in feinstem Oxford-Englisch an: ob ich zufällig einen Puff suche, denn ganz zufällig sei einer in der Nähe, wohin er mich leiten könne, »nice girls, clean girls«. Diese Babynutten kann ich mir jetzt gut vorstellen, drum winke ich ab, kurz angebunden und in meinem neuen Besatzerton: »No, thanks.« Er wirft entzückt die Arme hoch: »Ach so, sind Wiener, ich auch Wien gesehen, Ringstraße, Stephanenplatz, fein, alles fein, auch Synagog sehr schön.« Zwei Worte nur, und er hat mich durchschaut. Ein Genie, ein Supersemit, wie sollen wir je mit denen in Palästina fertig werden? Unten auf den letzten Stufen der Altstadt erwischt mich dann eine MP-Streife, die geschniegelte stramme Militärpolizei: »Bist du vorher oder schon nachher, Soldat?« »Vor oder nach was?« »Spiel hier nicht den Idioten, Soldat. Die Stockade ist schon ganz geil auf dich.« Die Stockade war der Militärknast, in dem man »auf seine Größe zurechtgeschnitten wurde«, was immer das bedeutete. Ich kletterte also in den Jeep, und zehn Minuten später ist mein Schwanz mit Penizillin vollgepumpt. Das brennt höllisch, fühlt sich aber an wie ein Ritterschlag (wenn auch noch ein unverdienter). Ich habe für das Ideal der Army gelitten, von jetzt an gehöre ich dazu!

Über den Mittleren Atlas bugsierte uns ein Dampfzüglein mit zwei Lokomotiven nach Oran. Es war Frühling, das Hochland grünte, saftig und unerwartet. Wo hatte ich nur zuletzt den Duft solcher sprießenden Berglandschaft eingesogen, dieser mit Dotterblumen punktierten Hangweiden ... Almen, so hieß das doch? Almauftrieb mit bekränztem Vieh, grüaß Gott, allerseits. Zum Düsterkogel? A schwache Wegstund, nachher waren es drei. Ja, pfüat di, hier oben in Tirol duzte man sich noch, auch den Zugereisten. Mühsam hinkte ein überalterter Tippelbruder an dem Wanderer vorüber, das Bündel am Rücken, und knurrte sein »Servus«, ohne sich umzuschauen. Aus dem Tal, noch in Morgennebel verpackt, der Klang einer Glocke. Man zählte abergläubisch die Schläge wie Kuckucksruf, jeder Schlag ein Jahr Leben, aber sehr bald kam nichts mehr, nur dumpfer Nachhall. Jetzt brüllen die GIs auf dem offenen Güterwagen im Chor den raren Ziegenhirtinnen zu: »Hey, Mademoiselle, wanna zigzig?« Man winkt uns mit höflichen Gesten zurück, ein Alter im Turban verbeugt sich würdig, die Hand auf der Brust. Unser Sergeant macht ihm das zappelig nach, und der ganze Waggon wiehert vor Vergnügen und Verachtung. Nein, so simpel war es nicht, auf einen Sitz GI zu werden, vielleicht lernte ich es noch.

Nordafrika befand sich schon fest in unserer Hand, ebenfalls Sizilien. Das große Teppichaufrollen hatte begonnen, bislang ohne meine geschätzte Mitwirkung. Ein britischer Frachter setzte uns nach Neapel über. Jetzt wurde ich nicht nur seekrank (wir schliefen in schwankenden Hängematten), sondern auch sehkrank: so verdreckt anzuschauen Geschirr und Unterkünfte bei den Brits. Wieder um eine Illusion ärmer. Neapel war die erste Zentrale des Export-Amerikanismus, der sich nachher über die ganze Welt ergoß, Wohlstandsträger und Korrumpierer zugleich. Die Stadt machte unsere Diebin und unsere Hehlerin. Hier wurde die Army ihre Unschuld los, die GIs ihren Sold und ihre Ausrüstung. Bis hin zu Pistolen und Tommyguns, für die bei der Mafia, den angesehenen Kollaborateuren der amerikanischen Besatzungspolitik, jetzt wieder erhöhter Bedarf bestand. Sogar ein kompletter Sherman-Tank soll, fachgerecht in seine Bestandteile zerlegt, an die Mafiosi gegangen sein. Ja, man munkelte von einem ganzen verschwundenen Zerstörer, aber das war vielleicht meridionale Aufschneiderei. Dafür verhökerte Neapel alles, was die Soldaten begehrten, und das hieß jetzt nicht nur Töchter und Schwestern, sondern Ehefrauen, Mütter, Großmütter... Unersättlich und verblüffend variabel die Lüste der Army. Marschierten Napoleons Heere, wie er sagte, auf dem

Magen, so unsere auf dem Pimmel. In England (wo ich nie hinkam) faßte die frustrierte Bevölkerung ihre »Besatzerarmee« so zusammen: »Overpaid, overfed, oversexed and over here.« Ausdruck gesteigerter Lebensgier vor dem Kampfgetümmel? Dann mußte man sich doch nicht weniger nach Passion und Zärtlichkeit verzehren. Nach gefühlvollen Küssen, gedämpften Lichtern, Rüschen, Spitzen, Seidenstrümpfen. Während diese Explosion des Habenwollens sich fast ausschließlich im Dreck abspielte. Zwar war die Altstadt total »off limits«, aber das übersetzte man im Sexrausch mit »alle Bande gesprengt«. Sie bumsten auf Treppenabsätzen, in Schweine- und Hühnerställen, an den Gemäuern unsäglicher Hinterhöfe, zwischen stinkenden Mülltonnen, Kotze und plattgequetschten Katzen. Die Schnapsflaschen, »weißer Blitz« genannt, legte man erst gar nicht aus der Hand. Jeder Italiener hieß bei uns »paisà«, Bauer, selbst hier in dieser ausgepichtesten Metropole Italiens. Und wir begrüßten sie schon mit »Quanto costa?«, da ja scheinbar nichts unverkäuflich war. Was mußte da drüben alles schiefgelaufen sein mit den ewig lächelnden Girlfriends, die jeder GI als Foto in der Brieftasche trug. Hatten sie sich tatsächlich nur mit zusammengebissenen Zähnen in ihr unabwendbares Geschick ergeben, schlimmer als der Tod? Ein Meer von Spermatozoen, angetrieben von gestautem Frust, ertränkte Neapel. Geilheit, Wut, Rache... Rache auch an den überschminkten und ondulierten Muttis, bei deren infantilem Teenagergehabe so wenig Sohnestrost zu finden war. Nirgendwo sonst (bis ich später nach Japan kam) schien mir der Abstand so unüberbrückbar zwischen dem von den Frauenvereinen, von Disney und Reader's Digest verordneten Familienideal und den Phantasieträumen der Männer, die sich in Comics, Film und Pin-ups manifestierten. Diese spannenhohen Hacken, diese Reizhöschen, diese spitzigen Auslegerbusen, für die es damals keine Entsprechung in der faden Welt des Mittelwestens gab, der die Staaten beherrschte. Und die Army wühlte sich dumpf stöhnend in ihre Ausschweifung, bevor sie wieder zum unkündbaren Sozialkontrakt und in den Kindschoß der Babbitt-Frauen zurückkroch.

Wir schliefen unter Moskitonetzen, denn das ganze Gebiet war malariaverseucht, trotz Mussolinis Großsprechereien. Deswegen kam ich auch nicht zur Front, sondern zu einem Pionierbataillon weit weg vom Schuß. Wir sollten die überwachsenen und versumpften Entwässerungskanäle wieder in Fluß bringen, wo Anopheles hauste, die männermeuchelnde Stechmücke. Stundenlang krochen wir bis zur Hüfte durch den ekligen Schlick und hauten mit Macheten das Schilf unter Wasser ab, dann wurde Petroleum drübergesprüht. Nachts schob ich meine zwei Stunden Wache unter friedlichen Orangenbäumen, auch da konnte man sich beim besten Willen nicht als Kriegsheld fühlen.

Immerhin schrieb sich Eigeninitiative groß in der Army. Man belämmerte uns nicht mit todesmutigem Einsatz für die Volksgemeinschaft. Sondern wir hatten einen Job zu erledigen, und damit basta. Je kompetenter wir mit dem Job zu Rande kamen, desto eher waren wir wieder daheim bei Muttis Apfelkuchen (»We're fighting for mom's apple pie«, hieß es ganz offiziell). Wer sich eine einträglichere Stelle aufreißen konnte, der galt nicht als Drückeberger, sondern als Schlauberger, ganz wie im zivilen Leben. »Beat the System« nannte sich das, eine anerkannte Beschäftigung. Krieg war nur Business. Die Generäle Generaldirektoren, die Privates Proleten. Oder umgekehrt, auch das kam vor, zumindest in unsern Wunschträumen. Unsere Armeezeitung »Stars and Stripes« brachte laufend den respektlosen Karikaturisten Bill Mauldin. Und in einem seiner Cartoons faucht das Frontschwein den Kommandeur an: »Noch eine solche Bemerkung, und du bekommst nach dem Krieg deinen Job nicht zurück!« Kurz, ich wollte einen aufregenderen Posten, wo ich was Nützliches leisten konnte, und fand ihn auch. Bei unserem zähen Vormarsch den endlosen italienischen Stiefel hoch war mir die Tafel »prisoner cage« aufgefallen, und zu einem solchen Gefangenenkäfig wollte ich hin. Per Anhalter lief das am nächsten Sonntag wie geschmiert. Der Käfig bestand aus einem Stoppelfeld, umzäunt von »Ziehharmonikadraht«. Darin hockten graue Trauben von gefangenen Landsern und löffelten angeekelt in den kalten Hackfleischdosen unserer C-Rationen herum – die deutsche Verpflegung blieb bis zum Schluß um Lichtjahre besser als unsere. Zuständig war ein Captain Bauman, und der brauchte tatsächlich noch einen vierten Mann für sein Vernehmungsteam, als Mädchen für alles. Und zwar sofort oder gar nicht. »Melden Sie sich morgen vormittag bei mir mit Ihrem ganzen Zeug, dann sorge ich für Ihren Transfer. Wo nicht, nicht.« Ein richtiger Preuße, und daher stammte er auch. In derselben Nacht bekam ich bei der Rückkehr vom Wacheschieben im Finstern irrtümlich statt der Sicherung am Gewehr den Abzugshahn zu fassen. Der Schuß knallte los, mitten durchs Zeltdach, und brachte das ganze schlafende Lager in Alarm. Ich wurde an Ort und Stelle zu einer Woche Arrest verdonnert: aus der Job. Es sei denn, ich verdrückte mich vorschriftswidrig und erschien ganz unschuldig bei Captain Bauman. Genau das tat ich und habe nie mehr von den arbeitswütigen Pionieren gehört. So funktionierte eben die Army. Einen Monat später trug ich die Streifen eines »Technikers fünften Grades« am Ärmel. Ein Corporal. Höher habe ich es während meiner gesamten Dienstzeit nicht gebracht.

So, jetzt stand ich den Deutschen gegenüber. Den Deutschen und Österreichern. Nur darauf hatte ich es angelegt, nichts anderes, das war mir jetzt klar. Ich mußte herausfinden, was in denen vorging. Und was in mir vorging, denen gegenüber. Und dann würde man weitersehn. Die Krauts galten als »gute Soldaten«. Wären sie es nicht gewesen, die Alliierten hätten sich ja bis in die Unterhosen hinein schämen müssen, sie nicht längst abserviert zu haben. Da sie seit Ewigkeit gute Soldaten waren und die Army erst damit anfing, achtete man die Krauts als »sportlichen Gegner«, und das verdroß mich. Zur Hölle mit der Sportlichkeit. Diese Burschen trugen das Hakenkreuz auf der Brust. Außerdem stanken sie, und das war mein erster Eindruck von ihnen. Jeder Soldat riecht, aber der Duft der eigenen Truppe ist vertrauter. Den Landsern (so nannten sie sich) hatte man ihre filzige feldgraue Uniform offensichtlich auf Lebenszeit verpaßt. Einschließlich der Fußlappen, die sie jetzt in den Stiefeln trugen. Während wir GIs alle paar Wochen in die Waschanstalt kamen, eine geniale Erfindung. Da standen in einem Lastwagen rechts und links je drei Duschen. Dazu wurde vorn ein Vorraum herausgeklappt und hinten ein Hinterraum, ganz so, wie sich heute ein Weltraumsatellit auseinanderfaltet. Und schon ging's los. Beim Eingang schmeißt du dein komplettes Zeug einschließlich der Schuhe in eine enorme Tonne. Nur die persönlichen Dinge stopfst du in ein aufgeblasenes Präservativ, das kommt dann zugeknotet mit unter die heiße Dusche. Und hinten beim Ausgang sitzt schon dick und faul der Bekleidungs-Sergeant. »Schuhgröße? Hemdkragen? Bundweite?« Alles knackend frisch, und Dienstgrad trug man im Krieg ohnehin nur am Helm. Wie aus dem Ei gepellt kletterst du wieder hinaus, voller Stolz auf den American way. So was war eben bei den Krauts unmöglich. Die hätten auch schon viel zu lange gebraucht, um nur ihren ganzen Klunker abzuhalftern.

Ich gehöre nunmehr zu einem IPW-Team, das heißt »interrogation of prisoners of war«. Gefangenenvernehmung. Viele POWs haben wir derzeit nicht, denn der Monte Cassino hält unseren Vormarsch auf. Unser Top-Sergeant heißt Rosen, unser Dreistreifer Lemnitzer. Beide im tiefsten Brooklyn geboren und eher dem Jiddischen verhaftet als dem Deutschen. Captain Bauman hinwiederum stammt aus Hannover, ist aber schon als Kind nach Chicago verpflanzt worden. Von der »deutschen Psyche«, mit der wir uns doch abgeben sollen, haben sie allesamt wenig Dunst. Wie wir auf das Gefangenenlager zugehen, befällt mich eine einzige, eine Schrecksekunde lang der pure Schiß vor diesen frisch eingelieferten Hakenkreuzen. Dann zeigt mir Bauman überlegen, wo's langgeht.

»Dienstälteste vor!« Die Offiziere hatten wir einstweilen ausgeschieden, von denen war Zoff zu erwarten. Also spritzen die Haupt- und Stabsfeldwebel vor, beglückt ob ihrer Anerkennung. »Na, Spieß, auch schon wieder ganz schön lange im Einsatz, was?« Bauman zeigt sich leutselig und hat die Soldatensprache weg, daß es flutscht. »Seit wann schon beim Barras?« Den Feldwebeln schwillt die Brust und gleichzeitig die Überzeugung, daß sie es hier mit Übermenschen zu tun haben. »Ich war schon bei der Schwarzen Reichswehr, Herr... Herr Offizier.« »Na, denn man tau. Teilen Sie die Leute nach Einheiten auf, aber dalli!« »Zu Befehl!« Der gefangene Soldat hat laut Genfer Konvention nichts weiter anzugeben als Name, Dienstgrad und Soldbuchnummer. Aber verständlicherweise wollen die Feldwebel uns beweisen, was sie können. Das rasselt wie auf dem Kasernenhof, und zwei Minuten später sind wir total im Bilde, wen wir vor uns haben. Die eigentliche Arbeit kann beginnen.

Der erste Ausdruck, den ich höre ist: Landser. Als nächstes: Einsatz. Dann Stoßtrupp, Frontbegradigung. Himmelfahrtskommando. Sich absetzen. Befehlsnotstand. Fliegereinsicht. Pulk. Selbstfahrlafette, Panzerspähwagen, Sturmgeschütz. Was wir bei ihnen als »eightyeight« fürchten, ist das Achtkommaacht-Geschütz. Unser »mortar« heißt Granatwerfer. Unsere »bazooka« Panzerschreck. Unsere »frontline« HKL, für Hauptkampflinie. Ich lerne nicht nur eine ganz neue Sprache, sondern auch, daß diese Sprache ankommt. Das, was ich mir gestern angelacht habe, funktioniert heute wie auf Knopfdruck. »Na, rükken Sie schon raus, Mann«, sage ich, und er schenkt mir unverdrossen alles, was er in sich hat. Die Gefangenen werden einzeln verhört. Was der erste verrät, gilt dem folgenden als Beweis, daß wir ohnehin allwissend sind. Zwecklos, uns irgendwas zu verheimlichen. Natürlich kann man nicht bei jedem auf die nämliche Taste drücken. Aber mit einiger Erfahrung lerne ich instinktiv den richtigen Ansatz. Diese »Interviewtechnik«, basierend auf dem einfühlsamen, vielleicht weiblicheren Teil meiner Natur, wird mir noch gut zustatten kommen.

Wer bin ich? Meine Figur und Physiognomie haben sich in der frischen Kriegsluft nahtlos dem allamerikanischen Zuschnitt angepaßt. Auch meine Mentalität strebt zur Vergröberung, zur Veräußerlichung. Hier heilt sich eine Neurose, das Emigrantensyndrom... oder versteckt sie sich bloß? Für die Kameraden bin ich ein GI Joe mit gewissen Ausgefallenheiten, gerechtfertigt durch Herkunft aus einem nicht näher zu präzisierenden »Europe«. Für die Krauts ein typischer Ami oder Amerikadeutscher – alles, nur kein Jude. Juden waren behaftet mit hängender Unterlippe und einer knödelförmigen Sechs anstelle der Nase. Sie glichen Stürmer-Karikaturen oder den papierdünnen KZlern und Gettoinsassen, über die wohl so gut wie jeder Bescheid wußte, der von der Ostfront kam. Keinerlei Ähnlichkeit mit unserem forschen Ton, unsern Knarren und Stahlhelmen.

Ich gehörte zum Regimentsstab, die Gefangenen wurden uns trüppchenweise von den Bataillonen geliefert. Häufig schwer angeschlagen, aber das ging prompt vorüber. Letztlich waren wir das Beste, was ihnen passieren konnte, hundertmal erquicklicher als »der Iwan«. Schon suchten sie ungeniert unsere Sympathie oder mindestens Anerkennung. Als Rangniedrigstem lief diese Ranschmeißerei zuerst bei mir auf. Das war tief befriedigend, nur hinterließ es auch ein leeres Gefühl im Magen. Also ging am Ende alles aus wie's Hornberger Schießen? Erst der Fußtritt, dann ein Spritzer Massenmord, und zum Schluß sinkt man sich gerührt in die Arme: »Menschen, Menschen samma alle...« Nur daß man diesen armen Würstchen den Missetäter nicht zutraute. Die Kristallnacht mußten sie total verschlafen haben, und bei den Judentransporten hatten sie gerade gefehlt. Die Gefangenenvernehmung hatte ich mir anders vorgestellt. Da würde es arroganten Widerstand geben, Dünkel, den man brechen mußte, mit den Facts und mit Argumenten, die man in den Emigrationsjahren bis zur Decke eingelagert hatte. So durften hier das Strafgericht beginnen und das große Umerziehungswerk. Und ich konnte sagen, ich war dabeigewesen!

»Soldbuch vorzeigen!« Daß die Krauts dieses verräterische Heftchen nicht abschafften, zumindest an der Front, war schon purer Masochismus. »Soldbuch hab ich im Einsatz angebaut.« Na warte, Freundchen, dir kennen wir. »Tja, ohne Vorweisung des Soldbuchs können wir leider Ihre Kriegsgefangenenentschädigung nicht auszahlen.« »Meine was?!« »Steht alles in der Genfer Konvention festgeschrieben. Wird Ihnen sowas nicht mitgeteilt?« Und um die Schraube festzuziehen: »Natürlich in Landeswährung. Also Dollars.« Jedes Frontschwein glaubt an Wunder. Angefangen mit dem Mirakel des Überlebens. Und die Krauts wabern ohnehin in einer Märchenwelt. Dieses ganze Nazireich: ein einziges Mickymausland aus Fackelzügen und

Thingspielen, Blutschwüren und Goebbels-Beschwörungen, Sondermeldungen und Wunderwaffen. »Sei gläubig, gläubig« hat man ihnen vom Pimpf an eingetrichtert. Warum sollen sie nicht auch an den Dollarsegen glauben? Spätestens jetzt zieht mein Gegenüber das durchgeschwitzte Soldbuch aus dem Unterhemd. Darin sämtliche Einheiten, in denen er je gedient hat und wann. Verwundungen, Auszeichnungen oder Strafen, alles gründlich datiert und gestempelt. Eine ganze Biographie, uns zu Gefallen. Lieber wollen sie den Krieg verlieren, als daß einer zehn Tage lang doppelte Löhnung kriegt. »Hier steht doch, Sie dienen wegen Beinverletzungen seit einem Jahr als Koch, wie kommen Sie da in die HKL?« »Man hat uns von überallher zusammengezogen.« »Die letzte Eintragung stammt von einem Major Roland. Wer ist das?« »Na, eben so 'n Major.« »Mit anderen Worten, Kampfgruppe Roland. Hat Sie wohl als Versprengter aufgeklaubt?« »Von wegen.« »Sind Sie ausgekratzt?« «Ich?!« »Hören Sie mal, das sieht doch ein Blinder. In Ihrem Abschnitt geht alles drunter und drüber, keine reguläre Truppe mehr vorhanden. Ein Major zieht Köche und Schreibstubenhengste zusammen, um das Loch zu stopfen. Und Sie wollen mir einreden, Sie sind nicht zu uns rübergetürmt?« »Alles Lüge! Es gibt gar kein Loch. Hinter uns ist die zwote PD im Anmarsch!« »Die zweite Panzerdivision? Nehm ich Ihnen nicht ab. Wo soll denn die auf einmal herkommen?« Er lacht überlegen und höhnisch: »Von Norwegen, wenn Sie's genau wissen wollen!« Genau das habe ich wissen wollen. Feixend hievt sich der dicke Lemnitzer aus seinem geplünderten Schaukelstuhl und watschelt ins Nebenzimmer zum Feldtelefon: »Hey, we got a report that the second armored could be down from Norway.« Bluff, Trick, Dreh... ich komme mir nicht berühmt vor dabei, aber Krieg ist Krieg, und wer hat ihn angefangen? Ich nicht. Ich bemühe mich bloß, ihn möglichst rasch zu beenden.

Einen Fähnrich, dem der Fuß nur mehr per durchgeeitertem Verband am Beinstumpf hängt, bringe ich im Jeep zu unserem Frontlazarett. Er ist lehmverschmutzt wie eine gelbe Mumie. »Nicht abschneiden! Nicht abschneiden!« stöhnt er den ganzen

Weg über. Der Operationssaal ist eine Art grünes Zirkuszelt, jetzt mit Tragbahren vollgepfropft. Zum Eingriff wird man auf einen angestrahlten Tisch in der Zeltmitte gehoben. Es stinkt nach Schweiß, nach Karbol, vor allem nach Angst. »Wo haben Sie den aufgeklaubt?« fragt mich der Doc, »in einem Schlammbad?« Er ist einer von den guten alten jüdischen Chirurgentypen, zu denen man augenblicklich Vertrauen hat, weil ihnen die Menschlichkeit aus den kurzsichtigen Augen strahlt. Mit dem Skalpell trennt er den blutigen Verband ab. »Poor bastard, poor bastard!« Mir wird übel und ich möchte mich drücken, aber er läßt mich erst mal, mangels Haltestangen, den Narkosetropf hochhalten. »Wird Ihnen nicht schaden, Sie Superkrieger.« Sein mißbilligender Blick trifft die vorschriftswidrige Luger an meinem Gürtel, meine stolzeste Kriegsbeute. Dann breitet er eine gefaltete Decke über die Brust des Landsers, damit der nicht beim Aufwachen sofort den Schrecken hat, und macht sich ans Sägen. Ich stehe da, erhobenen Arms wie die Freiheitsstatue mit der Fackel, und erfasse zum erstenmal den Krieg. In dem Festzelt liegen die Deutschen und die unsrigen wild gemischt durcheinander, lauter zuckende Stücke Fleisch. Manche sind splitternackt, vielleicht von Detonationen aus der Uniform gestoßen. Dann ist es unmöglich, zwischen Freund und Feind zu unterscheiden. Die nämlichen ausgebluteten Gesichter. Es fährt mir durch den Kopf, daß ich in dieser Situation unter Betäubung deutsch reden könnte. So, wie ich einmal in New York, als ein Blinder auf ein Bauloch zutappte, in höchster Not »Achtung!« geschrien habe. Und wenn man mich dann als Bewußtlosen in eine deutsche Uniform steckt und ins Gefangenenlager abtransportiert? Und bei einem Verwundetenaustausch schicken sie mich nach Nazideutschland? »Halten Sie freundlicherweise die Flasche gerade«, knurrt der Doc im Operationsstreß. Erst jetzt fällt mir der vertraute gutturale Akzent auf. Der Mann muß so an die Fünfzig sein. Alt genug, um im ersten Weltkrieg für die Deutschen geblutet zu haben, vielleicht mit Begeisterung. Warum auch nicht? Spielt sich alles im Kopf ab, diese komplette Freund- und Feindmasche. Ich glaube nicht an »geborene« Demokraten oder Faschisten. Nicht an die von alters her auf Schuld programmierten Deutschen und zum Edelmenschentum geborenen Juden. Oder umgekehrt. Rasse spielt keine Rolle. »Blut« auch nicht. Außer dem Blut, das hier unaufhaltsam auf die Bodenbretter von diesem Zirkuszelt träufelt...

»Der Nächste! Ja, Sie! Los, im Laufschritt, zack, zack!« Er baut sich mühsam vor mir auf, ein Haufen stinkiges Feldgrau mit viel zu kurzen Ärmeln. Sie tragen jetzt auch keine Knobelbecher mehr, sondern Leinwandgamaschen über faltigen Schnürstiefeln. »Haben Sie sich je mit den Nürnberger Gesetzen befaßt?« Der Gefreite starrt mich an wie jemanden, der nicht alle Tassen im Schrank hat. Im Soldbuch steht: Beruf Maurerlehrling. »Was halten Sie von Hitler?« Eine lange Pause. »Ja, darüber hab ich nicht so nachgedacht.« »Er hat Sie immerhin in den Krieg geschickt.« »Tja, das läßt sich vielleicht so sagen.« »Und was denken Sie davon?« »Tja, der Krieg ist Scheiße.« »Meinen Sie nicht, daß die ganze Nazisache Scheiße ist?« »Tja, wissen Se, bei acht Stunden Maloche am Bau, da hat man nicht so den Überblick.« Er schneuzt sich in die bloße Hand, auch zu Taschentüchern reicht es nicht mehr bei denen. Im Hintergrund räuspert sich Bauman vernehmlich. Er hat mir strikt verboten, mich auf Weltanschauliches einzulassen. Pure Zeitverschwendung: »Vom Feldwebel aufwärts bis zum General sind es alte Soldaten, die nur ihre Pflicht tun als Vaterlandsverteidiger. Vom Feldwebel abwärts kleine Leute, die sich nie um Politik gekümmert haben.« »Und die Nazis?« frage ich. »Was für Nazis? Nie gehört.«

Die halbe deutsche Wehrmacht ist auf Amerika abgefahren. Ein Land, das, wie bekannt, aus Wolkenkratzern plus Hollywood besteht, außerdem ist dort der Sechsstundentag eingeführt. Und warum ist dieses Amerika auf Sieg programmiert? Erstens wegen der zehn (zwanzig, vierzig) Millionen Deutschamerikaner. Und zweitens, weil dort die Moneten blühn. Die dicken Batzen. »Und Geld regiert die Welt, mein Freund, das hat eben der Adolf leider nie geschnallt. Er hat das mit deutschem Idealismus hinkriegen wollen, mit Gläubigkeit, aber damit läßt sich kein hohler Zahn füllen. Stimmt es, daß man bei Ihnen zwei

Mark die Stunde verdient? Na sehn Se, ihr seid uns eben materiell haushoch überlegen. Und jetzt habt ihr auch noch die ganzen reichen Juden, die, wo ihre Millionen aus Deutschland rausgeschummelt haben. Wie soll unsereins dagegen anstinken? Deswegen wollte der Adolf ja absolut keinen Krieg. Er hat eben müssen. Wissen Sie was? Mit dem Roosevelt hätten wir zusammengehn sollen gegen den Iwan, da wären wir jetzt beide fein raus. Wir hätten die Truppe gestellt und ihr das Material. Da könnten wir uns jetzt die Welt aufteilen. Aber mit dem war ja nicht zu reden, wegen seiner jüdischen Mischpoche, ist doch so, oder? Da ist eben allerhand schiefgelaufen, und wir Kleinen, wir müssen das jetzt ausbaden.«

Es gibt keine Nazis. Es gibt keine KZ. Es gibt keine SA, keine SS, keine Gestapo, auch keine Partei mit ihren Rängen und Gliederungen. Alles Mumpitz: »Ich bitte Sie, das hat doch kein Mensch ernst genommen.« Amerika ist obenauf, weil die Starken immer recht behalten, mehr ist da nicht. Wovon soll man die Deutschen überzeugen? Sie sind ja schon von Amerika überzeugt, aus lauter falschen Gründen. Worüber diskutieren? Die einzige Frage, die sie, neben ihrem persönlichen Schicksal, bewegt: »Warum macht ihr eigentlich Krieg gegen uns, wir haben euch doch nichts getan?« Tja, und nun ist eben der Krieg aus (für jeden Gefangenen ist der Krieg verloren, sonst könnte man ihn ja als Feigling und Überläufer brandmarken). Schluß mit Jubel. »Aber eins müßt ihr zugeben: Wir haben euch ein sportliches Rennen geliefert, stimmt's? Wir sind ehrliche Gegner und Kampfpartner.« So was wie Tennispartner oder Sozialpartner anscheinend. Keine Feinde, gottbehüte. Anders als diese Heckenschützen und Partisanen dort im finsteren Balkan und im Osten: »Für die sind noch die Lager zu gut, hab ich nicht recht? Würdet ihr auch nicht anders machen. Was, wo unser Meldekopf liegt? Da in dem Kaff, Sie können das sicher besser buchstabieren als ich. Die schwere Arie? Aber bitte sehr, aber gleich. Hier im Planquadrat.« Sie sind Kellner, die uns die Information servieren, untertänig oder auch ein bißchen verstockt und verschlagen. Rede du von Weltanschauung mit einem Kellner: Nazi, Antinazi, Christ oder Jude, totalitär oder demokratisch – »lassen Sie mich bloß *damit* in Frieden«.

Ich bin gereizt und kriege mich mit allen in die Wolle, auch mit unserm Team. Was ist es, das mir abgeht? Ich fühle mich um meinen Haß betrogen. Hassen läßt sich nur, wo man achtet, wo man jemanden respektiert, und sei's auch wegen seiner Mordlust. Aber das hier war nicht nur blamabel für die Krauts, sondern auch für mich. Sich von Übermenschen rauskicken lassen ist eines – aber von diesen willfährigen Kriechern? Und da sich bei mir alles in Sprache ausdrückt, wird mein deutsches Idiom jetzt zusehends schnoddriger und knorziger, ein knapper, straffer Kasernenhofton wie bei Preußens (ich habe nie mehr wienerisch geredet). Einmal kriegen wir einen Koloß von Leutnant ins Netz, NS-Führungsoffizier, der zuerst vor Angst mit den Knien schlottert. Wahrscheinlich denkt er, wir machen es nicht anders als die Nazis im Osten mit ihrem »Kommissarerlaß«. Ich schnauze ihn an: »Warum geben Sie sich denn so windelweich, drüben in der Napola sind Sie ja auch als Herrenmensch aufgetreten!« »Ach so, Sie wollen, daß ich hier den starken Mann markiere. Männerwürde vor Königsthronen und so. Warten Sie bloß, bis Sie in unser Hinterland kommen, da werden Sie Ihr blaues Wunder erleben.« »Was denn für Wunder?« »Das, was Sie sich vielleicht erhoffen in deutschen Landen – so was wie Reue und Ehrgefühl zusammen –, da können Sie sich die Augen nach ausgucken.« Ich schenke ihm eine Lucky Strike. Reue und Ehrgefühl zusammen, ja, das ist es, genau damit möchte ich konfrontiert werden. Von seinen einskommaneunzig Metern Höhe blickt er spöttisch zu mir herab. »Jude?« »Und?« »Emigriert?« »Und?« Er lacht: »Ich nämlich auch.« «Wieso?« »Zu euch übergelaufen. Weil ich nicht mehr glaub an den Scheiß. Jetzt reden die Herrschaften nicht mehr mit mir. Bin ziemlich sicher, die wollen mich abmurksen diese Nacht.« Ich zeige auf das Ritterkreuz, das an seinem Kragen baumelt: »Und das? Da haben Sie auch nicht geglaubt?« »Nee, hab ich nicht.« »Also?« »Sagen wir: wenn schon Soldat, dann anständig.« Er saugt süchtig an seiner Zigarette, grinst: »Jetzt müssen Sie antworten, ich verstehe dieses Volk nicht.

Wissen Sie was? Ich auch nicht.« Vom Gesichtsschnitt her könnte er ein Sohn von Gandhi sein, wie viele Ewigkeiten zurück? Captain Bauman brüllt durchs Fenster, ich soll den Leutnant zur Vernehmung hereinbringen, und auf dem Weg dorthin wird er redselig: »Wissen Sie, von Haus aus bin ich eigentlich Theologe. Das Alte Testament kenn ich vielleicht besser als Sie. Nu, er hat gewonnen, Ihr alter Jahwe. Und mit Recht. Wir gratulieren.« Er wirft im Bogen die Zigarette weg und marschiert ins Haus.

Theoretisch bin ich nicht für »interrogation« zuständig, sondern soll die Leute nur aushorchen. Allerdings ist Captain Bauman meist anderweitig beschäftigt, nämlich mit Briefmarkensammeln. Die POWs fragt er zuerst untertänig, ob sie nicht »Ganzsachen« für ihn haben, und danach ist natürlich die Vernehmung gelaufen. Unser Erfolg beruht ja auf Überrumpelung, psychologischem Druck und Einschüchterung. Handgreifliches nur in Ausnahmefällen. Das mit dem Dollarsold war übrigens nicht meine eigene Eingebung. Ein Feldwebel mit zwei Panzerstreifen am Arm hatte mir das unbewußt gesteckt. Um einen derartigen Streifen zu ergattern, war nichts gefordert, als einen alliierten Sherman-Tank eigenhändig mit der Panzerfaust, also aus maximal dreißig Metern Entfernung, zu erlegen. Dazu wurde empfohlen, sich im Schützenloch überrollen zu lassen und dann von hinten in die schwach gepanzerten Weichteile zu feuern. Ungefähr das äußerste, was einem Soldaten zugemutet werden kann. Denn wenn unser Tankführer den bemerkte, dann planierte er mit den Ketten sein Loch zu Brei. Drum gab es auch für drei solche Panzerstreifen vierzehn Tage Heimaturlaub. Unser Typ hatte gerade seinen dritten abgeschossen, als wir ihn zu seinem Unglück gefangennahmen. Und jetzt fragte er patzig: »Wie steht's eigentlich mit meinem Heimaturlaub?«, als hätten wir nichts Dringenderes zu tun, als ihn postwendend zu Muttern (oder Hitlern) zurückzuverfrachten. Wer an so was glaubte, der ließ sich auch mit dem angeblichen Gefangenensold kapern.

Die Stärke der Krauts war gleichbedeutend mit ihrer Schwäche. Sie waren ausgebuffte Kampfprofis und konnten sich nicht vorstellen, daß jemand anderer den Krieg amateurhaft nahm. Also unseriös, als Vorwand für Improvisation und sogar Jux. Noch der kleinste Obergefreite redete zu uns in der Sprache des Heeresberichts und mit skrupulösem Sachverstand: »Ein starker Panzerkeil zwang uns... mangelnde eigene Fliegerdeckung dank Witterungsumständen ... trotzdem Einbruch noch abzuriegeln...« Von Kind auf getrimmt und ausgerichtet, sahen sie sich gar nicht als Einzelwesen, denen individuelle Gefühle zustanden, sondern als Truppe. Behende fuhrwerkten sie mit dem Bleistift oder Lineal auf unseren Landkarten herum: »Da sind Sie aber falsch unterrichtet, Ihre Einzeichnungen sind ja längst überholt!« Und bekamen gar nicht mit, daß wir anhand solcher Angeberei unsere Taktik im Handumdrehen umbauen konnten. Weil bei uns (wie im Geschäftsleben) der Erfolg auf persönliche Initiative und Eigenverantwortung aufgebaut war.

»Kommen Se rein, Feldwebel. Zigarette? Na, platzen Sie sich schon. Also, da ist die Karte vom Abschnitt, wird bei Ihnen nicht viel anders ausschaun, hab ich recht? Linker Flankenschutz war ja wieder nicht berühmt, was? Der neue Kommandeur direkt von der Kriegsschule, kennen wir schon, haha. Hat Sie allein die Suppe auslöffeln lassen wie üblich. Artillerie auch nicht grandios, von Luftaufklärung wollen wir gar nicht reden. Da hat sich ja der Dicke seit Jahren ausgeblendet, ich denke, wir verstehn uns. Also, Sie wissen doch Bescheid, alter Soldat wie Sie. Jetzt brauchen Sie erst mal gar nichts zu reden, zeigen bloß mit dem Bleistift dahin, wo das Divisionskommando heute sitzt. Was, so weit hinten, sieht denen ähnlich. Dazu gehört ja jetzt auch Kampfgruppe Roland? Woher ich das weiß? Wir wissen eben alles. Ja, jetzt kommt der Hammer. Von der zwoten haben Sie ja bestimmt was läuten hören, ich meine die zwote PD? Was, nicht? Hören Sie auf. Ein Hauptfeldwebel ist doch informiert, oder? Na, sagen Se schon – wo liegen die jetzt? Oder ist das auch nur noch so 'ne Gespensterdivision – zwei Rasselfahrzeuge und ein Koch? Was, neue Panther, nehm ich Ihnen nicht ab. Davon haben wir aber bisher nichts gespürt. Na, ist gut. Noch 'ne Lucky? Ja, sagen Sie mal, bevor ich's vergesse: Die zwote, die kommt doch von Norwegen runter? Ganz schön weiter Weg. Da wird es ja unterwegs allerhand Ausfälle gegeben haben. Was, dreißig Prozent? Tja, unsere Oberbonzen, die in Berlin und Washington, die sehen das immer total anders als der Mann am Drücker. Was denken Sie, auch unsre Leute wollen lieber heute als morgen nach Hause, in die guten alten States, da gibt's schon mächtig Rabatz. Bei Ihnen auch? Nicht zu glauben. Wo doch der Doktor gerade wieder in Berlin die Massen hochgeschaukelt hat. Nee, nicht angekommen? Woher wollen Sie das so genau wissen? Ach was, in der Truppe diskutiert? Passen Sie auf, ich häng Ihnen jetzt ein Etikett um, aber nicht verlieren, mein Lieber. Damit kriegen Sie nämlich Sonderstatus bei unsern Hinterländlern betreffs Verpflegung und so. Immer nur auf den Zettel verweisen, alles klar? Ja, tschüs, tschüs ...«

Der Zettel bringt ihm nichts weiter ein als zusätzliche Verhöre, erst bei der Division, dann beim Korps, vielleicht noch bei der Armee. Immer strategischer, immer psychologischer. Mein Bericht füllt getippt vielleicht eine halbe Seite, da hinten schreiben sie ein Buch. Über den absackenden Durchhaltewillen der Zivilbevölkerung zum Beispiel, das kommt immer an, besonders beim »bomber command«. Noch während ich tippe, hat Lemnitzer den Telefonhörer ans Ohr geklemmt, gleich darauf gehen die Granaten unserer 155er, der »Long Toms«, in Richtung der vom Feldwebel genannten Ziele. Und am Nachmittag stecke ich in einem lehmigen »Fuchsloch«, das Mikrofon in der Hand, und über mir am Waldrand der Riesentrichter eines Lautsprechers: »Landser der zwoten Panzerdivision, es war ein mühsamer Weg für euch herunter von Norwegen. Hat er sich gelohnt? Ein Drittel eurer Fahrzeuge ist ausgefallen, ihr selbst seid erschöpft und übermüdet, aber wen kümmert's ...« Fast kommen mir die Tränen vor lauter Rührung, nur, anders sind die drüben nicht zu packen. Ritterliche Ansprache des geachteten Gegners, gemeinsame Frontkameradschaft gegenüber der ungreifbaren Führung – wir zeigen uns als Goebbels' gelehrige Schüler. Keine gefährlichere Verblendung, als daß man den andern für zu unbedarft hält, um Neues zu lernen ... Jetzt kommt, später als erwartet (sie wollten immerhin erst hören, wie gut wir informiert sind), von drüben der rächende Feuerstoß. Allerdings sind wir ihnen nur Maschinengewehrfeuer wert, dazu von Zeit zu Zeit ein vereinzelter Granatwerfer. Es klingt, wie wenn eine Ladung Bretter vom Lastwagen gekippt wird. Da es mein erster Beschuß ist, erfüllt mich neben der Panik ein fast exaltierter Stolz: So viel lassen sie es sich also kosten, mich zum Schweigen zu bringen! Trotzdem drücke ich mich kellertief in das allzu seichte Schützenloch. Und kriege nichts ab außer gegen den Helm ein kleines Stück des Lautsprechertrichters, der über mir in Fransen geht. »Goody-goody«, grunzt der zuständige Sergeant. »Das gibt uns den Tag frei.« »Eins zu null für mich«, denke ich befriedigt, wie ich mich den Abend auf mein klappriges Feldbett schlage. Jahrelang hätten sie mich gratis und franko haben können. Jetzt müssen sie sich schon was einfallen lassen, um mich zu kriegen. Und so Gott will, werde ich sie noch teuer zu stehen kommen.

Die Army lief keine Sturmangriffe. Erst wurde das Gelände mit Fliegerbomben eingedeckt, dann kam die Artillerie dran, nachher gingen die Panzerpflüge vor, die alles breitwalzten, zum Schluß die Tanks. Mit der Infanterie sparte man, für Massengräber war an der »Heimatfront« nicht genug Kriegsbegeisterung vorhanden. Jedenfalls nicht am europäischen Schauplatz, denn der eigentliche Erbfeind trug Schlitzaugen. Seit Monaten saßen wir jetzt vor Cassino fest, überragt von dem historischen Benediktinerkloster, das die Deutschen als Beobachtungsstand benutzten. Erst als wir es unsinnigerweise mit Fliegerbomben plattgelegt hatten, wurden die Trümmer zu einer uneinnehmbaren Sperrfestung, von wenigen Fallschirmjägern gehalten. Das war der Nachteil des amerikanischen Systems. Dafür hielten wir solche truppenschonenden Generäle wie Omar Bradley für einsame Spitze. Und haßten den Leuteschinder und Haudegen Patton, der sogar einen Kriegszitterer im Lazarett geohrfeigt hatte. Patton trug zwei Revolver mit Perlmuttgriff an der Hüfte wie ein Cowboy und war unser einziger Blitzkrieggeneral. Nichts ging ihm je schnell genug. Einmal soll er weit im Hinterland einen Typen gestellt haben, der pfeiferauchend oben am Telegrafenmast saß und allzu gemächlich seine Kabel verlegte: »Dich bring ich vors Kriegsgericht! Welcher Company gehörst du an?« Antwortet der: »Ich bin von der American Telephone and Telegraph Company, und Sie können zur Hölle gehn!« Noch im Krieg hatte das Zivil Vorrang vorm Militär, deswegen wurden so eigenwillige Heerführer wie Patton oder MacArthur zurückgepfiffen und endeten in Bitterkeit. Und ein Versöhnler wie General Eisenhower konnte Präsident werden.

Am Ende schafften wir den Durchbruch bei Cassino, aber nur mit der Hilfe neuseeländischer und polnischer Fußregimenter. Ich war im Team »unterster Mann am Totempfahl«, deswegen hätte ich fast den Sturmlauf mitmachen müssen, den nicht viele überlebten. Glücklicherweise schafften sie es auch ohne mich, und so brausten wir im Siegestaumel und mit farbigen Halstüchern vor dem Gesicht durch die staubige Campagna bis Rom. Unser goldenster Triumph bisher. Der leider in den »Stars and Stripes« nicht richtig zur Geltung kam, denn zwei Tage später startete die Invasion der Normandie.

Was unternimmt der Soldat, wenn er eine feindliche Hauptstadt erobert? Er sieht sich erst mal nach Beute um, jeder in der ihm vertrauten Sparte. Wir fuhren per Jeep ins Zentrum, wo alle Wände mit »Fuori i tedeschi!«, Deutsche raus!, bemalt waren, darunter konnte man stellenweise noch Mussolinis Kraftparolen von »giovinezza« und »onore« ausmachen. Es wimmelte von bildhübschen Römerinnen in kurzen Faltenröckchen, die uns dringend abküssen wollten. Sie hatten eben noch nichts von Neapel gehört, obwohl aus jeder Kneipe schon das Leiblied der Army schallte: »Signorina, per favore, tutta notte zigi-zigi!« Unsere Sergeants verdrückten sich in Richtung Kneipen und Faltenröckchen, ich blieb am Lenkrad des Jeeps mit Captain Bauman. Der tatsächlich nicht wußte, was mit sich anfangen – man hatte eben noch nie eine Hauptstadt erobert. »Ob die hier irgendwo eine Briefmarkenhandlung haben?« Ich gab zu bedenken, daß heute wahrscheinlich Feiertag sei. »Shit, endlich eine Großstadt, und dann ist alles zu!« Ein Vorfahr der Einkaufstouristen späterer Tage. Ich ließ ihn abziehen und warf mich ins

Gewühl der GIs, das mich schon dahin spülen würde, wo die »action« war. Es mußten aber alles Katholiken sein, denn ich endete im Petersdom. Der wirkte kolossal, ohne mich dabei klein zu machen, vermittelte aber doch mehr von der Potenz als von der Innerlichkeit der Kirche. Etwa im Unterschied zu den mir bekannten jüdischen Synagogen. Reichten diese nicht, wie die Prager Altneuschul, bis ins Mittelalter zurück, so litten sie an so eklatanter Stillosigkeit, daß man sich gezwungenermaßen auf sein Inneres konzentrieren mußte. Grenzenlos ist das Innenleben des Menschen, während die hier zur Schau gestellten Ausmaße doch noch eine irdisch beschränkte Kontur des Glaubens suggerierten. Andererseits wollte sich trotz aller geistiger Anstrengung auch nicht das einstellen, was unser Vater stets sein »klassisches Erlebnis« genannt hatte. Während ich mich noch damit abmühte, sank mit einemmal das Volk auf die Knie, und es wurde auf einer Sänfte Papst Pius XII. hereingetragen. Mit seinen zusammengepreßten Lippen und der Nickelbrille über scharfer Nase ein Typus, der mir auf Anhieb vertraut vorkam. Richtig, mit solchen zerebralen Charakterköpfen war man ja während der ganzen Emigrationsjahre konfrontiert. Der Papst redete uns auch gleich in erstklassigem Englisch an: Wir seien die Verteidiger der abendländischen Kultur gegenüber der Barbarei des Ungeistes. Als solcher hatte ich mich schon längst gefühlt. Nur bezweifelte ich, ob so viel spirituelle Abgehobenheit auch auf die übrige Masse der GIs zutraf. Anschließend trabte ich, da Sonnenuntergänge mich stets in fieberhafte Aktivität versetzen, zum Römischen Forum. Dort wollte ich mich über Nacht einsperren lassen, um die bleichen Ruinen bei Mondschein ganz auszufühlen. Es gab keinen Mond, dafür marterte mich schandhafter Durst wegen der Affenhitze. Ausgerechnet im Juni mußten wir Rom erobern! Schließlich fand sich ein Loch im Drahtzaun, durch das ich hinauskraxelte. Nein, auf Klassik blieb ich trotz aller ererbten Beflissenheit vorerst nicht ansprechbar. Immer noch mußte ich mich mit Romantik begnügen, versetzt mit Mokanz, meine einzigen Seelentröster.

Fast jeder Stab führte damals ein Maskottchen bei sich – Siamkater, Bernhardiner oder zottiger Widder, denen am Küchenzelt die besten Brocken zustanden. Unser Maskottchen hieß Blasius und war ein bayrischer Flakhelfer von siebzehn, der hatte sich bei der letzten »Frontbegradigung« absichtlich überrollen lassen. Wir behielten ihn bei uns, als sich herausstellte, daß er den Text von Schlagern wie »Lili Marleen« und »Es zittern die morschen Knochen« auswendig konnte. Dem Blasius schenkte ich eine von den beneideten Medaillen, die man an uns im Petersdom verteilt hatte, und übermittelte ihm auch die Ansprache des Papstes. Er lachte krampfhaft: »Komisch, genau das mit dem Abendland hat er vor drei Monaten uns gesagt.«

Jetzt ging alles sehr rasch. Der Invasion im Westen mußten auch wir im Süden etwas entgegensetzen, darum erschienen bei uns die Werber des »Intelligence Service« auf der Suche nach Französisch-Kennern. Intelligence hieß Gegenspionage und hatte nur sehr mittelbar etwas mit Verstandeskräften zu tun, wie ich schnell herausfand. »Parlez-vous français?« Ich rezitierte den Anfang von Rimbauds »Trunkenem Schiff«, was man wahrscheinlich für das französische Dienstreglement hielt, damit war ich angeheuert. Mein neuer »outfit«: IPW-Team, 179. Regiment, 45. Infanteriedivision. Die Fünfundvierziger nannten sich »Donnervögel« und stammten aus Oklahoma, das noch vor wenigen Jahrzehnten Indianerterritorium gewesen war. Ein guter Teil des Regiments gehörte zu den »fünf zivilisierten Stämmen«. Die Zivilisierung konnte aber erst jüngeren Datums sein, denn ein Tscherokese von zwei Metern Länge und ebensolchem Umfang hatte kürzlich beim Ringkampf seinem Sergeant rein spielerisch das Genick gebrochen. Der war uns zugeteilt als Gefangenenbewacher. Sonst bestand das Vernehmungsteam aus Captain Pecoroni, in dessen Familie man irgendwann (zur Stauferzeit?) mal deutsch gesprochen haben mußte. Sergeant Adler, ein bebrillter Berliner Intellektueller und Kommunist. Schließlich Mastersergeant Binder, und das war hart. Mit Emigranten konnte man immer auskommen. Auch wenn sie sich groß als Captains und Majors aufspielten, brauchte man ja nur im stillen bei sich zu denken: »Tu dir nichts an, nach dem Krieg wirst du wieder an der Amsterdam Avenue gehackte Leber verkaufen.« Binder war kein Emigrant, sondern schon in der Inflationszeit als schwarzer Passagier nach den USA ausgekniffen. Jetzt gab er den Superami, Marke Tarzan, und beschränkte seine Mitteilungen auf prägnante Einsilber. Nämlich solche griffigen »four letter words« wie hell, piss, shit, fuck, crap – damit bestritt er so ziemlich jede Situation. Außerdem trank er. Er trank wahrscheinlich aus Verzweiflung darüber, daß Amerika sich in den falschen Krieg lokken ließ, verbündet mit den »Soffjetts« gegen die Deutschen, anstatt umgekehrt. Aber: »Der richtige Krieg kommt noch!« Schöne Aussichten.

Bei Neapel war das Aufmarschgelände, da machten wir auch unsern Jeep wasserfest. An Vergaser und Auspuff wurden drei Fuß lange vertikale Rohre angeschweißt, über sonstige empfindliche Teile stülpte man die so vielseitigen Präservative, dann konnte es losgehen. Die Überfahrt dauerte zwei Tage, und am Ferragosto, dem heißesten Tag des Jahres, lagen wir im flimmernden Sonnenschein vor der Riviera. Über Nacht hatten unsere Ranger schon die Strände abgesteckt, mit roten, gelben und giftgrünen Plastikplanen, unser Abschnitt war der rote. Warum ließen die Krauts das noch am hellichten Tag hängen? Wir stießen tatsächlich in den »weichen Unterleib Europas« hinein, wie Churchill das definiert hatte. Verteidigt vom schäbigen Abfall der Ostfront: Rekonvaleszenten, Ohrengeschädigte, Magenbataillone (für die man eigens Weißbrot backen mußte)... das vorletzte Aufgebot, bis Goebbels zwei Monate später zum Volkssturm blies. Mein Mitleid blieb beschränkt, auch Hitler war schließlich magenkrank. Wir hatten ein altgedientes Schlachtschiff mitgebracht, das den ganzen Vormittag schwer hinüberballerte. Dann wurde die Infanterie an Land gesetzt, bald darauf wir mit unserem abgeschotteten Jeep. Dessen Räder aber kaum ins Wasser tauchten, weil der Strand hier so schön sanft verlief, daß die Klappe des Landungsbootes schon praktisch aufs Trokkene niederrasselte. Es war (man schämt sich fast, es auszusprechen) der Badestrand von Saint-Tropez...

Diesmal fordert keiner Stempel und Einreisevisum von mir,

im Gegenteil, die Polizisten embrassieren uns gerührt. Alles trägt Armbinden mit den Buchstaben FFI, das steht für innerfranzösische Streitkräfte, lauter Widerständler. Schwerbewaffnet mit Flinten und Pistolen, schleifen sie uns zu Tausenden die Gastritisbataillone heran, auch kahlgeschorene Frauen, die zu ihnen in unpatriotischer Beziehung standen. Ein Volksfest, und tatsächlich wird abends auf dem Hauptplatz getanzt. Wir quartieren uns in der feinsten Offiziersvilla ein. Auf dem Bett liegt ein Tennisschläger. In der Küche Stöße des gesuchten »Knäckebrots« (von dem ich vorher nie gehört hatte), und der Kaffee auf dem Herd ist sogar noch warm. Im Kamin halbverkohlte und zerrissene Briefschaften, die ich mit nachrichtendienstlicher Spürnase zusammensetzte: »Mein gelieb --- heute wieder so an Dich --- daheim ist alles --- Alarm --- Bombenteppich --- wann wird endlich --- weißt Du noch --- Mondschein --- ich umarm ---« Ein Liebesbrief ohne zeitbezogenen Informationswert, was geht mich dieser Scheiß eigentlich an? Dennoch krame ich fieberhaft weiter. »Du mein einzi ---«. Was ist es, das ich da suche? Welchen Vorwand habe ich, von diesen Sätzen ergriffen zu sein, ein Voyeur durchs Heimwehfenster? Schluß damit, ich gehöre nicht mehr zu euch! Sondern zu piss, shit, crap und Konsorten. Ich brauche eure verfluchte Sprache nicht mehr oder doch nur für den Hausgebrauch, um euch fertigzumachen. Denn ich gehöre zur Sprache der Sieger! Ja, das ist es. Amerikanisch siegt gegen Deutsch, das wird der Nettogewinn des Krieges sein. Diese geschmeidige, demokratische Einsilbersprache über euer sprödes, verbogenes und verlogenes Idiom!

Im Blitzkriegtempo rollten wir das Rhonetal hoch, so schnell, wie die sich absetzten, kamen wir gar nicht nach. Alles lief glatt vor dem Wind, auf einem Meer von Fahnen, Jubel und Mademoiselles, die nach Anis rochen oder auch schon nach Kaugummi. In Dijon kampieren wir im Gerichtsgebäude, wo gerade ein Gastwirt italienischer Herkunft abgeurteilt wird. Er hat während der Besetzung an seinem Lokal die Tafel »Casa Italiana« angebracht, um deutsche Soldaten anzulocken. Dafür kriegt er jetzt lebenslänglich als Hochverräter.

Gegenüber steht das Bordell samt einem Persönchen in roten Stiefeln, das ich frage: »Wie kommt eine nette Frau wie Sie in ein Haus wie dieses?« Danach konnte ich noch ein zweites Mal und später sogar ein drittes. Es war das große Heilungswerk der Army an mir, ihrem dankbaren Sohn. Sie sprach: »Nur Emigranten sind impotent oder höchstens noch Intellektuelle. Du aber sitzt in einem ballernden Fahrzeug, denkst nicht an gestern noch morgen, und siehe: Deine Peiniger laufen, laufen, laufen...« Erst in den Vogesen machte die Hetzjagd halt, da begann auch schon der Herbst. Fast pausenlos regnete es, wir mußten Seitenteile für den Jeep aufreißen. Unser Büromaterial und die grünen Duffelsäcke transportierte er hinten im Anhänger. Dazu ein adrettes hölzernes Munitionskistchen, vollgestopft mit meinen Büchern und Papieren. Bei einem überraschenden Feuerüberfall riß dann Adler den Wagen so scharf herum, daß die Kiste herausfiel und in einen Kanal purzelte. Und damit verschwand nicht nur der Zarathustra aus meinem Leben, sondern (zum dritten-, aber nicht letztenmal) meine gesammelten Werke, nun schon großteils auf englisch. Bei Epinal schneite es bereits, wir nisteten uns für Wochen in den Büros einer ausgedienten Metallfabrik ein. Captain Pecoroni verdrückte sich tagelang auf das Schloß von Lunéville, unser Armee-Hauptquartier, um seine Karriere zu pflegen. Auch die IPW-Teams tauchten gern dort auf, wegen der gediegenen Verpflegung. (Unsere war noch immer nicht weltbewegend, und den Duft von aufgeschwemmtem Eipulver auf dito Kartoffelpulver kriege ich bis heute nicht aus der Nase.) Das Schloß wimmelte von Etappenhengsten mit dem »Rifleman«-Abzeichen auf der Brust, unserer Nahkampfspange. Einer war gerade bemüht, seinen Raum auszufegen, als mein Kollege Corporal Hirsch ihn ins Blickfeld bekam. »Allow me, Sir!« schrie Hirsch mitleidsvoll und riß ihm den Besen aus der Hand. Drei Monate später war er Lieutenant Hirsch, und sowas nannte sich auch noch eine »Schlachtfeld-Beförderung«.

In Abwesenheit des Captains führt Mastersergeant Binder bei uns das Kommando und darf demnach sein Mütchen kühlen an Adler und mir. Was nagt eigentlich an diesem Kretin? In den

Staaten ist er voll auf das Dollarmachen abgefahren. Ohne von den moralischen Stärken Amerikas, Freiheitsliebe, Toleranz, Gerechtigkeitsgefühl und dergleichen, viel mitzukriegen. Den »Idealismus« seiner Jugend verbindet er jetzt sentimental mit »the old country«, obgleich es ja derzeit Drittes Reich heißt. Der Deutsche ist eine brave, ehrliche, wenn auch leicht irrezuleitende Haut. Und als solche hat er gefälligst vor uns Grips zu beweisen und nicht seine Stellungen zu verraten! Schon gar nicht solchen miesen jüdischen Hundesöhnen wie Adler oder mir. Einmal, wie Adler grade einem Berliner Unteroffizier die Würmer aus der Nase zieht (»hier schweres MG hinter Verschanzung von Baumstämmen«), tritt Binder sternhagelvoll auf den Gefangenen zu und schnappt ihm verächtlich das Band des EK II von der Bluse: »Waschlappen!« Damit könnten wir ihn vors Kriegsgericht bringen, aber wozu? Je näher wir Deutschland kommen, desto ruppiger wird Binder. »Goddam fucking smartass Jewish bastards ...« Zwar verwahrt er sich dagegen, als »Krautlover« zu gelten, aber christliches Erbarmen wird doch wohl drin sein. »Die sind ohnehin am Ende, so oder so.« Dazu Adler anzüglich: »Fast tät's Ihnen leid, Mister Binder?« »Emigranteneifer, Adler?« »Wieso, wir haben doch einen Krieg zu gewinnen, alle zusammen!« »Ja, aber welchen? Den für die Weltrevolution? Tut mir leid, Adler. Nicht mein Bier.« »Und was ist Ihr Bier, wenn man fragen darf?« Binder grient: »Meins? Mein Bier ist französischer Cognac.« Davon knallt er sich mindestens eine Flasche täglich rein, das einzige, was er an den Franzosen billigt: »Love that Froggy brandy!« Adler, mein bester Kumpel in der Army, kann vor so viel Primitivität nur hilflos den Kopf schütteln. Er, der mir laufend Realismus und Objektivität predigt und Väterchen Joe Stalin für den »redlichsten Staatsmann der Epoche« hält, ist in Wahrheit ein vernagelter, blauäugiger deutscher Romantiker. Adler muß »glauben«. Nur daß er statt an die Blaue Blume an Karl Marx und Gentleman Joe glaubt und an die Aufstandsbereitschaft von Berlin-Wedding.

Der deutsche Widerstand versteift sich, jetzt, wo sie mit dem Rücken zur Heimat stehen. Um so eingehender muß jeder POW ins Gebet genommen werden. Ein blonder Hüne, Typ SA-Rabauke, pflanzt sich vor uns auf und läßt ums Verrecken keinen Ton heraus. Obwohl wir ihm grell die Lampe in die Augen richten und ihn drohend umkreisen wie in einem schlechten Gangsterfilm. Schließlich ziehe ich auch noch meine berühmte Luger, da ringt sich aus seinem Mund: »Ich nix Volksdaitscher, ich Pole... kann doch nix verstehn!« Ein Unglücksrabe, ein von diesen Rassenkennern »Germanisierter«! Dann wieder kriegen wir einen Hauptmann aus Schwaben, der seine Aktenmappe an sich preßt, als enthielte sie die Gestapoakte »Hitler, Adolf«. Es sind aber nur die Liebesbriefe seiner Freundin. »Und, gell, Sie verrate mich nicht... wo ich doch seit zwanzig Jahre verheiratet bin.« Nur ein einziger sträubt sich jemals »aus Gewissensgründen«, wie er sagt, ein Oberleutnant. Und gerade der kommt irgendwie von der Panzerlehrdivision. Ob die hinterrücks auf uns zurollt, müssen wir unbedingt wissen, sonst gibt es eine gelinde Katastrophe. Unsere elsässische Front ist ja dünn gespannt wie ein Gummiband und dahinter nichts. »Wo liegt die Division?« Er bleibt stumm. »Los, keine Faxen!« Er beißt die Zähne zusammen, daß es fast knirscht. Mir fällt unser Lesebuchgedicht ein, »Die Füße im Feuer« von Conrad Ferdinand Meyer. Feuer haben wir nicht, aber hinter der Fabrik einen halb zugefrorenen Mühlteich, oder vielleicht ist es eine Jauchegrube, da hinein muß er. »Los, wo ist die Division?« Als er bis zur Brust drinsteckt, stammelt er heiser: »Aber ich weiß doch von nichts! Ich war ja ein Jahr im Lazarett, mit Halsdurchschuß.« »Was quatschen Sie dann von Gewissensgründen?« »Ich bin doch bekennender Christ. Da kann ich meinen Nächsten nicht verraten wie Judas!« Wir lassen ihn herausklettern und werfen ihm eine Decke zu. »Wo stammen Sie denn her?« Der Oberleutnant stammt aus Lübeck. Überzeugter Hanseat, mit der Mann-Familie bekannt, Antinazi bis in die Knochen. Trotzdem hätte er sich wahrscheinlich noch schützend vor Hitler geworfen, den »Menschenbruder«. Was soll man mit solchen Waisenknäblein anfangen? Immerhin habe ich mir den Namen gemerkt, er hieß Riedesel.

Diese Nacht, während ich schon nebenan auf meinem Feldbett liege, kommt es zwischen Binder und Adler zu Handgreiflichkeiten. Es beginnt damit, daß Binder ihm einen Zug aus der Cognacflasche anbietet. Darauf Adler bockig: »No, thanks.« Binder: »Ja, ihr Scheißjuden habt uns immer verachtet. Und warum? Weil wir trinken!« Adler (der keine Bange kennt): »Sie machen sich ja was vor – mit der Schnapsbuddel in der Hand! Eigentlich sind Sie nur sauer, daß die Deutschen den Krieg verlieren. Und zwar mit Ihrer tätigen Mithilfe!« »Listen, ich bin hundert Prozent Amerikaner!« »Sie sind gar nichts hundert Prozent! Sie sind genauso fifty-fifty wie wir! Genauso zerrissen da drinnen.« Wenn man Adler kennt, so weiß man, daß er jetzt sogar Mitgefühl aufbringt für Binder. Aber der sieht nur den Frontalangriff auf seine Verdrängungsmechanismen. »Take off your goddamn glasses!« Adler nimmt die Brille ab, und schon geht die Boxerei los. Während ich innig bete, daß bloß die Militärpolizisten den Radau nicht mitkriegen. Aber Binder faßt sich schneller als erwartet: »Guter Mann, Adler. Hätt nicht gedacht, daß du's in dir hast.« Sie stauben sich ab. »Drink?« Und diesmal akzeptiert Adler. Sagt Binder, während er die Flasche herüberreicht: »Der Krieg ist aber noch nicht aus. Der richtige Krieg fängt erst an!« Dazu Adler frostig und abschließend: »Und da muß man auf der richtigen Seite stehen, nicht wahr?« Ich konnte mir gar nicht vorstellen, was er damit meinte.

Wir erobern Straßburg, und auch unser Team rückt jetzt nach Weißenburg nach. Die Elsässer nennen sich »Malgré nous«, also so was wie »Ohne uns«. Sie dienten alle nur gezwungenermaßen in der Wehrmacht, jammern die Frauen. Ein Mädchen kichert mir zu: »Wir lieben die Franzosen, weil sie uns deutsch reden lassen. Und wir hassen die Deutschen, weil sie uns Französisch verbieten.« Vielleicht stimmte es sogar. Aber noch wahrscheinlicher war Französisch die Jugendsprache gegen die konservativen Alten. Meine Freundin hieß so was wie Lieschen Müller, nannte sich aber Chantal. Sie war görenhaft und sinnengierig, alles konnte ich von ihr haben, solange ich nur französisch sprach. »Ah, chérie ... ah, c'est bien!« stöhnte ich demgemäß am Heuboden. Viel lieber hätte ich »Ah, du ...« gestöhnt, das erstemal im Leben. Aber das durfte ja nicht sein. Einmal fragte sie angstvoll: »Was passiert, wenn die Boches wiederkommen?« Darauf winkte ich sehr überlegen ab: »Da, wo wir sind, gehen wir nicht mehr weg.« Bisher hatte das ja auch gestimmt.

Ich trampte ins neueroberte Straßburg. Dort brauchte ich keinen Mondschein und mußte mich auch nicht zu erhabenen Gefühlen aufmotzen. Sondern wie ich aus einem zusammengedrängten Gäßchen überraschend vor das »krausborstige Ungeheuer« des Doms trat, war mir doch wirklich, als würde »das Herz recht angenehm verbluten«, wie das bei Heine stand. Ich buchstabierte sämtliche deutschen Inschriften der Stadt durch, die Straßennamen, die Geschäftsschilder, sogar die Durchhalteaufrufe der Nazis. Kann man tatsächlich eine Nacht lang Worte aufsaugen, Fachwerkfassaden, Giebel und Brunnen? Und eine den Franzosen zugehörige Stadt als deutsche empfinden wollen? Man kann. Es brachte keinen Sinn mehr, dagegen anzukämpfen. Ich kapierte jetzt, daß es hoffnungslos war. Ich würde kein anderer mehr werden, sondern mußte einen Modus finden, die diametral auseinanderstrebenden Zugehörigkeiten, mit denen ich geschlagen war, in mein künftiges Leben einzubauen.

Am Morgen bestieg ich das Münster, von dem man weit hinaus über die Nazistellungen blickte. Am Turm fand ich auch Goethes berühmte Inschrift, neben die ein GI gemütsruhig einkratzte: »Kilroy was here«, die Signatur der Army. Nun ja, auch die Krauts hatten in den Salons französischer Schlösser auf die Perserteppiche geschissen.

Da die Sonne schien, beschloß ich, zu Fuß durch den Schnee nach Weißenburg zurückzumarschieren. Eine Angelegenheit von vierzig Kilometern den Rhein hinunter, an dessen anderem Ufer die Krauts auf uns lauerten. Nie habe ich wandern können, ohne Gedichte aufzusagen oder unsere Jugendlieder zu trällern. Ich produzierte: »Noch spür ich ihren Atem auf den Wangen«, »Sein Blick ist vom Vorübergehn der Stäbe«, als Draufgabe noch »Lili Marleen« und leider Gottes auch die »Morschen Knochen«. Dabei überholte mich ein offener »command car«. Und ein Captain erkundigt sich anteilnehmend, ob ich mich nicht fußmarode fühle und ein paar Meilchen mit will. Kaum klettere ich hoch, da langt er nach meinem Karabiner, und schon bin ich abgefaßt als deutscher Spion. Im Bataillonsunterstand hatte schwerer Beschuß die Telefonverbindungen ausfallen lassen, also unterzog man mich erst mal einem Verhör. Diese amerikanischen Verhöre waren denkbar einfach, und meines Wissens hat sie kein echter deutscher Spion je bestanden. »Nennen Sie mir Ihre Favoriten im All-American football team.« »Wer gewann die Baseball World Series im Jahr 1933?« Jeder Amerikaner wußte das im Traum, nur ich kannte nicht einen einzigen Namen. Zum Glück ließen sich die Leitungen bald flicken, und so konnte mich Adler am Telefon herauspauken.

Die Angst vor Spionen und Saboteuren kam nicht von ungefähr. SS-Häuptling Skorzeny hatte mit den Uniformen amerikanischer Kriegsgefangener englischsprechende Kommandos ausgerüstet und in unsere Linien infiltriert. Als Vorbereitung auf das, was jetzt mitten im härtesten Winter unangesagt losbrach: General Rundstedts Ardennenoffensive. Unser Abschnitt lag am südlichen Angelpunkt, wir mußten Weißenburg aufgeben und zurück. Während Chantal am Wegrand stand und durch mich hindurchstarrte wie leere Luft. Die »Donnervögel« wurden schwer angeschlagen und sollten hinten reorganisiert werden, einstweilen meldete ich mich provisorisch zu einer Kavallerieeinheit aus Texas. Statt der erwarteten Pferde gab es allerdings Panzerspähwagen. Wir zelteten wildromantisch mitten im tiefverschneiten Wald, die Krauts keine tausend Meter vor uns eingegraben. Wegen der Kälte herrschte eine Art Gentlemen's Agreement: Tu mir nichts, ich tu dir auch nichts. Nur Anschleichen und Freibeuterei war drin. So kam ich zur Kartenmappe des drüben kommandierenden Leutnants, einschließlich Briefen und Nacktfotos seiner sämtlichen Freundinnen. Jetzt ging die Hetzerei über meinen Lautsprecher erst richtig los: »Kameraden von der andern Feldpostnummer! Seid ihr im Bilde, daß euer Leutnant in dieser Scheißsituation, die wir unsern respektiven Heeresleitungen verdanken, nichts anderes im Kopf hat als ...« Folgte plastische Beschreibung der einzelnen Fotos mit Name und Adresse. Wahrscheinlich meine effektvollste Darbietung im gesamten Krieg. Solche miesen Tricks nannten sich, wie ich später erfuhr, graue Propaganda. Ihr Zweck: den deutschen Truppen weiszumachen, es bestehe eine Art Landser-Internationale. Simple Kumpel, die sich gegen die Bonzen und Vorgesetzten aller Länder zusammentun müßten, erst dann gäb's endlich Frieden. Meister dieser hintergründigen Taktik war der Engländer Sefton Delmer, dessen Flugblätter wir manchmal in den Taschen unserer POWs vorfanden. Da wurde sogar Churchill als plutokratischer Gangster eingestuft (was die britische Generalität zähneknirschend hinnehmen mußte) gegenüber der Frontkameradschaft der Habenichtse. Am Ende war Goebbels gezwungen, uns nachzumachen, was wir schon besser konnten. Er brachte eine Frontzeitung heraus, den Skorpion, angeblich auf eigene Faust von einer Gruppe Unteroffiziere redigiert. Darin stand ziemlich unverblümt, daß die Naziführung versagt hätte, jetzt würden demnächst die Landser selber das Kommando übernehmen müssen. Aber bis dahin hieße es eben eisern durchhalten. Ab Nummer vier wurde der Skorpion allerdings in britischer Regie hergestellt, mit einem extra defätistischen Schlenker, und nachts über den deutschen Stellungen abgeworfen. Danach mußte Goebbels das gesamte Unternehmen zurückpfeifen. Es blieb praktisch seine letzte Großleistung.

Die U. S. Army war für solche Subtilitäten zu primitiv, erfand aber immerhin den erfolgreichen »Passierschein«. Eine Aufforderung zur Übergabe, deutsch und englisch gedruckt. Oben sehr heroisch-heraldisch das amerikanische und britische Wappen, unten die persönliche Unterschrift Eisenhowers. Schon das Wort Passierschein war ein genialer Einfall, weil es nichts Unehrenhaftes in sich schloß. Das Ganze, fein gedruckt vor gestochenem grünem Hintergrund, wirkte wie ein kostbares Wertpapier. Oder eine solide Versicherungspolice aufs Überleben. Und an viel anderem waren die Krauts jetzt ohnehin nicht mehr interessiert.

Die Ardennenoffensive brachte ungefähr einen Neuaufguß von dem, was die Deutschen im Frühjahr 1940 so spielend geschafft hatten: einen Panzerkeil zwischen die alliierten Nord-

und Südarmeen treiben und zum Ärmelkanal durchstoßen. Inzwischen war es aber Ende 1944. Und als ein Nazikommandant unseren in der belgischen Stadt Bestogne eingeschlossenen General McAucliffe zur Übergabe aufforderte, bestand dessen Antwort aus einem einzigen Kraftwort: »Nuts!« – verrückt. Die Deutschen hatten einfach nicht mehr genug Panzer und Sprit, Fliegerdeckung und gute Soldaten für einen Durchbruch. Sie waren eben fertig. In jeder vernünftigen Armee hätte man jetzt das Handtuch geworfen. Bei denen da drüben nicht. Was hielt sie so eisern bei der Stange? Wahrscheinlich die alliierte Forderung bedingungsloser Übergabe. Aber bestimmt auch die Angst vor Rache. Rache an wem, an dem »ehrlichen Gegner«? Solche Racheängste kennt nur, wer sich schuldig fühlt. Die Wehrmacht verdrängte auf Teufel komm raus, wußte jedoch ganz allgemein, was da im Osten und auf dem Balkan passierte. Schließlich hatte sie ja tausendfach selber Hand angelegt. Andererseits verdrängten auch wir. Auch wir wollten an den ehrlichen Gegner glauben. Es war ein unbewußt abgekartetes Spiel zwischen Army und Wehrmacht, den Krieg im Westen sauberzuhalten, ritterlich, »zivilisiert«. Bloß keine Alpträume...

Zu Weihnachten setze ich mir in den Kopf, daß ich unbedingt eine deutsche Tanne kriegen muß. Also eine, die von hinter den deutschen Linien kommt. Jeder hat eben seine eigene Art, »nuts« zu sagen. Deswegen lade ich mich ein zu einem nächtlichen Spähtrupp mit dem »I & R platoon«. Ungefähr die haarigste Sache, die unsere Army zu vergeben hat. »Intelligence and reconnaissance« ist eine Patrouilleneinheit für Draufgänger. Unser Auftrag für diese Nacht: Gefangene einzubringen, die Bescheid wissen über die deutschen Pläne. Ein Dutzend Männer mit schuhpastaverschmierten Gesichtern, ziehen wir um Mitternacht im Gänsemarsch los. Vorneweg ein Spezialist mit Minensuchgerät. Aber die neuen hölzernen Schuhminen, diese gefürchteten »booby traps«, haben kaum mehr abhörbare Metallteile. Deswegen kriecht noch ein Mann auf dem Waldweg voraus, der die quergespannten Fäden, die Auslöser dieser Biester, gegen den Nachthimmel ausmachen soll. Da es zappenduster ist, fingert er tastend in der Luft herum wie ein Blinder, gespenstisch. So schaffen wir nur ein paar hundert Meter die Stunde, und bevor wir die deutschen Vorposten erreichen, dämmert es schon im Osten. Ein richtiger Gruselfilm. Wir suchen und suchen, aber kein einziges lausiges Schützenloch ist aufzutreiben. Endlich, da ist es schon fast hell, stoßen wir auf einen eingeschlafenen Gefreiten. Hysterisch zerren wir ihn aus seinem Loch, er winselt wie ein Hündchen und kann höchstens siebzehn sein. Viel Information wird der nicht auszuspucken haben, aber zu mehr ist nicht Zeit. Um den Hals trägt er (unser Traum) eine Leica, die ich mir gleich zulegen darf als Gast von der IPW. Jetzt Rückmarsch, nur wozu habe ich mir Schanzgerät ausgeliehen für die Nacht? Ich beginne auf eine magere Tanne einzuhacken, wer hätte gedacht, daß das widerhallt wie eine Urwaldtrommel? Fluchend zieht unser Sergeant sie mit einem Ruck samt den Wurzeln heraus, und dann nichts wie heim. Gibt es etwas Absurderes als eine nächtliche »recon-patrol« bei strahlendem Sonnenschein?

Daß der Gefreite nichts zu melden hatte, war schnell erwiesen. Aber was konnten die Deutschen ohnehin noch aushecken? Schon wurde der »redoubt«, der Landgewinn ihrer Offensive, von uns angeknabbert und in Stücke gehackt. Als ich meinen Weihnachtsbaum mit alten Dosendeckeln und Stanniolpapier dekorierte, schienen sie noch allerhand Aussicht zu haben, uns wieder ins Meer zu treiben. Wie ich kurz nach Neujahr zu meinem alten Team bei den »Donnervögeln« zurückkehre, ist diese Chance vertan.

Wie viele Soldaten, wenn sie nicht unmittelbar mit Sterben befaßt sind, liebte ich den Krieg. Krieg ist Fortsetzung der Jugend mit anderen Mitteln. Der Soldat ist vom Denken und Entscheiden befreit, nicht mit Familienproblemen konfrontiert, leidet nur wenig unter Karrierestreß. Was mich anging, so durfte ich vorläufig meine gesamten Hypochondrien beiseite legen. Schon weil mir die Zeit dazu fehlte. Ich schrumpfte mich sozusagen gesund, unter Absonderung des Stachels im Fleische, der aber vielleicht mein göttliches Erbteil darstellte. Ich hörte weitgehend auf, an mir selbst zu leiden, und begab mich damit auf den Weg vom Poeten zum Journalisten. Eine Strecke, die aber bis heute nicht abgeschlossen hinter mir liegt. Ich war stolz auf die Army. Stolz auf mich als Amerikaner. Von dieser erhöhten Warte aus konnte ich jetzt auch beginnen, meine deplacierte Liebe zur deutschen Kultur als legitime Bereicherung zu empfinden, anders als in der Emigration. Diese Liebe war ja nicht mehr mit Furcht und Schrecken gemischt, sondern mit Verachtung und Mitleid.

Nach meinem Patrouillengang schickte ich eine Short story an die Zeitung »PM«, dem Leibblatt der New Yorker Intellektuellen. In dieser Geschichte trifft ein Spähtrupp, angeführt von mir selbst (wem sonst), in einem zerschossenen Schloß (wo sonst) auf seine bei der Emigration zurückgelassene Geliebte. Und beide versuchen nun, wie in einem Rausch, die Uhr zurückzudrehen und ihr damals katastrophal beendetes Verhältnis neu zurechtzubiegen. Das unerschöpfliche Thema von der zweiten Chance und dem anders eingeschlagenen Scheideweg. Zu meiner Überraschung bekam ich schon ein paar Wochen später eine Zusage samt Scheck über vierzig Dollar, den ich mir leider zum Einrahmen aufhob. Keine Ahnung, wo er geblieben ist. Kurz darauf machte die Zeitung dicht, noch bevor meine Story erscheinen konnte. Das verzögerte mein erstes Druckerlebnis um unerträgliche Monate ...

Eigentümliche Wendung: Die deutschen Gefangenen lechzen jetzt geradezu nach unserem Sieg. Und zwar schleunigst, bevor »der Iwan« ins Land kommt. Sie drücken sozusagen den Daumen für unsere Mannschaft gegen die eigene. Einmal kriecht spätabends ein rarer deutscher Beobachter ins Bild, auf den sich unsere Flakscheinwerfer sofort einklinken. Wohin immer er auszuweichen sucht, sie folgen ihm ruckartig wie angewachsene leuchtende Spinnenbeine. Und dann sind drei von unseren Kampfflugzeugen oben, jubelnd beklatscht von den GIs, aber auch von den POWs: »Na, da werdet ihr ja bald reinen Tisch gemacht haben!« »Sure thing«, sagen wir überlegen. Bis sich jetzt ein deutscher Jäger hochschraubt, aber einer von den neuen superschnellen Düsenjägern, eine Messerschmitt. Und Minuten später sind unsere drei Propellerflugzeuge in Flammen abgeschossen. Danach drückten wir uns erst mal 24 Stunden vor dem Gefangenenlager.

Mit der eroberten Leica zog ich los, die Weltgeschichte zu fotografieren. Mir ist sofort klar, was ich will: von dem konkretesten Vorkommnis, das es auf Erden gibt, dem Krieg, die abstraktesten Bilder machen. Nicht die GIs fotografiere ich, nicht die Landser, nicht Elend, Trümmer und Todesangst. Kaum etwas davon finde ich, zu meinem Kummer, unter diesen Fotos. Sondern: zu Korkenziehern vertwistete Eisenbahnschienen, abgeschossene Kirchtürme durch Stacheldrahtrollen, Zufallsmuster von leeren Geschoßmänteln ... Ästhetik im Dreck. Jeder träumt sich aus dem Rinnstein, wie er kann. Das Dokumentarische beginnt man erst anzuhimmeln, wenn man bloß zu Gast darin ist (ganz wie mit den Ländern unserer Emigration). Noch Jahre später wird diese unmenschliche, wertfreie Abstraktion die Verführung meiner ersten Filme sein, bis der Wirklichkeitssinn der Kameramänner mir das austreibt. Aber weiter: Fotografieren heißt ja Besitzergreifen. Die Kamera ist das paradigmatische Instrument des Kolonialisten. Der Schnappschuß tödlicher als der Gewehrschuß. Das Gewehr tötet den Körper, die Kamera raubt auch die Seele, wird man mir in Mexiko sagen. Und mit dem Festfrieren des Bewegten, dem Verflachen des Plastischen, der Reduktion des Lebendigen auf ein Stück Papier oder Zelluloid, das man beruhigt »nach Hause tragen kann«, ist auch die Anteilnahme am Ereignis und Opfer reduziert. Man besitzt es, also braucht man sich damit nicht mehr auseinanderzusetzen. Man hat es »wegfotografiert«. Jede Ablichtung eine Befreiung. Statt Mitgefühl: Souvenir. Ohne Zweifel einer der Beweggründe für den Welterfolg der Fotografie. Was mich betraf, so konnte mir, bei meinem noch arg bedrängten Gemütszustand, etwas Besseres derzeit gar nicht passieren. Und mehr noch: Bild war für mich wiedergewonnene Unschuld. Eine neue Unbefangenheit. Mit dem Bild wurde ich das Wort los, einschließlich der unerträglichen Entscheidung zwischen Deutsch und Englisch. Die Verantwortung für das Wort. Konnte ich mit dem Wort nicht an mich herankommen, vielleicht gelang es über das Bild? Schließlich: Das Foto ist naiv, stellt primär dar was ist. Es existiert außerhalb deiner Vorstellung, muß nicht gebaut werden, sondern nur gefunden: »instant art«. Das Bild erlöste mich also sowohl von der Zudringlichkeit des Lebens wie auch von der Aufdringlichkeit des Worts. Filmemacher bin ich am Ende weniger aus Weltlust geworden als aus Zwang. »Krankheit ist stets der letzte Grund des ganzen Schöpfungsdrangs gewesen«, laut Heine.

Leider war es jetzt zu spät, um einen Job als Kriegsfotograf oder Newsfilmer zu ergattern. Dafür schloß ich mich zeitweilig als Dolmetscher einem amerikanischen Wochenschauteam an. Vor einem Betonbunker, wo noch Krauts versteckt liegen sollten, brüllte ich mit entsprechenden Gesten: »Kommt raus, ihr Patrioten, aber dalli!« Zwar kam niemand heraus, weil niemand drin war, trotzdem mußte ich die Aufforderung noch zweimal wiederholen, wie im Dokumentarfilm üblich. Diese Szene sah Vater zufällig in einem New Yorker Kino. Er ließ sich auch gleich eine Vergrößerung herauskopieren, die er mir zuschickte. Auf der Rückseite stand: »Warum unrasiert?«

Und dann treffe ich den Ertel. Aus Wien. Ganz sicher bin ich mir nicht, deswegen frage ich ihn so nebenher: »Was sind Sie von Beruf?« »Was ihr alles wissen wollts. In Döbling, im Döblinger Gymnasium war ich Schulwart.« Ich stoße ihn zum Klo des Schulhauses, das die Deutschen während unseres kurzen Rückzugs bis auf den Gang hinaus vollgemacht haben. »Ausräumen!« sage ich. Er blinzelt mich verständnislos an. »Sie haben im März 1938 den alten Professor Kastler das Trottoir reiben lassen! Mit einer Nagelbürste, Herr Ertel. Und auf die Seife haben sie den Stiefel gesetzt.« Er reißt ein Stück verschlissene Tapete von der Wand und beginnt die Scheiße zusammenzuschaufeln. Dazu murmelt er, wie im Selbstgespräch: »Der Troller. Aus unserer Schule. Hab's ja gewußt. Kommt alles auf einen z'ruck, was, Troller?« Das ist die so oft ausgemalte Wiederbegegnung mit meiner Vergangenheit. Würden sie, die Gefährten meiner Jugend, verschämt den Kopf senken? Mich mit – vielleicht gespielter – Verzückung umarmen? Oder mich kühl absausen lassen,

Arier bis zuletzt? Ertel kratzt und kratzt, dabei laufen ihm die Tränen über die Nase. Nicht die der Rührung. Oder gar der Reue. Sondern des Selbstmitleids.

Am 18. März erreichen wir bei Blieskastel im Saargebiet den Westwall, die »Siegfried-Linie«. Den Tag weiß ich noch so genau, weil von ihm das einzige Vernehmungsprotokoll stammt, das ich mir aufgehoben habe: »Befragter: Oskar Berli, Zivilist. Einstufung: verläßlich.« Er ist Bauingenieur und hat diesen Abschnitt der Befestigungen mit hundert Fremdarbeitern hingesetzt. Jetzt sollen wir bloß nicht im letzten Moment seine schmucken Bunker zerdeppern! Oskar, als eilfertiger Informant, zeigt uns, daß wir nur das Bliestal in Richtung Bierbach verfolgen müssen, dann zwei simple MG-Nester ausgeschaltet, und wir sind durch. Ohnehin wird die Linie hier hauptsächlich vom Volkssturm gehalten, während die gefürchtete 17. SS-Division sich schon bis zum Rhein abgesetzt hat.

Das war die Kehrseite des deutschen Herrenmenschentums. Die Pedanterie des wohlgetanen Werks wurde zum Selbstzweck. Vielleicht kämpfte, richtete und mordete man zuletzt nur aus dem einen Motiv, daß man es so gut verstand? Weil man seine Virtuosität spielen lassen wollte? Daher auch die Bereitwilligkeit, mit der die Verhörten ihr oft stupendes Wissen produzierten. Und daher die Reuelosigkeit so vieler verantwortlicher Machthaber: Generäle, Parteibonzen, Industrielle, Juristen, Journalisten, Ärzte bis hin zu den Barbies und Eichmanns. Es war ja alles so glatt und anstandslos gelaufen wie nur möglich. Ein ganzes Volk zu Erfüllungsgehilfen gemacht. Ein Kontinent erobert. Ein Weltkrieg fast gewonnen, anschließend Hinhalteaktion und geordneter Rückzug, bei stets ausreichender Ernährungslage. Und in der Zwischenzeit ohne Aufhebens sechs oder mehr Millionen Menschen zum Verschwinden gebracht! Das soll uns erst mal einer nachmachen, nachher reden wir weiter, Mister! Übrigens habe ich hier Oskars Namen mit Absicht falsch geschrieben. Zwar muß er Tausenden das Leben gerettet haben, auch seinen Heimatort vor der Zerstörung bewahrt und den Krieg um etliches verkürzt. Trotzdem bezweifle ich, ob man an seinem Haus eine Marmortafel angebracht hat... oder heute eine anbringen würde.

Bei Worms ging unsere Vorhut nachts in Schlauchbooten über den Rhein. Normalerweise hätte ich erst mit dem Regimentsstab hinübergemußt. Aber lag hier nicht die Stelle, wo Hagen den Nibelungenschatz versenkte? Ein urwüchsiges Steilufer aus rohen Felsbrocken und Eisblöcken mußte es sein (siehe Fritz Langs Nibelungenfilm, Teil zwei). Also schlich ich hinunter zum Strom, wo gerade die ersten Boote abstießen, wenn auch nur von einem faden Kieselstrand. Unvorsichtig richte ich mich auf, um nach dem Schatz auszulugen, da feuert jemand auf mich vom andern Ufer. Auf mich! Wo ich doch gar nicht an der Kriegshandlung beteiligt war, ein unschuldiger Schlachtenbummler! Die nächste Kugel sehe ich sogar eine Handbreit neben mir funkensprühend in die Kaimauer platzen. Und dann weiß ich nichts mehr, als daß ich Augenblicke später in vollem Trab von einem Captain angehalten werde: »Stopp, Soldat! Fahnenflucht vor dem Feind?« Darauf fiel mir keine Antwort ein, aber zum Glück dem Captain: »Ach so, Sie sind der Melder zur Charlie-Kompanie. Richten Sie Charlie aus, ich brauche dringend Verstärkung, sonst ist der Übergang in Gefahr!« Eine Viertelstunde später lag ich in der Falle, hoffe aber, daß die Verstärkung auch ohne meine Mithilfe zustande kam. Jedenfalls donnerten wir am nächsten Morgen schon über eine Pontonbrücke hinüber.

Hitlers Autobahnen, wenn auch nicht dazu gebaut, bringen uns im Eiltempo durch Schwaben und Bayern, während die Gefangenen gleich divisionsweise auf den grünen Mittelstreifen westwärts marschieren. Jetzt kampierte unser Team nicht mehr in Schul- und Rathäusern – billiger als Burgen und Schlösser gaben wir's nicht. Plündern ist Soldatenrecht, also wühlte man überall nach Hakenkreuzfahnen, SS-Dolchen, Totenkopfabzeichen und ähnlichem faulem Zauber. Einmal entrissen wir so ein Banner dem Dorfschulzen, der es gerade im Hintergarten verbrennen wollte und schon sein letztes Stündchen gekommen sah. Wochenlang verwandelte sich Deutschland in einen einzigen Souvenir-shop, bevor die Army ihren Pimmelfimmel wiederfand. Die Insignien des Mordes als Sammelobjekte, ihre Besitzer umworbene Militariahändler. Das Vergeben und Vergessen begann, noch bevor die Fakten überhaupt zutage waren. Auch ich brach Schränke auf und feuerte Schubladen auf den Fußboden, ohne genau zu begreifen, was ich eigentlich suchte. Jedenfalls keine Reichtümer. Nicht Rache war es, nicht Zerstörungswut. Sondern das rohe Inbesitznehmen dessen, was glaubte, auch ohne mich auskommen zu können. Als wollte ich der deutschen Habe meinen Herrschaftsanspruch aufzwingen. Bis ich eines Morgens im Himmelbett eines Rittersaals erwachte, in dem ich die Nacht zuvor blind gewütet hatte. Und vor mir stand ein Butler, der höflich auf englisch anfragte, ob ich mein Frühstücksei gekocht oder gebraten verspeisen wolle. Wieder einmal die mir gemäße Situation. Es gab andere. Beispielsweise der angstzitternde Diabetiker, dem ein betrunkener GI den Hausrat zum Fenster hinausbefördert hatte, einschließlich seines lebensrettenden Insulins. Und dem ich jetzt beistehen sollte, mit der Taschenlampe den ganzen Krempel zu durchwühlen, ansonsten er anderntags tot sei. Was sollte ich tun? Ich ging mit. Und ging auch mit, als ein altes Weiblein ihr Besitztum aus einer beschlagnahmten Wohnung herausschaffen sollte. Ihr half ich beim Kofferschleppen, dafür bekam ich den halben Monatssold gestrichen, denn Fraternisieren war verboten.

Ja, wir fühlten uns als Sieger, als Triumphatoren. Das Dritte Reich war kaputt, und wir hatten es kaputtgemacht, ohne selbst zum Ebenbild unserer Feinde zu werden, wie in Kriegen üblich. Mit geblähten Segeln rauscht unser Team durch Deutschland und stimmt dabei im Jeep martialisch das Horst-Wessel-Lied an und »Es zittern die morschen Knochen«. Manche Passanten salutieren verwirrt oder heben mechanisch den Arm zum Hitlergruß. Eine Frau schreit hysterisch: »Ihr sprecht ja fast perfekt deutsch!« Auf unseren Sherman-Panzern sitzen GIs in Zylindern und Silberfüchsen, die ausgelassen mit Sternenbannern winken oder auch mit Hakenkreuzfahnen oder weiblichen Unterröcken, was gerade zur Hand ist. Bloß keine Feierlichkeit: Die Army verweigert sich dem Kriegermythos.

Wir hatten mit der Möglichkeit letzten verzweifelten Widerstands gerechnet, mit Werwolf und Alpenfestung. Einer trotzigen, störrischen Bevölkerung, besessen von Ressentiment, Haß, Verbitterung. Etwas, das unser Strafgericht wert war und ihre Umerziehung zu schuldhaftem Erwachen. Oder aber ein jauchzendes Erlöstsein würde es geben, ein Brechen des Zauberbanns wie bei Dornröschen. Und dann irgendein Sühnezeichen, das einschneidend die Stunde Null markierte. Die Stunde, nach der ich sieben Jahre gelechzt hatte. Mußten nicht die Glocken dröhnen und die Bevölkerung in Sack und Asche auf den Kirchenstufen beten? Alles hatten wir uns vorgestellt, außer dem einen: daß man aus zwölf Jahren Nazizeit in den Zustand des Besiegtseins und Besetztseins und Demokratischseins bruchlos hinüberglitschen konnte wie Butter! Aus allen Häusern hängen weiße Laken. Auf den Dorfstraßen Leute, die gleichmütig ihrer Arbeit nachgehen, Kinder, die uns um Schokolade und »Tschungum« anbetteln. Sammeln sich Gruppen, so um unser fabelhaftes Material zu bewundern, die Jeeps, die Walkie-talkies. Weder Zuneigung noch Feindschaft schlägt uns entgegen, eher eine Art Muffigkeit, Beleidigtsein. Die Lektion war ja schon gelernt, die Ernüchterung eingetreten, die Prügel schon bezogen. Wozu jetzt noch der ganze lästige Aufwand mit Besetzung und Fremdherrschaft? Nie hatten sie gegen »die Angloamerikaner« antreten wollen. Nur leider war eben »der Iwan« so böse, daß »der Adolf« zuletzt was dagegen unternehmen mußte. Und dabei seien dann möglicherweise einige ungewollte Übergriffe passiert. Die KZ, zum Beispiel, das ging entschieden zu weit. Allerdings: Wie anders sollte man über solche verbrecherischen Dinge informiert sein als vom Hörensagen, wenn beglaubigtermaßen nicht einmal der Adolf Bescheid wußte?

In dem stichwortartigen Kriegstagebuch, das ich (auf englisch und verbotenerweise) führte, lauten die Eintragungen für diese Tage: »Deutsche lesen Proklamationen ausdruckslos an Plakatwänden. Sind Arschkriecher, bewundern uns als Stärkere. Hakkenzusammenschlagen, jawohl, Herr Offizier! Keine Spur von Gewissen. Wir waren ehrliche Gegner, gebt uns Waffen, gehn mit euch gegen Russen. Wir gehören doch alle gleicher Rasse an, wissen nicht, warum ihr gegen uns kämpft.« Komisch: Sie erzählten uns von dem Regime, das bis vor wenigen Stunden ihr Leben radikal bestimmt hatte, als von etwas Vorweltlichem, ja der Sage Anheimgefallenem, an das man sich nur mehr vage erinnerte. Da wuchs längst Gras drüber. Das war passé. Der Satz, daß einmal »Schluß mit der Vergangenheit« (also ihrer Aufarbeitung) sein müsse, entstand mit den ersten Tagen der Besetzung. Entstand im März bis Mai 1945. Diese Leute fühlten sich persönlich von keiner Schuld beleckt. Ohnehin hatten sie durch die Schrecken der westlichen Terror-, äh, Bombenangriffe und der Ostnöte bereits sämtliche Sünden abgebüßt. Wo nicht, so konnte der nun einsetzende Kalorienmangel als Buße herhalten. Je negativer man die Gegenwart darstellte, desto entlasteter durfte man sich ja betreffs der jüngsten Vergangenheit fühlen. Das, was man später die Zeit des Katzenjammers nannte, war noch mehr die des Jammerns um die eigene unverdiente Misere. Der »Jubel«, der unsern Einmarsch angeblich begleitete, hielt sich in Grenzen.

Natürlich lernten wir bald unterscheiden. Lernten auch das Mißtrauen verstehen und schätzen, mit dem die Besetzten jedem Gefühlsüberschwang begegneten, selbst für die gutgeheißene Sache. Lernten an den Besiegten, so, wie sie an uns zu lernen hatten. Ich war bereit zu lernen. Sie wahrscheinlich auch. Trotzdem denke ich an diese Zeit als eine des Unbefriedigtseins, Ungestilltseins. Das, was durch Hitler mit Stumpf und Stiel ausgerottet schien, war das einzige, warum man die Deutschen je auf der Welt geliebt hatte. Nämlich die Herzenstöne, die Naivität, das Gemüt. Anstatt einfach ihr Gefühl sprechen zu lassen, waren jetzt solche Ausdrücke obligatorisch wie: »Hören Sie, das mag ja teilweise stimmen, aber –« »Ich will Ihnen das gar nicht abstreiten, obwohl –« »Gut, zugegeben, andererseits –« »Mein lieber Mann, Sie haben da leicht reden –« Die Juden? »Furchtbar, furchtbar, wenn ich auch persönlich –« Die Kriegsschuld? »Gott, sagen wir fifty-fifty, einverstanden? Oder meinen Sie ernstlich, die Herren Churchill und Roosevelt –« Es war ihnen nicht beizukommen. Als hätten sie alle noch schnell bei Goebbels denselben Schnellsiederkurs absolviert: Wie lerne ich relativieren in drei leichten Lektionen. Jeder sprach englisch. Jeder hatte mindestens einen Vetter in Amerika. Sie fühlten sich uns verwandt. Sie gehörten zu uns. Sie empfanden sich als unsere Komplizen, beleidigt, wenn man nicht gleich das American Military Government zu »Amigo« abkürzte. Sie sprachen von den zwölf Nazijahren als »der Krieg«, als sei der schon 1933 ausgebrochen und alle Greuel von ihm verursacht. Im übrigen mußte es im Reich siebzig Millionen wohlbeschützte Juden gegeben haben, denn jeder in der Bevölkerung hatte einen. »Und jetzt ist der Krieg Gott sei Dank zu Ende, den keiner gewollt hat, Sie nicht und ich nicht, stimmt's? Also Prost!«

Die GIs sind die ersten, die darauf hereinfallen. Während die angelsächsische Oberklasse (die man aber nur selten in der Kampftruppe sah) England und Frankreich verehrte, diese Mütter der Demokratie, hielt es die Masse der Soldaten doch mehr mit ihren proletarischen Vorfahren aus Polen, Italien, Irland, Deutschland. Hier in Bayern fühlte sich die Army sauwohl. Man stieß auf Sprachkenntnisse, Arbeitswilligkeit, Unterwürfigkeit. Und auf ein kurioses Talent zur Mimikry bis zur Selbstaufgabe. Die Klos waren sauber, die Lokale urig, die »Frauleins« zugänglich. Und am praktischsten: Diese Leute verstanden sich auf Organisation, noch im tiefsten Schlamassel. Natürlich mußten die Organisierer oft nahtlos aus der Nazihierarchie übernommen werden. Aber wenn ein Boiler zu reparieren ist, wer fragt da nach dem Parteibuch des Klempners? Und die GIs waren schnell überzeugt, daß die Partei nicht viel anders gewesen sein konnte als daheim ihre Republikaner und Demokraten, mit einem extra Schuß Pittoreskem. Auch Binder sah das so. Der war jetzt als Lieutenant unser Teamchef geworden und machte in Schwarzhandel. Dann schnappen wir uns kurz vor Nürnberg einen Oberst der Abwehr. Dienststelle »Fremde Heere Ost«. Er liegt irgendwo im Wald versteckt und läßt uns über einen Melder ausrichten, er sei geneigt, sich uns mit einer Kiste voll Geheimdienstmaterial zu ergeben. Aber nur, wenn wir ihn direkt an unseren kommandierenden General ranlassen. »Nuts!« tobt Sergeant Adler. »Soll einfach angetanzt kommen. Bedingungen stellen, wär ja noch schöner!« Binder hingegen geht zum Feldtelefon, bestellt eine Leitung zu unserem General Edson und kommt fünf Minuten später mit verbindlichem Lächeln zurück: »Der Herr General läßt ausrichten, es wird ihm ein Vergnügen sein.« Er sagt tatsächlich »Herr General«! Am Abend kreuzt dann der Oberst auf, ein aasiger Typ in Lodenjoppe zu kurzen Lederhosen. Und mit einer Riesenkiste hinten in einem Fahrradanhänger. Binder empfängt ihn mit ausgesuchter Höflichkeit, während wir auf den Jeep von General Edson warten. »Was heißt das, Fremde Heere Ost?« frage ich Adler. »Das heißt, er weiß was gegen die Russen.« »Na und? Das sind doch unsere Alliierten?« »Ja. Noch.« »Die werden ihn einfach verhören wollen, auf höchster Ebene. Um die Abwehr in den Griff zu kriegen. Um sie zu zerschlagen.« Adler vehement: »Zerschlagen? Aufpäppeln werden sie sie! Ach, lieber Herr Oberst, verraten Sie uns bloß, was in Moskau los ist, und wir klagen Sie ganz bestimmt nicht an als Kriegsverbrecher!« Ein paar Wochen später hören wir von einem strahlenden Binder, daß sich Washington tatsächlich den Oberst unter den Nagel gerissen hat. Wir kurz darauf den SS-Sturmbannführer Wernher von Braun. Und viele der weißbekittelten Ärzte des deutschen Raketenprojekts, die KZ-Häftlinge als Versuchskaninchen benutzt hatten. Lauter gefügige Organisatoren. Lauter servile Spezialisten. Lauter Mimikry-Artisten. Lauter Verteidiger des Abendlandes. Der kalte Krieg darf beginnen.

In Nürnberg demontieren wir mit Planierraupen und Drahtseilen die steinernen Machtsymbole auf dem Zeppelinfeld. Die GIs fotografieren einander wie verrückt, und ein fliegender Händler mit Nazipostkarten macht Bombengeschäfte. Eigentlich war es das, was uns den ganzen Krieg hindurch abging. Man wollte die braune Pest bekämpfen und keilte sich mit unbedarften Feldgrauen. Jetzt endlich bekam man etwas von dem Originalgestank in die Nase. Allerdings war die ganze Szenerie mausetot und daher bloß noch von einer morbiden Ästhetik, wie ein abgestürzter King Kong. Letzten Endes hat die Army vom Nazismus nie viel begriffen, darum wurde sie so schnell anfällig für den kalten Krieg. Binder seinerseits ist baff vor so viel Speerscher Architektur. Während sein Ton uns gegenüber zunehmend herablassend wird. »Bisher haben wir einen gemeinsamen Feind gehabt. Aber jetzt, wo der Nazispuk verschwunden ist, werden wir immer enger mit den Deutschen zusammenarbeiten. Warum? Weil wir sie brauchen. Wir... aber vielleicht nicht Sie.« Das ist eine glatte Aufforderung, uns einen anderen »outfit« zu suchen, eine Einheit möglichst weit weg von ihm. Wie wär's zum Beispiel mit Japan? Bisher galten die Emigranten für unabdingbar, mit ihren Sprach- und Landeskenntnissen. Gerade in Deutschland kann man ganz gut ohne sie auskommen.

Am nächsten Morgen halten wir im Stadtkern von Nürnberg eine Art Siegesparade ab, auf Trümmerfeldern, die meterhoch über dem Straßenniveau liegen. Wird man da einst Grabungen vornehmen wie in den Ruinen Trojas? Und schon die folgende Nacht sind wir in München, wo uns im Stockfinstern ein Spinnennetz von heruntergeschossenen Straßenbahndrähten fast die Hälse durchschneidet. Hier erfahren wir auch von Hitlers »Heldentod«. Im Quartier, einer zerschossenen Kaserne, wird das mit Bier und Fräuleins gefeiert. Da es eigentlich unsere Servierdamen sind, kann man das ja nicht als Fraternisieren einstufen. Außerdem krepiert Hitler nicht alle Tage. Jetzt kreuzt sogar eine Trachtenkapelle auf, die nicht nur Jazz und Swing auf dem Programm hat, sondern sogar Frank Sinatra. Um Mitternacht umarmt sich alles gerührt im rappelvollen Saal, die große Verbrüderung hebt an, noch bevor der Krieg abgeblasen ist. Uniformen werden heruntergerissen, Gewehre knallen scheppernd zu Boden, und Binder läßt sich von zwei Starnbergerinnen das Jodeln beibringen. »Hey, Adler!« brüllt er herüber. »Weißt du was? Anstatt Rußland mit den Deutschen zu schlagen, haben wir die Deutschen mit Rußland geschlagen. Und weißt du, was das war?« Begeistert wirft er die Arme zum Himmel: »Die Generalprobe!«

Am 1. Mai 1945 fuhr ich im Jeep mit Adler zum Konzentrationslager Dachau hinaus. Ich weiß das Datum noch, weil es auf der Rückseite der Fotos verzeichnet steht, die ich dort aufnahm. Die Überlebenden hatte man schon in Lazarette abtransportiert. Die mit gelblicher Haut überwachsenen Männerskelette, die jetzt noch in grotesken Verrenkungen halbnackt herumlagen, hielt ich zunächst für Wachspuppen, von einem wahnsinnigen Anatomen herangekarrt und ausgestreut. Die meisten fand man, hochaufgeschichtet wie Holzscheite, in Güterwagen, die sie in wochenlangem Transport, ohne Wasser und Nahrungsmittel, aus den östlichen Vernichtungslagern hertransportiert haben mußten. Manche hatten es noch aus den Waggons geschafft, bevor sie auf den Gleisen zu ihrer letzten Stellung zusammenknickten. Diesen Aberwitz zu erklären gab es keinerlei Möglichkeit – außer man sah es als Kern und Angelpunkt einer nekromantischen, ja nekrophilen Religion. Deren offizielle Sakramente, wie Autobahnbau, Aufrüstung, Invasionen, Besetzungen, nur als Vorwand und Täuschungsmanöver zu werten waren für das zentrale Messeopfer, das in Auschwitz stattfand. Auschwitz als heimliche Hauptstadt dieses Todeskultes, das Mekka, zu dem sich Millionen Menschen verbeugten, auch wo sie bloß vorgaben, das Vaterland zu verteidigen. Und kein Deutscher, der nicht Bescheid wußte über diesen Aspekt der Glaubenslehre, der ja seit Jahren in allen Medien breitgetreten wurde. »Deutschland erwache, Juda verrecke!«, das war von Anfang an Beschwörung und Verheißung zugleich. Und warum sollte Hitler, nachdem er das eine zustande gebracht hatte, nicht das andere ausführen? Es sprach nichts dagegen für einen, der den wahren Mythos des 20. Jahrhunderts erkannt (oder vielleicht geschaffen) hatte, welcher da lautet: Was machbar ist, muß gemacht werden!

Das KZ, am Rand des beliebten Ausflugsdorfes in flacher Landschaft gelegen und allseitig einsehbar, mußte zumindest den Münchnern bekannt sein. Die Army brachte Busladungen von ihnen dorthin, die es mit vorgehaltenen Schnupftüchern durchzogen und ihr komplettes Überraschtsein kundgaben. Manche Frauen schluchzten, aber eine wandte sich empört zu mir: »Das hättet ihr uns auch nicht antun brauchen!« Zum ersten- und einzigenmal im Krieg sah ich Haß in den Gesichtern der GIs. Für sie hatte der Nazismus aufgehört ein Witz zu sein. Wie lange dieser Haß vorhielt, weiß ich nicht. (Vielleicht hat er noch etwas mit der amerikanischen Einstellung zu Waldheim zu tun.) Einige Tage später standen am Münchner Siegestor in weißer Farbe die Worte aufgemalt: »Dachau, Buchenwald, Mauthausen – ich schäme mich, ein Deutscher zu sein« (oder so ähnlich). Tags darauf stand daneben: »Bach, Beethoven, Brahms – ich bin stolz, Deutscher zu sein«, als wären die alle in der SS gewesen. Die Hauptstadt der Bewegung fand ich weniger verelendet, als erwartet. Im Grund begann das Elend erst jetzt, und wir waren es, die es mitbrachten. Bisher hatte die Bevölkerung, aus halb Europa mit Zwangsarbeitern und Lebensmitteln versorgt, nie wirklich Not gelitten. Die Industrie funktionierte bis zuletzt, noch unterm Bombenhagel. Das sahen manche der Einwohner als Beweis ihrer Tüchtigkeit, sprich moralischen Überlegenheit. Auch die Kriegszeit war schon ein wohlorganisiertes Wirtschaftswunder gewesen, bis hin zu eingeschmolzenen Goldplomben und gesponnenem Frauenhaar aus dem KZ.

Am mitgenommensten sah, wie überall, der historische Stadtkern aus. Am unversehrtesten waren die Bonzenviertel, vielleicht weil unsere Heeresleitung sich schon auf die Besatzungszeit einrichtete. Eva Brauns Luxusvilla glänzte wie neu, ihre persönlichen Besitztümer mußte sie aber nach Berlin oder zum Obersalzberg gebracht haben. Andererseits stand in Hitlers Privatwohnung am Prinzregentenplatz 14 tatsächlich der gesamte Karl May, wenn auch sonst kein weiteres Buch. Dafür allerlei Manuskripte, wie das Original der Verteidigungsrede nach dem Putsch an der Feldherrnhalle. Oder eine von Göring, Goebbels, Himmler und den übrigen Paladinen unterzeichnete Ergebenheitsadresse nach dem Röhm-Massaker: »In dieser schweren Stunde...« Auch das Kärtchen einer Konfirmandin hob er sich auf, die ihn ihrer Liebe versicherte mittels beigelegtem Veilchensträußchen. Das alles und mehr ging an meinen Vater, in Begleitung eines Briefes auf »Führerpapier«. Aber als ich ihn in New York wiedersah, hatte er das »ganze Teufelszeug, das er nicht im

Haus haben wollte«, für 25 Dollar an ein Versatzamt verscherbelt. Da liegt es wahrscheinlich noch heute.

Ich fand schnell Anschluß, und es waren echte Antinazis. Obschon das vielleicht in Bayern bequemer lief als sonstwo, man konnte sich ja die Nazis als Saupreißen zurechtschminken. Einmal zogen wir Arm in Arm vor eine Bonzenvilla und skandierten im Chor: »Nazitante, krepier!« Was hatte ich je im Leben anderes gewollt? Ich verschenkte meine Zigaretten und übrigen Rationen aus dem »PX«-Laden, für die man zu der Zeit ganze Häuser zusammenraffen konnte. Ich brauchte keine Häuser, sondern Vertrautheit mit Gleichgesinnten, und möglichst Deutschen. Es wurden Freunde fürs Leben, fähig, jenseits des Ami und des Juden den Menschen zu erkennen, damals keineswegs selbstverständlich.

Mein Bruder Herbert hat den Krieg mit der britischen Armee überlebt, jetzt finden wir uns in München zusammen. Zum erstenmal seit sieben Jahren. Wovon hatten wir nur zuletzt geredet? Ich erinnerte mich vage an Shaw und H. G. Wells. Jetzt waren es Albert Schweitzer und Sartre. Wie damals ging er rückhaltlos an die Essenz der Sache heran, während ich mich mehr auf das Biographische und Anekdotische verdrückte. Er sah Gedanken... oder vielleicht schon Bruchstücke eines einzigen großen Gedankens. Ich gedankentragende Figuren, die theatralisch aufeinanderprallten. Schweitzer und Sartre im geistigen Clinch, mit mir selbst als gleichwertigem Schiedsrichter, ja Beichtvater. Nicht das Was, sondern das Warum ihrer Überzeugungen würde ich genial herausfühlen und der fassungslosen Welt – oder ihnen selbst – sichtbar machen. Aber war das eine Gabe, von der man existieren konnte? Dräuend tauchte vor mir das Schreckgespenst der Heftmaschine bei Braunstein und Co. auf. Was hatte ich seitdem gelernt, das sich in grüne Dollars ummünzen ließ?

Die Verhörtrupps der Army wurden aufgelöst, wer einen neuen Job anstrebte, mußte spuren. Unsere Division richtete sich auf den japanischen Kriegsschauplatz ein. Das letzte, was ich brauchte, denn mit Deutschland war ich noch lang nicht fertig, von Österreich nicht zu reden. Aber wie ging es jetzt weiter?

Die Atombombe beendete unsere Unsicherheit und wurde von mir wie der restlichen Army als pure Erlösung empfunden. Erst jetzt war der Krieg wirklich aus. An eine besondere Erschütterung beim Anblick von Hiroshima erinnere ich mich nicht. Das war eben der Preis für den ewigen Frieden, *pax americana*, der von nun an auf alle Zeiten die Welt beherrschen würde.

Während dreier Wochen war ich Nazijäger beim CIC, unserer Anti-Gestapo. Zu meinem Erstaunen lagen gedruckte Suchlisten vor, so dick wie Kirchenbücher. Ich schätze, daß zirka einer von hundert der dort verzeichneten Namen je zur Rechenschaft gezogen wurde. Man zeigt mir ein Lager für Schwerbelastete. Goldfasane ohne den Zauber der Montur, die unrasiert in Trainingsanzügen am Stacheldraht herumlungern und sich leid tun. Sie wirken verkommen wie wir in Frankreich. Sie wirken total jüdisch. Hingegen leiht mir einer meiner Freunde, der ein überalterter Hauptmann in der Verpflegung war, seine Uniform zum Anprobieren. Im Garderobenspiegel sehe ich mich als zackigen Goldbetreßten und salutiere mit behandschuhter Hand leutselig meinem Ebenbild. Ein Schauder faßt mich. Wo sah ich diese lässige Bewegung nur zuletzt? Es ist der deutsche Offizier, in dessen Dienststelle Gandhi verhaftet wurde. Fünf Jahre liegen dazwischen, fast auf den Tag genau.

Im Jeep besuchen wir Prominenz quer durch das unversehrte Oberbayern. Karl Haushofer als ersten, den Geopolitiker und Lebensraumverkünder, der sich einst als Hitlers Lehrmeister sah, ähnlich dem gesinnungstüchtigen Oswald Spengler. Führer kennen keinen Lehrmeister, deswegen waren beide bald weg vom Fenster zur schönen Aussicht. Am Starnberger See stoßen wir auf Hans Albers, Publikumsliebling auch im Dritten Reich. Nunmehr kahler und dicker geworden. Auch er hat gegen das Regime aufbegehrt. Als zum Beispiel sein Anwesen für einen Staatsbesuch des bulgarischen Königs requiriert werden sollte, habe er Goebbels ins Telefon gesagt: »Ich bin selbst ein König!« Und ähnliche Akte des Widerstands. Der urtümliche Bauerndichter Richard Billinger, einer der Säulenheiligen des Blut- und Bodenkultes, erweist sich seinerseits als dekadenter Homo, daher von den Machthabern diskriminiert. Wen immer wir befragen, er kehrt kalkuliert seine Wunden heraus, leidet an fatalem Gedächtnisschwund, entfaltet astreine Atteste, hat befehdet (die Partei), protegiert (die Juden), geohrfeigt (den Goebbels). Unangepaßter zeigen sich ihre Frauen. Diese Statistinnen des Nazireichs bleiben ihrem Erlösserglauben treuer als die Hauptdarsteller. Zu welchem Masochismus mußten sie erzogen sein, daß der blutrünstige Machtrausch der Männer ihren tiefsten Gelüsten dermaßen entgegenkam?

Das alles fand ich so abstoßend wie faszinierend. In jede dieser verbogenen Psychen hätte ich tagelang eindringen wollen (und, gottbehüte, wäre ihnen am Ende hilflos erlegen). Sie nach ihrer Gefährlichkeit für uns einzustufen war ich nicht geeignet. Statt dessen wechselte ich zu Radio München über, wo ich Gründungsmitglied Nummer sieben des späteren Bayerischen Rundfunks wurde, wie Hitler der Deutschen Arbeiterpartei. Der Chefredakteur, Captain Horine, stellte mir die berüchtigte Fangfrage nach dem Namen des amerikanischen Vizepräsidenten, den keiner je kannte. Mir war er aus irgendeinem Grund geläufig, das reichte für eine Anstellung als Reporter. Unter Sergeant Tommy Messer, nachmals Direktor des New Yorker Guggenheim-Museums. Auch Lieutenant Stefan Heym war zu sehen, bevor er in die Ostzone verschwand, und schrieb an seinen »Kreuzfahrern von heute«. In denen nicht nur die Army zuschandengefahren wurde (unser aller Traum), sondern sogar der jüdische GI zuletzt die schicke amerikanische Biene kriegte statt sein fieser Kommandeur! Unsere großangekündigte »Umerziehung« beschränkte sich allerdings auf politische Kurzkommentare. Oder Plaudereien aus der amerikanischen Historie, während die deutsche so ziemlich ausgespart blieb. Bloß keine Holzhammermethoden! Natürlich hatte unser Publikum auch zur Zeit ganz andere Sorgen. Lebensmittelzuteilung, Unterbringung, Heizung, der Zustrom der deutschen Ostflüchtlinge (Flugplätze zu besiedeln schien damals die einzige Lösung!). Zu einem Aufstand kam es fast, als die Militärregierung verfügte, zwecks Einsparung von Gerste das Bierbrauen einzuschränken.

Ich sehe noch den Professor vor mir, der schweißgebadet ins Mikrofon brüllte: »Der Bayer nimmt seine Kalorien vorzugsweise in flüssigem Aggregatzustand zu sich!« Mußte solch freie Meinungsäußerung das Volk nicht zur Demokratie lenken? Kann sein. Radio München wandelte sich zum populären Unterhaltungssender mit Musik und Remmidemmi. Ich ging zu Captain Hans Habe (oder war er damals schon Major?) bei der fabelhaften Neuen Zeitung. Adresse Schellingstraße, in der Druckerei des ehemals Völkischen Beobachters. Unvermeidlich verwendeten wir denselben Bleisatz. Wahrscheinlich auch die nämlichen Drucker. Eigentlich wollte ich ins Feuilleton zu Erich Kästner, aber dorthin kamen nur gewiefte Schreiber. So blieb ich Reporter, wozu ich mangels präziser Beobachtungsgabe wenig Eignung besaß. Habe gab in jeder besetzten Stadt eine Heereszeitung unseres »Amts für psychologische Kriegführung« heraus, geschätzte fünf Millionen Exemplare. Ein Imperium! Deswegen nannte er sich auch gern den größten Zeitungszar aller Zeiten, Hearst inbegriffen. Was vielleicht nicht stimmte, aber er hatte eben Genie im Alleinvertrieb und wußte, wie man seinen Nimbus inszeniert. Habe fungierte geschickt als Interpret zwischen Besatzern und Besetzten, verteidigte den ungeliebten meterlangen Fragebogen, gab auch alliierte Fehler zu, warnte aber vor mißverstandener Solidarität mit den ehemaligen Nazis. Nicht um Kollektivschuld ginge es, aber um Kollektivhaftung. Um Gesamtverantwortung und damit auch Gesamtscham. Solche subtilen Unterscheidungen kamen kurzfristig an, sehr bald nicht mehr. Im Sommer 1945 mischte sich dann Thomas Mann in die Debatte. Er trat eine Unflatlawine los, die sichtlich nur darauf gewartet hatte. Zählte das als »noch immer« oder »schon wieder«? Walter von Molo, Frank Thiess und andere Heroen meiner Jugend mußten anscheinend die Nazijahre in »innerer Emigration« durchleiden, was die unsere weit in den Schatten stellte. Zwar hatten wir unser Exil jetzt nicht mehr (siehe Gottfried Benn) in »südfranzösischen Badeorten« verbracht, dafür »in Logen und Parterreplätzen«. Während man hier »im brennenden Hause versucht hatte, zu retten, was zu retten war«. Obgleich man sich fragen durfte, was sie nun eigentlich gerettet hatten. Inwieweit rettete Furtwänglers Neunte Symphonie zum Hitlergeburtstag ewige Werte? Für ihn waren wir nichts als »schimpflich Geflohene«. Und für wieviel andere? Mich brachte das auf Jahrzehnte zum Verstummen über mein Mißgeschick. Habe seinerseits blühte auf in solcher Kontroverse. Er war eine pralle, scharfkonturierte Persönlichkeit und fuhr sich gern und allzu absichtsvoll mit den Fingern durch die rotblond gefärbte Vorderlocke. Wie viele großgewachsene und gutaussehende Männer (man denkt an Reagan oder Henri Nannen) war er so selbstverliebt, daß er nicht nur verlogen wirkte, wenn er log, sondern leider auch, wenn er die Wahrheit sprach. Während mein Problem eher das Gegenteil war: Man nahm mich ernst auch da, wo ich nur spielen wollte, meine Widersprüche ausleben oder mit Formen jonglieren. Vielleicht kamen wir deshalb so gut miteinander aus. Dank Habe durfte ich in einem klapprigen Adler-Kabriolett für meine Stories durch das verschneite Oberbayern vagabundieren. Und meine Berichte wurden nachher bloß zur Hälfte von ihm umgeschrieben, wo er doch sonst so ziemlich das ganze Blatt im Alleingang redigierte. Einmal sollte ich, in Räuberzivil, über die Schmuggler der »grünen Grenze« nach Österreich berichten. »Da drüben geht's abi ins Salzburgische!« ruft der Bergführer mir durch das abendliche Schneetreiben zu und zeigt hinunter auf die Landschaft meiner Jugend. Ein halbes Jahr war ich nun in München gewesen. Wohlversorgt, beschäftigt und umgeben von Freunden. Sogar eine deutsche Freundin hatte ich. Was ging mir ab? Ich hätte es damals nicht genau definieren können, und heute ist es kaum mehr darstellbar. Was mir fehlte, war das satte Gefühl der Heimkehr. Der Wiederkehr. Des Neuanfangs, nein, der Neugeburt. Aus dem neuen Deutschland mußte prinzipiell ein neuer Troller erstehen. Zuviel an Sehnsüchtigem hatte sich aufgestaut in der Emigration, als daß dieses bequeme und umworbene Besatzerdasein mich noch zufriedenstellen konnte. Nicht beneidet wollte ich werden, sondern benötigt und (sofern das Wort noch unter den Lebenden weilte): geliebt. Ich wartete auf einen Ruf. Von Deutschland kam dieser

Ruf nicht. Nichts von Deutschland drang, zu meiner immensen Perplexität, an mein Herz. Und in jenem Moment, wo ich »aufs Salzburgische« niederblickte, wußte ich mit fast verzweifelter Hoffnung, es mußte dies sein oder nichts. Ich hatte hundertmal verkündet, daß ich mit Österreich fertig war. Wie mit einer Frau, die einen schändlich betrog. Wenn auch ihr Verführer sich später als Niete erwies. Vielleicht hieß sie mich jetzt von neuem willkommen in ihrem Schoß? Allerdings hatte ich mir ja inzwischen eine weitere angelacht, die Legitime sozusagen. Die mir seit drei Jahren Sold zahlte, mich nährte und kleidete und mir ihren Trauschein – die Bürgerpapiere – verlieh. Aber die Wahrheit war, daß ich nicht zurückwollte zu ihr, der Legitimen. (Eine unmögliche Wahrheit, die ich fast schon vor mir selber verheimlichte.) Daß jedoch kein vernünftiger Grund mich von ihr fernhielt... es sei denn: der unwiderstehliche Ruf, auf den ich wartete. Und der Heimatschoß, in den ich versinken konnte, so tief, daß nichts mehr von mir sichtbar blieb.

Ich beantragte einen Monat Urlaub, zusammen mit meinem Freund Adler, der jetzt bei der Theaterkontrolle arbeitete. Das stand uns nicht gerade zu, ließ sich aber deichseln, wenn man nicht total unabkömmlich war. Nur Spesen waren keine drin, darum rollten wir nicht mit dem feudalen amerikanischen »Mozart-Expreß« ostwärts, sondern auf Army-trucks. An der Ennsbrücke, der Demarkationslinie, wachten seit der Zonenaufteilung die Russen, Kalaschnikow im Arm. »Towarisch!« winkte Adler begeistert, denn da stand ja die Vorhut der Weltrevolution. »Hi!« antworteten die Sowjets, die gerade Swing auf unserem Soldatensender AFN hörten. Ein Lokalheini im Gamsbarthut öffnete die Schranken, hielt seine Hand hin und bekam drei Luckies. »Vergelt's Gott!« rief er devot hinter uns her. »Und gute Verrichtung.« Es war der 9. November 1945, siebenter Jahrestag der Kristallnacht, als wir in das stockfinstere Wien einrumpelten.

5

EMIGRANTEN SIND SPEZIALISTEN in Heimweh. Aber was bedeutet das überhaupt, Heimat, Vaterland? Jedenfalls den Ort, an dem man üblicherweise den schwerwiegendsten Realitätsverlust zu verzeichnen hat. Vielleicht ist es unmöglich, den Zauber einer Heimat zu erklären, weil er ja eins ist mit der nie zu definierenden Magie der Kindheit. In der Heimatliebe liebt man sich selbst im Rückblick. Darum führt Heimatverlust auch zum Abhandenkommen eines guten Stücks der normalen Selbstliebe, des voraussetzungslosen Zu-sich-selber-Stehens. Was ich vom Wiedergewinn der Heimat erwartete, ist mir nur noch fragmentarisch nachvollziehbar. Aber als ich damals durch die westlichen Vororte Wiens auf die Innere Stadt zurollte, ergriff mich ein gelinder Taumel. Kein Sieger- und Besatzerrausch wie in Deutschland. Sondern leider die Sehnsucht, zu dem zurückzufinden, der ich einmal gewesen war. Ich fiel also in ein bodenloses Regressionsloch. Zurück in meine Präexistenz: vor den Besatzer, vor den GI, vor den Emigranten, ja noch vor den halbwüchsigen Wiener Frechdachs und Fußballpatzer. Nämlich in die juvenilste Gefühlslage, die Zeit der Hingabe.

Durfte man das in einer Stadt, die der Krieg schwer mitgenommen hatte, die vielleicht auf Generationen in vier Sektoren aufgeteilt war? Und die wahrscheinlich bitterer darauf reagierte als die viel angeschlageneren deutschen Städte, weil sie sich ja für unschuldiger hielt, Hitlers erste unwillige Beute. Ich hatte keine Wahl. Nur nebenher beachtete ich die Kriegsheimkehrer in den aufgerissenen Straßen, die armseligen Hinkemänner, die Frauen in wuchtigen Wehrmachtshosen und mit Turbanen. Sie gingen mich weniger an als die eine Säule des Rathauses, von der ich magnetisch angezogen wurde und wo mein Name eingekratzt stehen mußte. »Sieben Jahre macht wie viele Tage?« fragte ich meinen Freund Adler neben mir in der Fahrerkabine. »Was weiß ich, 2500 oder so.« »Dann hab ich mich 2500 Tage auf diesen Tag gefreut.« Meinen Namen suchte ich aber vergebens, trotz Taschenlampe. Er war verschwunden und ausradiert, obwohl man doch die Fassade im Krieg kaum gereinigt haben konnte. Die Säule war eben zugewachsen mit der Zeit wie eine Baumrinde und hatte meinen Namen verschluckt. Konnte es sein, daß auch das übrige Wien zugewachsen war und nichts mehr von mir ahnte?

Man brachte uns in einer requirierten Wohnung unter. Am nächsten Morgen verschwand Adler ohne Mitteilung, wohin. Ich lief hinaus auf die Straße und ließ mich treiben. Es regnete und schneite in einem. In München hatten mich die flächendekkenden Trümmerfelder der Bombenteppiche ziemlich unbeteiligt gelassen. Hier bejammerte ich die kleinste Lücke im Straßenbild. Bauwerke, die ich hundertmal in meiner Erinnerung vor mir gesehen hatte, waren ausgebrannt, zu unverputzten Ziegelfassaden reduziert, zu Schutt. Eigentümliche Sequenz: Bei Tag begreift man die Zerstörungen als real und unwiederbringlich. Nachts im Traum, oder später in der Vorstellung, baut man sich alles wieder auf. Bei manchen Stellen werde ich Jahre brauchen, um mir den Verlust einzubrennen. Einige habe ich bis heute nicht geschafft und stehe jedesmal mit neuer Bestürzung vor dem nämlichen Loch. Der Stephansdom war ausgebrannt, die Oper, das Burgtheater (gibt es Jammervolleres als einen eingestürzten Bühnenraum?). Der halbe Kai war fort. Teile von Parlament und Universität, die Bahnhöfe. Sämtliche Brücken außer der Reichsbrücke gesprengt, die Menschen kletterten akrobatisch auf einer Art tibetischem Fußsteg über die Segmente. Im Prater, durch den die Sowjets sich in die Stadt gekämpft hatten, waren meine Kinderparadiese in Flammen aufgegangen. Der Watschenmann, der Kalafati. Bis hinauf zu den obersten Waggons des Riesenrads. Im Belvederegarten grasten Kühe, soweit man sie nicht im Dunkeln mit dem Schlachtermesser massakrierte. Vor den Hydranten Menschenschlangen um Trinkwasser. An den Bauzäunen Suchzettel, Tauschangebote. Die Leute davor schäbig, verwahrlost, ungewaschen wie die Fassaden. Geschieht euch recht, hatte ich mir vorgenommen zu fühlen, brachte es aber nicht zustande. Kraftwagen fuhren fast nur die Besatzer (was wohl aus Vaters blauem Citroën geworden war?). Den sonstigen Verkehr bestritten Pferdefuhrwerke, Fiaker, Leiterwagen, Handwagen, ein gemütliches Altwien in der falschen Filmkulisse. Die wenigen Straßenbahnen transportierten nicht bloß Fahrgäste, sondern auch Waren, Schutt, sogar Särge auf dem Weg zum Friedhof. Viele Kinder starben in diesem Winter, so wie meine Generation reihenweise nach dem ersten Weltkrieg gestorben war. Der moderne Krieg trifft Schuldige und Unschuldige mit unparteilicher Majestät. Nur daß die Schuldigen die besseren Chancen haben, sich zu drücken.

Ich ließ mich durch die Straßen treiben, als bestünde ich allein aus Innenleben. Nicht in Amiuniform oder sonstwie zeitgenössisch. Sondern unsichtbar, hineingeschlüpft in mein früheres Ich. Rückbildung nennt man das in der Psychologie, die es streng verwirft. Aber wenn diese sieben Jahre (»Ich hab es getragen sieben Jahr...«) überhaupt einen Sinn haben sollten, so war es doch die Verzückung dieses Augenblicks. Zwanghaft mußte ich alles wiederfinden, was ich seinerzeit gekannt und was mich bestimmt hatte. Noch heute habe ich längst nicht alles wiedergefunden. An wieviel Stätten und wie intensiv mußten wir damals gelebt haben! Sieht man die Orte von neuem, so spürt man die früheren Erfahrungen aufleben. Aber auch jedes neuerliche Wiedersehen wird Teil dieser Stelle, wird in sie integriert. Bis sie am Ende für uns mit unzähligen Zeitschichten von Nostalgie getränkt und durchsättigt ist, wie ein rostiger Frachtdampfer mit Farbhäuten. Wie stehen Sie heute zu Wien? wird man häufig gefragt. Eine von diesen Allerweltsfragen, mit denen sich unbedarfte Interviewer das Einfühlen ersparen. Als wären solche Empfindungen nicht so undefinierbar wie ein Traum. Dessen Hauptmerkmal ja in dem (nur für dich gültigen) Stimmungsgehalt liegt. Ich denke an Wien mit total widersprüchlichen Gemütsbewegungen. Aber zuletzt fühle ich mich doch gefangen und gehalten von einem ganzen Netzwerk von Zauberorten mit magischen Namen, die ich unverlierbar in mir trage. Und die eben nicht bloß ihren Schöpfern, Erbauern und Besitzern gehören. Sondern auch uns, ihren Bewunderern und Liebhabern. Weil jedem das zu eigen ist, was er liebt. In diesem Sinne gehört mir Wien, auch da, wo es nichts von mir wissen will. Ebenso wie seinen andern vertriebenen Juden... Ich wanderte eine Nacht und einen Tag im Schneeregen durch die Straßen. Es war wie das Durchstreifen einer Schatzinsel, die voller vergrabener Seeräuberkisten steckt. Es war die Wiederentdeckung, daß ich noch etwas fühlen konnte. Es war Genugtuung. Es war der Höhenflug vor dem unvermeidlichen Absturz.

Ich lief in das »Fetzenviertel«. Vaters Geschäftshaus eine Ruine, ausgebombt. An der Fassade kein Schild mehr mit N. Trollers Söhne, Felle und Rauhwaren en gros und en détail. Noch auch fanden sich Hinweise auf S. Bell, Anton Pick, V. Selmeczy, Ingenieur Korbulies, Schuh-Bauer, Sport-Lazar, Goldman & Salatsch, und wie die Verwandten und Freunde alle hießen. Futsch die alten Holztafeln, die unsere Anwesenheit signalisiert hatten und unsern Beitrag zu Konfektion, Tuchhandel, Pelzmoden oder internationalem Teppichschmuggel. In meinem Geburtshaus konnte der Hausmeister, kürzlich noch Blockwart, sich an keinen dieses Namens erinnern. Der Tempel in der Dollinergasse, pünktlich zur Kristallnacht in Brand gesteckt, diente jetzt als Speicher für irgendwelche Kisten. Und die Nachbarn schütteln die Köpfe, dienstbeflissen aber uninformiert. »Hier? Meiner Seel, da steht doch von jeher a Lagerschuppen.« Eine Generalamnesie hat die Stadt ergriffen, da ist es zur Generalamnestie nur mehr ein Katzensprung. Wien kann sich partout nicht an uns erinnern. War da was? Sie, für die der »alte Kaiser« oder der längst verblichene Mittelstürmer Urzidil noch Leute von heute sind, haben ihre Israeliten total aus dem Gedächtnis verloren. Die halbe Berggasse hilft mir, nach dem Haus des weiland Professor Freud zu fahnden, es bleibt unauffindbar. »Aber wenn Sie einen Nervenarzt brauchen, da haben wir bessere«, das ja.

In Österreich war das Fraternisierverbot schon aufgehoben. Was nur den Tatbestand festschrieb, daß die Soldaten aller Nationen vom ersten Tag an fraternisiert hatten wie besessen. Manche mit Gewalt, andere mit Hilfe ihrer Rationen, was die Gewalt nur verschleiert. Die vier Sektoren schienen mir mit Vernunft und Humor aufgeteilt: Die Sowjets regierten die östlichen Arbeiterdistrikte, die Briten die aristokratischen Viertel, die Franzosen die bürgerlichen und die Amis das neureiche Westend. Die Innere Stadt, das Zentrum, gehörte turnusmäßig jeden Monat einem anderen Besatzer. Symbolisiert durch die berühmten »vier im Jeep«. Daneben gab es sogar schon eine provisorische Österreichische Regierung. Da man sich ja 1943 in Moskau auf einen unabhängigen Staat Österreich geeinigt hatte und auf Absolution für »Hitlers erstes Opfer«. Allerdings in der vagen Hoffnung, damit die Österreicher zu einem Aufstand gegen die Nazis anzustacheln. Diesen Aufstand hat es nie gegeben. Bestimmt war er unmöglich. Aber auch einen Eichmann hatte man einmal für unmöglich gehalten.

Da ich hier niemanden kannte, um ihm meine PX-Rationen zu schenken, verbandelte ich sie im »Schleich«. Der zuständige Ort hieß Resselpark. Nur meine Hersey-Bars, die rotbraune Schachtel Schokoladeriegel, streute ich über die Köpfe von einer Bande Gassenjungen aus. Die zumindest waren zu jung, um auch nur Flakhelfer gewesen zu sein. Komisch, in Deutschland hatte ich diesen Unterschied nie gemacht, sondern verteilte wahllos. Es geht nichts über enttäuschte Liebe. Beim Davonlaufen schrien sie »Vergelt's Gott« und »pa-pa«. Auch ich rief winkend »pa-pa« hinter ihnen her, was soviel wie tschüs bedeutet und man nur als Wiener zustande bringt. Ein »Schleicher« hatte mich auch gleich durchschaut: »Bist teppert? Ös Juden seids doch sonst net so potschert? Zehn Hersey-Bars, macht a Stangen Lucky Strike. Für Luckies kriegst normalerweise deine dreißig Dollar. Dafür laßt du dir aus Amerika acht Mickymaus-Uhren expedieren. Die verscherbelst an die Iwans für zwahundertfünfzig Dollar das Stück. Mußt nur sieben Rubiner mit rotem Nagellack draufmalen, weiter können die eh net zählen. Du hast hier für gut und gern zwaatausend Dollar Tschokolad verpulvert, ist dir des klar?«

Was ich für mein Zigarettengeld damals einhandelte, weiß ich nicht mehr. Wahrscheinlich antiquarische Bücher, möglichst im Dünndruck. So ließen sich tausend Seiten bequem in der Tasche verstauen. Nie wieder würde es mir passieren, wie im französischen Lager monatelang ohne Lesestoff zu schmachten. Ich sammle noch heute Bücher, obwohl ich mit den vorhandenen bereits ein komplettes Internierungslager austapezieren könnte. Auch Halbverhungerte, heißt es, horten später Lebensmittel in allen Kommoden. Mein Schleicher hieß Treschensky, und alles an ihm war so oberfaul, daß es schon gar nicht mehr drauf ankam, ob er Nazi war, weil ihm die Pferdefüße aus sämtlichen Körperteilen ragten. Daß ich kopflos in Wien herumlief, hatte er sofort klar. Weil ja solche windigen Beutelschneider einen Instinkt für alle Schwächen der Menschheit besitzen. In der Schönlaterngasse, einem der ältesten und jedenfalls krummsten Gäßchen von Wien, stand das Café Sport (Schpurt ausgesprochen), schräg gegenüber dem »Basiliskenhaus«. Ein Schiebertreff, ein verrufenes Kellerlokal, das immer fallweise von einer der vier Besatzungsmächte versiegelt wurde. Derzeit war es eher zufällig geöffnet und bestückt mit Ganoven jeder Kragenweite, meist früheren Ostarbeitern und Zwangsverschleppten. Darunter auch Juden. »Deine Leut«, frotzelte Treschensky. Einen winkte er herüber: »Mauschel, enthülle dem Herrn, was ich hier im Krieg verbrochen hab.« Anscheinend hatte das Lokal als Gestapogefängnis gedient. Nur eine bescheidene Außenstelle, wenn die Zentrale im Hotel Metropol zu bersten drohte. Waren Folterungen angesagt, so mußte Treschensky, der neben anderen Berufen auch Theatermusiker war, vor dem Kellereingang Saxophon blasen, um die Schreie zu verdecken. Während Mauschel noch erzählte, kam Adler herein. Ich hatte ihn seit Tagen nicht mehr gesehen. Adler trug Zivil und hatte eine Frau im Schlepptau, die irgendwie fremdländisch aussah. Als er mich bemerkte, drehte er sich kurz um und schob die Frau aus der Tür. Ich wollte ihm nach, aber Treschensky faßte mich am Ärmel: »Laß ihn. Der hat zu tun.« »Wo denn? Am Schwarzen Markt?« »Net soviel fragen, Tschapperl.« Als ich heimkam, fand ich Adler beim Packen. Die Uniform hing an der Wand, er hatte anscheinend nicht die Absicht, sie mitzunehmen. »Hör mal, spinnst du?« »Ich hau ab. Nur deswegen bin ich mit dir nach Wien.« »Wohin willst du denn?« »Zu den Russen. Ich vertrag nicht, was hier geschieht. In fünf Jahren überfallen sie die Sowjetunion. Unter dem Triumphgeheul von Binder. Und den deutschen Nazis, die's immer schon gewußt haben.« Daß der reale Sozialismus sich hierzulande in »Uhri, Uhri!« und »Frau, komm!« manifestiert, scheint ihn weiter nicht zu belasten. Ihm geht es um Ideen. »Adler, Amerika hat uns das Leben gerettet!« Er läßt den Koffer zuschnappen und umarmt mich. »Paß auf dich auf. Du hast's nötig.« Durchs Fenster sehe ich ihn mit der Frau zur Straßenbahn hasten. Ein Auto ist er den Sowjets nicht wert.

»Lebensmittelaufruf für diese Woche: Schwarzbrot 500 Gramm, Erdäpfel 500 Gramm, Hülsenfrüchte 100 Gramm, Pferdefleisch 300 Gramm, Kunstspeisefett 50 Gramm...« Zusammengezählt an die 1200 Kalorien am Tag. Das Minimum zum Überleben. Allerdings waren es im KZ nur 600 gewesen, laut den Juden des Café Sport. Bei Schwerstarbeit. Ich frage sie verschämt nach meinen Verwandten. Onkel Ernst, Tante Stella, Tante Alice, Onkel Nori, Onkel Viktor, Onkel Julius, die Söhne, die Töchter, die Kusinen... Natürlich hat sie keiner je gesehen unter den Millionen. Warum frage ich so verschämt? Will ich letzten Endes nichts erfahren? Mich lieber in Illusionen wiegen? Schrecke ich zurück vor der Trauerarbeit? Oder davor, daß ich dann auf Wien verzichten muß und den »Ruf der Heimat«, auf den ich warte. Dieses Hintertreppenrührstück, hundertmal bis ins Detail ausgesponnen. Moment, wie ging das noch? Die Hände würden sie überm Kopf zusammenschlagen: »Nein, daß Sie wieder da sind! Wir haben ja so auf Sie gewartet! Jetzt verlassen Sie uns aber nimmer, gelt? Wir brauchen Sie nämlich!« Komisch, irgendwie hatte das drüben überzeugender geklungen. Aber warum muß einen hier jeder wie auf Kommando anhauen: »Wie lang bleiben Sie noch?« »Wann fahren Sie eigentlich zurück?« Es kann denen doch piepe sein, wann ich zurückgehe, ich fresse ihnen ja nichts weg. Allerdings muß ich zugeben, daß ich auch wenig unternahm, damit Wien meine Anwesenheit überhaupt bemerkte. Andere Rückkehrer meldeten sich praktischerweise im Rathaus oder bei den neuerstandenen Parteien. Ich wartete auf Wunder. Darum war auch der einzige Ruf, der mich erreichte, die Litanei: »Zigarett? Tschokolad? Nescafé? Nylons? Tschungum?« Für solche Schätze verschacherten vor dem PX-Laden, wo sie herkamen, die »süßen Madeln« von Wien auch ihre Unschuld. Ja, ich bin sauer auf die Wiener. Enttäuscht, vergrätzt. Ein bißchen Haltung, Damen und Herren! Drüben in Bayern hatte eine Art kaustische gute Laune geherrscht, gemixt aus Galgenhumor und Umbruchstimmung, sogar Aufbruchstimmung. Hier eine nasentröpfelnde Weinerlichkeit, die aus Lamento unvermittelt in Rabiates umschlug ob dem angetanen Unrecht. Ich denke zurück an unsere Lager, wo man noch die hundsgemeinste Witzelei dem Selbstmitleid vorzog. Jetzt ertappe ich mich dabei, daß ich ausgesucht hochdeutsch rede. Piefkisch geradezu. Noch während ich der Heimat nachlaufe, wende ich mich innerlich von ihr ab.

Mein Freund Treschensky ist zwar ein Fiesling, aber ein Wiener Charmeur. An allen entscheidenden Stellen hat er »Freunderln« sitzen zu seinem Nutzen und Frommen. »Klasse Kerln«, »vife Burscherln«. Seine Beziehungen reichen auch tief in den Russensektor, wo man für Mickymaus-Uhren mehr zahlt als für Schweizer Wertarbeit. Ein Dutzend trägt er jederzeit auf den linken Unterarm aufgeschnallt. »He, Towarisch! Für dich hab ich klasse Uhri mit sieben Rubine, versteh? Nix versteht er. Aber Wien kaputtschießen, bum, bum, ja des können wir.« Treschensky ist auch mit sämtlichen amerikanischen Dienststellen vertraut, bis hinauf zu General Clark. »Also entscheid dich, wohin willst? Zu Radio Rot-Weiß-Rot? Zum Wiener Kurier? Zur Kultur? Zur Theaterkontrolle?« Erschreckt stelle ich fest, wie viel von meinem Urlaub schon aufgebraucht ist. Komme ich nicht rechtzeitig zurück, so bin ich »over the hill«: ein Deserteur. Also muß ich einen Job vorweisen, wenn auch nur provisorisch. Warum nicht beim Theater? Chef der Theaterkontrolle ist derzeit ein First Lieutenant Karpeles. Treschensky weiß natürlich Bescheid: »Vormals Regisseur an der Josefstadt. Nachher am Broadway, als Musical-Produzent. Jetzt wartet er auf seine achtzig Punkterln, daß er wieder zurückkann zum Broadway.« Was denn für Punkte? »Lebst du am Mond? Hast du gestern die Stars und Stripes net gelesen? Punkte gibt's für euch je nach Dienstjahren, Kriegseinsatz, Auszeichnungen, Verwundungen. Mit achtzig Punkten bist reif für die Demobilisierung.« Ich rechne schnell aus, daß mir noch ein rundes Dutzend fehlt. Übern Daumen gepeilt ein halbes Jahr Dienst. Und was dann?

Die »Informationskontrolle« saß im ehemaligen Sanatorium Löw, meinem Geburtsort. Vor dem zuständigen General McCrystal hatte ich kaum zackig salutiert, als ich schon wieder auf der Straße stand, unterwegs zu dem überalterten Lieutenant Karpeles. Der war glatzköpfig und saß schwerbeschäftigt am Schreibtisch, seine Punkte auszuknobeln. Mit Hilfe eines Splitters im Bein aus den letzten Kriegstagen war seine Quote praktisch erfüllt. Die Dienststelle erwies sich als primitive Holzbaracke im Park eines Adelspalastes. Theater kontrollieren hieß, ein Bühnenleben überhaupt erst anleiern, weil es an allem fehlte, bis hin zu Leinwand und Nägeln. Damit waren die Kontrolleure eigentlich schon Mitarbeiter, gar Mitdiebe und Mitverschwörer der Einheimischen. Lieutenant Karpeles ist ein lieber Mensch, aber dem Streß nicht gewachsen. Er hat sich als Aufräumer im Augiasstall gesehen, den er von '38 her nur zu gut kennt. Statt dessen soll er jetzt ein Kulturfeuerwerk auf die Beine stellen, um mit den tüchtigen Sowjets zu konkurrieren. Dabei ist er umschmeichelt von lauter schwammigen Forsts und Liebeneiners, Hörbigers und Wesselys, von Emil Jannings und Werner Krauß, die (zumindest am Anfang) bis über die Ohren mit den Nazis gepackelt haben. Lauter Wiener Film- und Theaterlieblinge. Weil er sie zaghaft an solche Glanzleistungen erinnert wie Jud

Süß, Morgenrot oder Hitlerjunge Quex, gilt er als der »Rache-Karpeles«. Er möchte liebend gern zu seinem Abschied im Burgtheater Nathan der Weise aufführen. Mit dem unbelasteten Heldenmimen Raoul Aslan in der Titelrolle. Aslan ist dunkelhaarig, griechischer Abstammung und somit den Wienern immer schon leicht suspekt. Die Rolle lehnt er zunächst ab: »Sonst meinen die nämlich, am End stellt sich der Aslan doch noch als Jud heraus.« Das ist Wien nach der Befreiung. Karpeles will nichts wie heim zum Broadway, Musicals produzieren. Dafür muß er dem General einen Nachfolger aus dem Hut zaubern. Ich bin es nicht, wenn auch zur Not verwendbar. Provisorisch soll ich im Nebenraum Fragebogen bearbeiten. Am zweiten Tag dieser glanzvollen Beschäftigung erscheint das Fatum in meinem Büro.

Nichts hat mich vorgewarnt. Ich bin mitnichten auf Fräuleins eingestellt. Mein Liebesbedürfnis erschöpft sich derzeit in einer höchst dubiosen erotischen Beziehung zu Wien. Trotzdem tritt sie herein, geht mit entschiedenen Schritten auf mich zu und hält mir einen verschlossenen Briefumschlag unter die Nase. Den ich an ihren längst geschiedenen und nach Chicago ausgewanderten Vater weiterleiten soll. Auch mein Vorgänger im Amt hat das für sie besorgt. Briefe ohne Zensur ins Ausland zu befördern war untersagt, namentlich verschlossene. Ob sie ihn nicht zumindest öffnen könne? »Würden Sie Ihre Briefe lesen lassen?« fragt sie anzüglich. Das ist die erste Minute unserer Bekanntschaft. Wobei nichts in mir vorgeht außer der Gewißheit, daß ich dieses Gesicht mit den vorstehenden Backenknochen seit ewig kennen muß. Vielleicht aus einem früheren Leben? Jedenfalls lehne ich den Brief entschieden ab, denn ich lasse mich nicht von hübschen Lärvchen erpressen. »Machen Sie sich keine Sorgen, ich finde bestimmt jemand anders«, sagt sie mit tröstendem Kichern. Wobei die Lippen geschlossen bleiben und nur die Mundspitzen sich ironisch hochkräuseln. Teufel, woher weiß sie, daß solch mokantes Lächeln mir unter Umgehung der Hirnrinde direkt in die Magengrube fährt? Insbesondere, wenn dazu die schweren Augenlider fast zuklappen. Woher kann sie es wissen, wenn es mir selber bislang nicht klar war? Ihre Sprache verrät nur leichten Wiener Anklang, sie hat ja die ersten Kriegsjahre in Süddeutschland verbracht, in einem klösterlichen Internat. Wie fand sie bloß so schnell heraus, daß ich mich zwar vom Wienerischen warm und flaumig umhüllt fühle wie von meinen Pantoffeln – aber wer verliebt sich schon in seine Pantoffeln? Ich jedenfalls nicht, der (astrologisch als Schütze eingestuft) nur das Fremde, ja Unerreichbare begehren darf. Und wenn ich es eigenhändig aufs Podest heben muß. Das war die zweite Minute. Dann ist sie fort, aber ich hatte mir immerhin Name und Absender auf dem Briefumschlag gemerkt. Sie hieß Claudia. Eine Claudia war mir noch nie begegnet. Woher stammt es, daß manche Menschen mit ihrem Namen sozusagen eine Personalunion eingehen, während andere (wie ich) sich lebenslang damit herumschlagen müssen? Am Abend fuhr ich nach Döbling hinaus, um mich als Postbote zur Verfügung zu stellen. Claudia wohnte mit ihrer bettlägerigen Mutter nicht weit von unserem früheren Haus. Sie öffnete die Tür. Eigentümlich, wieviel ich seither vergessen habe, auch aus unserer Beziehung, aber nicht dieses Aufmachen der Tür. Nie hatte ich viel auf Augenfarben gegeben, aber ihre schimmerten milchiggrün wie Gletscherwasser, dagegen gab es keinen Widerstand. Das war meine dritte Minute. Nicht Liebe auf den ersten Blick, sondern auf den dritten. Ihr Brief ist natürlich längst unterwegs, aber darauf kommt es jetzt auch nicht mehr an. Im übrigen bin ich mir gar nicht bewußt, verliebt zu sein. Es ist einfach selbstverständlich, für einen ästhetisch angehauchten Typ wie mich, daß man dem sublimsten Gesicht auf der Welt Tribut zollt. Schließlich war ich auch nicht in Gauguins Blaues Pferd oder in Van Goghs Sternennacht verliebt!

Zuerst redete ich englisch mit Claudia, ließ aber durchblicken, daß meine Vorfahren aus »the old country« stammten. Flunkern fiel mir nicht schwer – ich hatte ja schließlich die halbe deutsche Wehrmacht übertölpelt. Nur war jetzt überraschend dieser Drang da, mich zu erkennen zu geben. Mich zu bekennen. Liebe ist auf dem Wahrheitstrip (auch dem gefährdenden, auch dem mörderischen). Am Sonntag lieh ich mir den Jeep von Karpeles.

Damit rauschten wir in der Wintersonne hinaus nach Grinzing, dann zum Kobenzl, dann auf den Leopoldsberg. Im Wirtshaus bestellte ich »Tafelspitz mit Knödel und Krensoße« für uns (gegen Zigaretten natürlich, die Wunderwährung), dazu zahlreiche »Gespritzte« und zum Schluß eine »Melange«. Als ob diese Begriffe sich nicht längst in tausend Emigrantengesprächen zu Mythen verflüchtigt hätten. Wie vernagelt mußte ich gewesen sein, von der Heimat einen »Ruf« zu erwarten. Hier, an diesen rohen Holztischen, mitten im verschneiten Wienerwald, umgeben von redseligen, brüderlichen Zechern, während Claudia mich mit geschlossenen Lippen anlächelte – hier ergab sich ja alles ganz von allein. Das Himmlische war eins mit dem Irdischen, das Geistige nur aus dem Sinnlichen herausgeklärt. (Wie jeder Wiener begriff, aber beim Studium der deutschen Nationalliteratur manchmal vergaß.) Nachher gingen wir Luft schnappen auf die vereiste Terrasse. Wien unter uns im Winterdunst, durch den die Donau in der frühen Abendsonne aufglänzte. »Das wird einmal ein schönes Bild werden zum Erinnern«, hatte der junge Schnitzler in ähnlicher Situation notiert, der seine Wiener kannte, auch mich. Ich versank in Claudias gletschergrüne Hochgebirgsaugen. »Warum lügen Sie eigentlich?« fragte sie. »Ich meine, was Ihre Herkunft betrifft. Auf Verstellung läßt sich doch nichts aufbauen.« Ich spürte, wie mein Mund trocken wurde. »Wie meinen Sie das, aufbauen?« Sie blickte mich nur belustigt an. Danach muß ich ihr in die Arme gesackt sein wie ein Ertrinkender, obwohl ich hier viel lieber bezeugen würde, sie sei in meine Arme gestürzt. Aber das Verhältnis beruhte eben für mich von Anfang an auf der Schwärmerei, um die mich Emigration und Kriegsjahre betrogen hatten und die nun endlich ihr Ziel fand. Das hieß bedingungslose Übergabe, ja vorauseilende Unterwerfung. Ich kapitulierte sozusagen, bevor ich sturmreif geschossen war. »Okay«, sagte ich. »Ich bin ein Wiener Jud. Sind Sie jetzt zufrieden?« »Nein, Sie sind kein Wiener Jud. Sie sind Jude, und Sie sind aus Wien. Und Sie gehören hierher. Wie ich.« Es war... wie soll man das beschreiben? Als würde sie nur die Worte wiedergeben, die ihr mein Unbewußtes suggeriert hatte. Oder diktiert. Danach küßten wir uns, und dabei durfte ich »Ah, du...« stammeln, so oft, als müßte ich einen Nachholbedarf abtragen, hoch wie der Himalaja. In diesem Moment begann ja mein Leben, alles Frühere keinen Pfifferling wert! Ich hatte (Nadel im Heuhaufen) mein Ebenbild gefunden, den langgesuchten zweiten Handschuh. Fast 24 war ich jetzt, ein verspäteter deutscher Idealist ohne Begriff von Frauen, was wahrscheinlich schon beim jungen Nietzsche der Lou Salomé und bei Hölderlin der Diotima störend aufgefallen war. Ich murmelte so etwas wie, daß ich seit der Emigration überhaupt nichts mehr gefühlt habe, da drinnen, die ganzen Jahre hindurch. Bis heute. Darauf antwortete Diotima-Claudia: »Komisch, ich hab mir vorgestellt, Amerika muß doch furchtbar aufregend sein. Und da kriegt man nicht vielerlei neue Gefühle, für die alten?« Ich nickte mechanisch, aber es gab mir einen Stich. Der Zauberbann war angeknackst. Konnte es sein, daß wir doch nicht ganz auf derselben Wellenlänge lagen? Und um alles wiederherzustellen, umarmte ich sie heftig und außer mir mit geschlossenen Augen. So rettet sich im Sturm der Wanderer unter die Baumkrone, in die der Blitz einschlagen wird.

Claudia ist Schauspielerin. Besser gesagt, Bühnenelevin, weil sie wegen Schließung der Theater im letzten Kriegsjahr nicht mehr richtig zum Zug kam. Das Glück will es, daß ich an der goldrichtigen Stelle sitze. Lieutenant Karpeles ist von Claudia begeistert, teils wegen ihrer Schönheit, teils weil es hier endlich nichts zu entnazifizieren gibt. Er schlägt sie für die Hauptrolle vor in Thornton Wilders »Wir sind noch einmal davongekommen«. Zu spielen in einem der vielen Pioniertheater, die jetzt in allen Sektoren aus dem Boden schießen. Sie wird die Sabina geben, in Corsage und Netzstrümpfen, falls sich das auftreiben läßt (mein neuer Freund Treschensky schafft das bestimmt). Eine Bombenrolle. Claudia ist hingerissen. Sie affichiert sich ganz offen als mein »Amiliebchen«, obwohl ja dafür das Wiener Tratschmaul den Ausdruck »Amihur« kennt. Das Publikum hat man praktisch schon in der Tasche. Was wollen Sie: ein amerikanisches Stück, ein demokratisches Stück. Gerade philosophisch genug, um im Trend der »neuen Besinnung« zu liegen. Alles Vergangene, es ist nur ein Gleichnis. Die Menschheit aber bleibt unzerstörbar. Auch wenn man schon hart an der Kippe stand. Wie erfreulich, sich jetzt wieder als Kindlein im Schoß der Menschheit zu fühlen. Wie bitte, wer sie denn so nah an die Kippe gebracht hat? Well, nobody is perfect.

Im Land rüstete man zu Nationalratswahlen, ein erster Schritt zur Unabhängigkeit. Alles rühmte den »Geist der Lagerstraße«, die »KZ-Gemeinschaft«. Nicht etwa die von Auschwitz. Aber immerhin der Lager, in denen Österreichs Konservative und Kommunisten, Sozis und Vaterländer zusammen gesessen hatten. Darum würden sie jetzt in schöner Eintracht einen geläuterten Weg gehen. Er endete beim »Packeln« und dem Sieg der Konservativen. Die etliche Weichen so festschweißten, daß sie nie mehr loszurütteln waren. Die proklamierte Absage an die Vergangenheit begann eher ihrer Ablage gleichzukommen. Wie man eine nicht mehr gebrauchte Uniform im Koffer ablegt. Oder eine Akte im Leitz-Ordner, markiert »file and forget«. Na ja, noch nicht ganz. Immerhin gab es einige Kriegsverbrecherprozesse. Und noch blieb die halbe Million »Ehemaliger« ohne Stimmrecht. Die Heldenplatz-Helden. Die (seinerzeit mit elf Prozent der Bevölkerung) in der Nazipartei reichlich überrepräsentiert waren. Auch in der SS. Auch in der Gestapo. Und unter den Gauleitern und Reichskommissaren. Österreicher wie Kaltenbrunner, Seyß-Inquart, Globotschnik (er ist mir nicht die Mühe wert, die Schreibweise seines Namens nachzuschlagen). Höß, der Kommandant von Auschwitz, und Seidl, der von Theresienstadt, und Brunner, der die letzten Wiener Juden dorthin abtransportierte. Und Skorzeny, der GI-Abschlachter und Mussolini-Befreier. Und der Wahl-Österreicher Eichmann, der »Endlöser der Judenfrage«. Die Deutschen, so hieß es, seien Antisemiten geworden, weil sie Nazis waren. Bei den Österreichern umgekehrt. Das schickte man sich jetzt an, unter den Teppich zu kehren.

Der gerühmte neugeborene »Konsens« war auch eine Übereinkunft zum Vertuschen, zur Entsorgung der Vergangenheit.

Eine Koalition des Totschweigens. Nur so ließ sich der Burgfriede herstellen. Ich nehme mich dabei nicht aus. Auch ich war so ein Totschweiger. Ich schwieg auch die Toten tot, nämlich meine Angehörigen. Nie habe ich zu Claudia von ihnen geredet oder sonst in der Öffentlichkeit. Das blieb en famille, nach außen hin genierte man sich. Es blieb immer unsere Sache, nicht ihre. »Wieso interessieren Sie sich so für diese alten Sachen, sind Sie Jude?« Es scheint mir im Rückblick, daß ich mich vierzig Jahre lang geniert habe. Als hätte ich eine Schuld zu verbergen. Nicht der Mörder, der Ermordete ist schuldig, hat Franz Werfel schon lang vor dem Krieg getitelt.

Ich besuchte mein altes Gymnasium, das unversehrt überlebt hatte. Hingegen waren alle Professoren weg, entweder als Nazis entlassen oder im Krieg gefallen, mit Ausnahme von Stenografielehrer Waldinger. Ihn bat ich um eine Kopie meines Abgangszeugnisses, das ich vielleicht noch brauchen konnte. Er öffnete eine dicke Kladde: »Aus meinen Unterlagen geht aber hervor, daß Ihnen dieses Papier behördlicherseits bereits im Jahr '38 ausgefolgt wurde.« Ich gab zu bedenken, daß ja inzwischen allerhand vorgefallen sei. »Auf solche Dokumente muß man doch aufpassen«, erwiderte er streng. Danach erkundigte ich mich nach dem Verbleib von Klassenlehrer Meyer. Der mit dem Parteiabzeichen, dem ich aber doch meine Hingebung an die deutsche Sprache verdankte. Er war kurz nach der Befreiung von einer russischen Streife gestellt worden: »Öffnen Sie die Aktenmappe!« Wahrscheinlich hatten sie lebenslang von einer Aktenmappe voller Mickymaus-Uhren geträumt. Meyer sah sich als ein »aufrechter deutscher Mann« und protestierte, obwohl nichts darin war als ein Butterbrot. Er wurde auf der Stelle erschossen. Von den »arischen« Klassenkameraden konnten etwa zwei Drittel überleben. Ich frage nach meinem Freund Franzl Stodola, dessen Vater Schuster gewesen war. Man gab mir die Adresse, aber auch er war im Osten vermißt. Der Vater, ein »alter Sozi«, hatte Jahre in Dachau und Mauthausen gesessen, jetzt war er wieder Schuster, ein Krüppel, ein Wrack. Es fiel mir auf, daß er der erste Österreicher sein mußte, der mich nach meiner

Vergangenheit ausforschte. Allerdings stellte auch ich nie Fragen. Vielleicht aus Furcht, mich zu schnell auf Sympathie einzulassen. Das kann passieren, wenn man zwar kein besonders gutes Herz hat, hingegen ein weiches. (Im Schmalz fanden sich die christlichen und die jüdischen Wiener von je brüderlich vereint.) Der alte Stodola bringt mich mit Freunden seines Sohnes zusammen, die alle im selben Gemeindebau wohnen. Schaffner, Eisenbahner, Metallarbeiter. Die Typen, die damals am ersten Mai über den Ring zogen mit Sprechchören wie »Freundschaft!« und »Esperanto proletaria!«. Ich soll zum Kreisabend kommen, zu ihnen reden. Worüber? Egal, über die Emigration, über Karl Kraus, Brecht, alles, was unterdrückt war. Wann soll ich kommen? frage ich. Heute, morgen? Nein, erst nach den Feiertagen, bis dahin müssen sie jede freie Minute Geschenke basteln. Immerhin ein Anfang! Dem alten Stodola gestehe ich meine geheime Hoffnung auf Wien. »Ein nobler Gedanke«, sagt er. »Darf ich Ihnen was erzählen? Neulich hab ich einen von unserer Dachauer Wachmannschaft auf der Straße getroffen. Er ist ganz blaß geworden. Dann hat er gesagt: Habe die Ehre, Herr Stodola. Und wissen Sie was? Ich hab ihm die Hand gegeben. Von einem Österreicher zum andern. Könnten Sie das, Mister?«

Mein Job ließ mir einigermaßen viel Zeit. Wenn Claudia probenfrei hatte, schlenderten wir durch die Straßen. Die Wahlplakate kamen mir, nach Amerika, unsagbar provinziell vor. »Du hast halt zu lang in New York gelebt.« »Drüben fühle ich mich aber auch nicht als Ami.« »Du hast halt zu lange in Wien gelebt.« Im Café Sport avancierte Claudia sogleich zum Mittelpunkt. Treschensky wollte ihr an Ort und Stelle zu Strümpfen und Corsage Maß nehmen. Ich spürte ein Gefühl in mir hochsteigen, das ich nie gekannt hatte: sexuelle Eifersucht. Von den Frauen weniger als Zeichen der Liebe gewertet als des Mangels an Selbstvertrauen. Aber anstatt meine Eifersucht zu verbergen, ließ ich sie offen heraus. Liebe – die lang erwünschte Gelegenheit, meine sämtlichen Schwächen vorzuführen. Sozusagen als Ausgleich für meine sonst unerträgliche Vollkommenheit (damals empfand ich mich als Geschenk Gottes an die Frauen). Das enttäuschte

Claudia, und es entstand zwischen uns eine leichte Verstimmung, unsere erste. Ausgerechnet jetzt kam Nibelschütz ins Lokal. Ein verwitterter Gnom, der mir in den Hintern kroch. »Yes please... ich bin nämlich der beliebteste Volkssänger von Wien, da können S' jeden fragen. Einmal hab ich beim Rathaus vor hunderttausend Leut gesungen, a million people, understand?« In diesem Moment fiel mir die Situation wieder ein. Ich war auf dem Weg in unser Pfadfinderheim in der Stadiongasse gewesen, so Anfang April 1938. Dann diese erschreckende Riesenmenge auf dem Rathausplatz, angetreten zu irgendeinem Propagandatreffen für Hitlers Volksabstimmung. Und auf einem Holzpodium der Nibelschütz, im Trachtenanzug mit Ziehharmonika, der die Leute zum Mitsingen animierte: »Der Isaak, der Jakob und Abraham, die san jetzt noch alle in Wien daham. Jagts es raus, ihr Leut, am besten gleich heut, oder hängts es auf die Bam!« Das war das Volkslied. Daß man dieser Aufforderung, die Juden an die Bäume zu knüpfen, so fügsam nachgekommen war, genierte den Sänger mitnichten. Er hatte sich anschließend darauf spezialisiert, für deutsche Truppeneinheiten Marschlieder zu komponieren. Jetzt wollte er das gleiche für uns tun und brauchte Protektion. Mir kam das Essen hoch, ich stand auf und ging aus dem Lokal, Claudia hinter mir her. »Was ist denn los?« Ich beschrieb meine Erinnerung. »Man verabschiedet sich doch von den Leuten«, sagte sie verweisend. Richtig, ich war unhöflich gewesen. Unversöhnlich. Intolerant. Die Sünden der Nachkriegszeit. Mord war nichts dagegen. Ich schämte mich. Ich schämte mich auch für sie, was keine Liebe verträgt. Nie hatte sie mit den Nazis etwas im Sinn gehabt. Aber jetzt war sie überzeugt, daß ihr Land »genug gebüßt« hatte. »Es gibt einen Punkt des Leidens, über den hinaus keine Strafe mehr nützt, sondern nur noch Trotz hervorruft.« Darauf wußte ich keine Antwort und ließ Claudia allein nach Hause gehen. Dann wartete ich den ganzen Abend auf einen Anruf von ihr. Bereit, meine Überempfindsamkeit einzugestehen. Es gab wirklich keinen Grund, sich so aufzuspielen. Claudias Anruf kam und kam nicht. Spätabends lief ich beklommen zu ihr. Sie fragte, warum ich nicht telefoniert hätte. Ich nannte sie kapriziös. Sie mich Knallkopf. Wir lachten. Irgendwo bei Heine hatte sie eine Strophe gelesen, die kam jetzt: »Ich bin die Prinzessin Trude und sitze am Trudenstein. Komm mit, du schöner Jude, wir wollen glücklich sein.« Als ich sie aufs Bett trug, stöhnte sie lustvoll: »Mein Ami! Mein kleiner Ami!« Es war alles gut, nur ging gleichzeitig irgendwas in die Fransen, ich wußte nur nicht, wo.

Was ist es, das mich so aufsässig macht? Ich glaube, ich bin meiner Doppelrolle als Eroberer-Heimkehrer nicht gewachsen. Diese Rollen klaffen auseinander, aber in beiden müßte ich lernen, mich in die kollektive Lebenslüge einzubauen. Die tausend Tonnen wurmstichige Erbsen, mit denen die Wiener diesen Winter überleben (gespendet von den Russen, die selbst nichts zu beißen haben), soll ich für so unzumutbar halten wie das Tausendjährige Reich. Auch den Besatzern fällt das nicht schwer. Nur die Emigranten sind wieder mal dazu verdammt, unter lauter Pragmatikern die Langzeitgedächtnisse zu spielen. Alles übrige blickt »resolut in die Zukunft«. Unsere Zeit, noch längst nicht ausgestanden oder gar wettgemacht, ist bereits wieder abgelaufen, vergessen, verweht...

Nein, keine atavistischen Vergeltungsphantasien rumoren in mir. Das jüdische Unbewußte ist nicht auf Rache abgestellt, sondern auf Gerechtigkeit, Austarierung. (Und da wir das »Volk der Schrift« sind, reicht uns schon etwas Schriftliches. Ist irgendwas festgeschrieben, zum Beispiel ein Schuldbekenntnis, so fangen wir gleich zu vergeben an.) Kardinal Innitzer hat beim Hitler-Einmarsch alle Glocken läuten lassen. Warum passiert jetzt nichts dergleichen? Ich meine, ein Signal, das an *Intensität* dem orgiastischen Schlachtfest gleichkommt, das man sich geleistet hat? Wenn schon kein Umsturz, so wenigstens ein Tränensturz? Nein, nicht zu meinen Füßen sollen sie kriechen, aber zu Gottes Füßen. Winseln nicht um Camel-Stangen und Schokolade. Sondern um die Gnade Gottes, die man als Volk millionenfach verwirkt hat, auch wo der einzelne vielleicht unbeteiligt war. Statt dessen: »Mir san ja eh die reinen Lamperln«... als hätte nicht schon Karl Kraus einen Weltkrieg zuvor das Blöken der Unschuldslämmchen zu Tode persifliert. Nur Hitlers erste Opfer? Aber fühlten sie sich denn als Opfer, solang sie Blitzkrieg spielen durften? Und warum höre ich nie von der »Befreiung« reden, immer vom »Zusammenbruch«? Und wieso wird Hitler, der doch sein »granitenes Fundament« an Ideologie samt und sonders aus Österreich bezog, jetzt nur mehr als Deutscher gehandelt? Hitler als »Preiß« und seine Anhänger als »Nazipreißen« – ja, sowas muß einem einfallen. Und da reden sie von jüdischem Dreh! Deutsche Staatsbürger ausweisen, deutsches Eigentum konfiszieren, das alles unter der Rubrik »Entnazifizierung« laufen lassen. Und das wenige, was an Wiedergutmachung geleistet wird, fix aus diesem beschlagnahmten deutschen Vermögen herausklauben, während das eigene vorläufig ausgespart bleibt – Kinder, einsame Klasse! Aber jetzt kommt ja erst der Clou: Wer bei dieser gängigen Selbstabsolution nicht mitmacht, den klagt man einfach des Rachedurstes an. Wer diesen geschmeidigen Gummigewissen und Trittbrettfahrern nicht so schleunig verzeiht, wie sie sich selbst, wird zum alttestamentarischen Hasser gestempelt. Und nicht nur die Ziffern werden uns aufgerechnet – Rotarmistenopfer gegen Auschwitzopfer –, schon beginnt man auch, uns das Verzeihen aufzurechnen. Nach dem Muster: Wir vergeben euch, daß ihr euch widerstandslos vertreiben und ermorden ließt. Jetzt habt ihr uns auch gefälligst Mord und Vertreibung nachzusehen. Gemäß unserer zivilisierten »europäischen Auffassung«. Sonst seid ihr nämlich dem »Aug um Aug, Zahn um Zahn« verfallen, eurer »talmudischen Grundtendenz«. Und wißt nicht, »was Humanität ist«. So nachzulesen bei Herrn Carl Hödl, nach wie vor Vizebürgermeister von Linz, während ich diese klassischen Sätze (aus einem Brief von 1987 an den Jüdischen Weltkongreß) bei ihm abschreibe...

Ich war betroffen, aber, um die Wahrheit zu sagen, ich kam damals mit dieser Betroffenheit ganz gut zu Rande. So, wie ich mich ja auch erst viel später gegen Krieg, Atombombe, Unterdrückung ereiferte. Wahrscheinlich ist diese vorübergehende Einengung des Horizonts bezeichnend für Überleber. Zutiefst berührte mich in dieser Zeit nur eins – mein Verhältnis zu Claudia. Auch aussichtslose, unmögliche Liebe ist immer noch Liebe, also ein unterirdisches Seebeben. Neue Landschaften der Begierde entstehen in dir, neue Archipele der Seligkeit, unerwartete Abgründe. Raster, nach denen du künftig dein Leben einordnen wirst. Was liebte ich an Claudia? Da ich keinerlei Schlüssel zu ihr besaß, muß es eine Vorstellung gewesen sein, die ich manisch in sie hineinprojizierte. Nämlich die der »Heimat«. Claudia sollte »für etwas stehen«: meine erträumte Rückkehr. Ob ihr diese Rolle lag, fragte ich nicht. Ich bezweifle, daß Frauen sich gern zu Symbolen irgendwelcher Ideen erhöhen (oder erniedrigen) lassen, obgleich die halbe romantische Literatur darauf beruht. Allerdings befaßt sich die romantische Literatur nur selten mit Dauerbeziehungen... Je unruhiger ich Österreich gegenüberstand, desto bedingungsloser verströmte ich mich an Claudia. Sie wird das zuerst als Kompliment empfunden haben, später als rührend, bald schon als Last. Derart befrachtet, kam unser Boot schwer ins Schlingern. Sie hatte allerhand mitgemacht und benötigte etwas Solides, keinen schnuckeligen Pagen. Das einzig Solide an mir war aber der Ami, der Besatzer. Daß ich gerade den hinschmeißen wollte, brachte sie zur Verzweiflung. Sie war ein praktisches Mädchen und schrieb an ihren Vater in Chicago, ob er nicht »für mich was hätte«. Also einen Job, der mir Amerika wieder schmackhaft machen könnte. Der Antwortbrief, den sie mir zeigte, klang distanziert. Zuerst wollte er mehr über mich erfahren, insbesondere meine Herkunft und meinen »richtigen Namen«. Ich tobte und verbot ihr, weiter mit ihm zu korrespondieren. Sie nannte das abgeschmackt und tyrannisch, versprach es aber. Inzwischen probte sie emsig an dem Wilder-Stück, das nach Neujahr steigen sollte. Der Regisseur hieß Pelz. Oskar Pelz, ehemals Kulturbeauftragter der SS. Als ich Lt. Karpeles darauf hinwies, winkte er müde ab. »Raten Sie, wer die zweite weibliche Hauptrolle, die Mrs. Anthrobus, spielen wird! Die Battisti. Eine Frau, über die ich im Volkstheater geweint hab als Bub, geweint! Und die schon lang vor '38 illegal in der Nazipartei war, weiß ich warum. Und dort bestimmt zweimal so rabiat wie der Pelz. Mit wem wollen Sie, daß ich Theater mach? Mit Ihrer Claudia als Solonummer?«

Als nächstes schickt mir Vater aus New York die Namen der Leute, die uns seinerzeit bei unserem unfreiwilligen Abschied beerbten. Darauf hätte ich liebend gern verzichtet. Rechnen war nie meine Stärke, Abrechnen schon gar nicht. Den Ami herauskehren? Mich in die Brust werfen, mit meiner Unschuld auftrumpfen? Was dieser Unschuld gar nicht zuträglich ist, das wußte ich schon. Aber mit solchen Fisimatenten durfte man Vater nicht kommen. Also fahre ich mit der Straßenbahn zu unserer früheren Hausbesorgerin (die mit der sinnlichen Tochter), nunmehr im Ausgedinge. Und richtig, da steht im Hinterzimmer Mutters »Boudoir« aus Kirschholz. Ihre Fluchtburg vor Vaters Feudalherrschaft und dem Trotz der Söhne. Die Wiedersehensfreude ist kurz und schmerzlos: »Na alsdann, da san mir ja wieder.« Sieben Jahre hatten genügt, um uns in freiwillige Wohltäter in Spendierhosen zu verwandeln. Die damals den ganzen »unnützen Kramuri« nur zu gern hergeschenkt hatten. Mutter und Tochter, jetzt unförmig dick, leben in einer »arisierten« Wohnung der Leopoldstadt, vormals »Mazzesinsel« genannt. Das Umfunktionieren von 70000 solcher jüdischen Wohnungen stellte das komplette Bauprogramm der Nazis in Wien dar. So erzählt mir Lt. Karpeles mit dem resignierten Lächeln dessen, der längst aufgegeben hat, an Vernunftgründe zu appellieren. Auch die Österreicher sind ja überzeugt, daß Hitler ihre Arbeitslosigkeit abschaffte, indem er sie im Lande Autobahnen bauen ließ. Zwar finden sich zu der Zeit keine Autobahnen in Österreich, aber das tut der trächtigen Mythe kaum Abbruch.

Claudia, die mich hierher begleitet hat, schaut interessiert aus dem Fenster: »Weißt du, daß ich in meinem Leben keine dreimal in der Leopoldstadt war? Ist gar nicht so schlimm, wie ich immer dachte.« »Du meinst, die Juden haben in Höhlen gewohnt?« Noch bevor ich mit meinen Gedanken fertig bin, ist mir die perfide Retourkutsche herausgeglitscht. Was gehen mich schließlich die Juden der Leopoldstadt an, die ich ohnehin nie ausstehen konnte, diese Galizianer? Daß sie alle zu Feuer und Asche sind, ist mir sowenig nachvollziehbar wie die letzten Tage von Pompeji. Nur: Bin ich nicht selber mitschuldig an diesen Toden, eben durch mein Assimilantendasein? »Meine Leut« waren sie nie. Meine Leut waren die Österreicher. Noch jetzt, noch jetzt stehen sie mir näher als diese Verschwundenen. Werde ich nicht, auch, zu Claudia hingezogen, durch das warme Gefühl, daß ich hier etwas zu verzeihen habe? Und überhaupt zu Wien? Und zu den Deutschen? Ja, ja, ich will verzeihen, Gott steh mir bei. Kämen sie nur um Verzeihung ein! Daß so viele meinen, kein Verzeihen nötig zu haben, ist das Unfaßbare. Grade beginnt man erst, die Komponisten dieser Mordarie zu kennen, da ist schon Harmonielehre angesagt. »Aber bitte, lieber Herr, wir werden uns doch darüber net aufregen!« Warum eigentlich nicht? Warum muß ich als einziger den Konsensverweigerer spielen, die Nervensäge?

Vaters Bibliothek, soweit nicht im Büchertrödel gelandet, finde ich bei unserem ehemaligen Ladendiener, Herrn Lenz. »Jö, der junge Herr! Meine Verehrung! Das ist aber schön, daß Sie noch einmal an die Lenzfamilie denken!« »Ich hab sogar sehr oft an Sie gedacht.« »Freut mich, freut mich. Na, wie ist es Ihnen so gangen in der Neuen Welt? No ja, prachtvoll, das sieht man. Wohingegen wir, bei die Iwans... Ja, ihr habts die schärferen Riecher gehabt: Europa ade, keine Träne nachgeweint und hinüber ins große Geschäft. Hab i net recht?« Inzwischen entdecke ich Muthers dreibändige Geschichte der Malerei, auch den halbledernen Brockhaus. »Ja, ja, wir haben den Krempel aufgehoben für Sie, so gut wie's halt geht. Unter den allergrößten Mühen und Gefahren, bitte schön. Weil, das war ja verboten, net wahr. Und aus dem Konversationslexikon, da haben meine Kinder ihre ganze Bildung her. Alle Tag haben sie drin studiert.« Ich ziehe den ersten Band aus dem Regal. Ein Stoß alter Schillingnoten flattert heraus, die Vater vor der Emigration hier versteckt haben muß, jetzt wertlose Makulatur. »Jessas!« ruft Herr Lenz verzweifelt. »Wenn ich das nur geahnt hätt. Ein steinreicher Mann könnt ich jetzt sein!« 200 Schillinge bietet er mir als Ablöse für die Bibliothek. Zu diesem Zeitpunkt der Preis von einem Paket Zigaretten im »Schleich«.

Von Wachmann Fuchs, der nach gehabter Kristallnacht unseren Flügel so sorgfältig vermaß, wissen wir nicht mehr den Vornamen. Auf der Polizeidirektion lasse ich mir die fünf Beamten dieses Namens herausschreiben. Schon beim ersten werde ich fündig. Wer hätte gedacht, daß ein einfacher Polizist solche Prachtvilla in Hietzing bewohnt! In Abwesenheit des Hausherrn werde ich gleich an der Wohnungstür von Frau Fuchs abgefertigt. »Plünderzeit war April, jetzt halten wir Dezember, merken S' Eana des! Wär ja noch schöner!« Ich hinterlasse meine Adresse, und früh am nächsten Morgen steht Wachmann Fuchs knieweich vor meinem Quartier: »... bitte ich Sie händeringend, mir nicht meine Karriere... selbstverständlich alles tun, um das Instrument, das leider durch die Zeitläufe... inzwischen gerne bereit, eine kleine Abstandssumme...« Wir einigen uns auf 500 Schilling. Warum habe ich in Österreich immer das Gefühl, in einer Schmierenkomödie aufzutreten, einer Wiener Lokalposse? Wo jeder sich gefälligst rollentypisch zu verhalten hat. Ich werde in einen traditionsreichen Part gedrängt: den des durchtriebenen jüdischen »Handlehs«, der mit ehrlichen Leuten um ihr Besitztum schachert. Und auch die andern haben ihren vorgeschriebenen Dialog parat: »Wären Sie halt draußen geblieben, es hat Sie ja keiner gerufen. Ihr freßt euch drüben an, während unsereins...« Ich bin in unserer Döblinger Mietwohnung, und eigentlich habe ich nur schauen wollen, nur schauen. Aber wie macht man das jemand klar? Bloß den Rächer und Rückeroberer, den nimmt mir diese Aufgeregte (unsere Nachfolgerin) sofort ab. Inzwischen lehnt ihr Mann apathisch im Rollstuhl. Ihn hat es anscheinend noch knapp vor Kriegsschluß beim Volkssturm erwischt. Wie er kurz hochblickt, lese ich in seinen Augen, daß er mich versteht. Ich dränge mich hinein. Alles ist da, von Onkel Noris uns aufgezwungenem rotlackierten Art Deco bis zu Vaters treudeutscher Eiche. An den Wänden seine geliebten Piranesis. Im Wohnzimmer das mythologische Jupiterbild, meine Onaniervorlage. Darunter hockt ein kleiner Junge auf dem Nachttopf, umgeben von Spielzeug, das ich wiedererkenne wie einen lang vergessenen Traum. Ich hebe ein Blechmännchen hoch und ziehe es auf. Es schlägt die Trommel. »Jö, wieso geht das auf einmal wieder?« schreit der Bubi. »Das hat schon damals nicht richtig funktioniert«, sage ich beruhigend. Fünf Schilling Taschengeld hat es mich gekostet.

Nein, ich bin nicht mehr in die Wohnung zurück. Ich verlangte auch keine Ablöse. Ich begriff, daß es Vater nur um die ausgleichende Gerechtigkeit zu tun war. In ihm war jetzt alles gestillt. Als ich ein paar mitgenommene Kleinigkeiten nach Amerika schickte, wußte er nicht, was damit anfangen. Das gehörte zu einem früheren Leben, in dem Eigentum noch Geborgenheit und gesellschaftlichen Glanz signalisierte. Jetzt wollte er damit nichts mehr zu tun haben.

Und dann war eines Tages Adler wieder da. Wie er seine Abwesenheit rechtfertigte, habe ich nie ausfindig gemacht. Vielleicht mit Spionage für die gute Sache. Jedenfalls avancierte er kurz darauf zum Lieutenant und Nachfolger von Karpeles. Seitdem sah man ihn nie ohne seine hohe Schildmütze, die eigentlich in Übersee verboten war. Noch im Schlaf deckte er sich das Gesicht damit ab. Übrigens zog er als Offizier kurz darauf ins Hotel Auge Gottes, wo er sich einen Schäferhund zulegte und sogar eine Hundepeitsche. Die Nächte feierte er mit den Wiener Produzenten, Regisseuren, Schauspielern und besonders Schauspielerinnen durch. Ob sie nun Butter am Kopf hatten oder nicht. Und sie schafften ihn spielend. Während er Kontakte machte, wurde er selbst zum Kontakt. Ohne Adler lief nichts mehr. Inzwischen gab er sich auch als unbeugsamer Verfechter des kalten Krieges und der Hexenjagd, die man eben in den Staaten ankurbelte. Im Büro titulierte er mich »Corporal«. Morgens sollte ich freundlicherweise aufstehen und ihm stramm salutieren. »Muß ich dabei auch die Hacken zusammenschlagen?« fragte ich anzüglich. Nie ließ er sich darüber aus, was er damals im Ostsektor erlebt hatte. »Ein Weib!« griente Treschensky wissend, aber das war es wohl nicht. Eher schon muß er auf den real existierenden Stalinismus gestoßen sein. Daß sich sämtliche Schleimis von Europa und Amerika über diesen das Maul zerrissen, bedeutete leider nicht, daß es ihn nicht gab. Auf die »gläubigen« Adlers dieser Welt hatte man drüben grade gewartet. Und woran hielt er sich jetzt, fragte ich ihn einmal, als er ausnahmsweise zugänglich war. »Weißt du, worauf ich gekommen bin, Corporal? Man kann sehr gut leben, ohne an irgendwas zu glauben.« Den Jeep lieh er mir dementsprechend nie – zu Claudia konnte ich ja mit der Elektrischen fahren.

Obwohl sie darauf nicht versessen war, besuchte ich Claudia im Theater. Man probte schon teilweise im Kostüm. Sie trug Corsage und Netzstrümpfe. Ich hatte seit Tagen nicht mehr mit ihr geschlafen und kam fast um vor Begierde. Aber als sie mich im Zuschauerraum sah, winkte sie bloß zwischen zwei Sätzen und deklamierte weiter. Ich wanderte in die Garderobe. Die männliche Hauptrolle wurde in SS-Uniform gegeben, das galt als Vergangenheitsbewältigung. Ich hatte gottlob mit so einer schwarzen Schale noch nie aus der Nähe zu tun gehabt. Keine Ahnung, was ich erwartete, aber sie fühlte sich filzig an und stank nach dem gleichen Schweiß wie die Landserklamotten im Krieg. In der Mütze mit dem Totenkopf stand eingenäht der Name von Oskar Pelz, dem Regisseur. Es war eine echte Uniform, kein Kostüm. Unnötige Mühe, auch nur das Etikett rauszutrennen. Alles ging weiter, der eine Akt lief aus, der nächste begann, im selben Haus und mit mehr oder weniger der nämlichen Besetzung. Gestern hatte man noch Durchhaltestücke gegeben. Heute waren es »demokratische« – alles, was aus Amerika stammte, war demokratisch. Oder »jüdische« – alles, was von jüdischen Autoren herrührte, galt als jüdisch. Liebelei spielte man nicht, weil es gut war, sondern jüdisch. Thornton Wilder war zwar kein Jude, dafür aber Billy Wilder und auch Arthur Miller (woher sie das wieder so schnell wußten?). Aber auch mit anderen Stücken konnte man Vergangenheit bewältigen. Eine Aufführung von Macbeth symbolisierte Hitlers Machtrausch und Ende, Iphigenie die Permanenz des deutschen Humanismus. Mit dem verglichen, stellten die Nazis schließlich nur eine kurze Episode dar. So leicht ging das. Die Zerknirschung bezog man aus dem Theater, und dank Schlußapplaus war man aller Sünden ledig.

Gibt es ein höllischeres Gebräu als Geilheit gemixt mit Aggression? Wie Claudia in die Requisitenkammer kommt, habe ich schon die schwarze Schildmütze aufgesetzt, den Inbegriff von unser aller Tod. Claudia lacht sich schief: »Ah geh, von einem Schauspieler darfst keine Moral erwarten.« Kichernd spuckt sie in die Mütze hinein, kichernd hängt sie sie wieder an den Haken. Ich könnte sie in lauter kleine Stücke zerreißen, aus Liebe und aus Wut. Aber hat solcher Murrsinn überhaupt noch mit den Nazis zu tun? Oder schäume ich gegen mich selbst, weil mir diese Leichtigkeit abgeht? Diese Wiener Gewandtheit des Hinwegturnens über Abgründe, die doch Vorbedingung meiner Rückkehr ist?

Am Abend empfängt uns Treschensky mit der Neuigkeit, daß er sich jetzt zum Besitzer des Café Sport aufgeschwungen hat: »Ja, es geht wieder vorwärts mit Wien.« Er bestellt den üblichen bitteren Zichorienkaffee, gewürzt mit Landsersprüchen (»Marke Westwall, uneinnehmbar!«) sowie Sacharintabletten vom Schwarzen Markt. »Na, wie wär's damit?« »Wie wär's mit was?« »Mit dem Schleich. Hörst, da arbeiten jetzt wieder Glaubensgenossen von dir. Da könntest so eine Art Kontaktmann werden für mich. Und nachher, wannst die Uniform ausziehst, hast dein solides Gewerbe.« Dabei war das gar nicht so abwegig. Die halbe Army befaßte sich mit Schiebereien, die jetzt schon quer durch Europa reichten. Und jeder kannte die Saga von dem europäischen Beutewagen, den ein Konsortium von GIs per Schiff nach Amerika verfrachtete und dessen Kotflügel unter dem Lack aus purem Gold bestanden.

Treschensky ist das Original-Stehaufmännchen, der wandelnde Persilschein. Erst war er »a bisserl bei die Roten« gewesen, nachher »a wengerl a Nazi«. Er empfand das als »Jacke wie Hose«. Jetzt stand er exklusiv für sich selber, »numero uno«. Das war der Fortschritt der Zeit, die Demokratie. »Wenn jeder Profit macht, profitiert davon die Gemeinschaft.« Dagegen gab es kein Argument. Es war bloß nicht das Europa, das wir uns in der Emigration ausgemalt hatten. »Was willst du eigentlich?« fragt Claudia nachts im Bett. »Es kann doch nicht alles Wienerwald sein und Rosenkavalier?« »Aber muß es denn gleich Treschensky sein?« »Weißt du, was du da tust? Du verachtest ja die Leute.

Weil sie was aufbauen wollen, das mit unserer Zukunft zu tun hat. Und nicht mit deinem ewigen Gestern. Du willst ja gar nicht, daß irgendwas besser wird.« »Das ist nicht wahr«, höre ich mich knirschen. Und dann kommt's: »Mußt du denn alles kaputtmachen, nur weil sie dich kaputtgemacht haben?« Einer von jenen Sätzen, die lebenslang an einem nagen, obwohl sie vielleicht gar nicht so folgerichtig sind.

Nach Jahreswechsel steigt Claudias Premiere. Ein Treffer. Die Sabina: eine Glanzrolle, bei der für eine hübsche Naive mit Temperament gar nichts schiefgehen kann. Insbesondere solche Passagen wie: »Ich habe diesen Krieg nicht gewollt. Und meiner Meinung nach hat jeder, der so viel durchgemacht hat, ein Recht, sich zu nehmen, was er findet.« Das Publikum kocht vor Begeisterung, trotz Nulltemperatur im ungeheizten Saal. Wieder ein Stück Umerziehung schmerzlos über die Runden gebracht. Nachher gingen wir zum Feiern in einen Amüsierbetrieb namens »Achmed Bey« oder so ähnlich. Halb Schiebertreff, halb Tanzlokal für die Alliierten jeder Couleur. Der Wirt berichtet triumphierend, daß man hier nie aufgehört hat zu spielen. In der einen Woche noch für die Wehrmacht, in der nächsten schon für die Russen. »Aber jetzt sind gottlob die Herren Amis in der Überzahl.« Adler, Produzent und Geldgeber der Aufführung, ist Held der Stunde. Ein Königsadler geradezu. Er hat seinen Flachmann voll Cognac in der Gesäßtasche mitgebracht. Auch ich kriege mein Schlückchen ab, denn Adler ist in Spendierlaune. Die Kombo spielt Jazz und Boogie-Woogie, vom Lokal begeistert mitgeschnalzt. »Na, ist das schön?« brüllt Adler quer über den Tisch. »Sieben Millionen Österreicher, die alle nach Amerika auswandern wollen. Und unser Corporal, der wieder nach Österreich einwandern will! Ist das rührend?« Auch Treschensky findet es rührend, der mir einen seiner Vorkriegsanzüge plus Hemd und Krawatte geliehen hat. Ich bin in Zivil. Kleider machen Leute, warum sollen sie nicht auch mich zu etwas anderem machen, denke ich wahrscheinlich. Dann hat Claudia, die als letzte anlangt, ihren großen Auftritt, im Corsagekostüm unter dem Wintermantel. Erst verteilt sie zahlreiche

Küßchen an die Gemeinde, bevor sie mich überhaupt erkennt. Meinen Aufzug findet sie eine gelungene Verkleidung, während ich eigentlich den gegenteiligen Effekt angestrebt hatte.

Anschließend drängt es die Schauspieler noch zu einem Heurigen nach Grinzing. Das hat offenbar Tradition, auch im Winter. Wir sind nicht die einzigen Gäste im Lokal. In einer Ecke feiern unrasierte Fremdarbeiter in irgendeiner slawischen Sprache. Gegenüber ein Haufen »alte Kameraden«, zum Teil noch in Wehrmachtsstücken. Die Kameraden schunkeln zu Wienerliedern, später fordern sie vom genierten Schrammelorchester die melodische Weise: »Panzer rollen in Afrika vor«. Der Violinist zeigt verlegen mit dem Fiedelbogen auf Adler, der aber angelegentlich in seine Flasche stiert. Jetzt werden die Kameraden immer aktiver, weil nichts so zum Singen anregt wie das Hochgefühl, die letzten der Getreuen zu sein. Ein Ausländer ruft protestierend nach dem Heurigenwirt. Darauf kommt von den Kameraden der Urschrei aus der Tiefe des Volksgemüts: »Geh in Oasch, Saujud!« Einige der übrigen Gäste stimmen mit Meuteinstinkt ein, wobei es hier schon gar nicht mehr auf das Jüdische ankommt, sondern auf das Ausländische. Vorbereitung für später. Es entsteht eine lautstarke Randale, und schon ist die Grinzinger Polizei vorgefahren. Zwar nicht mehr mit dem Schleppsäbel, wie in meiner Kindheit. Aber Gummiknüttel haben sie doch schon wieder. Zumindest der Befehlshaber, ein Typ mit rot angelaufener Zwetschgennase. »Bittschön, diese Herrn haben angefangen«, lamentiert der Wirt und zeigt in die Ecke der Zugewanderten. »So ist es«, bestätigt Adler. »Bereits mit Jesus Christus haben sie angefangen!« Er nuckelt jetzt schon an seiner zweiten »Hüftflasche«. Die Fremdarbeiter beteuern, daß sie sich von den Zurufen provoziert fühlten. »Aber bitte, wir sind in einer Demokratie. Da muß man doch jedem seine Meinung gelten lassen«, näselt die Zwetschge und expediert sie im Polizeigriff auf die Straße. Ich stehe auf. Für mein Leben gern wäre ich sitzen geblieben. Trotz jahrelanger Soldatenspielerei steckt mir der Emigrantenbammel in den Knochen. Nur kein Aufsehen erregen. Bloß nicht auffallen. »Misch dich doch da nicht ein«, sagt

Claudia genervt, aber ich habe keine Wahl. Die Zwetschge mustert mich abfällig: »Auch einer von denen. Gestern sind 's in Lumpen herumgelaufen, heut kriegen s' den Rock über der Brieftaschen net mehr zu.« »Ich möchte –« »Gar nix möchten S'. Pudeln S' Eana net auf. Wer san Sie überhaupt?« »Ich bin –« »Ein Dreck san S'. Schaun S' einmal in Spiegel, dann wissen Sie, was Sie san. Ein Asiat san S'!« Es war wie bei Dr. Jekyll und Mr. Hyde. Das Zivil hatte mich zur falschen Zeit in den Falschen verwandelt, oder war vielleicht gerade dieser der Richtige? Jedenfalls ließ ich mich auf eine »Beleidigung der Staatsorgane« ein, die ich mir lang aufgespart hatte. Vielleicht seit meiner Kindheit.

Es war Treschensky, der mich herauspaukte. Mit vielen katzbuckelnden »Aber gehn S', Herr Inspektor« und »Aber schaun S', wir werden keinen Kadi net brauchen«. Nachher sagte er: »So, jetzt hast du's ausprobiert.« Die Party kam nur mühsam wieder in Gang, letzten Endes betrachtete man mich als Spielverderber. Das Spiel hieß Kuschen. Ich war entschlossen, mich nie mehr darauf einzulassen (leichter gesagt als getan). Bei der Heimfahrt schluchzte Claudia still vor sich hin. Sie war jetzt stolz auf mich, aber ich hatte ihr auch den Triumphtag vermasselt. Als ich sie umarmen wollte, schrie sie: »Geschieht dir auch ganz recht. Warum hast du nicht deine Uniform angezogen?« In ihrem Zimmer brach dann die längst fällige Schlammschlacht aus. Und wir sagten uns »endlich die ganze Wahrheit ins Gesicht«, welche sie aber in solchen Momenten nicht zu sein pflegt. Oder jedenfalls erst, wenn man beim Zustand der totalen Erschöpfung angelangt ist. »Verstehst du denn nicht?« sagte sie zuletzt. »Eine Heimat läßt sich sowenig wiederfinden wie eine Jugend.« Es dürfte die Wahrheit sein, obgleich ich mir nicht vorstellen kann, woher sie es wußte. Danach hatten wir unsere schönste Liebesnacht überhaupt, mit heiligen Versprechen beiderseitigen Neuanfangs. Die Art von Bettschwüren, denen man schon beim Aussprechen nicht ganz traut. Ich verließ sie schlafend am Morgen, ohne Ahnung, wie wir nun miteinander standen, und marschierte zu Fuß ins Büro, um zu kündigen. Adler kam verspätet mit seinem Wolfshund, den er als erstes versorgte. »Adler, hast du dir's nicht auch anders vorgestellt?« fragte ich. »Was denn?« »Das alles... unsere Rückkehr?« Adler dirigierte seine Offiziersmütze ins Genick und grinste: »Weiß du noch, old man, wie ich mich damals mit dem Binder gekeilt hab? Nu, er hat recht gehabt.« »Der Binder?« »Es gibt nichts Feineres als französischen Cognac. Drink, old man?« Ich salutierte und stand eine Stunde später mit meinem Soldatensack an der Ausfallstraße nach Salzburg und München. Es war mein Verstand, der mich fortschickte – was man so den gesunden Menschenverstand nennt. Der Rest von mir blieb in Wien zurück.

Ich begann wieder bei der Neuen Zeitung in München, jetzt von Hans Wallenberg geleitet. Bald würde man ihn als »Kryptokommunisten« einstufen, wie alles, das sich gegen den kalten Krieg sträubte und die Atombombe nicht für Gottes spezielle Liebeserklärung an Amerika hielt. Wallenberg sah aus, wie die Hexenjäger sich eben einen Kryptokommunisten vorstellten (klein, dick, jüdisch), deswegen war er auch einer. Das kostete ihn zuletzt seinen Job. Mir erwies er sich als Mensch mit Vorkriegsgespür, der sofort meine Stärke weghatte. »Machen Sie mir Personality-stories«, befahl er, und dabei bin ich dann geblieben. Ich berichtete über jeden Menschen, als sei er eine Dramen- oder Filmfigur. Sie »stimmten«, sie »gingen sich aus«. Meine Interviews stellten sich als Dialoge dar, meine Reportagen als Drehbücher. Ob die Betroffenen sich darin wiedererkannten, kümmerte mich wenig. Schwerer wird es mir schon, zu bekennen, daß auch meine Briefe an Claudia dieser Art waren, und ihre nicht weniger. In der Rückschau kommt es mir vor, daß wir alle zwei auf Distanz angelegt waren. Letzte vulkanische Raserei blieb uns versagt. Sie bleibt zahlreichen Liebenden versagt, wenn sie es auch ungern zugeben. Jetzt hatten wir einen »Briefwechsel« und durften uns verbal austoben. Unsere Korrespondenz wurde zunehmend intimer, auch sinnlicher. Sie enthielt furiose Kürzel, die nur wir verstanden, und beigelegte Zettel in schier unentzifferbarer Geheimschrift. Beide hatten wir uns in Wien den gleichen Siegelring mit einem gravierten Einhorn angeschafft. Sie siegelte in Rot, ich in Grün. Bald flogen tägliche

Botschaften hin und her, in denen wir uns hochschaukelten bis zur postalischen Vergewaltigung. Nun rieben sich ja nicht mehr zwei unleidliche Temperamente aneinander, sondern die Ergüsse unserer sehnsüchtigsten Stunden. Aber auch das war Liebe. Ich glaube sogar, daß ich selten wieder so in Flammen stand wie damals. Eine Liebe, die ihre letzte Zuspitzung aus der Trennung bezog, wie so viele renommierte Liebesgeschichten der Welthistorie.

Im Frühjahr traf dann die Nachricht des State Department ein, die ich mindestens so sehr erhofft wie gefürchet hatte. Da ich nun weichgekocht und zu keinem eigenen Entschluß mehr fähig war, brauchte ich eine Entscheidung von oben. In München bleiben? Oder nach Wien zurück, zum täglichen Liebesduell statt unserer süßen geilen Briefe? Nein, Europa hatte mir gegenüber versagt, seine Versprechen nicht gehalten. Und was jetzt? Der Brief teilte mir per Vordruck mit, daß ich meine 80 Punkte erreicht hatte, genug, um abgemustert zu werden. Und fragte höflich an, ob ich eventuell in der Besatzungsarmee verbleiben wolle. Aber er fragte es routinemäßig und mit gelangweiltem Gesicht. Niemand blieb, außer den Generälen, und auch sie mußten sich gewöhnlich zum Colonel zurückstufen lassen. Die stärkste Armee der Welt löste sich mit unfaßbarer Geschwindigkeit in Luft auf. Wenn auch eine Luft, in der etwas von »unfinished business« lag. Diesmal gab es, anders als 1918, keine Parolen vom »Krieg, der alle Kriege endete«. Auch in mir blieben »unbereinigte Geschäfte«. Weniger als je zuvor wußte ich, wohin ich gehörte. Oder wem ich gehörte. Ich hatte meine Blaue Blume nicht gefunden. Und ahnte erst zaghaft, daß es sie gar nicht gab, außer in meiner Sehnsucht. Gerührt verabschiedete ich mich von meinen deutschen und amerikanischen Freunden und stieg in den Zug nach Genua. Nicht trübsinnig, nur in totaler Verwirrung. Ich weiß noch, daß ich unterwegs besessen fotografierte, was ja Gefühle vermeiden hilft. Hierauf bestieg ich im Hafen einen nagelneuen Truppendampfer – eines von jenen »victory ships«, die man kurz danach auf ewige Zeiten einmotten würde. Die Überfahrt nach New York dauerte neuerdings nicht länger als sechs Tage.

Unsere Demobilisierung bestand im wesentlichen aus einer ärztlichen Untersuchung, damit wir nicht hinterher die Army wegen Spätfolgen belangen konnten. Meinen Entlassungsschein durfte ich eigenhändig ausfüllen, ohne daß sich jemand die Mühe machte zu überprüfen, ob die genannten Einheiten, Kriegsschauplätze oder Auszeichnungen den Tatsachen entsprachen. Man war eben wieder in the good old USA. Händler verkauften uns kostspielige Lederetuis, um dieses »unschätzbare Dokument« gebührend aufzubewahren, das dann kein Mensch je verlangte. Zum Abschied wurde uns das mythische »T-bone-steak« serviert, dessen unbezwingbare Ausmaße man uns jahrelang vorgegaukelt hatte. Obenauf ein Schöpflöffel voll »gravy«, der dikken Pampe, die nur der gebürtige Amerikaner unbeschadet wegsteckt. Mit ruiniertem Magen langte ich bei den Eltern an. Da im Judentum die Macht der Gefühle sich am Umfang der Mahlzeiten mißt, hatte auch Mutter eine Freßorgie inszeniert. Ich schlang alles mit Todesverachtung, aber strahlenden Gesichts herunter, während Mutter besorgt fragte: »Schmeckt's dir nicht?« Zum Kaffee drückte mir Vater eine Zehndollarnote in die Hand und sprach in etwa: »Mein Junge, du mußt jetzt endgültig daran denken, dir einen Beruf zu wählen. Du weißt, ich bin ein moderner Mensch und achte dein Verlangen nach völliger Selbstbestimmung. Immerhin hat man seine Beziehungen. Treiben will ich dich nicht. Geh in aller Ruhe mit dir zu Rate. Übermorgen – na, sagen wir zum Wochenende sollst du mir ganz ungeniert sagen, wohin du willst: ob in die Pelzbranche oder zur Konfektion.«

Aus dem Keller holte ich meinen einzigen Koffer – er trug noch den Aufkleber unseres letzten Hotels in Marseille. Das Hawaiihemd, Inbegriff des Zivillebens, roch schimmlig. Der Anzug war von Motten angeknabbert, mußte aber reichen. Mein Frontkämpferabzeichen in Miniatur steckte ich ins Knopfloch. Bis mir ein Licht aufging, daß auch hier die Leute den Krieg voll satt hatten. Die Heldenmütter, die ihre Nylonfähnchen mit einem goldenen Stern pro gefallenem Sohn ins Fenster hängen durften (was allerdings nur in den unteren Stockwerken etwas hergab), konnten die Dinger jetzt wieder wegräumen. Im Kino lief »The best years of our lives«, ein skeptischer Heimkehrerfilm. Bald würde man auf »The young lions« umschalten, wo Marlon Brando als semmelblonder Nazileutnant mit Reithosen und Husarentaille Edelmut versprühte. Die Realität kotzte einen an, mit der man sich jahrelang hatte abgeben müssen, jetzt war wieder Romanze gefragt. (Einen Spielfilm über die Nazigreuel hat es, sieht man von wenigen Machwerken ab, bis in die siebziger Jahre nicht gegeben.) Die GIs waren eben »suckers«, die sich linken ließen, in den falschen Krieg einzusteigen, schon blies Hollywood zum richtigen. Ich hatte über drei Jahre gedient. Zwar ohne einen Schuß abzufeuern, aber das galt jetzt schon fast als Auszeichnung. Nur »suckers« kämpften, ein Mann mit Zukunft ließ kämpfen. Der Business-Standpunkt Amerikas, der nachher das Debakel von Vietnam mit verursachte. Jedenfalls durfte ich überleben, das war die Hauptsache. Auch Onkel Nori und meine geliebte Kusine Doris konnten uns über Suchanzeigen im Aufbau erreichen. Tante Hedi schickte ein Foto aus Südfrankreich. Dreiundzwanzig andere meldeten sich nicht mehr.

Bei der »Veteranen-Verwaltung« stand angeschlagen, daß mir für drei Jahre Heeresdienst, laut »GI-Charta«, ein Darlehen von 10000 Dollar zustand. Oder ein Hochschulstipendium für vier Jahre. Wo man diese Milliardenbeträge flüssig machte, ist mir immer rätselhaft geblieben. Wie konnte man Berge von Rohstoffen, Fertigwaren und Arbeitsstunden in den Krieg verpulvern und besser dastehen als je? Und warum gab es solche Wirtschaftswunder in der Regel erst nach den Kriegen und nicht vorher, wodurch man doch diese selben Kriege effektiv verhindert hätte? Ich beschloß, daß eine gründliche Ausbildung mein bestes Darlehen wäre. Und stand eine Woche später auf der George-Washington-Brücke, meine alte Uniformjacke übergeworfen und den Daumen in der Luft. Was sollte ich noch in diesem New York, das sich nie entscheiden konnte, ob es klimatisch zu Amazonien gehörte oder zu Sibirien? Vater verdiente ächzend seine paar Kröten, Mutter saß unterm Ventilator und starrte zum Fenster hinaus, obwohl auf der Straße nichts los war. Nie passierte etwas auf der 75. Straße West. Die mitteleuropäischen Emigranten waren die biederste Einwandererwelle seit den Pilgervätern. Sie kratzten was zusammen oder auch nicht, labten ihre Sinne oder fraßen ihr Herz ab, aber alles ohne Radau. Um Radau zu machen, muß man an sich glauben, an die Berechtigung seines Tuns... Mutters innigste Freude war lebenslang gewesen, anteilnehmend mit Menschen zusammenzusitzen – daheim, im Café oder auf Parkbänken. In New York traf man sich nicht, man telefonierte. Also ging Mutter einmal wöchentlich zum Bridgeklub und verlor die Pennies, die Vater ihr als Taschengeld ausschrieb. Ich gelobte, etwas »Nützliches« zu studieren, das sich in Dollars für uns alle ummünzen ließ. Dieses Versprechen habe ich gehalten, wenn auch auf Umwegen. Mein erster Umweg führte nach Kalifornien. Dem Land, wo der »neue Mensch« geboren wurde. Davon war ich felsenfest überzeugt, billiger gab ich's nicht. Als ein »Mack truck« kreischend anhielt, um den Veteranen hinüber nach New Jersey zu bringen, fühlte ich mich wieder einmal zu allen Verwandlungen bereit.

Ich durchquerte Amerika in Möbeltransportern und Cadillacs, auf Viehlastern, Armeefahrzeugen und Sattelschleppern. Seinerzeit, als deprimierter Neueinwanderer, hatte ich den Kontinent so durchasphaltiert vor mir gesehen wie Manhattan. Eine Horrorvision aus Autobahnen, Tankstellen, Werbetafeln, Hamburgerständen und Colabuden, die inzwischen so ziemlich in Erfüllung gegangen ist. Mitte der vierziger Jahre spürte man jenseits des Mississippi noch etwas von der »letzten Grenze«. Bewehrte Cowboys trabten auf Erdstreifen längs der Landstraße, Indianer in hohen schwarzen Filzhüten kutschierten Pferdewägelchen. Ich schlief in hölzernen Motels und verfallenen Herbergen, in deren Fensterkreuzen für den Brandfall ein gerolltes Seil befestigt war. Noch lieber in Lehmhütten, rotgestrichenen Scheunen, Geisterstädten aus der Goldgräberzeit.

In New York hatte ich nur New Yorker kennengelernt, eine Rasse für sich. Die Army wiederum folgte dem Abwärtstrend aller Heere zum »riff-raff«, zum Gesindel. Hier stieß ich auf das wahre Amerika: gutgelaunt, hilfsbereit, unternehmungslustig, generös. Man konnte prinzipiell damit rechnen, daß jeder dich mochte. Diese Menschenfreundlichkeit entstammte nicht nur der Bibel, sondern auch der »Nachbarlichkeit« des Pionierlandes. Es gab einfach keinen Grund, seinen Nächsten nicht zu lieben (außer er war schwarz oder sonstwie verdächtig). Noch nie hatte ich mich so gebilligt gefühlt. So anerkannt. Und so irrelevant. Denn das allgemeine Wohlwollen galt ja nicht dem spezifischen Individuum, sondern dem Mitmenschen an sich. Was man strahlend guthieß, war dein Dasein, weniger dein Sosein. Daran blieb das Interesse unbestimmt und beschränkte sich meist auf das fatale »Where you from?«. Ich log in allen Tonarten. Bald war ich Pariser, dann wieder Schotte oder Sizilianer. Jedesmal meinten die Leute, ich sähe »typisch« für meine Herkunft aus, auch wenn ich mich verzweifelt zum Assyrer oder Babylonier stilisierte. Dennoch mochte ich dieses herzerfrischende Kernland und erfaßte auch, warum seine Leute dauernd unterwegs sein wollten, »on the road«. Im Fahren vollzogen sie ja den raumgreifenden Westmarsch ihrer Voreltern nach, empfanden sich frei und abenteuerlich, selbst bei endlos monotonen Strecken. Leider gab es damals noch kein Autoradio, also mußte der Mitfahrer zum Zeitvertreib herhalten. Jedes schweigsame Genießen der Landschaft führte alsbald zu der besorgten Frage, ob mir nicht wohl sei, »anything wrong?«. Angesichts des Grand Canyon hatte man über Baseballresultate zu quatschen, im Death Valley über Football. Das »Todestal« durfte nur nachts durchquert werden, mit einem Leinwandsack Trinkwasser vor dem Kühler. Dann kam die Mojavewüste, und von einer letzten Bergkette aus blickte man hinunter auf das benedeite kalifornische Südland. Weiter konnte man von New York und Europa in diesen Vereinigten Staaten gar nicht entfernt sein. Europa, das mir, mit seinen Vorurteilen, seiner Enge, seiner Zersplitterung und seinem schlechten Klima, jetzt vorkam wie ein mit Recht versunkener Kontinent. Ich aber würde Kalifornier sein, zugehörig der wetterlosen, problemlosen, bewußtlosen Insel der Seligen!

Der Süden bestand faktisch nur aus einer einzigen Metropole,

»L.A.« genannt. Seine Bewohner Angelenos. Ich mietete mich provisorisch in einer hinfälligen Pension ein, die in einem Orangenhain lag. Die Zimmerwirtin, ein ramponierter Drache mit Lockenwicklern, erkundigte sich, nach einem unentschiedenen Blick auf meine Haare, ob ich »Anglo« wäre oder »Mex«. Das schien hierzulande die nämliche Rolle zu spielen wie in Wien »asiatisch« oder »arisch«. Europäer hatte man, mit Ausnahme diverser Filmfritzen aus Hollywood (das aber fünfzig Kilometer entfernt lag!), hier noch nie gesehen. Dunkle Typen wie ich wateten nachts über den Rio Grande, nachher sollten sie gefälligst als Obstpflücker oder Hauspersonal malochen. Ansonsten war man blond in Kalifornien. Blonde schmalhüftige Götterjünglinge ritten auf Wellenbrettern durch die Brandung, und schwellende blonde Göttinnen erwarteten sie wohlgemut am Strand. Auch unsere Wirtin gab sich platinblond, hatte allerdings das Alter schon stark überschritten, wo man normalerweise die drei obersten Knöpfe der Bluse offenließ. Ich sollte sie mit »Mom« anreden: »Alle meine Boys nennen mich Mom.« Als ich das nicht zustande brachte, wurde sie knurrig. Ohnehin hatte sie mit Europäern nichts am Hut: »Jemand, der sich erst wohl fühlt, wenn es ihm schlechtgeht. Seufz, seufz, seufz, das ist alles, was ihr einbringt.« Gegen Leiden gab es solche probaten Mittel wie Sonnenbaden, Orangensaft oder Sex. Ich hatte nichts gegen die ersten zwei, sträubte mich aber, in Moms Lederbusen einzukehren. Darauf wurde ich definitiv zum »Mex« erklärt, und einer der Boys transportierte mich in seinem Sportkabriolett zum Campus der »Universität von Südkalifornien«. Mein minimales Gepäck nahm er gleich mit. Es war Juni, und so konnte ich mich noch in das Sommersemester einschreiben, das man hier für die Oberfleißigen zwischen die Hauptsemester gestopft hatte. Nachweise wurden nicht verlangt. Sämtliche Colleges hungerten und dürsteten nach Veteranen, besser gesagt, den Studienzuschüssen der »GI-Charta«. Deswegen spielte es auch jetzt keine Rolle mehr, ob man Katholik oder Jude war. Als ich meinen Fragebogen ausfüllte, stand bei der Sparte Religion der Vermerk: »fakultativ«. (Etwa im Unterschied zu allerhand amtlichen

Schriftstücken, die noch heute in Deutschland zirkulieren.) Der Campus zeigte sich als lieblich begrüntes Tal, durchzogen von einem »Arroyo« genannten Bächlein. Rundum verstreut klassische Backsteingebäude mit edlen weißen Säulenportikos. Auf den Steintreppen plauderten kurzgeschorene Studenten in eigelben Pullis mit Schätzchen in Spitzenkragen und Schottenröcken, welche vorn mit einer riesigen Sicherheitsnadel verziert waren. Darunter helle »Bobbysocken« in weiß-braunen platten »Sattelschuhen«. Andere rasteten bäuchlings im Gras, wobei sie von Zeit zu Zeit einen lässigen Blick auf ihr Kollegheft warfen. Grelle Pfiffe riefen sie zur Aschenbahn, wo sie sich ihre Kleider vom Leib rissen und mit gräßlich verzerrten Mienen in den Wettkampf stürzten. Das Sportfeld war sichtlich Zentrum und Krönung des ganzen Komplexes, der finale Daseinsgrund dieses Kindergartens. Mitten auf ihm posierten, griechisch aber beinfrei in weiße Plisseeröckchen gewandet, weitere Göttinnen und schossen mit Pfeil und Bogen auf Zielscheiben aus buntem Stroh. Hier, wenn irgendwo, war das irdische Eden! Der Ort, an dem ich meine Herkunft vergessen konnte, die Emigration, den Krieg, meine Sprache und, so Gott wollte, auch Claudia. Ich schlang den eigelben Sweater, den Mutter mir gestrickt hatte, fester um die Schultern und begab mich in die marmorne Wandelhalle, die golden beschriftet war mit dem Wort »Humanitäten«. Beim Inskribieren stellte sich dann prompt heraus, daß ich auf dem falschen Campus gelandet war. Nicht bei USC, dem berühmten Playboy-College. Sondern der angeblich viel seriöseren UCLA, der Universität von Kalifornien in Los Angeles. Da von hier keinerlei Transport zur anderen Anstalt ging (man setzte einfach voraus, daß jeder Student sein Auto kutschierte), blieb ich, wo ich war. Und wurde zum »Bruin«, mit einem goldenen Bären auf dem T-Shirt, dem Wappentier des Staates. Das Wohnproblem regelte sich ebenso leicht. Ein zweistöckiges Privathaus, das einst der Schriftsteller Aldous Huxley bewohnt hatte, Ort seiner frühen Drogenexperimente, war zu einer »Coop« umgewandelt worden, einer Art Wohnkommune. Hier zahlte man nicht mehr als 35 Dollar monatlich für Kost und

Quartier, und da ich die doppelte Summe Stipendium bezog, war ich reich. Einen Block bergauf, und man stand am Sunset Boulevard, damals noch weitgehend Landstraße zwischen Weinbergen, wo Füchse und Waschbären hausten. Direkt an der Ecke lag Schwob's Drugstore, ein berühmtes Filmstar-Lokal. Baute man sich morgens dort auf, so bekam man innerhalb von fünf Minuten seinen »ride« oder »hitch« zum Campus. Der seinerseits auch am Sunset lag, allerdings Meilen näher zum Pazifik. Aber was galten hier Meilen? Die Hausnummern des Sunset reichten in die Zehntausende. Und dabei hatte jeder Besitz im französischen oder maurischen Scheinstil mindestens fünfzig Meter Gartenfront. Wollte man bloß den Nachbarn aufsuchen, so mußte man mangels Bürgersteig das Auto nehmen, denn Fußgänger wurden einfach vom Verkehr umgemäht. Nur ein einziges Mal versuchte ich, weil sich am Tor der Uni nicht gleich ein »hitch« einstellen wollte, zu Fuß zur Co-op zurückzuwandern. Es war dunkel, bevor ich es schaffte, und so faßte mich eine Polizeistreife als gemeingefährlichen Verrückten oder Selbstmörder.

Jeden Morgen schien die Sonne, freuten sich die Leute am neuen Tag, lernte man beim Trampen kuriose Typen kennen. Mal einen Bautischler (alle kalifornischen Privathäuser bestanden aus Holz), der mehr verdiente als unsere Hochschuldekane. Mal einen alten Cowboy, der als Junge noch auf Postkutschen »shotgun gefahren war«, also die Eskorte gemacht hatte gegen aufsässige Indianer. Und kurz darauf zum nämlichen Job in der Filmindustrie überwechselte. In diesem Zauberland gingen ja Leben und Darstellung distanzlos ineinander über, was solche europäischen Kunstprofis wie Brecht oder Thomas Mann aufs tiefste erboste. Dann nahm mich eine der maskenhaften Schönheiten mit, die Schwob's bevölkerten, und die zu diesem Zeitpunkt sogar als die schönste Frau der Welt galt: Hedy Lamarr. Ich erinnerte sie an unsere erste Begegnung in Wien, Peter-Jordan-Straße, als sie noch Kiesler hieß. Sie fand das entschieden deplaciert, denn Filmstars hatten damals keine Vergangenheit, schon gar eine jüdische! Sie waren schaumgeborene Venusse, ihre Schaumschläger die Movie-Agenten, die mit zehn Prozent an ihren Opfern beteiligt waren. Einer wohnte direkt neben uns am North Crescent Heights Boulevard. Seine Garage enthielt fünf Autos: je eines für Master und Lady des Hauses, für die zwei Söhne sowie das schwarze Butler-Ehepaar, das morgens mit dem Chrysler eintraf.

Von keinem Neid auf Besitztümer angekränkelt, liebte ich dieses hedonistische Narrenparadies. Es stellte minimale Ansprüche an mich, haargenau, was mir jetzt not tat. Es forderte nicht, wie erwartet: Streng dich an, ein neuer Mensch zu werden. Sondern: Sei, der du bist. Anstrengung ist nicht mehr gefragt. Disziplin hat mit dem abgewirtschafteten »protestantischen Arbeitsethos« zu tun. Kannst du dir abschminken. Was zählt, ist »schöpferische Spontaneität«. Lebe deine Wünsche aus, ja auch deine Illusionen, deinen Wahn. Wage zu träumen! Wirf den Sack voll negativer Ängste weg, den du zeitlebens mit dir schleppst, und laß dich leben. Dieses Du, das am Ufer des Pazifik kopfüber in die Wellen klatscht, sich am Strand bräunen läßt und anschließend in den Dünen mit Filmsternchen herumknutscht (die sich nur leider als Kellnerinnen herausstellen) – dieses Du ist dein wahres Selbst. Sonst ist da nichts, zumindest nichts Nennenswertes. Es war die unschuldige Vorstufe zum kommenden Freak – und Aussteigerkult mit seinen guten Vibrationen. Ein noch nicht künstlich gewordener sonnendurchglühter Naturschutzpark. Das einzige, was mir zu seinem prallen Genuß abging, war ein Auto, möglichst ein offenes Kabrio. Mit dem ich auch der Lieblingsbeschäftigung dieser Zooinsassen nachgehen konnte: dem »Cruising« oder »Tooling down the main drag«. Also mit halbnackten, kreischenden Studentinnen, »co-eds« genannt, hoch auf der Rückenlehne den Sunset rauf- und runterzudonnern, unter Jubelruf an alle ähnlich ausstaffierten Karossen: ein Korso des Protzes und der Geilheit.

Tagsüber studierte ich gleich haufenweise, was die »Humanitäten« oder »liberalen Künste« anboten: englische, französische, deutsche Literatur, Historie, Erdkunde, Psychologie, Philosophie, Theaterwissenschaft und was weiß ich. Auf alles fuhr ich voll ab. Ich konnte gar nicht genug kriegen. Wie ein Schwamm, seit Jahren ausgetrocknet und nun vom göttlichen Naß des Gedankens beträufelt. Bei der ersten Frage, die ein »Prof« an mich stellte, war ich noch, wie zuletzt vor Klassenlehrer Meyer, zur Antwort aus dem Sitz hochgeschnellt. Jetzt lümmelte ich gemächlich herum, Liebling der Vortragenden, die sich nur von mir verstanden fühlten. Normalerweise hatte man acht Semester zu absolvieren bis zum »B.A.«, dem Bakkalaureat. Man war hintereinander: »freshman«, »sophomore«, »junior«, »senior«. Diese vier Jahre galten als »die schönsten des Lebens«, die man sich gottbehüte nicht mit Büffelei versauen sollte. Denn das Leben hatte ohnehin sehr wenig mit Wissen oder Geist oder Kultur zu tun. Sondern bestand wesentlich darin, daß man »die Nase an den Schleifstein hielt« und Geld machte. Das College war nur Dekoration, um sich damit aufzuplustern, daß man auch das richtige besucht hatte. Vor allem für die Co-eds. Von denen nicht mehr erwartet wurde, als daß sie am Tag ihrer »graduation« mit einem gesellschaftsfähigen WASP verlobt waren. Also einem weißen, angelsächsischen Protestanten aus guter Familie. Während der Vorlesungen strickten sie, anstatt mitzuschreiben, aus farbigen Wollknäueln buntgemusterte Argyll-Socken für ihre Boyfriends. Welche möglichst einer Sportliga anzugehören hatten, worauf sie sich »varsity students« nannten und ein protziges »C« auf der Brust tragen durften. Waren sie »waspish« genug, stießen sie zu den zahlreichen »fraternities«, so wie die Girlfriends zu den »sororities«. Diese Bruderschaften und Schwesterschaften waren jeweils mit drei griechischen Buchstaben gekennzeichnet. »Phi beta kappa« hieß die Verbindung der intellektuellen Giganten, die mindestens so viel Wissensstoff aufgehäuft hatten wie der durchschnittliche europäische Oberschüler. Wer ihr angehörte, trug einen kleinen Schlüssel am Gürtel, die andern ein Abzeichen an der Brust. Eine Verlobung bestand darin, daß der Boyfriend sein Girlfriend »pinnte«. Also ihr sein eigenes Vereinsabzeichen, die »fraternity pin«, an das »twin set« aus rosa Angorawolle annadelte, hinter dem sich der Busen im gesteppten »maidenform bra« vorreckte. Eine verlobte Co-ed trug demnach zwei Abzeichen, eins an jeder hochgemuten Brustspitze, die sie angeberisch den Kollegen und Professoren entgegenhielt. Sexualität hieß, diese schwer gepanzerten und offenbar angeschweißten Haftschalen in die Finger zu kriegen. Und zwar nachts im Auto, irgendwo längs der vielen Canyons nördlich vom Sunset. Das war »light petting« und galt als gesundes Ausleben der Triebe, auch wenn einem nachher vor Frust die Zunge heraushing. Das Fummeln an der unteren Sexzone nannte sich »heavy petting« und war tabu, zumindest, solange man sein Girlfriend noch nicht »gepinnt« hatte. Andere Pubertätsriten waren das gemeinsame Besäufnis (»getting fractured on beer«) und der »panty raid«. Bei dem so eine Fraternity abends ein Sorority House überfiel und mit unirdischem Kreischen die intimen Kleidungsstücke aus dem Fenster warf. Kompliziert wurde das Geschlechtsleben erst, wenn man weder einer »frat« angehörte noch ein Auto besaß. Unmöglich, eine Co-ed in ihrem eigenen Wagen anzumachen. Ich endete mit einer Kassiererin, die in Long Beach wohnte, aber immerhin Sybil hieß. Wir schaukelten nächtelang in ihrer Hängematte zwischen zwei Palmen. Frühmorgens brauchte ich Stunden, um per Anhalter heimzukommen, denn in der Gegend gab es keinerlei öffentliche Verkehrsmittel. Das machte mir nichts aus. Ich kann mich nicht erinnern, in dieser Zeit je verdrießlich gewesen zu sein. Diskutierend hockte ich auf den warmen Steinstufen der Bibliothek, lag bäuchlings im Gras, trabte auf der Aschenbahn, schoß Pfeil und Bogen, focht mit dem Florett. Ich nahm doppelt soviel Kurse wie üblich, auch solche aus höheren Semestern, die mir gar nicht angerechnet wurden. Daneben fraß ich mich durch die halbe Bibliothek. Als man per Anschlag die Besetzung eines Stückes ausschrieb und einen »sizilianischen Typ« suchte, meldete ich mich auch da. Und mußte eine Sexbombe im kurzen Hemdchen umgarnen, die irgendwo im tiefen Süden vor ihrer Haustür schaukelte. »Keine Angst, ich bin doch ein ganz ungefährliches Männlein«, hatte ich zu flöten, was mich dummerweise genierte. Aber da bellte der Regisseur schon aus dem Zuschauerraum: »Danke, der nächste! Und rufen Sie uns nicht an, wir rufen Sie!« Erst später wurde mir klar, daß ich mir damals den Einstieg ins Filmgeschäft verpatzt hatte. Es ging ja um die Vorpremiere der »Baby Doll« von Tennessee Williams, und alle unsere Produktionen wurden von »Hollywood scouts« begutachtet.

Dann war mein Girlfriend Sybil unvermutet nach New York abgedampft. Von dort aus kam, was wir im Krieg als »Dear-John-Brief« zu bezeichnen pflegten: »Lieber Steve, ich hoffe, diese Nachricht macht Dir nicht zuviel aus... kann selbst kaum glauben, daß alles so fabelhaft schnell... mein Mann ist übrigens Anwalt mit einer gutgehenden... wollen demnächst auf eine Farm in Connecticut... weiter befreundet bleiben mit Deiner alten Sybil.« Es fiel mir auf, daß sie sich immer verkehrtrum buchstabiert haben mußte, weil es korrekt Sibyl oder Sibylle hieß. Darüber hinaus gab mein Herz keinen Mucks. Es war eben nicht hier engagiert, sondern anderswo.

Ansonsten lag ich gut vor dem Wind. Keine Sorge umwölkte meine Stirn. Vergangenheit und Zukunft gleich weit entfernt, dazwischen ein Intermezzo der Besinnungslosigkeit. Ich lebte ein Dasein, kaum mit Gold aufzuwiegen, nur daß es zufällig nicht mein eigenes war. Sondern von jemandem, der sich Steve nannte und der sogar, kaum zu glauben, einen romantischen Pariser Bart trug wie in La Bohème oder der Kameliendame. Dieser Steve gefiel allen, er sagte auch mir zu. Nur zu gern wäre ich dieser Steve gewesen. Was stand dem im Weg? Das, was man in solchen altmodischen Opern das Herz nannte. Dieses Herz wollte, was sonst, angesprochen und aufgerührt sein. Es weigerte sich, auf Dauer neben mir dahinzuleben wie eine Taschenuhr, deren Deckel keiner aufklappt. Und mitten im ersten Herbstsemester fing es überraschend an, von Claudia zu reden. Ich hatte ihr kurz meine Adresse geschickt, »um die Verbindung nicht abreißen zu lassen«. Eine von diesen erpresserischen Phrasen, mit denen Liebende einander die Sporen in die Flanke treiben. Jetzt wartete ich. Schon frühmorgens lauerte ich auf den Briefträger im Flur unserer Co-op, wo die Postfächer standen. Kam er endlich und brachte keinen Brief, so flehte ich ihn an, doch noch einmal gründlich nachzuprüfen. War er schon vorbeigekommen, durchwühlte ich heimlich die Fächer der Kollegen.

Wie leicht konnte man sich irren und statt meinem die Namen Smith oder Jones lesen. Nach den Vorlesungen raste ich jetzt direkt nach Hause, schloß aber beim Eintreten zunächst die Augen, um den entscheidenden Moment hinauszuzögern. Grinste mir dann das leere Fach entgegen, so rüttelte ich zähneknirschend daran. Als müßte gleich (man kannte schließlich solche Vorkommnisse) das Kuvert aus einer verborgenen Ritze heruntersegeln. Am possierlichsten die Wochenenden, denn hier wurde bereits am Sonnabend nicht ausgetragen: endlose selbstzerfleischende Höllen des Wartens. So führte ich ein Doppelleben. Einerseits der allbeliebte Steve. Und ansonsten dieser süchtige Europäer, der ein Einhorn am Finger trug. Und ein bestimmtes Fotoalbum herumschleppte, in dem gepreßte Wiesenblumen noch vier Jahrzehnte später nach einem Strauß im Café Museum duften würden. Gingen Claudia und ich einander überhaupt noch etwas an? Oder war die Sache erledigt und ich bloß noch nicht informiert? Strapazierte mich ab, einen Einakter fortzuspielen, dessen Vorhang längst herunter war? Und dann kam ihr Brief. Sehr lang, sehr exquisit. Ihr ganzes derzeitiges Leben ausbreitend, außer der einen Sache, die uns betraf. Ein Hinhaltebrief. Merklich vorher ins unreine verfaßt. Nicht Fisch, nicht Fleisch. Eis und Feuer in einem. Immerhin keine Absage. Was ich als Bresche empfand, durch die man wieder eindringen konnte. Ich antwortete postwendend und jagte gleich einen zweiten Brief hinterher, ich fürchte, sogar einen dritten. Immer fordernder, immer zudringlicher. Voller Herzerleichterungen für mich, aber ohne Definitives. Zukunftspläne sparte ich aus. Vielleicht, weil mir mein jetziger Schwebezustand durchaus behagte. Es gibt Kerzen, die sich immer von neuem entzünden, auch wenn sie schon endgültig ausgelöscht scheinen. So eine Kerze war ich. Nie habe ich im rechten Moment Schluß machen können, was bestimmt für Frauen kein Labsal ist.

Inzwischen glänzte dieser Steve, der jetzt Englisch flüssiger sprach als Deutsch, weiterhin bei Parties und vor der Klasse. Man hatte mir sogar einen Wink zukommen lassen, daß meine Bestallung an der Fakultät im Bereich des Möglichen lag. Eine akademische Zukunft tat sich auf. Nur machte ich jetzt eine eigentümliche Entdeckung. Den Campus überragte ein verwilderter Hügel, auf dessen schrägem Gefälle man ein riesiges »C« aus geweißten Steinen eingelassen hatte, das Wahrzeichen der Uni. Der ganze verlassene Ort war überwachsen von Thymian und Heidekraut, Ginster und wildem Jasmin. Wenn ich versteckt im Gesträuch saß und den betäubenden Duft tief einatmete, dann brauchte ich bloß den Bleistift anzusetzen und konnte alles schreiben, was ich wollte. Nein, nicht was ich wollte, sondern was *es* wollte. Und dieses Es wollte keineswegs englisch schreiben, aber deutsch. Es wollte weder Gescheitheiten über Shakespeare noch den elisabethanischen Geist von sich geben, sondern etwas über Liebe im allgemeinen und die eine im besonderen, nämlich unsere. Es wünschte darüber hinaus eine neuerliche Version meiner Emigrantenstory. Und sogar, ach Gott, ein Versdrama namens »Demetrios« – ein Typ, der in Kalifornien ungefähr so bekannt sein mußte wie bei uns der große kalifornische Wildnis-Poet Joaquin Miller. Neben dem verdoppelten Studium, dem Lesefraß, dem Sport, den Co-eds und ähnlichen Liebhabereien schrieb ich, meiner Erinnerung nach, mindestens drei Theaterstücke dieses Jahr. Sie standen in einem unlösbaren Zusammenhang mit Claudias tändelnden, verfänglichen, aber nie ganz ausgereizten Briefen. Denen haftete ja immer etwas von Pose an, von erlesener Schauspielerei. Während ich mich rauschhaft und selbstergriffen gehenließ, betrachtete sie ihre Gefühle allseitig und beschrieb sie in verstiegenen Wendungen. Trotzdem schienen mir das echte Gefühle, und mehr forderte ich im Augenblick nicht. Daß sie ihrerseits mehr erwarten konnte, stieg mir nie auf. Ich las jeden Brief Dutzende Male, bis ich ihm auch das letzte Körnchen Süße entsaugt hatte. Die Erschütterung, die er in mir auslöste, war im Schnitt jeweils gut für drei Nächte dramatische Produktion. Dazu hatte ich mich in einem Schuppen des Hintergartens eingerichtet. Sobald die Kollegen schliefen, ging ich ans Werk. Zwei Kerzen waren alles, was ich brauchte, davor Fotoalbum und Claudias Briefe: ein kleiner Hausaltar. Waren die Kerzen angezündet, so konnte ich wie auf ein Startsignal pausenlos durchschreiben bis zum Morgen. Nicht einmal die Titel dieser Stücke weiß ich mehr, auch keine einzige Replik. Da ich aber Claudias Briefe seitenweise plagiierte, nehme ich nicht an, daß sie sehr bühnentüchtig waren. Kurz bevor ich mich mit Tagesanbruch auf vier oder fünf Stunden schlafen legte, kamen mir manchmal Reimstrophen, von denen ich kaum mehr ahnte, was sie sagen wollten: Waren es athenische Sonnengesänge, von Los Angeles inspiriert? »Du heißt die Rosse, die bronzegeschirrten, des Helios prasselnd am Himmel ziehn. Folgend ihm zu den fernen Syrten, läßt du ihn zischend im Meer verglühn.« Prompt blieb daraufhin die Sonne weg, dafür gab es eine der raren Unwetterkatastrophen Kaliforniens. Unser Wohnheim mußte wegen Überflutung evakuiert werden, ich hatte nicht einmal Zeit, meine Manuskripte zu holen. Dann kam ein Blitzschlag (Blitzableiter sind dort unbekannt) mit anschließendem Brand, der so ziemlich mein ganzes Zeug vernichtete. Hatte Südkalifornien mich satt? Ich war abergläubisch – das heißt eingebildet – genug, an einen solchen Wink des Schicksals zu glauben. Ein Brief nahm mir die Entscheidung ab. Ein Brief von Claudia. Diesmal nicht an mich gerichtet, sondern an ihren Vater in Chicago. Voran ging ein Schrieb von meinem Kriegskameraden Jerry Rosner, der jetzt in Wien bei der alliierten Postzensur ungeduldig seine 80 Punkte abwartete. Er war kurz und zur Sache: »Mein lieber George, ich kann mir vorstellen, daß Dich beiliegende Botschaft interessieren wird. Du würdest erstaunt sein, was die Wiener Bevölkerung alles ins Ausland schreibt, am meisten aber hat mich dieser Brief erstaunt. Herzlich Dein Jerry.« Claudias Brief habe ich jahrelang auswendig gekonnt, heute nicht mehr. Zwar müßte er noch jetzt irgendwo in den Uraltkoffern, die meinen Keller bevölkern, zu finden sein. Aber keine zehn Pferde bringen mich dazu, dort hinabzutauchen. Der Brief lautete in etwa: »Liebster Papa, ich danke Dir für Deine Ermahnungen, die ich jedoch für höchst überflüssig halte. Obwohl George sehr nett ist, habe ich nicht die geringste Absicht, einen Juden zu heiraten oder gar jüdische Kinder zu kriegen. Also beruhige Dich, die Sache ist längst abgetan. Deine Claudia.«

Diese Roßkur heilte mich, reichlich verspätet, von der Exaltiertheit und Sentimentalität, die man in der Jugend so gern mit Gefühl verwechselt. Sie erlöste mich auch von dem vorgeblichen jüdischen Minderwertigkeitskomplex, dem uns an den Hals gewünschten »Selbsthaß«. Der ja nichts weiter ist als der umgestülpte Haß der Umwelt auf uns. Natürlich konnte ich das alles damals nicht erkennen, wo es nur schmerzte. Im übrigen, wenn ich schon solche Post kriegen mußte, so war sie gerade im richtigen Moment eingetroffen. Nämlich zu Ende des zweiten Sommersemesters. Es fiel mir nicht schwer, mit L. A. Schluß zu machen und auf die UC umzusteigen, die Universität von Kalifornien in Berkeley, bei San Franzisko. Ein Campus, der sich ohnehin weit solider und raffinierter gab als unser in Sonnenanbetung versunkenes Schlaraffenland. Er lag 400 Meilen nordwärts, und wenn man auf dem Greyhound-Bus die dramatische Küstenfahrt buchte, so glitt man an solchen gerühmten Naturkultstätten vorüber wie Big Sur, Carmel und Point Lobos. Nur kann ich mich an keine von ihnen erinnern. Ich las, ohne aufzublicken, den altösterreichischen Roman Radetzkymarsch von Joseph Roth. Ein Autor, dem ich leicht in Wien, in Prag und später in Paris hätte begegnen können, von dem ich aber weiter nichts wußte. Als wir an unserem Bestimmungsort eintrafen, war das Buch aus, und draußen regnete es in Strömen.

Der Campus von Berkeley lag mitten in der Stadt. Ich mietete mich unterm Dach von einem der spießigen Reihenhäuser ein, die das Umfeld zierten. Das Schlafzimmer mußte ich allerdings mit einem Kollegen teilen, der »vom anderen Ufer« war, wie man damals sagte, also Homo. Zweimal wöchentlich besuchte ihn nachts seine schicke Freundin, um ihn mit Reizwäsche und sonstigem Fummel auf Hetero zurechtzubiegen, während ich Tiefschlaf vortäuschen mußte. Das war hart. Wie gern hätte ich ihr mein Bett angeboten, um so mehr, als kein Erfolg für sie abzusehen war. Das Studium wurde nun aufreibender, wahrscheinlich ließ auch meine Begeisterung nach. Am stärksten verunsicherte mich, daß ich nicht mehr schreiben konnte. Mit Claudias Verschwinden, und dem was sie für mich dargestellt hatte, schien auch meine Inspiration wie zugedreht. Oder als würde man vom Schlafwandeln jäh aufgeschreckt, so war das. Verbohrt marschierte ich nachts stundenlang auf dem Absatz der eisernen Feuertreppe, jeweils drei Schritte hin und zurück, bis die Nachbarn um Ruhe flehten. Nichts kam mehr. Es war einfach aus. Ich fühlte mich erwachsen werden, aber das Erwachsensein war leider genauso, wie ich mir's immer vorgestellt hatte. Hingegen konnte ich jetzt mühelos Mädchen aufreißen. Meine erste Freundin hier nannte ich Pipit, eine britische Spatzenart. Sie war sanft und unsinnlich. Nachts pirschte ich rund um den Campus auf wüste Frauen, mit denen man sich in freier Natur lieben konnte, damals meine Passion. Und nicht ganz ungefährlich wegen der von Wanderpredigern angeheizten Spanner, die überall Sünde witterten. Für Pipit und mich fand ich eine abgelegene Lichtung, von der uns aber bald die Planierraupen vertrieben. Tag und Nacht buddelten sie an einem gigantischen kreisrunden Loch, über dessen Zweck man sich nicht ausließ. Erst später erfuhr ich, daß hier das erste Riesenzyklotron für Kernversuche entstand. Die gesamte UC war dabei, ein wohlbestalltes Labor des Pentagons zu werden, mit den »Humanitäten« als Aushängeschild. In meiner Freizeit verlegte ich mich auf Aphorismen, die man auch ohne große Eingebung zusammenstoppeln konnte. Ich las Pipit solche entmutigenden Theoreme vor wie: »Dies ist die Tragik des Menschen, daß er den Frieden für Stillstand hält und den Krieg für Bewegung« und so weiter. Pipit verstand kein Wort, erklärte mich für »tief« und sah sich nach einem Studenten um, der wenigstens Boogie tanzen konnte.

In Los Angeles, umgeben von Sonnensüchtigen und intellektuellen Blindgängern, war mir das Studieren kinderleicht gefallen. Hier mußte ich mich zusammenreißen, um auch nur Schritt zu halten. Das gefiel mir gar nicht. Aber wozu brauchte ich überhaupt ein Studium? Ohne daß ich es zugab, hing mir jetzt das meiste zum Hals heraus. Mit Ausnahme eines Kurses in Theaterwissenschaft. In diesem unbefangenen, voraussetzungslosen Land sah man das Theater ja nicht, wie im alten Europa, primär als dialogisches Druckwerk. Sondern vorab als Bühnenlandschaft, in der was Aufregendes zu passieren hatte: Körper, Licht, Bewegung, Kostüm, Farbe, Aktion... Erst dann kam das Wort, das sich in diese Vorgaben einfügen mußte. Unser Dozent, Professor Thompson, unterrichtete dramatische Literatur, als sei sie nur eine von vielen Erscheinungsformen des menschlichen Spieltriebes, darunter Tanz, Oper, Kabarett, Pantomime, Zirkus, Kino. Immer ist zuerst die Neugier zu wecken, sagt er, die Schaulust zu befriedigen, auf einen Effekt hinzuarbeiten und ein rhythmisch gegliederter Ablauf zu finden. Bis sich dann in einem viel späteren Stadium der Kunstanspruch geltend machen darf. Das leuchtete mir sofort ein. Vielleicht weil ohnehin für den Wiener das buntbewegte, sinnliche Spektakel der Quell und Urgrund alles Theatervergnügens ist. Und es blieb an mir haften, während ich sonst von diesem Jahr nur mehr wenig weiß. Ich glaube, ich war noch nicht einmal besonders deprimiert. Eher so was wie entzaubert. Ein Prinz, der lieber Frosch geblieben wäre. Besser lächerlich verliebt als gar nicht. Etwas war aufgebraucht in mir und hinterließ einen Hohlraum, den ich neu füllen mußte. Aber womit? Leben, Abenteuer – nur wie kam man zu so was? Ich meldete mich für ein Seminar über den englischen Autor D. H. Lawrence. Der hatte nicht nur Lady Chatterley geschrieben, sondern einen Roman über jedes Land, das er bereiste. Meist urtümliche, primitive Regionen, wo die »dunklen Götter« beheimatet waren, denn er gab nichts auf die Zivilisation. Ihn reihte ich sofort unter die »Abenteurer-Künstler« ein, fast die einzigen, die mir damals nahegingen. (Über die Mehrzahl von ihnen habe ich später Filme gemacht.) Im übrigen läßt sich ja anhand von allem alles lernen, wenn man es nur weit genug treibt. So wie man am Beispiel eines jeden Menschen über die ganze Menschheit erfahren kann. Ah, Melville. Ah, Rimbaud und Gauguin! Ah, Jack London, der hier an der Uni Literatur inskribiert hatte, genau wie ich. Unten am Hafen von Oakland stand eine langgezogene Baracke, aus den Überresten eines hölzernen Walfängers gebaut: die Kneipe »Heinold's Last Chance«. Auch Heinold gab es noch, der den jungen »Seemann Jack« nicht nur mit Alkohol versorgt hatte, sondern auch mit einem Wörterbuch, aus dem er seine Schriftstellersprache lernte. Ein Foto dieser Szene hing sogar neben dem Tresen (ich glaube, es hängt noch heute da). Andererseits besaß ich auch einen Ausschnitt mit dem Porträt des »legendären Autors B. Traven«, den der Filmregisseur John Huston in Mexiko zur Mitarbeit an seinem neuen Film Der Schatz der Sierra Madre verpflichtet haben wollte. In der Universitätsbibliothek ließ ich mir einen Atlas geben und schlug nach, wo diese Sierra Madre eigentlich lag. Sie füllte halb Mexiko. Bis hinunter zu dem Indianerstaat Chiapas, den Traven in seinen aufregenden »Dschungel-Romanen« verklärte. Irgendwie mußte da hinzukommen sein, auch ohne Geld. Warum nicht per Anhalter?

Auf einmal konnte ich es gar nicht erwarten. Zwar ließen sich gegen das Emigranten- und Soldatendasein so viele Einwände vorbringen wie man wollte – immerhin kam man dabei herum! Es war üblich, daß die Studenten nach den Schlußexamen noch einige Tage zugaben, um die Resultate zu erfahren. Nachher mietete sich jeder, der bestanden hatte, einen schwarzen Talar sowie ein »Mörtelbrett« für das Haupt. Und begab sich zu einer andächtigen Zeremonie, wo dir unter vielen Reden die gerollte »Eselshaut« des Bakkalaureus, des Bachelor of Arts, verliehen wurde. Die Reden waren üblicherweise darauf abgestellt, daß man jetzt in »das Leben« hinaustrat. Da ich schon allerhand Leben genossen hatte, schenkte ich mir die Sprüche. Statt dessen hinterließ ich Postkarten bei den Professoren mit meiner Adresse und der Bitte, mir die Abschlußnoten nachzuschicken. Die Adresse lautete: »Postlagernd Guatemala City, Guatemala«. Um dorthin zu gelangen, mußte ich bloß die Staaten Nevada, Arizona, New Mexico, Texas und von Norden bis Süden das ganze gewaltige Mexiko durchqueren, das Land von B. Traven. Dazu besaß ich achtzig Dollar, die ich mir bei Sortiererjobs in Postämtern zusammengekratzt hatte. Weiters einen quer umgehängten Brotbeutel (darin meine alte Leica) und eine Deckenrolle (darin ein neu angeschafftes Schnappmesser). Fünf Dollar hatte ich, laut einem Ratschlag aus Jack Londons Abenteurer des Schienenstranges, in den Rocksaum eingenäht. Wer das vorweisen konnte, den durfte man angeblich nicht wegen Vagabondage verhaften, gemäß der Akte »Habeas corpus«. Ihn haben sie anno 1904 eines Besseren belehrt. Hatte sich seit seinen Tippeltagen was verändert? Mich juckte es, das herauszufinden. Einstweilen war ich jedoch weder Jack London noch B. Traven, sondern der Dichter D. H. Lawrence, genannt Lorenzo. Jedenfalls von den drei Frauen, mit denen er zwanzig Jahre zuvor in der Künstlerkolonie von Taos, New Mexico, hauste. (Vielleicht ist es nicht gut, wenn hingebungsvolle Fans ihre Angebeteten verniedlichen. Mit Schaudern denkt man an »Schwammerl« Schubert, »Pater Serafico« Rilke und »Wölfchen« Hitler.) Die drei Grazien, die sich in den Verherrlicher des Fleisches und nunmehr impotenten Autor geteilt hatten, lebten noch immer am Ort, während ihr Abgott nun schon lange tot war. Ihr Haus stand nicht weit von dem vielstöckigen Indianerpueblo von Taos, dem einzigen Dorf Amerikas, in das man Eintritt zahlen mußte. Ich ritt schlecht und recht per Leihpferd hinaus, das gehörte dazu. Auch Lawrence hatte dort das Reiten gelernt. Und die Literaturgeschichte bewahrte eine Anekdote, wonach Mrs. Lawrence beim Trotten von den »dunklen Göttern zwischen ihren Schenkeln« geschwärmt habe, worauf ihr Gatte bemerkte: »Frieda, du hast zuviel in meinen Büchern gelesen.« Hatten die Frauen einander unheimlich gepiesackt, solang ihr Lorenzo noch lebte, so saßen sie jetzt schwesterlich vereint bei der Witwe zum Tee. Sie war eine geborene von Richthofen, was sie ihn selten vergessen ließ. Die Eroberung der statuesken preußischen Aristokratin durch den schmächtigen Bergarbeitersohn feiern in verschleierter Form fast alle seine späteren Bücher. In Wirklichkeit hatte natürlich sie den Sieg errungen, indem sie ihn einfach mit ihrer Vitalität und Fettleibigkeit – sowie ihrer Stimme wie eine Kriegsdrommete – erdrückte. Momentan trug Frieda ihr umfangreiches Dirndl und servierte Brötchen mit Champagner. Während die hysterische »Gottsucherin« Mabel Dodge Luhan (sie hatte auf Lawrences Anraten einen bulligen Indianer geheiratet) mir kichernd und wohl nicht exklusiv die Geschichte von seinem letzten Verbleib erzählte, und die spitzzüngige Dorothy Brett mit dem versonnenen Lächeln der Schwerhörigen lauschte. (Ich hoffe, ich verwechsle die beiden nicht in der Erinnerung.) Anscheinend hatte Frieda ihren Liebhaber und späteren dritten Gatten Angelino nach Südfrankreich beordert. Dort sollte er den verstorbenen Dichter ausgraben und einäschern lassen, und die Asche in einer Urne nach Taos bringen. Als man die Überreste mit der Pferdekutsche vom Bahnhof abholte, war es dann passiert, was vielleicht mit dem Champagner zu tun hatte. Nämlich, die tönerne Urne fiel herunter und zerplatzte auf der Straße, wobei die Asche in alle Windrichtungen zerstob. Was heute von Lawrence-Freaks am Grab verehrt werde, sei daher nichts als ein Haufen Straßendreck aus Taos. Frieda zeigte mir auch die deftigen Aktbilder von Lorenzos Hand, die ihm den Ruf eines Pornographen eintrugen. Unschuldige Zeiten, als man noch hoffen durfte, eine unverblümte Darstellung des Sexualaktes würde zur Befreiung der Menschheit aufspielen.

In Santa Fé (meiner Traumstadt aus New Yorker Emigrantenjahren) wollte Lorenzo noch Apachentänze beobachtet haben. Nicht die Pariser Spielart, sondern die indianische, bei der dem echten Europäer das Herz aufgeht. Es erwies sich als Kleinstadt im mexikanischen Adobe-Stil, nur daß die Lehmhäuser aus aufgerauhtem Sichtbeton bestanden und Banken beherbergten. Keine Indianer weit und breit. Bei Albuquerque stand ich trotz Hagelsturm stundenlang am Straßenrand. Bis mich ein vorbeiradelnder Junge aufklärte, daß ich als »Mex« nicht die geringste Chance besaß, je von einem Auto mitgenommen zu werden. Ich verdrückte mich zum Schlafen in den Busch, aber der Boden war übersät mit messerscharfen Steinen, die sich einem marternd in die Rippen bohrten. Am Morgen stellten sie sich als behauene indianische Speer- und Pfeilspitzen heraus. Eine ganze verflossene Apachensiedlung lag da unbeachtet herum. Oder waren es prähistorische Relikte? Noch bevor ich das Rätsel lösen konnte, rollte mit Blaulicht ein Sheriff heran. Vagabondage natürlich (der hätte schon die Prärieindianer wegen Nichtseßhaftigkeit eingelocht). Auch ihn interessierte nichts so sehr wie die Frage, ob ich »Mex« oder »Anglo« war. Was passiert, wenn die Leute keine Gastarbeiter mehr zu verachten haben, sprengen sie sich dann vor Frust selber in die Luft? Ich gab mich als »europäischer Staatsbürger« zu erkennen. Worauf er fragte, wie lange man per Auto hinüberbrauchte nach diesem Europa? In Roswell wurde ich verhaftet, weil ich mir an einer Bahnhofspumpe den Oberkörper abschrubbte – »indezente Entblößung« plus Landstreicherei, da halfen auch die eingenähten fünf Dollar nichts. In Galveston, Texas, wurde ich abgeführt, nicht weil ich am Strand kampierte, sondern weil es ein »nigger beach« war, dort hatten Weiße nichts verloren. Vor Shreveport, Louisiana, zerstachen mich bei Sonnenuntergang die Sumpfmücken so jämmerlich, daß ich verzweifelt auf ein Haus zutaumelte, dessen Holzterrasse mit Moskitogittern bestückt war. Die Frau erbarmte sich, aber ich sollte schleunigst verschwinden, sobald ich das Auto ihres heimkehrenden Mannes hörte. Ich hörte es nicht und landete wiederum beim Sheriff, diesmal als Voyeur. Das ganze weite Land schien nur aus Sheriffs zu bestehen. Wie übrigens sämtliche Länder dieser Erde, wenn man sie aus der Armenperspektive erlebt. Was mir nicht weiterhalf war mein Bart – im amerikanischen Hinterland ein Sinnbild widernatürlicher Exzentrik. Kein Fahrer, der nicht das Gespräch mit den Worten begann: »Darf ich Ihnen eine intime Frage stellen?« Ließen die Leute nicht locker, so mußte ich am Ende zugeben, daß ich tatsächlich zu den »Stars of David« gehörte. Das war nicht etwa ein jüdischer Geheimklub, sondern anscheinend eine Baseballmannschaft, die mit ihren Bärten Publicity machte.

Vor New Orleans geriet ich in einen Tornado, der gespenstisch herumwirbelte wie ein wildgewordener schwarzer Bleistift. Hier meldete ich mich freiwillig beim Sheriff, weil ich mir ausrechnete, daß von allen Bauwerken das »jail house« am widerstandsfähigsten angelegt sein mußte. Mulmig wurde mir erst, als man mir nicht bloß mein ganzes Zeug abnahm, sondern auch die Fingerabdrücke: »Reine Routinesache, mein Freund.« Ich landete in einer Zelle mit drei ausgeflippten Seminole-Indianern. Deren Anführer uns die ganze stürmische Nacht hindurch vormachte, wie er bei einem Streit seine »woman« mit dem bloßen Daumen erstickt hatte – »ob du's glaubst oder nicht«! Ich glaubte es ihm aufs Wort. Am Morgen – es war Sonnabend – wollte ich dann verduften, zum Hohnlachen der Indios, aber auch der »screws«, unserer Wärter. Der Beamte, der mich eingewiesen hatte, war längst ins Wochenende gefahren, »den sehn wir vor Montag nicht wieder«. Einen anderen Beweis für meine Unschuld gab es nicht. Dann hörte ich zu meiner Verblüffung die Polizisten eine Art Französisch reden. Richtig, man befand sich ja hier in Louisiana, wo viele noch das alte Kreolisch parlierten. Ich gab mich als Pariser zu erkennen, worauf man mich nicht nur freiließ, sondern im hauseigenen Wagen zum Ortsrand fuhr. Allerdings mit der klassischen Warnung: »Lassen Sie sich hier nach Sonnenuntergang nicht mehr blicken, Fremder.« Ich nahm es mir zu Herzen und verschwand in Richtung Mexiko.

Bei Brownsville, Texas, ging ich über die Grenze, wozu damals noch kein Paß verlangt wurde. Auf der amerikanischen Seite benutzte ich noch schnell die Luxustoilette – drüben, zehn Meter weiter, begann ja die Stadt Matamoros, da pinkelten sie bereits ins Waschbecken. Genau das war's, was ich suchte, denn das richtige Abenteuer begann mit Dreck. Es gab Seifenländer und es gab Sonnenländer, und die Seife war rapide auf dem Vormarsch. Das hatte nur leider nichts mit der Bändigung des Aggressionstriebes zu tun, mehr mit der Abschaffung der Natur. Was die Welt wohl anfangen würde, wenn es keine ungezähmte Natur mehr gab und keine »Eingeborenen« (verpöntes Wort), die anders waren als man selbst? Wenn es mehr Kameras gab als Abzulichtende? Ja, die Abzulichtenden selber Kameras trugen, weil ja jeder knipsen wollte (Symbol des Beherrschens) und keiner mehr geknipst werden (Symbol der Unterwerfung)? Und wohin fliehen nach der Ausmerzung der Natur? Auf den Mond, der ja doch nur aus unseren Gefühlen zu ihm bestand, ansonsten ein fader unbewohnter Steinhaufen? Das war so meine Geistesverfassung, als ich die Grenze überschritt. Von den Schnürstiefeln bis zu Bart und geschlungenem Halstuch ein Ökofreak vor der Zeit.

Glücklicherweise waren damals weite Teile des Landes noch sowenig erschlossen wie in den Zwanzigern, als B. Traven, Held meiner Kindheit, dort seine Abenteuerromane erlebte. »Der Busch« hieß eine erste Sammlung seiner Kurzgeschichten. Ich bekam sie mit vierzehn in die Hand und wußte nach leidvoller Erfahrung mit der »Erzählung für die reifere Jugend«, daß es sich bei diesem Titel nur um Allegorisches handeln konnte. Vielleicht der brennende Dornbusch der Bibel oder so. Alles, was man uns damals vorsetzte, war emblematisch zu nehmen. Angefangen mit »Erde«, »Scholle« oder »Krume«, die eben nicht gedüngter Humus sein durften, sondern »Heimat«. In dieser verblasenen Terminologie standen alle Elemente für was anderes. Der Himmel für Gott, Feuer reinigte oder lohte (»Flamme empor!»), das Wasser glich der Zeit beziehungsweise der Seele des Menschen, der Leib war ein Lehmkloß und der Geist darin göttlich oder degeneriert, je nachdem ob ihn ein »Arier« beherbergte oder ein Jude. Daß hier der Busch einfach trockenes Buschland oder Mesquite war, wie es ganz Mexiko bedeckte, machte mich augenblicklich zum Traven-Jünger. Nur noch Jack London blieb ähnlich konkret. Während jede Seite von Karl May nach Moralin und Läuterung roch.

Travens Copyright-Vermerk lautete Tamaulipas, was sich zu meinem Leidwesen nicht als Ort erwies, sondern als ausgedehnter Bundesstaat. In der Hauptstadt Victoria belämmerte ich das Meldeamt, aber natürlich war ein Señor Traven dort nicht aufzutreiben. Der hatte sich ja inzwischen längst hinter zahlreichen andern Pseudonymen und Postfächern verflüchtigt. Zu diesem Zeitpunkt betrieb er (was mich sicherlich enttäuscht hätte) eine kleine Obstfarm in dem mondänen Badeort Acapulco. Hätte er mich je empfangen? Kann sein, aber jedenfalls nur in der Rolle des Hal Croves, Übersetzer, oder als Torsvan Torsvan, entfernter Vetter des längst verblichenen Autors.

Ich war kein »gottbegnadeter Rechercheur« wie der Traven-Forscher des »stern« (und Erfinder seiner Hitler-Tagebücher) Gerd Heidemann. Also ließ ich vorläufig die Jagd auf den Autor fahren, zugunsten der von ihm so einfühlsam beschriebenen Landschaften und Völkerstämme. Worauf ich aus war? So etwas wie: mich vergessen, mich verlieren und anders zusammengesetzt wiederfinden. Hoffentlich echter. Die Geheimformel alles Wanderns, bis hin zum Psychotrip. Vollständig hatte ich mich noch in keinem meiner verschiedenen Stadien gemocht. Am ehesten aber, wenn ich zu beschäftigt war für Selbstbeobachtung und mich änderte, ohne aufzupassen. Jetzt wollte ich eine Zeitlang Mexikaner sein. Als Vorbereitung färbte sich meine Haut in der Tropensonne kupferbraun. Meine Nase, die Wien so »asiatisch« provoziert hatte, wirkte hier indianisch. Nicht unbedingt ein Vorteil. Je tiefer man ins Landesinnere vorstieß, desto komplizierter wurde ohnehin das Trampen. Zu dieser Zeit gab es auf den Landstraßen kaum Personenverkehr, außer rund um die Touristenziele. Man war auf die klapprigen mexikanischen Lastwagen mit ihren zusammengeflickten Pneus angewiesen, deren Fahrer erwarteten, daß man sie bezahlte. Um das zu vermeiden, mußte ich von vornherein den »reisenden Gringo-Studenten« herausstellen, dem ich immer weniger glich. Oder aber im letzten Moment vom Wagen springen, bevor er ans Ziel gelangte und die Kasse fällig war. Nicht ungefährlich, schon weil damals jeder zweite Mexikaner seine Pistole im Hosenbund trug (heute liegt sie im Handschuhfach). Und natürlich hockten oben auf den Fernlastern, wie auf den Dächern mancher Züge, bewaffnete Soldaten oder professionelle Pistoleros.

Zum Übernachten blieb ich am liebsten im Freien, in meine Deckenrolle gewickelt. Knisterte die Luft vor Kälte in der hohen Sierra, so fand sich jederzeit eine primitive »casa de huespedes«. Plus Sudelküche mit billigen Tacos aus Maismehl, dazu das »frijoles« genannte Bohnenmus. Zur Not stibitzte man Maiskolben oder eine Zuckerrohrstange. Als ich in die damals so urgemütliche Stadt Mexico eintrudelte, war ich noch lang nicht am Ende meiner achtzig Dollar. In der Casa erkundigte man sich, ob ich mein Zimmer unten wünsche oder oben. Und fand es unverständlich, daß mir das egal war. Erst nachher merkte ich, daß man oben pro Nacht bezahlte und unten pro Stunde. Einer der »muchachas« gefiel ich, nach zwei Tagen stellte sie mich allen Kolleginnen als ihren »novio« vor, das hieß Verehrer oder Bräutigam. Danach durfte ich sämtliche Mädchen abknutschen, das war Sitte. Tagsüber trieb ich mich in der Altstadt herum mit ihrer launenhaften Architektur: üppige durchbrochene Stuckfassaden wie geklöppelte Spitzen. Vor der Kathedrale krochen die Indios auf Knien in Richtung der Schwarzen Jungfrau von Guadeloupe. Hatten aber immerhin kleine Kissen mitgebracht, die sie sich, mitten in der Verzückung, unters Knie schoben. Wandern macht fromm, also kniete auch ich im barocken Dom. Der Altar, von Jesuiten entworfen, von Indianern geschnitzt und bemalt, hätte aus der Wiener Stephanskirche stammen können. Ich war ergriffen und dachte an die Heimat. Neben schwarzbezopften Indianerfrauen in knalligen Volkstrachten, die voll heiliger Devotion, wie von El Greco gemalt, auf die Gebenedeite starrten. Wie konnte irgend jemand auf der Welt uns eindrillen wollen, daß es Edelrassen gab und andere, Lichtvölker und Finsterlinge, kostbares Blut und gemeines? Und daß sich das Gottgesandtsein mit dem Zollstock an Nasen und Ohren messen ließ? Aber auch hier herrschte ja Rassismus. Meine schönen Indias waren Marktfrauen, Hausgehilfinnen, Bettlerinnen, Nutten. Die Oberklasse bestand aus »Castillanos«, die sich auf ihre pure spanische Abstammung beriefen, nachher kamen die »Ladinos« genannten Mestizen. Zuunterst die Indios, die mir am besten gefielen. Vielleicht nur, weil ich es bei Traven so gelesen hatte. Der Ruhm des »Vollbluts« betrifft in den meisten Ländern ihre Rennpferde. Die Vergötzung des Vollblutindianers scheint mir eine sehr deutsche Sache. Normalerweise sind ja die Mischungen lebenstüchtiger.

Die Indios empfanden sich nicht als pittoresk. Auch nicht die »Charros« mit ihren engen gestreiften Reithosen und wagenradgroßen Sombreros. Die Mexikanische Revolution, in der man sich querbeet für die verschiedensten Glaubensartikel abgeschlachtet hatte, lag erst ein Vierteljahrhundert zurück. Jetzt war jeder noch viel zu tief in seine Kampfparolen und seine Existenzsorgen eingesponnen, um viel auf meine Kamera zu achten. Ich fotografierte unentwegt, wozu es in jeder mexikanischen Ortschaft eine ideale Stelle gab: den Zocalo genannten quadratischen Hauptplatz. In der Regel steht am einen Ende die Kirche, am andern das Regierungsgebäude, auf die dritte Seite kommen die Arkaden mit den besseren Geschäften und an die vierte das Hotel mit Caféterrasse und Busstation. Mittendrin ein geometrischer Park, in dem zur Abendkühle die halbe Bevölkerung zusammenströmt, vor allem die Jugend. In der schönen Indianerstadt Oaxaca (wo der Dichter Lawrence auch gelebt hatte) fand abends ein Korso statt. Dabei promenierten die »muchachos« prinzipiell rechts herum und die »muchachas« links, was das Kennenlernen erleichterte. Alle Mädchen gingen zu dritt eingehängt, darum mußte ich drei auf einmal aufreißen. Noch bevor es dunkel wurde, hatte sich mir jede von ihnen angetragen, für eine Nacht oder auch auf Lebenszeit. Aber nur unter der Bedingung, daß ich sie in die USA hineinschmuggelte. Der vielzitierte Haß auf den Gringo war bloßer Neid. Armes Mexiko, hatte sein letzter Diktator Porfirio Diaz geseufzt: so weit von Gott, so nah den Vereinigten Staaten... Kaum war ich die Mädchen losgeworden, tauchte ein schicker Bursche aus Mexico City auf. Der überhaupt nichts von mir wollte als meine kostbare Freundschaft und englische Konversation. »Wohin sind Sie unterwegs, Mister?« »Nach Guatemala.« Sieh da, auch er war nach Guatemala unterwegs, um Verwandte zu besuchen. Auch er studierte den Menschen und war ein Wanderer zwischen Staub und Sternen (oder so ungefähr). Und interessierte sich für Fotografie. Und für indianische Kultur. Und für das alte Europa. Aber da könnte ich ihm gewiß noch viel beibringen. Während er mir gerne unterwegs behilflich sein würde, wo er doch das Land kenne wie seine Westentasche. Er trug übrigens Weste. Ein ganz feiner Pinkel. Student, sagte er. Diese Nacht schliefen wir in derselben Casa. Jeder mit seiner India. Nur daß die seine hinter der Pappwand »Juan! Juan!« ächzte, und meine »fuerta, fuerta!«. Was nur heißen konnte, daß sie ihre Regel hatte oder schwanger war oder beides. Und das war's dann. Vielleicht hing es auch an meiner fatalen Unfähigkeit, mit einem Mädchen zu schlafen, deren Sprache ich nicht verstand (sie konnte nur ihren indianischen Dialekt). Wenn man sich nicht gleichzeitig unterhalten durfte, so machte mir das Ganze keinen Spaß.

Jetzt trampten wir zu zweit. Obwohl Juan, diese Großstadtpflanze, vom Hinterland ungefähr soviel Ahnung hatte wie ich. Am Golf von Tehuantepec, der Landenge Mexikos, sollte es die imposantesten Frauen des Landes geben, da mußten wir hin. Sie erwiesen sich als statueske Schönheiten mit goldbestickten Blusen und voluminösen purpurnen Röcken bis zum Erdboden. Standen zwei solche majestätische Gestalten beieinander, so wirkten sie wie zwei Türme im Schachspiel oder die beiden kugelrunden Müller aus Grimms Märchen. Hingegen hatten die Männer weiter nichts zu melden. Es war ein reines Matriarchat, das schon den Filmemacher Eisenstein entzückte. Von der Stadt Tehuantepec zum Hafen Salina Cruz fuhr ein Lokalbähnchen, dabei überquerte man einen trägen Fluß. Worin, bei der feuchten Affenhitze des Isthmus, die halbe weibliche Bevölkerung nackt badete. Gegen eine »mordida«, ein Trinkgeld, das der Schaffner einsammelte, schaukelte der Zug ausgesucht langsam über die Brücke. Erst um Mitternacht kühlte es genügend ab, daß man das Freiluftkino am Hauptplatz besuchen konnte. Die meisten Zuschauer hockten auf den Bäumen, in der Hoffnung auf zusätzliche Kühlung. Man spielte Hustons Schatz der Sierra Madre, nach B. Traven. Und selbstverständlich jubelten die Zuschauer vor Begeisterung, wenn die mexikanischen Banditen im Film mit den Gringos ihre Späße trieben. Noch aufregender fanden sie allerdings das reihenweise Abknallen der Straßenräuber durch die Weißen. Jahre später sah ich in Alaska einen Western, auch wieder vor indianischem Publikum. Das frenetisch applaudierte, wann immer so ein Sioux vom Pferd geschossen wurde. Die Sympathie Gottes mag mit den Schwachen sein, sonst hätte er nicht so viele von ihnen erschaffen. Aber die Gunst des Publikums ist mit den Siegern. Everybody loves a winner. Nothing succeeds like success. Und wie die schönen amerikanischen Sprüche alle lauten. Es fiel mir auf, daß ich bisher noch verdammt wenig Siege errungen hatte, außer dem Triumph des Überlebens. Zum Siegen gehört ja vorrangig der Glaube an sich selbst. Und an sein Glück, seinen Stern. War ich deshalb unterwegs? Um mich zu überzeugen, daß auch für mich ein Stern leuchtete? Tags darauf trampten wir hoch ins Bergland von Chiapas, dem südlichsten Staat von Mexiko. Hier hatte Traven seine ersten urwüchsigen Bücher geschrieben. Hier gab es wie zu seiner Zeit keine Eisenbahnen, kaum Straßen. Und, benachbart den Maya-Ruinen von Palenque, ein gewaltiges, kaum erforschtes Urwaldgebiet, nur von dem aussterbenden Indianerstamm der Kariben oder Lakandonen bewohnt. »Land des Frühlings« hatte der mysteriöse Traven seine erste Reisebeschreibung durch Chiapas genannt, keine zwanzig Jahre zurück. Daß er nicht, wie behauptet, Amerikaner sein konnte, war für mich unverkennbar, seit ich den »Busch« gelesen hatte. Und dessen schwaches Einführungsgedicht: »Down I came from Illinois, singing with two other boys, in the bush in Mexico...« Illinois und boys reimt sich vielleicht im Deutschen, aber nicht im Amerikanischen (wo man »Illinoi« sagt). Und deutsch schien mir auch die versteckte Indianerromantik Travens, die sich so marxistisch-soziologisch gab, während sie doch unterschwellig Urtümliches raunte. War er mit dem Räterevolutionär Ret Marut identisch, von dem Oskar Maria Graf in New York berichtet hatte? Jedenfalls ein Mensch zwischen allen Stühlen, der in der Fremde seine Identität suchte. Ein schreibender Autodidakt mit Fernweh, wie Rimbaud. Wie Jack London, wie Lawrence. Mit jedem Meter, den unser asthmatischer Lastwagen hochkeuchte, spürte ich mich meinen literarischen Göttern näherrücken.

Dann waren wir im Hauptort des Hochlandes, San Cristobal de las Casas. Eine Stadt, die ich schneeweiß in Erinnerung habe: aus weißem Stein gemeißelt, weißgetüncht, durchwogt von weißgekleideten Chamulen, Huisteken, Zinakantanen und wie diese unzeitgemäßen Stämme alle hießen. Ihre melancholischen Gesichter sahen einander frappierend ähnlich. Und waren identisch mit denen, die man an den vorkolumbianischen Steinreliefs und Tonskulpturen des Museums von Mexico City bewundern konnte. Trotzdem gaben sich diese Indianer so unbefangen, als wäre nicht alles an ihnen, von der Hakennase und dem helmartig aufsitzenden Schwarzhaar bis zu den verschlungenen Ledersandalen, längst anthropomorphisch beschrieben und fotografiert.

(Traven gehörte wahrscheinlich zu ihren ersten Fotografen.) Warum fühlte ich mich davon so freudig überrascht, ja erschüttert? Von Kind auf war ich davon durchdrungen, daß man seine Abbildung nicht unbeschadet überlebt. Wer zu oft fotografiert wird, gemalt oder gefilmt – ob Mensch oder Ort –, dem geht etwas flöten und kommt nicht wieder. Dem wird die Seele gestohlen, wie mir sämtliche »Naturvölker«, mit denen ich je zu tun hatte, versicherten. Er sieht sich von außen, eine pittoreske Figur. Er sieht sich zuletzt als Eingeborener, was ja niemand sein will. Als ich damals im Hochland von Chiapas diese tausendköpfigen, sich selbst regierenden, halbheidnischen, traditionsstolzen und von keiner Untergangsvision angekränkelten Indianerstämme kennenlernte, hatte ich einen Augenblick lang das beglückende Gefühl, daß mein ewiger Pessimismus, die Zukunft der Menschheit betreffend, reichlich übertrieben war. Die Natur erwies sich stärker als der Naturforscher. Das Abgebildete überdauerte den Bildner. Das Volk konnte sich gegen den Ethnologen behaupten. Nicht alles Schöne und Ursprüngliche war zum Aussterben verurteilt. Und die Menschheit würde nicht nur überleben, sondern obsiegen. Erst als ich mit meinen Gedanken so weit war, zog ich in Gottes Namen die Leica heraus. Auch seither habe ich wiederholt dort Filme gedreht. Nie, über die Jahrzehnte hinweg, fanden sich die Indios damit ab. Ich tat es trotzdem, aber gab ihnen recht. Ich bin ein Filmemacher des schlechten Gewissens. Auch ist mein Optimismus jetzt wieder stark im Sinken. Vielleicht hätte ich einen anderen Beruf ergreifen sollen. Vielleicht kommt aber das Stück Spannung in meinen Dokumentationen gerade aus solchem inneren Widerspruch.

Die Bischofsstadt San Cristobal und die Indianerdörfer der umliegenden Berge befanden sich in latentem Kriegszustand. Die Stadt prahlte mit zwei Hotels, einem Postamt, einer Apotheke, einem kleinen Museum (das von der Schweizerin Gertrude Düby geleitet wurde), einem Lokalblättchen, und seit der Einführung des elektrischen Stroms war sogar mit einem Kino zu rechnen. Die Indios besaßen nichts als ihr Land und ihre schwer errungene Selbstverwaltung. Jeden Morgen strömten sie in oft stundenlangem Marsch zur Stadt, hoch beladen mit Brennholz, Tontöpfen, Mais und Hühnern. Der Erlös reichte gerade für das bißchen Petroleum oder Salz, das sie benötigten. Vor Jahren hatten sie einmal versucht, die Stadt auszuhungern. Man schickte ihre Emissäre hohnlachend mit abgeschnittenen Nasen und Ohren auf die Dörfer zurück. Die Fotos kann man jetzt noch im Kiosk erstehen, denn der Mexikaner schätzt das Makabre.

Wir kletterten über halsbrecherische Trampelpfade zu den Dörfern, die gespenstisch an Berghängen im Nebel klebten. Die Ablehnung der Bevölkerung war mit Händen zu greifen. Stellenweise wurden wir roh zurückgewiesen oder mit Steinen beworfen. Wahrscheinlich hatte man von Weißen oder Ladinos noch selten Gutes erfahren. Einmal rannte eine Frau mit Kleinkind am Rücken in so panischer Angst davon, daß sie ausrutschte und hintüber auf ihr Baby fiel. Zugänglicher das Hauptdorf Chamula, mit seiner schlichten, weißgekalkten Kirche. Davor drei hohe schwarze Kreuze, an denen aber statt des Erlösers lange Ährengarben hängen. Ein archaischer Ort, der Sakrales ausströmt, weiß man auch nicht, zu welchem Gott. Im Innern, kerzengeschmückt auf dem rohen Steinboden, Hunderte der kleinen tönernen Santitos, die hier verehrt werden, halb Heilige, halb Götzenbilder. Beim Karnevalsfest mit seinen heidnischen Fruchtbarkeitsbräuchen darf selbst der Pfarrer nicht in seine eigene Kirche. Dann wieder eine Zwergschule für Erwachsene. Zu Schulheften reicht es nicht, die Campesinos, ihre buntbebänderten Strohhüte höflich abgenommen, griffeln Spanisch auf Schiefertäfelchen, unter dem Kommando eines halbwüchsigen Professors. Daneben ein Puppentheater, heraufgeschickt vom Ministerium für Volkswohlfahrt. Ein Meer von hingerissenen braunen Gesichtern unter weißen Sombreros starrt offenen Mundes auf einen Kasper, der ihnen unter Späßen vorhampelt, wie man sich die Zähne putzt.

Aber ich will ja weiter, bis in den Urwald von Travens aufrührerischen Holzfällergeschichten. Das letzte Stück unerforschte Wildnis des nordamerikanischen Kontinents. Die topographische Karte von 1938, in Las Casas erstanden, zeigt »Karrenwege« für die ochsenbespannten »carretas«, denen er einen ganzen Roman gewidmet hat. Zeigt »Maultierpfade, nur bei guter Witterung benutzbar«. Zeigt »Siedlungen, verlassen«. Zeigt »Flüsse, unvermessen«, darunter den achtzig Kilometer langen Rio Perlas. Den ich viel später, auf einer Karte von 1976, gar nicht mehr wiederfinden werde. Glatt vom Erdboden verschluckt, anscheinend, weil es ihn nie gab. Hingegen gibt es den »heiligen Strom Usumacinta«, wie Traven ihn ehrfürchtig nennt. Zu dem die indianischen Zwangsarbeiter ihre meterdikken Stämme hinwuchten mußten, damit sie herabschwimmen konnten zu unserer Zivilisation. Es sind die »exotischen« Hölzer des Jugendstils, Mahagoni und Palisander. Derzeit werden die letzten dieser jahrhundertealten Stämme gefällt, denn der Urwald ist ja an Privatfirmen verpachtet. Er steckt auch voller geheimnisvoller Maya-Pyramiden, halb ausgegrabener und solcher, die man vom Flugzeug durch die Baumkronen hervorschimmern sieht, zu denen man sich aber noch nicht durcharbeiten konnte. Und wie viele von dem sagenhaften Waldindianerstamm der Lakandonen überleben noch hier? Traven will sie nie erreicht haben, aber es ist eine seiner üblichen Mystifikationen. Denn Jahrzehnte später zeigt mir seine Witwe, Rosa Elena, in seinem Arbeitszimmer in Mexico City (der »Brücke«) die Plattenfotos, die er in den zwanziger Jahren dort aufnahm. Darunter einen großäugigen Jungen, der mir ein halbes Jahrhundert später, zum Häuptling der letzten kompakten Familiengruppe aufgestiegen, drei selbstgedrehte Zigarren vermachte, die ich nie rauchen werde.

Der Einstieg in das Dschungelgebiet ist das Städtchen Ocosingo, von wo aus bis zur Revolution die Kolonnen der Kontraktarbeiter in den tropischen Regenwald marschierten, um nur selten wiederzukehren. Ein Jeep bringt uns hin, über halsbrecherische Kurven. Hier wollen wir uns Maultiere mieten, um nach dem Rancho El Real zu reiten, letzter Vorposten der Zivilisation. In dieser mücken- und schlangenverseuchten Gegend hat der angebliche norwegische »Ingenieur Torsvan« in den dreißiger Jahren seine Bücher recherchiert, deren immer schrillerer Ton sich zuletzt gar nicht mehr auf die mexikanische Diktatur bezog, sondern auf die deutsche. Wir schaffen es nicht nach El Real. Der Saumpfad versinkt im biblischen Unwetter, und ich besitze nicht mal eine Regenhaut. Zurück bleibt ein Traum, erst Jahre später zu verwirklichen. Juan und ich setzten uns ab zur Eisenbahn längs der pazifischen Küste, weil hierzulande an der panamerikanischen Autostraße noch gebaut wurde. Juan war mein Freund, auch wenn der Pesoscheck, den er stündlich von seiner Familie erwartete, nie eintraf. Da ich für zwei zahlen mußte, war ich jetzt mit meinen Dollars so ziemlich zu Ende, also kletterten wir auf das Waggondach. Wir »deckten« den Zug, wie Jack London das nannte. An der Grenze machte man uns dann Schwierigkeiten. Als »Norteamericano« brauchte ich für Guatemala ein Visum. Aber auch hier existierten eine »grüne Grenze« und ein Pascher, der sich auskannte. Er war Ladino und trug, als wir zum Grenzfluß hinunterschlichen, einen dicken Revolver umgegürtet: »Gegen die Alligatoren.« Der Revolver gefiel mir gar nicht, deswegen grub ich aus meiner Deckenrolle das Schnappmesser aus, das ich dann ein paarmal probeweise auf- und zuklappte. Darauf schlenderte der Mestize in seine Hütte zurück und kam mit einer umgehängten Jagdflinte wieder. Jetzt hätte ich mit einem Maschinengewehr auftrumpfen müssen, besaß aber keins. »Eh, vamos!« schrie Juan, wie mir schien, lauter als nötig. Wir wateten anstandslos durch eine Furt des Rio Suchiate, ohne daß sich das kleinste Krokodil gezeigt hätte. Knapp am andern Ufer stand wieder so eine wandlose Strohhütte mit Hängematten. »Da wohnt meine Verwandtschaft«, sagte der Ladino. »Zahlen Sie mir jetzt meine Pesos, ich muß in die Stadt zur Apotheke.« Kaum war er fort, so stürzte aufgeregt eine Frau herein: »Die Zöllner! Die Zöllner! Schaun Sie, daß Sie verschwinden!« »Los, alles vergraben!« kommandierte Juan. »Her mit deinem Zeug!« In Sekundenschnelle hatte er mein Gepäck unter den Bananenstauden des Hintergartens eingebuddelt. »Jetzt vamos, wir verstecken uns im Zuckerrohr. Da findet uns keiner.« Das Zuckerrohr stand in doppelter Mannshöhe, nach ein paar Schritten war er mir aus den Augen. »Juan, bist du da?« Erst war er noch da, dann war er nicht mehr da. Ich keuchte zu den Bananenstauden zurück. Alles lag offen herum, nur die Leica fehlte mitsamt den Filmen. Bei der Strohhütte glotzte mich die Frau, die uns zuvor gewarnt hatte, fremd an: »Sind Sie sicher, Señor, daß Sie dieses Haus meinen?« Auch ihr Mann behauptete mit hochgehobenen Handflächen, er habe den geehrten Ausländer noch nie im Leben gesehen. Nur Juan hatte er zufällig bemerkt, auf einem Fahrrad. »Ach so, das ist Ihr Freund? Dann traben Sie nur schnell los, vielleicht holen Sie ihn noch ein!« Es war fast genau zehn Jahre her, daß mir auf dem Weg von Wien nach Brünn das gleiche passiert war. Jetzt sah ich am Ortseingang einen Jeep parken, darin ein Uniformierter. Es war zu spät, ihm auszuweichen. Der Mann erwies sich aber nicht als Polizist, sondern als Sanitäter. Wegen der grassierenden Maul- und Klauenseuche. Von Juan wußte er nichts, hingegen wollte er mich »con mucho gusto« zur nächsten Küstenstation mitnehmen. Ich stieg ein, das gutmütige Gesicht schien vertrauenerweckend. Auch der Akzent kam mir irgendwie bekannt vor. »Wo stammen Sie her?« »Aus einer Stadt, Señor, von der Sie noch nie gehört haben werden. Aus Brünn in Mähren.« Er war dort Hautarzt gewesen, gut bekannt mit unserer Familie. Brünn ist zwar eine Kleinstadt, aber eine voller Genies. Das war sogar von den Wienern anerkannt, die sonst mit Lob sparsam sind. Überall in der Welt bin ich auf Brünner gestoßen. Einer war neapolitanischer Volkssänger in London. Ein anderer Cowboy in Wyoming. Dieser hier »Hygiene-Inspektor«. Beim Bahnhof umarmte er mich: »Grüßen Sie mir Europa, Sie Glückspilz!« Ich hatte seit Monaten nicht mehr an Europa gedacht. Auch kaum an Claudia. Beim Wandern zählt nur der Tag, der Augenblick. Es ist das probateste Rezept zum Vergessen. Jetzt flutete durch einen einzigen Satz die Nostalgie in mich zurück. Konnte es sein, daß ich so lange unterwegs blieb, um die Entscheidung zu verdrängen oder hinauszuschieben? Und im selben Moment wußte ich bereits, daß die Entscheidung gefallen war.

Der Zug sollte gegen Morgen zu unbestimmter Stunde aufkreuzen. Wie die meisten Passagiere übernachtete ich am Boden der Bahnhofshalle. Als mich das Schnaufen der Lokomotive weckte, war es noch fast dunkel, so konnte ich unbemerkt einen Güterwagen entern. Das Aufspringen fiel mir um so leichter, als mein Gepäck weniger wog als zuvor. Aber letzten Endes empfand ich den Verlust der Leica als Erlösung. Sie hatte mir ja permanent in den Ohren gelegen, nur ja alles zum Beweis meiner Weltläufigkeit abzulichten und dabei Schärfentiefe und Parallaxe nicht zu vergessen. Man konnte gar nichts spontan erleben, weil einen umgehend das Gewissen zur Verewigung des Geschehnisses mahnte. Das hatte sich, wie bei mir üblich, zur Manie ausgewachsen. Jetzt war ich die Manie los und durfte unbedenklich in der Schiebetür des Waggons sitzen und die Beine baumeln lassen. Die Strecke verlief schnurgerade durch palmenbestandenes Lagunengelände. Alle paar Kilometer hielt der Lokführer quietschend an, dann wurden ihm von Kindern Kokosnüsse heraufgereicht. Oder eine Frau hievte einen Korb frische Wäsche hoch. Dabei merkte ich gar nicht, daß wir jetzt in einer Linkskurve lagen, und somit wurde ich in meiner Waggontür deutlich sichtbar. Beim nächsten Stopp winkte mich der Zugführer nach vorne. Aber es war nichts Schlimmes, er brauchte bloß Unterhaltung. Einer der zufriedensten Menschen, die ich je traf. Als Aristokrat des Proletariats konnte er sich eine »mujer« in jedem Hafen leisten wie ein Seemann. Eine lief neben uns her und reichte einen verrosteten Zuber voller Krabben hoch. In den pumpte er Wasser, dann wurde alles ins Feuerloch gesteckt, bis die Fischsuppe gar war. Schlürfend fragte er nach meinem Beruf, und da mir nichts Besseres einfiel, antwortete ich »poeta«. Daraufhin mußte ich in allen Sprachen, die ich halbwegs beherrschte, Gedichte aufsagen. Auf spanisch konnte ich »La vida es sueno« von Calderon, auf englisch etwas von Kipling, auf französisch »Ma Bohême« von Rimbaud. Und dann kam, tief aus dem Kindergedächtnis aufsteigend, eine Strophe, seit ewigen Zeiten verschüttet: »Es fliegt die Schwalbe weglang auf und nieder...« Von Uhland? Mörike? Oder sonstwem aus der schwäbischen Dichterschule? Vergessen. Jedenfalls zeigte sich der Lokführer hochbefriedigt und brachte mich auf einem Lastwagen unter, der nach Guatemala City fuhr. Dort lief ich sofort zum

Postamt, wo tatsächlich meine Abschlußnoten von Kalifornien eingetrudelt waren. Das mir hier so entfernt schien wie der Mond. Auch ein Elternbrief war vorhanden (»Wie lang gedenkst Du Dich noch herumzutreiben?«). Statt dem erhofften Dollarscheck lag ein kurzer Brief von Claudia bei. In dem sie mir ihre bevorstehende Vermählung mit einem Zürcher Theaterprofessor mitteilte. Und mich aufforderte – falls ich nämlich ein Gentleman wäre –, ihre Briefe zurückzuschicken. Ich war kein Gentleman und behielt sie. Beschertes Glück nimm nie zurück, heißt es irgendwo in einem Gedicht.

Guatemala fand ich fast noch anrührender als Chiapas. Allerdings hatte es hier nie eine Revolution gegeben. Kein Vergleich zwischen den halbwegs freien Landgemeinden der Chamulas und den ausgebeuteten Quiché-Stämmen, die sich hier ängstlich in den Bergen isolierten. In diesem Land behandelten die Ladinos die indianische Mehrheit noch als Sklaven oder als Tiere. Daß die Habenden die Habenichtse auch zu Zehntausenden hinschlachten würden (nach dem Motto: Wenn man das Volk nicht auswechseln kann, muß man es ausrotten), lag allerdings noch in der Zukunft. Mehrere Wochen lebte ich in dem unzugänglichen Dorf Todos Santos als Schützling eines Medizinmanns, den man hier »brujo« nannte. Da ich als Weißer weder Gringo noch Castillano war, mußte ich ihm als Sendbote irgendwelcher Geister vorkommen. Für Kost und Logis erzählte ich den Schulkindern von solchen magischen Orten wie Nueva York, Paris und Vienna. Kaum eines hatte je auch nur eine Straße oder ein Auto gesehen. Die Kinder hingen an mir, ich liebte sie und strebte doch fort. Abends, wenn ich in der Kühle durchs Dorf promenierte, folgte mir die Tochter des Zauberers, indem sie sich schüchtern von Baum zu Baum hinter mir herschlängelte. Sie war eines der Schulmädchen meiner Klasse, aber ihre gravitätische Anmut, unter dem rot und violett gemusterten Webzeug der Quichés, verriet die heranwachsende Frau. Die Lippen boten ein verhuschtes Lächeln, während die Augen gleichzeitig todernst blieben, das Erbteil aller Indianer. Sie streckte die Arme aus in einer schmachtenden Bewegung, die etwas Stummfilmhaftes hatte. Aber Kino war ja nie bis hierher gedrungen. Fast ließ ich mich in diese kindlichen Arme hineinsinken, nur wußte ich ja, daß hundert Blicke uns im Dunkeln verfolgten. Die geringste Berührung, und ich wäre in ein Stammesgefüge eingebrochen, das diesen Menschen Religion war. Wer da nur spielen wollte, riskierte sein Leben. In der Nacht kramte ich lautlos mein Zeug zusammen und stolperte im Mondschein die abschüssigen Fußsteige zur Zivilisation zurück. Wie oft hatte ich nicht meine Gabe herausgestellt, mich zu häuten, ein anderer Mensch zu werden. Hier bot sich die Chance, und ich schmiß sie hin. Vorläufig war es mit dem Verwandeln nicht so weit her. Im Gegensatz zu den von mir so bewunderten Abenteuerheroen fehlte mir der Mut zum Unbedingten. Ich gab nur Gastvorstellungen, legte Rollen hin. Was ich nie hatte werden wollen, erwies sich als mein hauptsächliches Talent. Ich war zum Journalisten geboren. Und konnte nur hoffen, diesen Beruf mit etwas zu verbinden, das meinen schweifenden Sehnsüchten und Einbildungen gerecht wurde.

In der Hauptstadt waren dann meine Mäuse endgültig alle, und ich ließ mich beim amerikanischen Konsul melden. Außer meiner Studienkarte besaß ich, wieder einmal, keinerlei Papiere, schon gar nicht das Einreisevisum nach Guatemala. Deswegen mußte ich eine komplizierte Geschichte erfinden, wie man mich im mexikanischen Tampico auf einen Öltanker schanghait hatte. Von dem sei ich erst im Haupthafen des Landes, Puerto Barrios, entkommen. Die Unverschämtheit stahl ich von Jack London (wenn schon lügen, dann herzhaft), die nautischen Details von Travens Totenschiff. Der kreuzbiedere Konsul, der noch nie im Leben einem Ölpott begegnet war, lieh mir zwanzig Dollar gegen das heilige Versprechen, sie umgehend zurückzuzahlen. Dazu hatte ich auch die feste Absicht und habe sie noch heute. Dann stellte er mir ein Papier aus mit vielen Stempeln, ganz ähnlich wie damals sein Kollege in Marseille: daß ich laut eigenen Angaben mit dem auf dem Paßfoto Dargestellten identisch sei. Damit kam ich anstandslos über die Grenze. Nur Amerikaner schreiben solche Bestätigungen. Als ich kurz darauf in New York einen Reisepaß beantragte, sollte ich einen Zeugen beibringen, der nicht mit mir verwandt sei. »Irgendein Mann von der Straße genügt.« Dieser Mann hatte zwar keinerlei Ausweis bei sich, bloß zwei an ihn adressierte Briefe. Aber auch das genügte.

Auf dem Paßamt hingen vielerlei Anschläge, darunter etwas von dem liberalen Senator Fulbright. Der hatte anscheinend ein Stipendium ins Leben gerufen, mit dem man in den Ländern der ehemaligen Alliierten (die Sowjetunion natürlich ausgenommen) gratis studieren konnte, bezahlt von England oder Frankreich. Darin sah Amerika seine Chance, zumindest einen verschwindenden Teil seiner Leihgelder aus dem Krieg wieder zurückzuholen. Um diese Pfründe reichte ich ein, allerdings machte man mir wenig Hoffnung. Wie stets waren die andern, die mit den tipptoppen Informationen, schon eher dagewesen. Ich bewarb mich für Paris, aber im Grunde wollte ich woandershin. Das wagte ich jedoch weder den Eltern zu gestehen noch dem Onkel Nori, der jetzt, von Auschwitz kommend, auf Umwegen Amerika erreichte. Ich wollte nach Wien, weil ich offenbar diese Stadt noch nicht ausgestanden hatte. Es ist immer das Unausgelebte, und das Unausgeliebte, das uns am verführerischsten umstrickt. Übrigens habe ich Nori nie nach Auschwitz gefragt. Auch nicht Kusine Doris nach Bergen-Belsen. Später hat man dieses eiserne Schweigen der Familien das »Vietnam-Syndrom« genannt. In den letzten Jahren bemühte sich dann der Onkel, seine Lebensgeschichte niederzulegen. Die lustigen Jugendkapitel schickte er mir auf meine Aufforderung zu. Mit den späteren hatte ich es nicht so eilig, er vielleicht auch nicht. Wovon er liebend gern sprach, waren die dokumentarischen Zeichnungen, die er in Theresienstadt anfertigte. Und nach Kriegsende dort wunderbarerweise unter den Dachbalken versteckt wiederfand. Heute hängen sie in einem New Yorker Museum, einem jüdischen natürlich. Und reisen manchmal mit Ausstellungen durch die Welt, jüdischen natürlich. Sein brennendster Wunsch war, sie einmal als Ganzes in Deutschland zu zeigen. Vor einigen Jahren trafen meine Frau und ich bei einer Abendunterhaltung zufällig einen hessischen Minister. Der sagte uns spontan eine Ausstellung in der Paulskirche zu. Dann hörte ich nichts mehr von ihm, bis plötzlich in der Zeitung die Nachricht von seiner Ermordung stand, bis heute unaufgeklärt. Er hieß Karry. Und er sei Halbjude, sagte er mir, aber das müsse man nicht unbedingt hinausposaunen, es schade der Karriere. Auch von Helmut Schmidt hat man es erst kürzlich erfahren. Anscheinend gibt es neben Israel nur ein einziges Land, wo man als Jude zum Regierungschef aufsteigen kann, und das ist Österreich. Verständlicherweise muß es sich nachher lange Zeit davon erholen.

In New York erfaßte mich unvermeidlich der alte Harm, die Katerstimmung des Emigrantenmiefs. Und die Leute waren nicht aufgekratzter als während des Krieges, im Gegenteil. Nicht nur konnte man sich damals vormachen, die Freunde und Verwandten in Europa würden irgendwie überleben. Diese süße Hoffnung war jetzt Essig, und der Aufbau bestand nur mehr aus Nachrufen. Es fehlte ihnen aber auch das Drama des Verfolgtseins. Hitler hatte wenigstens noch »an sie gedacht«. Wer in Europa dachte heute an sie? Wollten sie zurück – bitte sehr, aber auf eigene Kosten und ohne Existenzgrundlage. Insgeheim hatten sie erwartet, daß man sie feierlich zur Heimkehr auffordern würde (hohnlachend ablehnen konnte man noch immer). Statt dessen wurden sie einfach von den Deutschen total verschwitzt: War schon der Holocaust sauer genug aufzuarbeiten, so durfte man sich wenigstens die Überlebenden sparen. Jetzt erst waren sie wirklich verloren. Nicht mehr romantische Exilierte. Sondern bloß die vorletzte und längst banal gewordene Einwandererwelle Amerikas, vor den Puertoricanern.

Bevor ich mich im September 1949 auf der holländischen »Veendam« einschiffte, ging ich unser altes Versatzamt besuchen, mit den drei Messingkugeln überm Eingang. In diesem Laden hatte ich, direkt nach der Abmusterung, mein stolzestes Beutestück, die Lugerpistole, gegen einen Plattenspieler zu vierzig Dollar verschachert. Musik statt Schuß – darin sah ich tiefsinnige Friedenssymbolik. Außerdem besaß das Grammophon einen von diesen neumodischen Plattenwechslern. Tolle Erfindung, weil ja die alten Schellackplatten nur Minuten pro Seite hergaben. Bloß daß man mir jetzt für dieses Prachtstück keine fünf Dollar mehr bieten wollte. Eine Neuentwicklung hatte alles hinweggeschwemmt: die Langspielplatte. »What the hell«, sagte der Pfandleiher. »Ohnehin will bald kein Mensch mehr Musik hören oder Radio. Wird komplett ersetzt durch dieses Gismo, dieses Dingsda!« Er zeigte auf eine Plastikbox, wo auf einem handgroßen Schirm mit abgerundeten Ecken verzerrte Schemen in Schwarzweiß herumhuschten. »Was halten Sie davon, Doc?« »Keine Chance«, antwortete ich. »Warum soll sich irgend jemand, anstatt ins Theater oder Kino, vor so einen mickrigen Guckkasten setzen?«

MEIN BRUDER HERBERT war prinzipiell gegen »rückwärts gerichtete Utopien«, meine lebenslange Spezialität. Auch ihm verriet ich also nichts von meinen Wiener Plänen. Ich besuchte ihn in England, nachdem ich noch schnell als Jugendbetreuer in einem amerikanischen Ferienlager 200 Dollar zusammengekratzt hatte. Die steckte ich, als gewitzter Emigrant, unter die linke Ferse. Bei der Einreisebehörde wollte man Zaster sehen. Ich hatte keinen. Und konnte ja schließlich nicht vor allen Beamten das Geld aus dem Schuh herausfischen. Herbert mußte mich in Southampton auslösen kommen. Er liebte mich trotzdem. Ein vergeistigter Mensch, abhold einer wachsenden Anzahl weltlicher Verführungen. Von jetzt ab bleibt unser Verhältnis eingespielt. Ich erzähle überpointiert Schnurriges aus meiner laufenden Biographie, was er leicht geistesabwesend belacht. Nur manchmal moniert er: »Entschuldige, das kann nicht ganz so gewesen sein.« Dann bin ich verstimmt, denn ich lasse mich doch nicht auf idiotische Details festnageln.

Von der französischen Küste aus wollte ich zu Fuß bis Wien marschieren. Warum zu Fuß? Es gehörte sich so. Man war schließlich auch als Tippler nach Lourdes gepilgert. Und im Sattel nach Taos hinausgeritten. Nur das Erkämpfte hat Gewicht. Strengt man sich gewissenhaft an, so darf man daraus ableiten, daß diese Anstrengung sich auch gelohnt haben muß. Sie beweist geradezu den Wert des Unternehmens (dies zur Psychologie des »Fronterlebnisses«). Überdies ist Fußmarsch identisch mit Ungebundenheit, Freizügigkeit. Allerdings nur bis zu einem gewissen Alter und bei guter Witterung. In Boulogne-sur-Mer regnete es, wie es meiner Erinnerung nach beständig gegossen hatte, solang wir dort vor dem Krieg festsaßen. Die Eisenbahn nach Paris kostete bloß 2000 »alte« Franc. Im Grund wollte ich Paris gar nicht anlaufen, jedenfalls nicht so en passant. Es wäre mir wie Verrat vorgekommen. Oder Untreue. Wie wenn man einer verflossenen Geliebten, der man einiges an Lebenserfahrung verdankt, nur flüchtig zuwinkt. Daß ich trotz dieser sentimentalen Gründe nach Paris fuhr, erwies sich als Glücksfall. Nur dort gab es den Passierschein, mit dem man durch die Besatzungszonen durfte. Anschließend nahm ich den Zug nach Bregenz am Bodensee, meine nächste Geliebte wartete auf mich. War auch sie eine verflossene? Das mußte ich dringend herausfinden.

Österreich gibt sich zwar grundsätzlich als kleines Land aus (so rutscht es durch die meisten Fährnisse der Weltpolitik), aber es ist ein sehr langes Land. Von der Schweiz reicht es bis Ungarn. Ich wanderte in schweren Tretern auf der tausendmal geflickten Asphaltstraße, die dieses lange Land zusammenhielt. In Innsbruck untersuchte ich betrübt meine Wasserblasen. Hierauf kaufte ich mir ein paar Tennisschuhe, die es erstaunlicherweise schon wieder gab. Verläßt man einen Ort oder auch einen Menschen, so stellt man sich unbewußt vor, daß sie in dem zuletzt gesehenen Zustand verharren. Nur man selber verändert und entwickelt sich (unfehlbar in positiver Richtung). Ich hatte Österreich als Ruine verlassen. Jetzt fand ich, daß es sich anschickte, sozusagen aus der Dritten Welt wieder in die Zweite vorzustoßen. Dank Aufbaufleiß und amerikanischer Marshallplan-Gelder. Die Schlote rauchten, der Verkehr lief. Er lief so flüssig, daß es mir lächerlich vorkam, hinter Auspuffgasen herzulatschen. Parallelstraßen gab es in diesem Gebirglerland nicht. Irgendwo zwischen Hall und Schwaz in Tirol pflanzte ich Umhängetasche und Deckenrolle an den Straßenrand und streckte den Daumen aus. Der Mann, der mich in seinem Steyrwagen mitnahm, trug dementsprechend einen Steireranzug mit grünem Lodenhütchen. Und war augenblicklich überzeugt, ich müsse

Italiener sein. Der erste italienische Tourist, ein Vorbote künftiger Devisenbringer. Ich gab mich als Südtiroler zu erkennen. »Ja«, sagte er, »bei euch hat man dem Adolf auch ins Handwerk gepfuscht.« Das hatte irgendwas mit der ausgebliebenen »Erlösung« Südtirols zu tun. Es war aber anscheinend auch die neue Sprachregelung. Laut einer amerikanischen Umfrage hielten ja vierzig Prozent aller Österreicher den Nazismus für »eine gute Idee, nur leider schlecht ausgeführt«. (Vater hatte mir in New York den Ausschnitt aus dem Aufbau gezeigt.) Der Mann im Hütchen brachte mich zuvorkommend bis Salzburg und ließ sich dort nicht nehmen, mir persönlich das Mozarthaus zu erläutern (»unser größter Compositore«). Hierauf bekam ich noch ein Eis spendiert. Und sogar einen »Wegpfennig für die Wanderschaft«. Zum Abschied lüftete er das grüne Hütlein und schwenkte es spaßhaft. Ich grüßte ebenso verbindlich zurück. Ein angenehmer Mensch. Wie kommod man doch mit diesem Land zurechtkam, solang man nur vermied, die Leute zu reizen.

Drei Tage später war ich in Wien. Die Trümmer hatte man erst notdürftig weggeräumt. Als erwartete man billigerweise von denen, die sie verursacht hatten, sie jetzt auch wieder fortzukarren. Vielleicht mochte Wien auch seine Trümmer, als eine neue, melancholische Erscheinungsform seines Wesens. Die Trümmerpoesie des Dritten Manns, dazu Zithermusik, wurde wahrscheinlich von den Österreichern nicht weniger goutiert als von den Siegern. Der wehleidige »Austromasochismus« geht zwar selten so weit, das eigene Nest zu beschmutzen (das bleibt den Emigranten vorbehalten). Reicht aber immerhin zu der Vorstellung, die Leiden, die man anderen zufügt, essentiell selbst erlitten zu haben.

Ich immatrikulierte mich (noch zahlte die »GI-Charta«) am Theaterwissenschaftlichen Institut, ein Kindheitstraum. Dann strich ich wieder durch die bekannten Straßen, wie immer mit diesem behaglichen Gefühl des Aus-einem-Stück-Seins, das solche Nostalgiegänge vermitteln. Obwohl ich doch eigentlich Gefangener war. Gefangener meiner Erinnerungen. Zu den Kinderstraßen kamen jetzt auch die Claudiastraßen. Konnte es sein

(Liebe fragt nicht nach Erlaubnis), daß ich Claudia noch liebte? Oder war ich bloß in meine eigene nachhängerische Sehnsucht verschossen, eine Sache der Eitelkeit? Jedenfalls vermied ich die Orte, wo wir uns gestritten hatten, wie ihr Theater oder das anrüchige Café Sport. Ich vermied auch die Leopoldstadt, das ehemalige Getto. Waren wir Assimilanten nach Westen emigriert, so die frommen Chassidim geschlossen nach Auschwitz. Nur ein einziges Mal wanderte ich die Untere Donaustraße entlang, auf dem Weg zum Prater. Vor einem finsteren Kellergewölbe stand halbversteckt ein Mann in schwarzem Kaftan. Ängstlich winkte er mich herüber: »Wir brauchen einen Minjen.« Orthodoxe Juden können erst Gottesdienst abhalten, wenn zehn Beter beisammen sind. Der zehnte ist der Minjenmann. Ich war der zehnte. Viel mehr Juden gab es jetzt nicht in der Leopoldstadt. »Entschuldigen Sie«, sagte ich sehr hochdeutsch. »Bin nicht von hier.« »Was, Sie wollen kein Jud sein!« schrie er hinter mir her. »Was sonst sind Sie?« Ich wußte es auch nicht. Manchmal denke ich, mir zum Trost, daß jeder, der ostentativ behauptet, etwas Bestimmtes zu sein (Sozialist, Tierfreund, ein aufgeklärter Mensch usw.), wahrscheinlich im tiefsten ein Lügner ist.

Die »Theaterwissenschaft« liegt in einem der viel zu weiträumigen Flügel der Neuen Hofburg. Die Fenster gehen auf den Michaelerplatz. Genau über dem einen der beiden manieristisch-sadistischen Brunnen, die mich als Kind so erregt hatten. »Macht zu Lande« und »Macht zur See« hießen sie, glaube ich. Gegenüber steht das »Haus ohne Augenbrauen« des verfrüht postmodernen Architekten Adolf Loos, erbaut für den Vater meines Jugendfreundes Kugo. Daneben Palais Herberstein, einst Sitz des Literatencafés Griensteidl, das Karl Kraus zu seinem ersten polemischen Wutausbruch inspirierte. Man sieht Mutters Lieblingskonditorei Demel, gegenüber dem Papiergeschäft, wo mein Globus herkam und die Wanderkarten fürs Salzkammergut. Seinerzeit war der Platz mit schwarzgeteertem Holzpflaster belegt, bei Regen rutschten dann die Kutschierpferde aus, und ich schrie »Pferde niedergefallen!« – mein erstes überliefertes Wort. Alles ist an seinem Ort, alles geht weiter, als wären wir nie dagewesen.

Ich kann mich nicht damit abfinden. Nein, kein Mensch stänkert mich an. Es regnet sogar Freundlichkeit. Die Wiener haben sich ja seit der Jahrhundertwende an zu vielen Phantasmen und Fanatismen übernommen, zu denen sie gar nicht geschaffen waren. Jetzt wird zurückgesteckt, man »besinnt sich auf kulturelle Werte«. Wien als Freiluftmuseum, eine Art Venedig ohne Lagune. Auch die wenigen überlebenden Juden passen dazu. Sie spielen die Gondolieri – ein exotisches Bindeglied zur Vergangenheit. Mit ihnen scheint es ein Geheimabkommen zu geben: »Wir verpflichten uns, Sie von nun als pittoresk und althergebracht zu führen. Sie, Herr Jud, erbieten sich im Gegenzug, uns nicht mehr mit der Nase in den Hitlerdreck zu stoßen.« Die Juden – mit Ausnahme von Nazijäger Wiesenthal – haben sich sogar brav daran gehalten. Die anderen weniger. Der Neuanfang schafft eine Verdrängungsgesellschaft.

Im Institut verteilt ein Assistent Seminarvorschläge. Will ich über Hofmannsthal arbeiten (seinerzeit als »Judenstämmling« verfemt)? Oder über Hauptmann (der sich von den Nazis umwedeln ließ)? Über Expressionisten wie Toller und Hasenclever (beide im Exil mit Selbstmord abgegangen)? Oder Brecht (den es fast kaputtmachte)? Oder über, gottbehüte, Karl Schönherr (ach so, dieser Blut- und Bodenbarde wird hierorts immer noch gehandelt)? Der Fakultät bleibt es einerlei. Hier lehrt man nicht Politik, sondern Theatergeschichte. Geschichte ist neutral. Der Direktor des Instituts heißt Professor Heinz Kindermann. Einst eine Leuchte völkischer Literaturbetrachtung und NS-Wurzelrhetorik. Dem es sogar gelang, Goethe zu einem Nazi zu machen: »Denn sein Glaube, einst jubelnd verkündet in den Tagen der Befreiungskriege, er ist auch der unsere...« Alles ist eins. Alles wird amalgamiert: erster und zweiter Weltkrieg, Landser und GI, Faschist und Kommunist, Dresden und Auschwitz. Analogie ist das Gebot der Stunde. Umarmt euch, Vergaser und Vergaste.

Im Kolleg lerne ich eine mollige Wienerin kennen. Was Schnitzler so das süße Mädel nannte. Wien konserviert literarische Typen, das ist seine Hexerei. Sie heißt Susi. So 18, 19 wird sie sein. Hand in Hand wandern wir zur öffentlichen Küche in der Schottengasse, wo man als Student für nichts zu mampfen kriegt. Und wie lecker, denn ohne das macht den Wienern die ganze Demokratie keinen Spaß. Susi kichert über meine Emigrantenstories. Damals kam man doch wenigstens ins Ausland! Zu den Juden fällt ihr nur der Graf Bobby ein. Wie er seinem Freund Rudi mitteilt, daß er zu heiraten gedenke. Nur leider sei sie eine Prostituierte. Darauf Graf Rudi: »Aber geh, heutzutage spielt das doch keine Rolle mehr, die Religion.« Zum Kaffee fragt sie: »Hast du eigentlich eine sturmfreie Bude?« (Toll, daß es solche Ausdrücke noch gibt.) Meine liegt zum Glück nicht weit von da, in der Kolingasse. Genau über dem Sportgeschäft, wo mein erster Eishockeyschläger herkam. Der Laden heißt Mühlbauer. Damals hieß er Arnstein. Oder war das Ornstein? »Vergiß es, Liebling«, sagt Susi, in diesem Neudeutsch, das direkt aus amerikanischen Filmkomödien übersetzt ist. Dann zieht sie sich aus, ungeniert, systematisch und ohne jede Koketterie. Daß ich sie dabei zu liebkosen versuche, kommt ihr eher abwegig vor. Ihre Klamotten breitet sie penibel über einen Stuhl, weil ja nicht alles verkommen muß. Anschließend kuschelt sie sich räkelnd ins Federbett und wartet auf mich. »Geh, Schatzi, gib mir ein Bussi!« Es ist alles so affektfrei wie möglich. Nur keine Probleme, Aufregung unangebracht. Vergiß es, Liebling. Zum erstenmal im Leben komme ich mir überholt vor: ein Galan von vorgestern, aus der Zopfzeit. Einer der, au weia, seine Gefühle hochgeputscht haben möchte. In der Zigarettenpause wünscht sie sich schläfrig, ich soll ihr doch weiter von damals erzählen. »Hast du eigentlich je den Adolf getroffen? War der ein solcher Schmähtandler, wie man immer behauptet?«

Wiederum sind Wahlen in Österreich fällig, und jetzt geht es gar nicht mehr so lammfromm zu, wie seinerzeit abgesprochen. Die Konservativen treten an mit dem griffigen Schlagwort: »Volkspartei oder Volksdemokratie«. Ein gekonnter Appell ans dumpfe Hinterwäldlertum. Vor dem Burgtheater eine bewegliche Popskulptur: Drohend schnellt eine fuchtige rote Katze aus schwarzem Sack. Die Katze im Sack symbolisiert die Sozis, weil die ja heimlich das Land zur kommunistischen Diktatur ummodeln wollen. Wahlentscheidend ist die halbe Million »Minderbelastete« (wo sind die Mehrbelasteten geblieben?), die jetzt zum erstenmal wieder Stimmrecht besitzt und um die sich beide Großparteien raufen. Außerdem eine dritte, die sich Verband der Unzufriedenen nennt oder so ähnlich, und als ihr Auffangbecken fungieren will. »Recht, Sauberkeit, Leistung« steht tatsächlich auf ihren Anschlägen. Um diese Ehemaligen kämpft man mit ganz schön harten Bandagen. Ein Plakat zeigt das Land von einem tiefen Graben durchschnitten. Rechts ein braver Mann, als Anhänger der Österreichischen Volkspartei gekennzeichnet, der hilfreich eine Planke über diesen Graben schiebt. Wem schiebt er diese rettende Planke zu? Einem Volksgenossen, mit dem zarten Wort »NS-Problem« beschriftet. Und wer schmeißt hinten roten Dreck auf diesen Akt der Nächstenliebe? Zwei sozialistische Rowdies mit Judennasen. Und wie betitelt sich das Ganze? »Sie reden vom ewigen Frieden und wollen den ewigen Haß«. Unnötig zu definieren, wer »sie« sind. Dieselben, denen der jetzige Vizebürgermeister von Wien und erster Präsident des Nationalrats, Leopold Kunschak, schon 1920 die Alternative bot, »entweder freiwillig auszuwandern oder in die Konzentrationslager gesteckt zu werden«. Zwar haben die Sozis (sie müssen sich ja koalitionsreif machen) gleich in ihrem ersten Schreiben an die ins Ausland geflohenen Genossen angedeutet, daß »die Rückkehr einer größeren Anzahl von Juden mit einer gewissen Besorgnis betrachtet würde«. Was den meisten von ihnen jede Lust dazu nahm. Trotzdem darf jetzt das Kleine Volksblatt (Zentralorgan der mehrheitlichen Volkspartei) mit unverdrossenem Zungenschlag kundtun: »Wir hatten uns schon sehr gewundert, als im Zuge der sogenannten Befreiung nicht nur wirkliche Amerikaner, sondern auch zahlreiche amerikanisch uniformierte Leute zu uns kamen... Sie blieben, was sie immer waren, und sie blieben vor allem Hasser... Leute, die niemals Österreicher, niemals Amerikaner, sondern immer nur Geschäftemacher, Hetzer und Verhetzte gewesen und geblieben sind... Man möge uns nicht wieder als Antisemiten verdächtigen.«

Zu diesen zahlreichen Uniformierten der sogenannten Befreiung (meiner Schätzung nach können es nicht mehr als fünfzig bis hundert gewesen sein) gehörte 1945 auch ich. Jetzt war ich wieder da. Gekommen wozu? Rückblickend scheint mir, daß es ein letzter Versuch sein sollte, das Land »durch Liebe zu bezwingen«. Nur hier will ich mich auf Kampf einlassen, moralische Ansprüche stellen. Anderswo lohnt es nicht. Mein Pech ist, daß man hierzulande von den Amis wesentlich eins gelernt hat: »Vergiß es, Liebling.« Solang ich mich als Besatzer, das heißt als Tourist fühlte und ausgab, ging alles wie geschmiert. Nirgendwo wird der Tourist so verwöhnt wie in Österreich. Für ihn baut man die heimischen Triften zum Disneyland um, mit sich selbst, den Älplern, als Fremdenführern im Mickymaus-Look. Ich brauchte also bloß den Touristen zu markieren und war aus dem Schneider: eine Sache der Einstellung. Als Tourist ging ich mit Susi zum Burgtheater (jetzt im Varieté Ronacher untergebracht) und sah in der Rolle des Jago einen umwerfenden Werner Krauß. Der ehedem gleich umwerfend fast sämtliche Judenrollen in Jud Süß gegeben hatte. In Deutschland hatte er Auftrittsverbot. In Wien jubelte man ihm zu, ich jubelte mit. Ich war ja Tourist. Nur wenn ich aus dem Part aussteigen wollte, gab es Saures. Im Seminar wurde der Regisseur Max Reinhardt als mythische Figur gehandelt. Ein Genie, dem es seinerzeit im kleinen Österreich zu eng geworden war und das deshalb in Hollywood nach höheren Weihen strebte. Ich widersprach und bezeugte seine kümmerliche Flüchtlingsexistenz und seine Pleiten im Film. Ablehnendes Schweigen. Gruppenkohärenz. Was hatte ich mich da einzumischen, als Tourist? Wollte ich Vergangenheit aufarbeiten: bitte sehr, aber nicht hier. Sondern unter meinen eigenen Leuten. Demokratie heißt ja, daß sich die Juden ungestört mit ihren persönlichen Belangen auseinandersetzen dürfen, als da sind Trauerarbeit und Bewältigung der Vergangenheit. Während die Einheimischen für die ihren einzustehen haben, also Wiederaufbau und Wirtschaftswunder. Jedem das Seine.

Inzwischen ist mein Verhältnis zu Susi dort, wo es angefangen hat. Wie jeder junge Mann habe ich beständig nach einer kühlen, unbeschwerten Beziehung gelechzt, nur bin ich leider dazu nicht geschaffen. Diese Susi läßt mich nie zu Hochform auflaufen, weder im Kopf noch in den Lenden. Wie der elektrische Strom brauche ich Widerstände, um zu glühen. Und wenn ich nicht glühe, fällt mir nichts ein. Gerade liege ich mit Susi im Bett, als die Hausfrau bescheiden anklopft und einen Brief durch den Türspalt schiebt. Nein, ein Telegramm. Ich hasse Telegramme, weil ja niemand sie losschickt, um zu berichten, daß es ihm glänzend geht oder daß er heute keinen Autounfall erlitten hat. Aber dieses Telegramm hat es in sich. Meine Eingabe um ein Fulbright-Stipendium an der Pariser Sorbonne ist genehmigt. Auf ein Jahr, notfalls um ein weiteres zu verlängern. Mit Diäten von 150 Dollar monatlich, doppelt soviel, als ich je verdiente. Allerdings muß ich mich sofort auf die Socken machen, weil das Semester bereits anläuft. Susi gratuliert mir strahlend, vielleicht mehr, als die Situation erfordert. Daß ich zusage, scheint ihr selbstverständlich. Wer eine solche Chance ausschlägt, verdient keine zweite. Ganz Deutschland und Österreich, wenn man schon nicht nach Amerika einreisen darf, sehnt sich nach Paris, wo der Existentialismus blüht. (In deutschen Landen ist man bloß verzweifelt. In Frankreich gibt es eine Philosophie der Verzweiflung. Und sogar die dazu passende Kluft!) Trotzdem muß ich bekennen, daß ich umgehend zum Postamt lief, um ein Kabel an den Senator Fulbright hinauszujagen. Nämlich, ob er mein Stipendium nicht freundlicherweise nach Wien verlegen könne. Zwar hatten die Österreicher nicht, wie gefordert, auf seiten der Alliierten den Krieg gewonnen, aber immerhin waren sie so ziemlich davon überzeugt. Natürlich kam postwendend die Anweisung, mich gefälligst nach Paris abzusetzen, ansonsten sei ich gestrichen. Wie ich überhaupt wagte, ein so hirnrissiges Telegramm loszulassen, ist mir heute ein Rätsel. Es hatte eben mit meiner verfluchten Unfähigkeit zu tun, Schluß zu machen. Auch wenn der Moment überfällig war. Und dabei rede ich nicht von Susi.

Früh am nächsten Morgen fuhr ich mit der Trambahn hinaus nach Döbling, einem Stadtviertel, wo ich immerhin mehr Jahre meines Lebens verbracht hatte als irgendwo sonst. Von dort aus begann ich zu wandern. Es war Oktober. Mein bester Monat. Den ganzen Tag lief ich durch den raschelnden Herbstwald. Ich mußte ja alle Orte abklappern, die ich seit der Emigration noch nicht wiedergesehen hatte. Natürlich war der Plan undurchführbar. Bei Sonnenuntergang saß ich ausgepumpt auf einer Waldbank über Klosterneuburg. Nein, eine zweite Landschaft wie diese ließ sich auf der ganzen Welt nicht finden. Etwas rang sich in mir hoch, von dem ich nicht wußte, ob es ein Jauchzen war oder ein Schluchzen. Es gab keinen Grund (außer einem Krieg), daß ich nicht noch hundertmal nach Wien kommen konnte, wenn ich dazu Lust verspürte. Allerdings nie mehr mit dem Anspruch der Heimkehr. Das war jetzt vorbei. Aus der Traum. Aber nicht nur dieser Traum war ausgeronnen, sondern das Träumen überhaupt. Ich meine diesen Zustand naiver Wundergläubigkeit und Unverletzbarkeit, der mich über meine Jahre hinaus angetrieben und wahrscheinlich auch vor allen Fährnissen beschützt hatte. Und aus dem ich jetzt endgültig ausschlüpfen mußte. Nicht wie der Schmetterling, der bunte, aus der grauen Raupe. Sondern, so kam mir das vor, eher umgekehrt.

In Paris hause ich Hôtel d'Orléans, Rue des Ecoles, am Linken Ufer. Alles grau in grau. Siebenter Stock, ohne Fahrstuhl. Hätte man einen Liftschacht eingebaut, so wäre von den mikroskopischen Zimmern kaum was übriggeblieben. Das Hotel rühmt sich auch eines Baderaums im Keller, wo man aber für eigenes Geld einheizen lassen muß. Sowie dreier Stehklosetts zwischen den Etagen, mit Sockeln für die Füße wie die Kothurne des griechischen Dramas. Zum Spülen braucht man bloß ins Treppenhaus hinauszutreten. Um dann mit weit von sich gestrecktem Arm die Kette zu ziehen, sonst werden die Schuhe von den herabstürzenden Fluten überschwemmt. Mein Dachzimmer kostet 3400 »alte« Franc monatlich, etwa neun Dollar. Dafür enthält es, auf roten, sechseckigen Fliesen, ein Bett. Ein Nachtkästchen mit Lampe in Tannenzapfenform. Einen wackligen Tisch plus bestickter Decke, davor ein Stuhl mit halbaufgerissenem Strohsitz. Schließlich unter der schrägen Dachwand einen groben Holzverschlag als Schrank. Der zur Not gerade Platz läßt für das Mansardenfenster, durch das man auf einen winzigen Balkon tritt mit Blick auf die Straße. Ein billiges Studentenquartier ohne einen einzigen Stern, wie es noch alle, von Murger bis Tucholsky und Mehring (»Die kleinen Hotels«), als romantisch empfunden hatten. In mir war jetzt die Romantik wie ausgeflossen. Ich fand mich hier gut aufgehoben, ohne daß es mich besonders inspirierte. Was ich hauptsächlich fühlte, war Bindungsverlust. Das machte mich leer, ernüchtert, abgeschlafft. Das Ende von irgendwas ist auch immer der Anfang von irgendwas, aber das mußte ich damals noch lernen.

Noch etwas anderes wußte ich nicht, erst später fand ich es bei der Philosophin Simone Weil: Nur Arbeit schafft Kontakt zur Realität. Außer in New York hatte ich nie richtig angepackt. Emigration, Krieg, Nachkrieg, Studium... lauter unschlagbare Vorwände, sich ums Arbeiten zu drücken. Sogar die zeitkonsumierende Liebe. Und dieses angestrengte Erpichtsein auf Wien, meine verflossene Herausforderung. Hier forderte einen nichts, darum hing ich seelisch durch. Was bestimmt auch mit der Fakultät zu tun hatte, Opas Uni. In den Hörsälen, Amphitheater genannt, drängten sich die Studierenden bis hinauf in die Fensternischen. Um Platz zu finden, mußte man eine Stunde vorher eintreffen. Ließen sich die Dozenten herbei, zu erscheinen, so lasen sie im Gegensatz zu Amerika oder Wien nicht etwa über Themen, die ihre Hörer studieren wollten. Sondern über solche, die sie selber interessierten. Oder vielleicht in ferner Jugendzeit einmal interessiert hatten, als Literatur für sie noch flüssiges Feuer war und nicht erstarrte Lava. Das ratschten sie monoton und ohne aufzublicken aus ihren Inkunabeln herunter. Und beim Umblättern hörte man dann – knacks – das Auseinanderbrechen vergilbter Manuskriptseiten. Mein Doktorvater, der berühmte Germanist Guentler, erkundigt sich nach meinem Spezialfach. Ich studiere »vergleichende Literatur«. Ein unerschöpflicher Bronnen, denn was läßt sich nicht alles miteinander vergleichen? (Sogar Hitler hat sich mit Jesus Christus verglichen.) »Wir erwarten von Ihnen«, sagt er, »eine These von eintausend Seiten.

Daneben ist als Draufgabe üblich eine Kleine These von zirka 300 Seiten. Die Ausarbeitung dieser beiden Papiere wird erfahrungsgemäß an die drei bis vier Jahre in Anspruch nehmen. Nach Einreichung Ihres Themas erstatten Sie mir einmal jährlich über Ihre Fortschritte Bericht. Und selbstverständlich sind Sie, wenn Sie keine entsprechenden Vorlesungen finden, vom Besuch der Hörsäle dispensiert.« Ich rechne mir aus, daß ich mit Bewältigung dieses Manuskriptberges, den kein Mensch je lesen wird, weit über dreißig bin. Ein stellungsloser und praktisch verwendungsunfähiger Spezialist des Barocktheaters oder des mittelalterlichen Mysterienspiels. Danach betrat ich die Sorbonne nicht wieder. Außer um jedes Semester meine Studienkarte zu erneuern, zwecks Anweisung der Dollars. Sie werden einem tatsächlich vom American Express in grünen Scheinen ausbezahlt, und bei Monsieur Litvak in der Rue des Rosiers gibt es dafür fast den doppelten Kurs. Verglichen mit den Kollegen geht es mir rosig. Unnötig, zu jobben oder den Passanten Blindenzeitungen anzudrehen, die ohnehin keiner lesen kann. Und zwar mit den Worten: »Pardon, Monsieur, haben Sie etwas gegen die Jugend?« Gemäß einer Theorie, daß niemand etwas gegen die Jugend haben will, also muß er in die Tasche greifen.

Zu dieser Zeit promenierten noch die Kokotten zwischen Oper und Madeleine. Als ich aus dem American Express heraustrat, warf mir so ein Vollweibchen glühende Blicke zu, die ich auf mich bezog, anstatt vernünftigerweise auf die grünen Dollars. Im Hotelzimmer brachte sie ihr Bestes, danach wurde Kaffee geordert. »Wieviel verdienst du eigentlich, mein Kohlköpfchen?« Sie war beeindruckt, zog ein lilafarbenes Notizbuch heraus, schleckte den Stift und begann murmelnd zu addieren. Fast reichte es, aber doch nicht ganz. Von den drei Liebhabern, die sie mit vereinten Kräften aushalten mußten, war der älteste und freigebigste leider unter dem Rasen. Für den brauchte sie Ersatz. Wenn auch nicht unbedingt einen potenten Akademiker, der ihr die Nachtruhe stahl. Und sich womöglich noch in sie verliebte. »Je t'aime«, stöhnte ich an ihrem Hals, weil sich das in Paris so schickte. »Pas vraiment-vraiment?« winkte sie lächelnd ab.

Liebe war nur ein Störfaktor in dem unwandelbaren Austausch zwischen Geld und Sex, auf den sich Paris spezialisierte. Von nun an besuchte ich meine Geliebte zum »prix courant«, dem Einzelhandelspreis, auf telefonische Vereinbarung. Den »prix forfaitaire«, das monatliche Fixum, zahlte ein anderer.

Meine zweite Interimsfreundin war ein quirliges Flittchen in der Rue de la Huchette – damals »existentialistisch« mit einem kohlschwarzen Tanzkeller, heute ein nahöstlicher Basar. Ihr Gatte arbeitete in der Kriegsgräberfürsorge. Kriegstote, die man inventarisieren mußte, gab es allenthalben in Europa, deswegen blieb sie häufig allein. »Er befaßt sich mit den Toten, aber die Lebenden, wer kümmert sich um die?« Marie-Paules Wohnung besaß weder Bad noch Klo, und wenn sie nachts mal mußte, so pinkelte sie über ihre Balkonbrüstung hinunter auf die kopfsteingepflasterte Huchette. Wie zweifellos schon die Dicke Margot, François Villons Gefährtin, die einst hier die Scholaren versorgte. Ich besaß auch eine regelrechte »petite copine«, die im Palais de la Femme bei der Bastille einquartiert war. Kein Palast, sondern eine Notunterkunft für gefährdete junge Mädchen. Abends mußte ich meine Maité vor zehn Uhr abliefern. Dabei kam man durch die finstere Rue de Lappe. Eine Unterweltsstraße mit gefährlichen Freß- und Animierlokalen hinter heruntergelassenen Rolläden. Manchmal gab es eine Keilerei, dann kreischte jemand aus dem Dachfenster: »Appelez les flics!« Bei diesen Bagatellvergehen ließ sich aber die Polizei nie blicken, denn solche Viertel waren ihr lieb wie der Apfel im Auge. Heute leben die Verbrecher isoliert und bürgerlich über ganz Paris verstreut, und das Gesetz kann sie lange suchen. Ich hatte sogar noch eine vierte Freundin: eine amerikanische Sekretärin von der Botschaft, wohnhaft im Welcome's Hotel in der Rue Saint Placide. Ein ehemaliges »maison de passe« oder Bordell, jedes Zimmer gemäß einem andern Stil eingerichtet. Mal arabisch, dann chinesisch oder als verspiegelter Salon wie in den Luxusfilmen mit Michèle Morgan. Wir liebten uns in einer Kajüte, wo noch das Doppelbett als Nachen ausgebaut war.

Mit keiner meiner Freundinnen hätte ich über meine »Problematik« reden können. War sie überhaupt noch virulent? Paris steckte voller heimatloser Kosmopoliten auf der Suche nach ihrer Wesensform. Das galt als Ausgangspunkt, mehr nicht. Was ich brauchte, war eine Zukunft anstatt zu viel Vergangenheit. Auch materiell natürlich, denn ewig konnte ich nicht von Senator Fulbright zehren. Ich bewohnte eine »romantische« Dachkammer, aber als Schreiber fiel mir nichts mehr ein. Worüber hätte ich schreiben sollen? Für wen und in welcher Sprache? Dieses Paris erschien mir, anders als seinerzeit während der Besatzung, taghell und stimmungslos. Wie sich ja auch der Pariser nicht prinzipiell als romantischer Mensch empfindet. Sogar der als hochromantisch verschriene Balzac befaßt sich vorrangig nicht mit exotischer Liebe, sondern mit finanziellen und Aufsteigerproblemen. Etwa im Gegensatz zur deutschen Romantik, die Wirtschaftliches verpönt. Daran mußte ich mich also jetzt gewöhnen: Paris als hartes, realistisches Pflaster, keineswegs an mir interessiert. Und die Pariser als zeitbezogene Leute, für welche Angelegenheiten, die sie nicht nachfühlen konnten – meine zum Beispiel –, keine authentischen Probleme waren.

Wie kam ich an die richtigen ran? Überhaupt an die richtigen Kreise? Die Wahrheit zu sagen, ich verkehrte in überhaupt keinen Kreisen, hatte höchstens ein paar lose Bekannte. Mit ihnen saß ich diskutierend in der Bar Vert oder nebenan in der Jakobsleiter, beide an der Rue Jacob. Oder ging um die Ecke ins Café Flore oder Deux Magots oder Capoulade. Oder ins Rose Rouge zu Juliette Gréco oder den andern literarischen Chansonsängern. Sah dort Sartre und Beckett von fern. Sah Ionesco von fern. Warf auf dem Boul' Mich' Pflastersteine auf die Flics, ich habe vergessen, aus welchem Anlaß. Arbeitete mit an der Nullnummer einer Zeitschrift für Saint-Germain des Prés, die nie zustande kam. Machte meine Fahrprüfung. Lernte ein amerikanisches Schwesternpaar kennen, war geil auf die eine, aber bekam die andere. Traf die ersten deutschen Europa-Hippies, die in der Huchette Chez Popoff unterkrochen. Vorne Schankbetrieb, hinten schnarchte man auf den Rucksäcken. Bald kannte ich das ganze

Linke Ufer, ohne daß mich einer zurückkannte: ein Zaungast in Paris. Woanders fielen einem Bekanntschaften in den Schoß. Hier mußte man sich intensiv um sie bemühen. Eine Wettbewerbsgesellschaft, noch im Bett, noch im simpelsten Studikerlokal. Der Einsatz heißt Witz und Brillanz, nicht anders als unterm Sonnenkönig. Die Deutschen ihrerseits machen es sich einfach. Plötzlich wollen sie alle guten Eigenschaften zuhauf besitzen. Jeder soll sie lieben. Voller Hingabebereitschaft und Anhimmelung werfen sie sich den Parisern an den Hals, als wären die lauter Brigitte Bardots. Naiv wie die Amis, nur leider mit weniger Geld. Die Pariser finden das erheiternd (um so mehr als es sich um ihre früheren Besatzer handelt), aber sie können damit nicht viel anfangen. Der Pariser ist nicht gefällig und nicht gefühlig, sondern zuerst mal geistreich. Er hat Laune zu verbreiten, die Lacher auf seine Seite zu ziehen. Auch ein bißchen Rhetorik schadet nicht. Und ein Hauch von Chichi. Recht kriegt, wer die cleverste Show abzieht. Und zwar mit Hilfe von dem, was man hierzulande »die zweite Stufe« nennt. Die erste Stufe – die deutsche – ist: sagen, was man meint. Die zweite: erraten lassen, was man meint, aber etwas anderes sagen. Durch solche Finesse fühlt sich der Zuhörer geschmeichelt, weil man ihm zutraut, daß er den Ton beherrscht. Dafür hat er sich jetzt zu revanchieren. Ein Spiel der Eitelkeiten, das gnadenlos sein kann. Riecht man im andern den Rückständigen, den Provinzler, so läßt man ihn kühl absausen. Pardon wird nicht gewährt. Bis du dieses frostige Imponiergehabe verkraftest und dir aneignest, sind Pariser Parties eine Tortur. Einmal lädt mich eine Freundin ein, zu einem »ganz intimen Treffen«. Hier die ersten Minuten:

Gast (klingelt)

Eine gemietete Bonne (in Schwarz, mit weißer Schürze): Ihren Mantel, bitte.

Gast: Wieviel macht das?

Bonne (wehrt entsetzt ab): Wir nehmen kein Geld, mein Herr.

Gast (gibt ihr einen Schein)

Bonne (besieht das Geld, schiebt es verächtlich in die Tasche)

Gast (blickt sich im Salon um, wo fünfzig unbekannte Herren mit fünfzig unbekannten Damen angeregt plaudern)

Gastgeberin (winkt dem Gast von ferne zu und plaudert angeregt weiter)

Gast (drängelt zum Buffet und läßt sich ein Glas Champagner einschenken. Zu seinem linken Nachbarn): Sind Sie zum erstenmal hier?

Herr: Nein, Sie? (Ab)

Gast (zu seiner Rechten): Ein schöner Abend.

Herr: Finden Sie? (Ab)

Gastgeberin (kommt mit überströmender Freundlichkeit): Ah, Monsieur! Gewiß kennen Sie jedes Gesicht hier. Aber etwas Neues habe ich Ihnen doch zu bieten. Darf ich bekannt machen: Madame Yutkevitch, die Witwe des weltberühmten Malers – Sie müssen laut sprechen, sie ist taub –, und hier unser junger Freund... unser junger Freund... nun, Sie werden Ihren Namen selbst nennen. (Ab)

Witwe (mit unergründlichem Akzent): Also Sie haben Yutkevitch gekannt?

Gast: Nein, ich –

Witwe: Ich glaube, er hat mir einmal von Ihnen gesprochen.

Gast: Nein, ich –

Witwe: Warum flüstern Sie so? Also wie haben Sie Yutkevitch kennengelernt?

Gast (laut): Ich hatte leider nie das Vergnügen.

Witwe: Sie haben Yutkevitch nicht gekannt? (Wendet sich empört zu ihrer Nachbarin): Er hat Yutkevitch nicht gekannt! (Schaltet ihr Hörgerät ab)

Gast (betrachtet angelegentlich die Bilder an den Wänden. Zu einer entzückenden jungen Dame): Ein schönes Bonnard-Litho.

Dame: Ja. Allerdings ist es von Vuillard.

Gast: Was für Farben!

Dame: Ich kenne ein besseres Exemplar in der Maeght-Stiftung. Das hier ist ein billiger Fehldruck.

Gast (blufft): Die Maeght-Stiftung! Welch ein Vergnügen, dort in der Sonne zu promenieren.

Dame: Kommen Sie oft nach Vence? Kennen Sie Yves?

Gast: Yves?

Dame: Nun ja, Yves Montand. Einer unserer intimsten Freunde. Unser Haus steht fast neben seinem. Ah, da ist ja mein Mann. Wie war doch Ihr Name?

Gast (nennt seinen Namen)

Gatte: Aha. Vielleicht verwandt mit den –

Gast: Nein. Es ist komisch, man fragt mich das öfter, aber zu meinem Bedauern –

Gatte: Ach so, nicht verwandt. (Zu seiner Frau): Komm jetzt, ich habe da charmante Leute kennengelernt. (Beide ab)

Gast (zündet seine dritte Zigarre an und wünscht sich und die Welt zum Teufel)

Als ich von neuem in der Rue Galilée vorsprach, sagte man ungehalten: »Ja, wo bleiben Sie denn? Wir haben die Hotelnummer, die Sie uns hinterlassen haben, angerufen, aber Sie waren nie da.« Richtig, das Telefon steht ja unten im Eingang. Will dich jemand sprechen, so läuft Monsieur Eustache, der Hotelwirt, hinaus auf die Straße und brüllt sieben Stockwerke hoch: »Monsieur Tollé?« Und entweder man ist Sekunden später am Telefon, oder er knarzt: »Pas là!« und schmeißt den Hörer hin. Monsieur Eustache war überzeugt, daß auch hereinkommende Anrufe Geld kosteten. Strom war Strom. Besonders scharf achtete er darauf, daß man seine 25-Watt-Funzeln nicht gegen Birnen zu 40 Watt austauschte. Oder gar einen elektrischen Kocher unterm Bett hervorholte, um »café-filtre« zu machen. Hingegen hatte er nichts gegen Damenbesuche, weil die ihn nichts kosteten. Nur etwas gegen weibliche Gäste. Die wuschen ja stundenlang ihre Unterwäsche im Bidet und klatschten sie dann zum Trocknen gegen den Spiegel. Davon wurden die Spiegel blind, und wer bitte schön zahlte das? Ich hatte mich mit plötzlichem Entschluß bei einer neugeschaffenen Firma gemeldet, die Radioprogramme produzieren wollte. Jetzt war ich angeheuert. Noch dazu von den Amerikanern, den einzigen, die im damaligen Paris anständig zahlten. Vierzig Dollar pro Woche, dazu mein Stipendium, das noch gar nicht ausgelaufen war, was wollte man mehr? Ich, der nichts von Geld verstand (außer daß man seine Grünen in der Rue des Rosiers einwechseln mußte), war geradezu ein Westentaschenkapitalist. Das Programm hieß »Answer man«. In Amerika sollte es phantastisch beliebt sein. Die Zuhörer schickten einfach jede x-beliebige Frage, und am Mikrofon wurden dann die Antworten geliefert. Dazwischen stopfte man fiktive Fragen nach den Markenartikeln, die das Programm »sponserten«, und die Sache war geritzt. Diese Fragen wurden jetzt bei uns durch fiktive Fragen nach dem Marshallplan ersetzt, mit dem Amerika die europäische Wirtschaft ankurbelte, um den Wehrwillen gegen die Sowjets zu stärken. (Und schließlich sollte Europa ja auch wieder genug aufgepäppelt werden, um in den Staaten einzukaufen.) Womit die Besitzerin des Programms, Mrs. Madison – eine amerikanische Lesbe von Catcherausmaßen –, nicht gerechnet hat, ist die europäische Sprachverwirrung. Statt eines Programms hat sie ein Dutzend auf dem Hals. Ich war für Österreich zuständig, wo die Sendung »XY weiß alles« hieß. XY war ein ausgedienter Schauspieler, der meinen Text maskiert im Sender Rot-Weiß-Rot vorlas. Darauf wurde er so prominent, daß ihn die Zuhörer bestürmten, woher er seine stupende Bildung habe. Er entgegnete, bescheiden wie Faust: »Zwar weiß ich viel, doch möcht ich alles wissen.« Die einlaufenden Fragen schickte er gleich kofferweise an mich. Einiges konnte ich aus einem uralten Lexikon herausfischen. Das meiste saugte ich mir aus den Fingern. Ohnehin kam von den realen Fragen so gut wie nichts ins Programm. Die realen Fragen befaßten sich zur Gänze mit den Ewigkeitsthemen Geld, Liebe und Haarausfall. Ein Brief lautete: »Lieber XY, ich weiß, daß meine Frau mich betrügt. Seit Monaten lasse ich sie beschatten, öffne ihre Post über dem Teekessel, höre ihre Telefongespräche ab – nichts! Jetzt bin ich überzeugt, daß es nachts, während ich schlafe, im Stiegenhaus passiert. Ich habe schon an jedem Treppenabsatz versteckte Kreidestriche hingemalt. Wenn er sie gegen die Wand pimpert, muß sich das abfärben. Resultat Null! Was soll ich als nächstes tun?« Daß man mit solchen Fragen keine Sendung bestreiten konnte, war klar. Sondern das Programm mußte sich, neben dem Marshallplan (ob man auch als Privatperson an die Gelder rankommt usw.), ausschließlich mit Tieren befassen. Mit Säugetieren. Tanzt die Kobra wirklich nach der Musik? Kann das Stachelschwein tatsächlich seine Stacheln auf Feinde abschießen? Dieser Grundtext kam aus Amerika und entsprach, wie Mrs. Madison im voraus wußte, haargenau der neuen europäischen Mentalität. Dieser zerdepperte Kontinent konnte sich gar nicht schnell genug amerikanisieren. Über Amerika gewann das ideologiemüde Europa sowas wie seine politische Unbeflecktheit wieder. Konsumententum gleich Demokratie, Reklame gleich freie Meinungsäußerung, jedes McDonald's ein Bollwerk abendländischer Werte!

Nach einiger Zeit begann der Marshallplan die Europäer zu langweilen. Aber was tun mit den von ihm geschaffenen Informationsorganen? Werbeteams sterben nicht, sie verwandeln sich bloß. (Auch die Propagandakompanien der Nazis saßen schließlich en bloc bei Zeitungen und Rundfunkanstalten.) Also wurde der Spieß umgedreht. Man berieselte nicht mehr Europa, sondern die Staaten. In einem Nebengebäude der amerikanischen Botschaft produzierten wir »Report from Europe«. Kurzreportagen, angeblich aus ganz Europa eintrudelnd, in Wirklichkeit im Pariser Studio zusammengeschustert. Hier eine neue Warenhaustreppe in Rom, dort ein neuer Kabinenroller von Messerschmitt (dessen Jäger noch vor kurzem unsere Boys zusammengeschossen hatten). Und woher dieser fabelhafte Aufschwung? Dank dem edlen amerikanischen Steuerzahler! Mein Boß hieß Doug, ehemaliger kanadischer Fliegerheld und daher grundsätzlich besäuselt. Ein wilder Draufgänger, ein zweiter Oberst Lawrence, der in einem Hausboot auf der Seine wohnte. Jetzt machte ich eine merkwürdige Entdeckung. Da Doug in seiner Unbefangenheit auch mich für einen Helden und Draufgänger hielt, wurde ich zu einem. Letzte Spuren des wehleidigen Emigranten fielen von mir ab, und ein anderer begann sich herauszuschälen: der zupackende, weltbezogene Reporter. Halb eine Bluffgestalt, halb schon authentisch. Erst macht man sich und seiner Umwelt was vor, dann verwandelt man sich stückweise zu seinem Bluff. Natürlich nur, wenn man im Innersten will. Ich wollte. Mein früheres verwühltes, verwinkeltes Selbst war ich gründlich satt. Ein neues mußte heran, das sich schon im Krieg und in Mexiko zaghaft angekündigt hatte.

Doug war Autofanatiker. Genauer gesagt zählte nur eine Marke für ihn: Rolls-Royce. Diese bejahrten Ungetüme mit ihren Sechslitermotoren gab es damals für ein Butterbrot in Paris. Weil ja jeder Franzose ab 800 Kubik schon als Kapitalist und Steuerschwindler galt. Doug, der als Ausländer und Frankreichbefreier nicht daran dachte, Steuern zu zahlen, schaffte sich gleich zwei an. Einen zum Fahren, einen zum Ausschlachten für die Ersatzteile. Funktionstüchtige Anlasser besaßen sie beide nicht, also mußten wir bei jedem Start Passanten zum Anschieben zusammentrommeln. Einmal schoben wir auf der abschüssigen Avenue George V. mit solchem Tempo an, daß Doug keine Zeit mehr zum Aufspringen blieb und der Wagen sich die Straße hinunterpflügte wie ein Panzer. Danach verpaßte man uns einen neuen Boß, und ich verlor Doug aus den Augen. Aber jetzt hatte auch mich der Autowahn gepackt. Für 400 Dollar hätte ich Görings persönlichen weißen Mercedes kapern können, aber das lehnte ich aus weltanschaulichen Gründen ab. (Zuletzt wurde er in Amerika für eine Million versteigert.) Statt dessen kaufte ich zum selben Preis ein zweisitziges Chrysler-Kabrio von 1932. Vorne mit einer zugespitzten Schnauze wie die alten amerikanischen Kuhfänger-Lokomotiven. Und hinter dem Stoffdach ein ausklappbarer Freiluftsitz. Die Karosserie war von Hand aus Holz gezimmert. Ausstattung rotes Leder. Bei der einzigen Fernfahrt mit meiner amerikanischen Freundin verbrauchte die Kutsche 50 Liter auf 100 Kilometer. Also ließ ich sie den Winter über vor dem Hotel schlummern. Als ich im Frühjahr die Motorhaube aufklappte, sprang eine überraschte Katze heraus mit ihren neugeborenen Jungen. Auf dem Fahrersitz wuchs ein fußhoher Champignon. Daraufhin setzte ich in Panik eine Anzeige in die Herald Tribune: Verkaufe Chrysler zu jedem Preis. Ich wurde ihn für hundert Dollar los. Heute könnte ich mir wahrscheinlich von dem Erlös ein Landhaus in der Toskana zulegen. Anschließend verliebte ich mich in den britischen Sportwagen Triumph TR 2. Er sah aus wie ein Mini-Ferrari und röhrte auch so. Dieses potente Röhren gab mir die Courage, eine erste Ehe einzugehen. Natürlich mit einer Engländerin, wo das Modell herkam. Ich fahre noch heute Sportwagen, soweit man sich das überhaupt leisten kann. Wenn ich erst mal einen viertürigen Wagen chauffiere, bin ich endgültig im Ausgedinge.

Die Sendung »Report from Europe« ging an hundert amerikanische Radiostationen, selbstverständlich umsonst. Dafür sorgte der amerikanische Steuerzahler. Als ein Kongreßmann herausfand, daß wir für amerikanische Gelder Amerika mit politischer Werbung berieselten, war das Programm gestorben. Wir zogen in einen weiteren Anbau der Botschaft und gehörten hinfort zur »Mutual Security Agency«. Jetzt hatten wir uns für die Vereinigung Europas stark zu machen und für eine europäische Armee. Das eine gefiel mir, das andere weniger. Natürlich durfte man nicht pure Propaganda hinklotzen, sondern sie wurde in einen bunten Blumenstrauß von unverdächtigen Reportagen verpackt, den wir den beglückten Sendern gratis anboten. Ich war für den deutschen Blumenstrauß zuständig. Manchmal tauchte ich sogar in Kritiken auf: »Locker, lecker, leicht gewürzt...« Nebenher fabrizierte ich noch Frankreich-Berichterstattung für den kanadischen Rundfunk, auf englisch und auf französisch. Diese Berichte mußten genau 50 Sekunden lang sein (die restlichen 10 waren für Werbung). Hing man zwei Sekunden über, so durfte man von vorn anfangen. In diesen 50 Sekunden hatte man an Bekanntes anzuschließen, das Neue vorzubringen und mit einem Zukunftsausblick zu enden. Ich knatterte los wie ein Maschinengewehr. Manchmal, wenn ich nervös bin, noch heute. Dann mahnt mich der Bildmischer: »Wo brennt's?« Damals spürte ich es wie Feuer unterm Po. Der Ehrgeiz fraß an mir oder was das war. Wohin wollte ich? Keine Idee. Aber es mußte etwas geben, in dem, was man anfing die »Medien« zu nennen, wo ich mehr von mir einbringen konnte als hier. Wir warben in allen Sprachen. Lou van Burg sang für die Holländer, ich gewöhnte mir ein neutrales, geruchloses Deutsch an, das in sämtlichen Bundesländern zu verkraften war. Und lernte solche neudeutschen Ausdrücke wie eben »verkraften«, ohne die nichts mehr lief, sonst konntest du alles vergessen, Ende der Fahnenstange. Es fiel mir nicht leicht. Als Ami hatte ich seit Jahren (mit kurzen Ausnahmen) mein Leben geführt, als Ami geheiratet, englisch sprach ich mit den meisten meiner Freunde, mit meinen Hunden und, als sie endlich kam, auch mit meiner Tochter Fenn. Jetzt unterlief es mir in meinen deutschen Reportagen, daß ich »Papst Hans« sagte, wenn ich Johannes meinte (Pope John!), Brieftasche für Aktenmappe (briefcase!), Boot für Schiff, Billion für Milliarde. Aber noch schlimmer: Seinerzeit hatte ich komplette Einakter in drei Nächten hingewühlt. Jetzt brauche ich Stunden für jeden läppischen Satz. Für alles, was menschliche Gefühle betraf, habe ich mir eine – wenn auch seither wieder halb verschollene – Sprache geschaffen. Für journalistische Facts habe ich keine Sprache. Ich muß geradezu neu buchstabieren lernen, so ist das. Was mich fürs erste rettet, sind die Tonbandreportage und das Interview.

Bisher haben wir alles, das nicht »live« gebracht wurde, auf Schallplatten aufnehmen müssen, ohne Korrekturmöglichkeit. Jetzt tauchen die ersten Magnetophone auf. Riesenkisten wie Särge, man braucht zwei Mann, um sie hochzuhieven. Aber endlich kann man aus dem Studio heraus auf die Straße. Wenn auch nur per Kombiwagen, hinten mit verstärkten Stoßdämpfern. Ich werde Spezialist der Tonreportage, also des Einfangens von Farbe, Geräusch, Bewegung. Darüber muß man dann möglichst unmittelbar seine Eindrücke wiedergeben. Die Facts, natürlich auf einem Zettel notiert, so in das bunte Geschehen hineinschummeln, als fielen sie dir im Moment vom Himmel. Bald werden die Tonbandgeräte (wie ich sie jetzt nennen lerne) zunehmend handlicher. Das deutsche Arriphon, bloß noch 23 Kilo schwer, läßt sich praktisch schon eigenhändig schleppen. Ich schleppe es über Jahre. Meine rechte Schulter ist noch heute um Zentimeter niedriger als meine linke. Aber jeder sein eigener Funkreporter, das liegt mir.

Und dann das Interview. Blieb die Reportage am Ende leider von den Ereignissen abhängig, so lag das Interview unbeschränkt in meiner Hand. Ich lernte, daß es sich anhand von Recherche, Selbstvertrauen, Einfühlung und einem Sinn für Rhythmus und Theatralik zum kleinen Kunstwerk gestalten ließ. Zaghaft ansetzen, schlau einkreisen, zuletzt die Fragen ins Zentrum hineintreiben wie einen Nagel – das saß! Kunst, wo ich es am wenigsten vermutet hätte. Ich lernte auf den Seelenhaushalt der Leute eingehen. Ich lernte: auf dem Umweg über andere auch über mich selber reden. Das war eigentlich verboten, Objektivität hieß das Gebot der fünfziger Jahre. Zur Hölle mit Objektivität! Und überhaupt allen Regeln, die man uns als unumstößlich hinstellt. Ich lachte, ich war gerührt, ich stotterte. Ich »brachte mich ein«. Und vor allem hielt ich den Mund. Ich ließ das Ereignis sprechen und ließ Menschen sprechen. Ich war nur ihr Stichwortgeber, ihr Vermittler (oder täuschte das wenigstens vor). Dem Publikum zu Gefallen, das den teilnahmslosen Berufssprecher oder den alleszudeckenden eitlen Schwätzer gewohnt ist. Meine war verkehrte Eitelkeit: Ich *machte* das Ereignis, aber tat so, als wäre ich ganz zufällig darauf gestoßen. Ich *machte* das Interview, aber schob alles auf die Brillanz meines Gegenübers. So wurde ich Tonbandvirtuose, vielleicht der erste. Daß ich mit Leib und Seele Journalist war, kann ich allerdings nicht behaupten. Immerhin mußte der Leib leben. Ich stand mit dem Mikrofon vor dem Elysée, dem Matignon und dem Elysée-Matignon (einem Prominentenlokal). Ich »nahm wahr«. Ich »verbriet«. Ich »verkaufte« Politiker, Couturiers, Chansonsänger, Cineasten, Schauspieler, Nutten und den »Mann auf der Straße«. Normalerweise ein Studioangehöriger, denn die Franzosen lassen sich ungern anquatschen. Andererseits spielte auch ich den »Mann auf der Straße« für die Kollegen, so waren wir quitt. Am liebsten stellten wir Taxifahrer und Zeitungshändler dar. Zur Not, wenn kein weibliches Wesen vorhanden war, auch mit quäksender Stimme eine Marktfrau. Bei Regen ließ man das alles im Studio stattfinden, Autolärm und Marktgeräusche wurden einfach dazugemixt. War Eile geboten, so konnte man zur Not auch Adenauereinflüge,

Kommunistendemonstrationen und Natomanöver im Studio erstellen, mit dem längst vorhandenen Hintergrund vom Tonband.

Für mich war es ein Job wie jeder andere. Warum nahmen sich die Leute bloß so wichtig? Als ob es darauf ankam, welcher Jongleur kurzfristig im Hôtel Matignon den »Ratspräsidenten« abgab, ob Bourgès-Maunoury oder Gaillard (komisch, von denen hat kein Mensch je wieder gehört). Oder ob die Kleidersäume rauf- oder runtergingen. Oder die Aktien. Oder ob einer Schwämme, Baguettes, Mannequins oder was ihm sonst unter die Finger kam, blau anmalte und das als Kunst ausgab. Ich wollte leben, das heißt lebendig sein, mich lebendig fühlen. Vorläufig sah ich wenig Zusammenhang zwischen diesem inneren Drang und den Ereignissen, die ich als Journalist »coverte«. Es muß der Aufstand in Budapest gewesen sein, der mich umpolte. Ungarn, das war immerhin Teil der Doppelmonarchie gewesen, das zweite »k« im »k. und k.«. Onkel Viktor stammte von dort. Und Operettenrefrains wie: »Komm mit nach Warasdin, solange noch die Rosen bliehn...« Jetzt wurde das alles von Sowjetpanzern plattgewalzt. Während die kommunistische Humanité sich vor Schadenfreude überschlug. Vor dem Zeitungsgebäude sammelte sich spontan eine Manif, wie die Demonstrationen hier hießen. Ich wurde ausgeschickt, sie »wahrzunehmen«. Ich nahm sie nicht wahr, sondern an ihr teil. Was allerdings gegen die Spielregeln verstieß, eine haarige Sache. Der festungsartige Bau war mit schweren verrammelten Bohlentoren gegen die Straße geschützt. Wir berannten sie wie ein Haufen mordgieriger Landsknechte und schrien dazu im Chor: »On les aura! On les aura!«... wir kriegen euch noch. Dafür beschoß man uns aus den Stockwerken mit Bleilettern und Tintenfässern. Die Polizei hielt sich merkwürdig zurück. Bei einem linken Krawall hätte sie uns alle längst zusammengeknüppelt, mit spezieller Berücksichtigung der Journalisten. Aber das verwunderte mich erst später. Um das Burgtor aufzusprengen, fehlte ein Rammbock. Andererseits klaffte unten zwischen den Bohlen und dem ausgefahrenen Pflaster ein breiter Spalt. Man brauchte bloß Benzin durchzuschwappen und ein Streichholz hineinzuwerfen. Der Haken war, daß sich niemand aufraffen konnte, dafür zu zahlen. So lief ich zur nächsten Tankstelle um einen Kanister Autosprit. Auf dem Rückweg stoppte mich glücklicherweise ein Polizist. Ich stammelte etwas von meinem verdammten Wagen, der mit leerem Tank hängengeblieben sei. Als ich um die Ecke war, schüttete ich den Sprit durch ein Kanalgitter und fuhr verstört nach Hause. Zum erstenmal im Leben hatte ich mich einem Lynchmob in die Arme geworfen, ganz wie die Wiener Nazis am Heldenplatz. Nächsten Morgen hörte ich, man hätte Brandstifter erwischt, die aus den umliegenden Häusern flammende Zeitungen in die Druckerei warfen. Sie wurden zu fünf bis zehn Jahren verurteilt.

Trotz dieser kalten Dusche ist mir jetzt klar: Ich kann in diesem Beruf nur Befriedigung finden, wenn ich mich engagiere (wie man das laut Sartre nennen mußte). Aber an wen konnte ein gebranntes Kind wie ich, überdies Frühhippie und Ökofreak, sich in den fünfziger Jahren anschließen? Wo man hinschaute, nichts wie Spießer. Adenauerspießer, Ollenhauerspießer, Eisenhowerspießer. In Frankreich Thorez-, Mollet- und Pflimlinspießer, und wie diese ausgefuchsten Politiker alle hießen. Trotzdem mußte ich irgendwie Teilnehmer werden statt Beobachter. Wieder Enthusiasmus finden. Etwas, das (aber gab es dergleichen?) den Journalismus mit meinem Innenleben verband.

Es war eine Epoche wie alle Epochen der Weltgeschichte. Jederzeit haben Großmächte ihren Erbfeind gehaßt, zumindest ihre Feindprojektion gehätschelt. Babylonien die Ägypter. Griechenland die Perser. Rom die Karthager. Das Abendland die Araber. Die Franzosen die Boches. Die Proletarier die Bürger. Die Nazis die Juden. Könnte man bloß den bösen Erbfeind vernichten, dieses Reich der Finsternis (Reagans »evil empire«), alles wäre eitel Glückseligkeit bis ans Ende der Zeiten, sela! Das fabelhafte Tempo, mit dem Amerika den teutonischen Erbfeind durch den sowjetischen ersetzte, verblüffte mich. Grade hat uns noch Hollywood edle Russenantlitze gezeigt im Kampf gegen verzerrte Nazifressen. Dito rosige Chinesen gegen schlitzäugige gelbe Japse mit hervorstehenden Zähnen. Jetzt ist alles umgedreht. Und in dem läppischen Archiv unserer Dienststelle tauchen die Wanderschnüffler des Kommunistenjägers McCarthy auf, Mister Cohn und Mister Schine, um linkes Gedankengut auszumerzen. Das einzige, was sie aufstöbern, ist mein zerlesener Dreigroschenroman, den ich leider zum Herzeigen mitgebracht hatte. Weg war er, nach Washington verfrachtet als Indiz unserer Verseuchung. Gleichzeitig wird beim »Theaterfestival der Nationen« Brechts Berliner Ensemble vom Publikum verzückt angebetet. Courage, Kreidekreis, Arturo Ui sind Gottesdienste am Altar wiederauferstandener marxistischer Hochkultur, endlich, endlich! Nicht ins Theater ging man, sondern um Weltanschauung zu demonstrieren, mit Applaus oder auch mit Pfiffen, je nachdem. Ich selber klatschte und pfiff in einem. Ich war ja bei den Amis im Brot, aber Brecht blieb Brecht. Lebenslang hatte ich ihn geliebt als Umstürzler, allerdings (wie man bei Gericht sagt) mit Mentalreservation. Ein Genie der Vereinfachung. Wie erfrischend für die denkmüden Franzosen, jemanden mit so schematischen Gehirnwindungen die Menschheitsprobleme lösen zu sehen. Nur, was der »arme B. B.« von den Menschen nicht wußte, das ging auf keine Kuhhaut. Der Holocaust als Ablenkungsmanöver kapitalistischer Lohndrücker – von wegen!

Der erste filmische Nachkriegserfolg in Paris war, wenn ich mich richtig erinnere, Das Teufelsgeneral (in französischer Schreibweise). Nach Zuckmayer, der sogar noch schwerer auszusprechen war. Und schon gab es auch Lotte Eisner und ihr Buch Dämonische Leinwand, und es gab Staudtes Untertan. Ja, das war's, jetzt konnte man seine Deutschen wieder einordnen. Expressionismus, *c'est ça, l'Allemagne!* Hitler als Doktor Mabuse, der ein ganzes unschuldiges Volk hypnotisiert. Bei der ersten Neuaufführung von Fritz Langs Nibelungenfilm in der Cinémathèque war ich mit dabei. Die Filmrollen klebten in falscher Reihenfolge, aber kein Mensch merkte es, selbst Maulraux rieb begeistert an seiner asthmatischen Nase. Nachher wurden auch die Jungfilmer als Expressionisten eingestuft, das half. Nur damit war Deutschland zu entschlüsseln, unsere bleiche Mutter, ihr Gemahl Ludwig II., Aguirre ihr ausgeflippter Liebhaber, Ort der Handlung Paris, Texas. Und erst später beim Boot – ja, so liebte man seine Teutonen. Tüchtig, gemütstief, wortkarg, maschinerieverhaftet wie in Metropolis... und nun stehen die gar auf unserer Seite! Oh, nicht zu vergessen: Auch innerlich zerrissen müssen sie sein, am vorteilhaftesten wie bei Pina Bausch. »Angst«, »Schmerz« registrieren die Kritiker befriedigt, rauchige »Weimarer« Stimmen, eine »spezifisch deutsche Kulturatmosphäre«. Also alles in Ordnung, man erkennt wieder seine Pappenheimer. Schon drollig, wie selten die vernünftigen Deutschen im Ausland zum Zug kommen, die »Realisten«. Kein Lessing, kein Goethe, kein Hebbel, kein Hauptmann, kein Schnitzler, kein Sternheim, kein Kroetz. Und selbst der reife Brecht wird häufiger gepriesen als gespielt. Dafür jede Menge Ekstatisches: Kleist, Büchner, Wedekind, bis hin zu unmöglichen Dramatisierungen von Kafkas Verwandlung. Besser Expressionismus von vorgestern als gar keiner, denkt man wahrscheinlich.

Immer mehr deutsche Touristen kamen nach Paris, die als lernbegierig galten, knauserig und laut. Die Lernbegier ist ihnen geblieben. Von zehn Reisebussen, die sich um den Invalidendom stauen und mir den Parkplatz wegnehmen, rühren jederzeit acht von Deutschland her. Die spartanische Lebensweise (mitgebrachtes Dosenbier mit Würsten) hat sich längst in ihr Gegenteil verkehrt. Kein besseres Restaurant preist heute nicht sein Menü in einem ungefähren Deutsch an, das vor allem durch falsche Umlaute brilliert (Ründstuck mit Kartöffel). Das Vorurteil wiederum, daß die deutschen Touristen laut seien, hat sich insoweit gelegt, als ja inzwischen alle Touristen laut geworden sind. Da ihnen der ganze Erdball gehört und alles nur da ist, um von ihnen kommentiert zu werden. (»Guck doch diesen irren Pariser Typen!« rief kürzlich eine stachlige Punkerin hinter mir her. Als Clochard mit Holzkrücke hätte ich ihr noch besser gefallen.)

Wieder löste sich unsere Firma auf bzw. verwandelte sich. Jetzt gehörten wir zur »Stimme Amerikas«. An direkte politische

Berieselung der erstarkten Bundesrepublik konnte man nicht mehr denken. Von nun an mußten wir darum betteln, daß die Rundfunkanstalten unsere »Spots« unterbrachten, und wenn es nur bei der Kultur war. Das State Department schickte gern Dichter durch Europa, um die amerikanische Literaturbeflissenheit herauszustreichen. Sie alle wollten auf Staatskosten im Tour d'Argent futtern und im Crazy Horse feiern. Aber sich mitnichten von mir interviewen lassen. Faulkner gab sich als »einfacher Farmer«, der bloß zum Zeitvertreib nebenher ein paar Zeilen kritzelte. Thornton Wilder grinste: »Sehen Sie, mit meinem sechzigsten Jahr habe ich mich entschlossen, nur noch das zu tun, was mir Spaß macht. Und Sie machen mir keinen Spaß.« Marlene Dietrich stimmte zu, aber nur auf englisch und wenn der Blaue Engel und überhaupt ihre deutsche Vergangenheit ausgespart blieben. Lauter Abblitzer. Ich begann um meinen Job zu zittern. Ein anderer kam weit und breit nicht in Sicht.

Dann war in Frankreich wieder einmal die Hölle los. Der ewig latente Brügerkrieg spitzte sich zu einem echten zu, ausgelöst vom algerischen Konflikt. Würde der Haudegen General Massu mit seinen meuterischen »Paras« über Paris abspringen, und wenn ja, kam er, um de Gaulle einzusetzen oder zu ersetzen? Auf das Marineministerium und den Triumphbogen stellte man je ein lumpiges Flakgeschütz, das war so ziemlich alles, was die legitime Regierung noch gegen die Ultras aufzubieten hatte. Ich flog nach Algier und kam gerade zurecht, um am Balkon des Forums die hysterischen Ergüsse der Putschgeneräle aufzunehmen, die nach Umsturz geiferten. Ein Mammutspektakel. Wie gut, daß »Führer« jederzeit ihre Balkone zur Verfügung haben. (Und wie bezeichnend, daß 1918 die blutarme deutsche Republik mangels Balkon von einem Fenster ausgerufen werden mußte!) Auf dem Weg zu den Freischärlern der algerischen Befreiuungsfront wurde ich von Paras verhaftet. Ein bulliger Militärarzt führte mir triumphierend vor, wie man die eingeborenen »bougnoules« mittels Telefonfunken an den Geschlechtsorganen zur Aussage zwang. »Das berichten Sie ruhig Ihren Leuten!« sagte er zackig. Ich wußte wieder mal nicht, wer meine Leute waren, ließ aber bei den Schreien versteckt das Tonband mitlaufen. Auch als später bei der Übergabe die Aufrührer im Chor »Non, je ne regrette rien« von Edith Piaf brüllten. Aber dazwischen lagen ja de Gaulles Flug nach Algier und seine kalkulierte Rede vom Forum. Der Mann wußte wirklich, wie man Massen hochschaukelt. Er begann mit »Ich habe euch verstanden« und endete mit »Es lebe Französisch-Algerien!«. Beides war gelogen und abgefeimtes Doppelspiel, aber nur durch solche Kriegslist konnte man Frankreichs Einheit noch retten. Und gleichzeitig auch die längst abgeflaute Karriere des Generals. Bei seiner Inthronisierung war ich wieder in Paris. Eine Stampede. Ganze Herden von Autos brausten, im Takt »Al-gé-rie Fran-çaise« hupend (drei kurz, zwei lang), die Champs-Elysées herunter. Die Leute saßen fähnchenschwingend auf den Dächern, auf den Kühlern. Feine Pinkel im grauen Zwirn auf den Dächern, Damen in Pelzmänteln auf den Kühlern! Die ganze französische Rechte, die den längst abgewirtschafteten Kolonialismus hochleben ließ und dabei de Gaulle (irrtümlich) für sich beanspruchte. Heute weiß man, daß er noch die »Cocos«, die Kommunisten, diesen unbelehrbaren Pfahlbürgern vorzog, die jetzt wieder mit Le Pen ihre Auferstehung feiern. Damals wußte ich es nicht. De Gaulle erregte mein Mißbehagen, im Gegensatz zum Kollegen Scholl-Latour. Bis heute mißtraue ich allen Sammel- und Erweckungsbewegungen. Ich sah in ihm einen Dollfuß, einen autoritären Maxi-Metternich. Besonders ärgerte mich die subalterne Ranschmeißerei so vieler Bundesdeutscher. Und gerade der ideologisch vernagelten wie Franz Josef Strauß, vielleicht stellvertretend für eigene Gelüste. Immerhin mochte ich, als Theaterliebhaber, die Selbstentrückung, die imperiale Geste des Generals. Und als Kontrast dazu (aber was war bei ihm nicht kaltschnäuzig auf Effekt abgestellt?) seinen bärbeißigen Humor, sein kerniges Landsknechtsidiom. Nach einer schweren Operation begann er eine von seinen, längst bis ins Detail der Fragen abgekarteten, Pressekonferenzen mit den Worten: »Sehr zu Ihrem Leidwesen befinde ich mich noch unter Ihnen.« Daß einer mehr respektiert sein wollte als geliebt, erschien mir zu jener Zeit unverständlich.

Erst später begriff ich, daß ihm auch etwas von der Gnade der Engel eignete: Macht zurückzuweisen, selbst wo sie servil auf dem Silbertablett dargeboten wird. Er hat sich nie zum Diktator gemacht...

Da de Gaulle die Medien verachtete, setzte er seine Pressekonferenzen auf unmögliche Zeiten fest, mit Vorliebe um drei Uhr nachmittags. Vor Schluß abzischen war streng verboten. Um vier raste ich im Laufschritt (Parkplätze gab es prinzipiell nicht) zum Studio zurück, mitsamt meinem zentnerschweren Gerät. Um halb fünf holte ich eigenhändig mit Schere und Klebeband die drei wichtigsten Kernsätze aus dem Tonband. (Noch heute kann ich jede Stimme im Rückwärtslauf erkennen und weiß wie im Traum, zwischen welchen Silben sich Worte trennen lassen.) Um fünf gab ich mir ein Viertelstündchen, um den Kommentar zu texten. Um Viertel nach fünf begannen die Überspielungen an die diversen deutschen Sender. Inzwischen war das Amerikanische unserer Berichte so ausgedünnt (und dem Bundesdeutschen so ähnlich), daß wohl kein Hörer je bemerkt hat, wieviel Auslandsberichterstattung der Funkhäuser eigentlich von der »Stimme« geliefert wurde. Diese bekam alle paar Jahre einen neuen Direktor mit neuen Direktiven. Mal sollten wir »hard hitting« sein, dann wieder auf »soft sell« umsteigen. Nur eines blieb sich immer gleich: Bei jedem Führungswechsel wurden Stellen eingespart. Zuletzt war auch ich dran. Was aber noch immer nicht bedeutete, daß man brotlos auf der Straße lag. Könnte ich ihnen nicht versprechen, doch noch von Zeit zu Zeit etwas »im amerikanischen Interesse« durchzupusten? Ich konnte. Selbstverständlich war man nie so unfein, mich an das Versprechen zu erinnern. Sowas brachten eben nur die Amis fertig. Ich behielt meinen Raum, mein Telefon, die Studiobenutzung, das Magnetophon und die Tonbänder. Mit dem kleinen Unterschied, daß ich nicht mehr bezahlt wurde.

Jetzt brauche ich bloß alle deutschen Sender abzuklappern, denen ich je zugearbeitet habe. Mit der bescheidenen Frage: »Wären Sie freundlicherweise bereit, für das, was Sie bisher umsonst hatten, fünfzig oder achtzig oder hundert deutsche Mark anzulegen?« Noch nie war ich in Berlin gewesen. Auch nicht in Bremen. Nicht in Stuttgart und nicht in Köln. Von Bonn nicht zu reden. Während meine treuen Hörer mich ganz selbstverständlich für einen der ihren halten mußten, war ich ein blutiger Außenseiter. (Ich weiß noch, wie ich bei meinem ersten deutschen Hotelfrühstück mit Käse und Wurst in Kopfschütteln ausbrach. Warum servierte man mir Lunch anstatt Breakfast?) Bluff half mir über meine Komplexe hinweg. Und ein Mißverständnis, von dem ich jahrelang gezehrt habe. Viele hielten mich überhaupt nicht, wie erwartet, für einen Deutschen oder Österreicher. Sondern für einen Franzosen. Einen waschechten Pariser, der irgendwie (wahrscheinlich mit der SS-Division Asterix) halbwegs gut Deutsch gelernt hat. Und da ich daneben sogar noch »aussehe wie ein Franzose», kann es jetzt losgehen.

Ich habe mir vorgenommen, als freier Mitarbeiter zehn Berichte monatlich rauszuschicken, »um den Markt nicht zu strapazieren«. Die nehme ich auf Tonband auf, schnipsle sie selber zusammen, lasse sie im Studio für meine sämtlichen Kunden kopieren und schicke sie einfach auf Plastikspulen per Briefpost weg. Mit Bitte um Rücksendung der Rollen nach Benutzung. Für aktuelle Berichterstattung bestelle ich Überspielungen per R-Gespräch, alle 15 Minuten an eine andere Funkanstalt. Jedes deutsche Land besitzt seinen eigenen Sender, das ist im Grundgesetz festgelegt. Die Sendegebiete überschneiden sich nicht oder kaum. Kein Sender hat eine Ahnung, was ich bei seinem Nachbarn unterbringe. Zu Ende des Monats ziehe ich Bilanz. Jeder meiner Beiträge ging im Schnitt dreieinhalbmal über den Äther. Ich habe 35 Honorare verdient, praktisch ohne eigene Spesen. Mehr als je bei den Amis. Ich beschließe, im nächsten Monat meinen Ausstoß zu verdoppeln.

Man möchte gar nicht glauben, für wie viele französische Dinge sich diese Nachkriegsdeutschen interessieren. Während sie selber den Franzosen so ziemlich Luft sind, außer man will was von ihnen. Ich »mache« Erfinder von privaten U-Booten, Architekten, die ganz Paris überdecken wollen, poetische Wunderkinder, Freiluftmaler (deren Pittoreskes ich verbal beschreiben muß), Clochards (deren Rülpser wenigstens hörbar sind). Autosalons, Kunstsalons, Wahrsagersalons, Premieren, Midinettentage und die schwarzen Nächte am Pigalle. Alle Chansonsänger habe ich drauf, von Chevalier und Piaf bis Aznavour und Brel. Alle Modemacher von Dior bis Chanel und Cardin. Alle Maler von Utrillo und Braque bis Dali und Chagall. Sie ergeben jeweils vier bis fünf Minuten inklusive Kurzinterview. Einleitung, stimmungsvolle Beschreibung der Szene, ein, zwei Fragen, deren Übersetzung ich gleich mitliefere, möglichst prägnanter oder witziger Abschluß. Das Tonband faßt 20 Minuten, und wenn ich nicht meine zwei Rohreportagen draufkriege, bin ich eine Niete. Das Arriphon wird von einer gigantischen Feder angetrieben, die man alle drei Minuten neu aufziehen muß, mitten im subtilsten Gespräch. Jean Cocteau ist schon reichlich nervös, als zu guter Letzt auch noch die Feder springt. Ein Getöse, wie wenn ein Wahnsinniger gegen die Wände seiner eisernen Zelle trommelt. Bei meinem nächsten Deutschlandbesuch entdecke ich, daß es inzwischen Geräte gibt, die man bequem um die Schulter schlingen kann! Aus Japan, nicht zu glauben! Ich steigere meinen Ausstoß auf 25, 30, zuletzt 40 Berichte monatlich, ohne daß die gefürchtete Sättigung des Marktes eintritt. Schätzungsweise habe ich in diesen Jahren an die 2000 Reportagen hergestellt. Und damit ebensoviele Menschen kennengelernt.

Was ist ein Interview? Ich meine nicht das kriecherische Gefälligkeitsgespräch, in dem man den Leuten untertänigst ihre längst bekannten Standpunkte abfragt ohne nachzuhaken. Leider eine deutsche Spezialität. Würde man die Opfer wenigstens zwingen, witzig zu sein, wie in Frankreich oder Amerika. Aber nein: Meinung genügt, komme ins Haus. In Wirklichkeit gibt es nur zwei Arten von Interviews. Einerseits das forsche Kreuzverhör, wo man durch scharfes Zupacken und Provozieren die Großkopfeten aus ihrer eingespielten Masche herausholt, um ihre wahren Stärken und Schwachpunkte zu fixieren. Dazu gehört eine Art Balanceakt: gleichzeitig seinen Interviewpartner zu vertreten und das Publikum, das ein Anrecht auf ihn hat. Überdies muß man hier mindestens so gut vorbereitet sein wie der Befragte, sonst macht er einen mit dem lückenlosen Gedächtnis, das solchen Routiniers eignet, zur Schnecke. (Es sei denn, man hat, wie bei der berühmten Interviewserie von David Frost mit Nixon, vorher Geständnisse abgesprochen, was aber allerhand Tausender zu kosten pflegt.) Und dann gibt es das Interview, das ich vorziehe. Bei dem du deinem Partner unbewußt suggerierst, daß du ihn verstehst. Billigst. Magst, ja liebst. Daß du ihn so siehst, wie er sich selber sieht. Nicht nur seine Erfahrungen teilst, sondern seine Besessenheiten und besonders seine Schwächen. Jetzt stehst du auf der gleichen Ebene mit ihm. Und von gleich zu gleich kann er auspacken. Auch Dinge, die er eigentlich nicht unbedingt preisgeben wollte, und die vor allem. Das geht nicht mit Bluff (oder nur ein bißchen), sondern du mußt es tatsächlich fühlen. Dann bist du im Geschäft. Du bist nicht nur im Geschäft, sondern hast etwas für dich selbst gewonnen, denn bei diesen Gesprächen mußt auch du ja allerlei aus dir herausholen. Du bist Gangster und Nutte, Banker und Boxer, Ketzer und Mystiker. Du entdeckst, daß du alle diese Dinge, und noch unendlich mehr, in dir trägst. Über deine Fragen findest du einiges über dich selbst heraus, nicht unbedingt Schmeichelhaftes. Auch deine Stellung in der Gesellschaft betreffend. Man kann auf vielen Wegen dahin gelangen. Mir hat das der Journalismus verpaßt, der einst so verachtete. Meine Zeitgenossen waren nicht, wie gedacht, meine Mondsatelliten. Oder bloße Spiegel, die mein Bild zurückzuwerfen hatten. Auch nicht Komparsen meines inneren Theaterstücks. Sie existierten für sich selber, im eigenen Interesse. Erst über diese Erkenntnis wurde ich, spät genug, dem Mitmenschen zugänglich.

Inzwischen lief mein Werkel auf Hochtouren. Zwar beschworen mich meine Auftraggeber, doch endlich den »federführenden Funk« zu benennen, von dem die restlichen Sender meine Berichte übernehmen konnten. Natürlich mit fünfzigprozentigem Rabatt. Ich verspreche es hoch und heilig, erbitte nur noch kurzen Aufschub, da derzeit komplett ausgelastet. Aus einem undefinierbaren Grund – wahrscheinlich mein mangelndes Organisationstalent – wird es nie zu diesem Verteilerschema kommen. Zehn Jahre lang nicht. Wie gehabt klaube ich jeden Morgen den Haufen bunter Verpflichtungsscheine aus meinem Postfach, mein Einkommen für diesen Tag. Und habe eine Lektion für die Zukunft gelernt. Höchstens im Weltanschaulichen Prinzipien reiten, ansonsten möglichst selten auf Konfrontationskurs gehen. Sondern sich seine Ansprüche Stück für Stück aus der Schlamperei, der Ignoranz, der Trägheit und in Gottes Namen auch der Gutmütigkeit seiner Vertragspartner herausknabbern. Jeder Betrieb hat seine Grauzone – an dir, sie zu finden!

Der Schwerpunkt meiner Berichterstattung ist Paris. Bald gelte ich als Spezialist für Pariser Dinge. Einer, der den Métroplan auswendig hersagen kann und die Tarife am Pigalle. Eine Dame schreibt mir, daß sie vor dem Krieg Opernsängerin in Bukarest war. Derzeit Klosettfrau in München. Ob ich ihr bei der Pariser Oper ein Engagement verschaffen kann? Eine andere hat vor Jahren einen französischen Kriegsgefangenen auf ihrem Bauernhof beschäftigt. »Können Sie ihn wiederfinden? Er war rothaarig und hieß Jean. Sein Sohn wird nämlich großjährig.« Eine Köchin schreibt: »Ich hab immer beim Juden gedient. Meine letzte Gnädige hieß Rosenthal und soll in Paris leben. Sagen Sie ihr, daß ich ein Zeugnis brauche wegen meiner Dienstbotenrente.« Im Pariser Telefonbuch füllen die Rosenthals mehrere Spalten. Ich beschließe, willkürlich drei herauszupicken und die Suche dann abzublasen. Der dritte war's dann. Einen Dankbrief bekomme ich nicht. Als Pariskenner habe ich eben auch sämtliche Rosenthals zu kennen.

Nie fühle ich mich als Pariserkind, sosehr mich alle daraufhin ansprechen. Ich bin hier zu Gast. Wie Heine, wie Hemingway, wie Joseph Roth und unzählige Namenlose. In dieser Stadt fühle ich mich lebendig, da dauernd gefordert und angeregt. Aber noch nie bin ich per Flugzeug, Bahn oder Auto in Paris eingetroffen mit dem rauschhaften Bestimmungswahn: Hier ist Heimat. Einer der Gründe, warum mir Paris behagt, ist übrigens, daß hier nicht alles getan wird, was gedacht. Ja, im Grund sind die Pariser der Auffassung, daß gedacht oder gesagt bereits getan ist. Ich bin ein Freund des Denkens, darum finde ich das nicht so abwegig wie pragmatischere Völker. Und je effizienter das moderne Deutschland wieder wird, je »gefrorener« seine Gesellschaft, desto lieber will man von einem Frankreich hören, wo das anders sein soll. Paris stellt, um die Mitte dieses Jahrhunderts, ungefähr das dar, was Rom zur Goethezeit war: ein geträumter Ort der Lebensqualität. Eine romantische Projektion der eigenen Sehnsüchte nach intensiverem Dasein und mehr Lässigkeit. »Paris, Paris, du bist das Paradies«, schickt mir jemand, der bestimmt nie hier war, einen Schlagertext aus Eigenbau, um ihn vertonen zu lassen. Was er meint, ist das Paris des 19. Jahrhunderts. Mit dem zwanzigsten haben die Pariser einstweilen nichts am Hut.

Mich fasziniert dieses Baudelaire-Paris, dessen Spuren jetzt so versessen getilgt werden wie Falten bei der Schönheitschirurgie. Seit einem Jahrhundert hat man nichts an den alten Vierteln renoviert, aus Wurstigkeit und aus Geiz. Die Mieten sind ja festgeschrieben, praktisch seit dem ersten Weltkrieg. Kein Dach wird geflickt, keine Fensterscheibe eingepaßt. Geschieht dem Haus schon recht, wenn es dabei kaputtgeht. Die Besitzer hassen ihre Häuser, an denen sie seit Generationen zusetzen. Sie piesacken die Mieter, die ihrerseits keinen Nagel umsonst einschlagen würden. Und die Häuser verkommen, bis sie nicht mehr zu retten sind. Erst buchten sich die Fassaden aus, die ja in der Regel nur aus groben, mit Gips gemörtelten Steinbrocken bestehen. Man stützt sie durch schräge Holzmasten ab, deren Fuß meterweit in die Straße hinausragt. Dieses Provisorium dauert Jahre oder Jahrzehnte, aber zuletzt ist nichts mehr zu retten. Das Haus muß weg, am besten die ganze Straßenseite gleich mit, der Block, das Quartier. Zwischen zwei Planierraupen wird ein Drahtseil gespannt, das schneidet durch die Sockel dieser verrotteten, verwanzten, zehnmal übereinander tapezierten Wände wie durch mürben Zunder. Nur die Täfelungen hat einer vorher herausgeholt, die furnierten Türen und die Marmorkamine. Es ist Monsieur Beaumarier, der solches Sammelsurium noch heute billig verkauft, in seinem Barackenlager zwischen Paris und Versailles.

Dieses theatralische Abbruchparis gehe ich jetzt fotografieren.

In München habe ich mir eine neue Leica angeschafft, genau wie die alte. Automatischere Modelle liegen mir nicht, Polaroid noch weniger. Es ist wie mit den Schreibmaschinen. Oder der Schaltung im Auto. Nur das manuell zu Handhabende regt mich an zu Leistung. Seit Mexiko habe ich keine Kamera in der Hand gehabt. Jetzt läßt sie mich nicht mehr los. Auf einem Stadtplan zeichne ich rot die verschwindenden Viertel ein: Belleville, Ménilmontant, Porte des Lilas, Place des Fêtes. Darin wandere ich jede Straße ab, jedes Sackgäßchen, jedes Haus, jeden Hintergarten. Die Höfe, in denen Hydranten stehen – die Dorfbrunnen der Stadt –, und die mit den Stehklosetts, auf deren schwingenden Türen die Kinder Weltreise spielen. Ich bin der Bildchronist eines absterbenden Paris, dessen Reste (im Quartier Latin, im Marais) man zwanzig Jahre später für teures Geld in Aspik präservieren wird. Jedes Wochenende ziehe ich los, versessen knipsend, was keiner sonst für bildwürdig hält. Bild ist, wieder einmal, Erlösung vom Wort. Von der Verantwortung an der Sprache. Eine reine Sache der Ästhetik und Geschicklichkeit. Eine Augenblickskunst, die in guten Momenten den Zufall herbeizwingt. Manchmal, wenn ich solchen Straßenbrocken und Häuserfragmenten gegenüberstehe, überfällt mich fast eine Art Trance. Dann weiß ich nachtwandlerisch das richtige Mauertrumm im richtigen Licht aufzuspüren. Und, wie von meinem Unbewußten materialisiert, tauchen zur richtigen Sekunde der Bettler, das ballspielende Kind oder die radelnde Nonne auf, die diese Bühnenkulisse erst zum Bild machen. Jetzt fühle ich mich belohnt und im Einklang mit dem Schicksal.

Oder bin ich am Ende nur selbstvergaffter Nachahmer der Herren Cartier-Bresson, Capa, Chim und wie die Götter der Fotoagentur Magnum alle heißen? Schon mischt sich ein leicht abwertendes Lächeln in die Bewunderung meiner Schwarzweißkünste. Ja, auch die Ehrfurcht vor meiner Tonbandklimperei nimmt schlagartig ab. Eigentlich war das erste Warnsignal schon erkennbar, als ich in London für meine Zuhörer die Krönung der Königin Elizabeth beschrieb. »Na, wie war's?« frage ich anschließend in Paris. Verlegenes Schweigen. Keiner hat auch nur zugehört, nicht einmal die Techniker der Überspielung. Gebannt starrten sie auf etwas, das aus diesem neuangeschafften Holzkasten kam und sich »Eurovision« nannte. Oder hieß es schon »Mondovision«? Jedenfalls eine von diesen talismanischen Metaphern, die Weltreiche schaffen und stürzen.

Nie habe ich für eine Entscheidung den passenden Zeitpunkt gefunden. Wenn Hitler sagte: Am 22. Juni sechs Uhr früh wird Rußland angegriffen, dann war es eben der 22. und nicht der 23. oder gar der Juli. Ein geplantes Leben. Noch die Frist zwischen Hochzeit und Selbstmord setzte er so präzise an, daß für den Vollzug der Ehe keine Zeit blieb. Was mich betrifft, so mißtraue ich allen rigorosen Planungen, weil mir vor der Götter Neide graut. Nur was den Anschein von Zufall hat, kann ihm entrinnen. Ein abschreckendes Beispiel für falsche Vorausplanung erzählt mir der berühmte französische Filmkameramann Rougemont. Sein eigener Vater hat, als er noch Roitberg hieß und in den Zwanzigern wohlbestallt bei der Ufa Regie machte, die fixe Idee gehabt, man müsse für den kommenden Tonfilm gerüstet sein. Also lernte er Tontechnik. Dreißig Jahre später schuftete Rougemont senior, ein Tapergreis, noch immer als bescheidener Tontechniker in Paris.

Daß ich schließlich zum Fernsehen ging, war einzig dem Umstand zuzuschreiben, daß es zu mir kam. Der Südwestfunk telefonierte, damals für Frankreich zuständig. Und suchte, so schien es, einen Pariser Vertreter für die Arbeitsgemeinschaft der Rundfunkanstalten Deutschlands, eine Körperschaft des Öffentlichen Rechts. Die Auslandsleitung war, wie meist in Frankreich, katastrophal. Ich antwortete, daß ich von allen diesen Körperschaften und Gemeinschaften nichts begriff, man solle mir doch freundlicherweise einen Brief schreiben. In dem Brief stand dann das magische Wort Fernsehen, und mehr brauchte ich nicht. Es gab weder Büro noch Budget. Dafür kam ein Volkswagen vorgefahren mitsamt Kameramann. Das gesamte Gerät paßte auf den schmalen Hintersitz des Autos. Wir produzierten Handwerksarbeit, die mich sofort anmachte, wie seinerzeit die Buchbinderei. Wenn eine Entscheidung gefallen ist, gibt es bei mir einen radikalen Emotionsschub. Es muß das sein oder nichts. Die Fotokamera rührte ich nicht mehr an, höchstens, um Familienschnappschüsse zu machen. Und auch da ziere ich mich gewaltig. Will ich seitdem ein Tonbandgerät benutzen, so muß ich vorher umständliche Diagramme zeichnen mit jedem Knopf und jeder Taste darauf, sonst schaffe ich es nicht. Dafür steige ich jetzt total ins Fernsehen ein. Nicht weil ich den Leuten Weisheiten verzapfen will, sondern zunächst betrachte ich das als rein persönlichen Freudenspender. Es kommt mir vor, als ob alles, was ich je gelernt habe, darin zusammenschießt und seinen Stellenwert findet. Die Kunst. Die Plakate. Das Basteln. Das Theater und Kino. Der Journalismus. Das Radio. Das Gedichteaufsagen. Und die Fotografie. Und Paris. Und in Gottes Namen auch die Literatur, das Wort. An das ich mich noch am ehesten herantraue, solange es bloß dem Bild zu dienen und es auszudeuten hat. Und obenauf: mein Drang zur Gestaltung, diese zwanghafte Formsucht. Ich spüre, daß ich, mit meinen gemischten Gefühlen und meiner gemischten Vorbildung, für dieses Mischmedium Fernsehen wie geschaffen bin. Obgleich auch jetzt schon, wir halten 1958, die »alten Hasen« auftauchen, die in mir den Nachzügler wittern, dem man zeigen wird, was eine Harke ist. Ich gebe nichts auf die alten Hasen. Ich weiß mit einem Schlag, was ich will: aus allen meinen Passionen die richtige Mixtur destillieren. Nur wie? Das macht mich nervös und verlegen. Bisher habe ich, aus sicherer Entfernung, einen Apparat beliefert. Jetzt soll ich Teil dieses Apparats werden. Die Funkleute behandeln mich zuvorkommend, ja überfreundlich. (Vorab die aus den Propagandakompanien. »Mensch, da haben wir uns doch in Italien gegenübergelegen, haha.« Auch ich finde es zum Schießen oder zum Totlachen. Früher fand man es zum Totschießen, aber das ist lange her.) Ich habe eine dumpfe Ahnung, was ich will, kann es bloß nicht ausdrücken. Die Ressortchefs argwöhnen, daß ich die normale Berichterstattung nicht zusammenkriege, während ich doch längst auf neue Normen versessen bin. Scheußlich. Einmal bringe ich eine Pressekonferenz von de Gaulle, die nur aus Mimik und Gesten besteht. Dazu deklamiere ich, ganz in seinem

Tonfall, nicht etwa was er tatsächlich gesagt hat, sondern was er dahinter denkt. Das Stück soll am selben Abend gesendet werden, also fliege ich mit dem kompletten Material nach Baden-Baden. Wir haben noch nicht die Mischung fertig, da werde ich schon in einen Schminkstuhl gedrängt. Es ist mein erster Auftritt »live«. Unvermeidlich kommt bei der Sendung die Reihenfolge der Auszüge durcheinander, eine Riesenblamage. Nachher laufe ich grußlos in die Nacht hinaus. Ich weiß noch, daß ich lang auf einem Eisenbahnviadukt stand, der ewige Versager. Plötzlich kam ein Mann auf mich zu: »Aber Sie sind doch der ... wir haben Sie doch gerade am Fernseher ... nein, so ein Zufall, nein, so ein Glück!« Er konnte es gar nicht fassen. Daß mir alles durcheinandergeraten war, hatte er kaum mitgekriegt. Nicht die bloßen Worte zählten also am Schirm, die Information. Sondern ein Gesamteffekt, in dem die Persönlichkeit den Ton angab. Nur war ich leider noch keine Persönlichkeit. Wie dahin kommen?

Bei Spengler hatte ich den Ausdruck »Pseudomorphose« gelesen, für eine Kultur, die gar nicht ihre eigenen Werte auslebt, sondern die Ansprüche der Umwelt an sie. War auch ich vielleicht so eine Pseudomorphose? Jemand, der weder seinen Begierden und Sehnsüchten noch seiner Herkunft, seiner Vergangenheit, noch auch seiner Kultur gerecht wurde? Zwar bekam ich Lobsprüche für meine netten Funk- und jetzt auch Fernsehberichte. Dazu wachsende Aufträge von dem, was man nunmehr stolz die Printmedien nannte. Die ich mit allem belieferte, was man sich in Deutschland so als »original pariserisch« ausdachte. (Einmal waren es drei Artikel gleichzeitig über die Champs-Elysées.) Aber wozu das alles? Die Kasse klingelte halbwegs, aber wollte ich wirklich von Leuten, die mir nichts sagten, bejubelt werden für Dinge, die mich kaltließen? Wo ging's lang? Heute staune ich, wie wenig mir aus dieser Zeit noch in Erinnerung bleibt. Nur daß ich (wie Oscar Wilde, sagte ich mir sofort) meinen vierzigsten Geburtstag als meinen 39. ausgab. Mit vierzig war man alt. Wer sich mit vierzig nicht gefunden hat, kann einpacken. Zwar war ich Spätpubertierer, aber das ging denn doch zu weit. Vieles kam zusammen, einschließlich ganzer Röhrchen von Schlaftabletten. Frustrierter Ehrgeiz. Eine Ehe, die auseinanderbröckelte. Jetzt überfiel mich auch noch der »grünäugige Dämon«, die sexuelle Eifersucht. Keiner seit Othello konnte sich so imaginativ in sie hineinsteigern wie ich. Die Tabletten stammten von dem freundlichen Arzt der amerikanischen Botschaft, dafür bekannt, daß er uns alles verschrieb, was man sich so wünschte: Valium, Kondome – die damals in Frankreich verboten waren –, sogar Schweizer Abtreibungen. Ich zerdrückte die Dinger zuerst mit dem Löffel, dann kippte ich sie in Wasser herunter.

Der Abschiedsbrief geriet mir reichlich fahrig, quer über die Seite. Aber ich riß mich zusammen zu meiner üblichen Schrift, die schon unleserlich genug ist. Wie Stefan Zweig (sagte ich mir sofort), der den seinen überdies noch durchkorrigiert hatte wie ein Manuskript. Nur keine Angeberei, bitte schön. Eine Nummer kleiner tut's auch. Ich erwachte in einem Pariser Krankenhaus, umnebelt, aber bester Laune. Wer mich aufgefunden und zum Magenauspumpen gebracht hat, weiß ich bis heute nicht. Wahrscheinlich die Feuerwehr, weil es ja überdies nach Gas gestunken haben muß. Am zweiten Tag, ich war noch immer reichlich weggedreht, erschien ein braves Mädchen, das nach einem gemurmelten »Gute Besserung« gleich zur Sache kam: Übermorgen sei die Pariser Vernissage ihres Freundes, des deutschen Malers Kricke. Das müsse ich unbedingt »wahrnehmen«. Keine Ahnung, wie sie mich aufspürte, aber wenn mir zufällig Kricke-Bilder unterkommen, kriege ich noch jetzt einen Lachanfall. Am dritten Tag wollte ich heim, nur hatte man mir meine Schuhe gemaust, nicht zu reden von der Brieftasche. Ich stapfte zu Fuß in Socken nach Hause, grinsend durch den Platzregen. Es geht nichts über die Erfahrung, daß man jederzeit freiwillig ausbüchsen kann. Allerdings besaß ich damals keinen Anhang.

Natürlich ging dann vieles erst richtig los. Man braucht dem Leben nur die Kehrseite zu zeigen, schon kommt es gekrochen. Bei einer Neuaufteilung der Einflußsphären wurde Frankreich zum reichen Westdeutschen Rundfunk geschlagen. Dort startete man ein Fernsehmagazin mit Namen »Pariser Journal«. Nach den ersten Sendungen kam es zu einem Knatsch. Ein Produktionsleiter rief bei mir an: »Trauen Sie sich die Sendung zu?« Es klang, wie wenn Napoleon anruft und fragt, ob man sich noch zutraut, Waterloo zu gewinnen. Ich sagte vorsorglich ja. Reinspringen und schwimmen, meine einzige psychologische Möglichkeit. Finanziell gesehen, hatte ich allerhand zu verlieren. Ohne daß irgend jemand es merkte, verdiente ich zu dieser Zeit soviel wie ein Minister. Und mehr, als ich je wieder schaffen würde. Das Fernsehen stufte mich erst mal auf ein Viertel davon zurück. Für dieses Honorar sollte ich, zusammen mit einem Kollegen, dreizehn dreiviertelstündige Sendungen im Jahr produzieren. Eine Sendung alle vier Wochen! Heute kann man über solche Zumutung nur lachen. Oder über eine solche Chance! Und wir schafften es tatsächlich. Eine Woche Vorbereitung, zehn Tage Dreh, zehn Tage Schnitt einschließlich Texten, Sprachaufnahme und Endmischung. Später zog sich sogar der Kollege zurück, und ich machte allein weiter. Immerhin mit einem Assistenten namens Gérard, auf den ich noch komme.

Ich war unermüdlich. Ich *wurde* zum Pariser Journal. (Nur ging dabei mein Privatleben in die Binsen.) Ich lernte von Mal zu Mal. Aus dem »bunten Allerlei« machte ich Kurzporträts von Menschen. Leute mit Geschichten, die alle irgendwie mit Paris zu tun hatten. Pariser Geschichten. Endlich konnte ich das Paris loswerden, das mir in den Eingeweiden rumorte. Es war nicht das Paris der Redaktionen, des deutschen Spießers liebstes Kind. Aber mein Paris. Auch mal Arbeiter. Auch mal Unglück. Auch mal Slums. Auch mal Dreck. Auch mal Verrückte. Versager. Dissidenten. Maos, Trotzkisten, schwarze Straßenkehrer. Exzentriker. Streuner. Mädchenaufreißer. Das wilde, unbürgerliche Paris, das lebendige. Vorne baue ich sie auf, hinten zeige ich, was Sache ist, alles in wenigen Minuten. Vorne gebe ich mich romantisch, hinten zynisch. So entsteht etwas Abgerundetes, das immerhin Menschenähnlichkeit aufweist. Es macht Spaß, das in den Griff zu bekommen. Und die ewigen alten Routiniers absausen zu lassen, die alles besser wissen. Mit ihren »todsicheren Themen«, die sich als todsichere Nieten herausstellen: die Spezialitätenköche, die Modetanten, die Astrologen, die singenden Nonnen, die Heilkräutergurus. Der ganze Kitsch, auf den das Publikum angeblich so scharf ist, vorab das weibliche. Während ich haargenau die Leute bringe, die mir selber zusagen, in der zu ihnen gehörigen Atmosphäre. Statt acht oder mehr Berichte pro Sendung sind es zuletzt bloß noch drei. Drei viertelstündige Porträts. Kurios, was sich da hineinstopfen läßt, wenn man ganz ungeniert auf den Kern losgeht. Das habe ich von Frankreich und Amerika gelernt, obwohl es in deutschen Landen verpönt sein soll. Auch mit Formen zu experimentieren ist nicht gefragt. Konsterniert ruft mich der Chefkameramann des Senders aufs Tapet: »Jetzt reicht's aber!« Obwohl ich doch gerade erst aus den Kinderschuhen schlüpfe. Neue Formen verstören, weil sie stets unerwartet auftauchen. Niemand sagt: »Warum haben wir bloß keinen Heini, der uns eine impressionistische Fernsehform entwickeln hilft?« Oder was immer das war, was ich da fabrizierte. Sondern die neue Form kommt – wird angepöbelt – wird akzeptiert – wird nachgemacht – wird Masche – wird Opas Kino. Amen.

Nein, ich habe keine Sehnsucht, »Frankreichs Kulturbotschafter in Deutschland« zu spielen. Empfinde mich weder als »Filmfeuilletonist« noch als »Plauderbaß«. Eher schon als Zeuge eines sich wandelnden Paris. Am ehesten als Dokumentarist meiner selbst. Halb im Ernst, halb ironisch (aber auch das Persiflierte ist ja ernst gemeint) spreche ich über mich, auf dem Umweg über meine Modelle. Natürlich werde ich mich hüten, das jemand auf die Nase zu binden. Durch andere seine Passionen auszuleben ist vielleicht dem Filmkünstler gestattet, nicht dem Fernsehmacher. Dieser soll ja tunlichst kein persönliches Anliegen vertreten, das wäre »unausgewogen« (außer es ist die Meinung der herrschenden Kreise). Er hat »professionell« zu sein, aber ein Gefühlseunuch. Also erfinde ich den Trick, das was ich herausstellen will, jemand anders sagen zu lassen. Bin ich verantwortlich für alles, was die Leute von sich geben, mit denen ich gerade zufällig drehe? Na also. Aber es ist ja noch mehr drin, in dem so aufgefaßten Metier. Filmt man mit realen Menschen, so läßt man sich unvermeidlich auf Freundschaft ein, auf Liebe sogar. Eine kurze, heftige Liebesbeziehung. Die sich anschließend wieder zu Freundschaft abkühlen kann oder gänzlich erlischt, je nach den Umständen. Dieses unvermittelte Aufflammen und Abflammen, sich jemand einverleiben und von ihm absetzen... was ist es anderes als das Liebesspiel, wie es der Jugendliche erträumt. Die Beziehungskiste ohne Zwang und Verantwortung. Dokumentarist sein heißt: entzündbar bleiben, als immer neu Werbender auftreten, ein ewiger Jüngling, wenn nicht gar pueril. Und schließlich (aber hier begebe ich mich schon auf sehr dünnes Eis): Menschen filmen bedeutet, sie nicht sein zu müssen! Nicht im Bösen und nicht im Guten. Mit Kriminellen drehen heißt, aus zweiter Hand am Verbrechen teilnehmen, aber man selbst bleibt absolviert. Während andererseits das Abfilmen von Wohltätern der Menschheit dich der Verpflichtung enthebt, edel zu sein. Aber das geht noch weiter. Zum Beispiel bedeutet ja das Filmen für uns Sinngebung des Sinnlosen, Ordnung ins Chaos bringen. Und es vermittelt Machtgefühle wie kaum sonst eine Kunstart. Da man sich ja als Besitzer des Abgelichteten empfinden darf, sobald man es schwarz auf weiß nach Hause trägt beziehungsweise in Farbe. So stark, daß gefilmte Personen, wenn man sie später wiedertrifft (und besonders wenn sie sich seitdem verändert haben), einem vorkommen wollen wie Gespenster. Wieso wagt es dieses Individuum, sein eigenes Leben weiterzuführen, wo es doch schon besser in meinem Film existiert?

Das Pariser Journal zündete und schlug ein, mit einer Vehemenz, die mir heute unbegreiflich ist. Einschaltquoten, von denen unsereins nicht mehr zu träumen wagt: bis zu fünfzig Prozent. Jedoch kam mir dieser Erfolg gar nicht richtig zum Bewußtsein. Ich wohnte ja weit vom Schuß. Und außer einem Kölner Freundeskreis um den Fotokenner L. Fritz Gruber, dem ich noch jetzt verbunden bin (hallo, Fritz!), hatte ich kaum deutsche Bekannte. Ich zerbrach mir darüber nicht den Kopf, sondern hielt alles für ganz natürlich. Solang ich mir selber treu blieb (meinem Instinkt, nicht einem Rezept), konnte gar nichts schiefgehen. Das einzige, was mich wurmte: warum eigentlich nicht noch mehr Leute das Programm einschalteten. Ich selbst sah es übrigens nie am Schirm. Nur ein einziges Mal war ich zur Sendezeit in Deutschland, lief die Hohe Straße in Köln entlang und war überrascht, sie so belebt zu finden. Ahnten die Leute nicht, was sie versäumten und daß morgen die Welt eine andere sein würde?

Ich war also berühmt. Ruhm bestand hauptsächlich darin, daß wildfremde Leute auf der Straße oder im Restaurant auf mich zusteuerten: »Entschuldigen Sie, ich habe nämlich mit meiner Frau (meinem Sohn, meinem Kollegen) gewettet: Sind Sie, oder sind Sie nicht, Doktor Scholl-Latour?« Scholl war damals unser Studioleiter. Es gibt auch einen Reporter namens Gordian Tröller, dessen Korrespondenz, und Honorare, zeitweilig bei mir einlangen. Meistens reist er fürs Fernsehen durch Afrika. Er muß aber auch in grauer Vorzeit eine Serie für den »stern« verfaßt haben: Alle Frauen dieser Welt. Illustriert mit exotischen Nackedeis, auf die ich noch heute angesprochen werde. Und Ruhm bedeutete schließlich, daß ich von Jahr zu Jahr meine Stückhonorare erhöhen konnte. Da aber die Sendungen immer komplexer und langwieriger wurden, nahm auch ihre Anzahl proportional ab. Per Saldo blieb mein Jahresverdienst konstant.

Jetzt komme ich endlich zu meinem Assistenten Gérard. Ohne ihn keine Sendung. Er ist der Mann mit den Kontakten und der Durchschlagskraft. Ein umtriebiger Pariser Jungjournalist, der nie ein Wort niederschreiben wird und dies auch nicht nötig hat. Denn was ist ein Pariser Journalist (es gibt Ausnahmen, gewiß)? Ein Mann, der über vieles Bescheid weiß, aber wenig davon drucken läßt. Er gibt sich als informiert, das reicht. Was er mit seiner allseitigen Informiertheit anfängt, ist seine Privatsache. Manch einer hat sich schon damit hinaufgerangelt in die geweihten Sphären von Politik und Society. Das Ausgraben und Publizieren von Facts im Interesse der Allgemeinheit empfindet er als Zumutung. Nicht nur strengt es an, man könnte ja dabei auch auf unangebrachte Wahrheiten stoßen und sich kompromittieren. Viel lieber bringt er nichts, läßt aber durchblicken, was er alles bringen könnte. »Unnötig, hier Namen zu erwähnen ... um unsere Kontroverse nicht weiter zu vergiften ... ohnehin ist es ein Harlekin-Geheimnis ...« (Mit diesem »sécret de polichinelle«, an dem angeblich jeder teilhat, steht es wie mit Kaisers neuen Kleidern. Zwar weiß niemand genau, worum es sich handelt, aber nachfragen wäre blamabel. Hieße als »dupe« dastehen, als schlecht unterrichteter Naivling – Alptraum jedes Parisers.) Echte Geheiminformation, besonders über politische Skandale, erscheint nur in dem provokatorischen Witzblatt Gefesselte Ente, das keinen Ruf mehr zu verlieren hat. Ansonsten übernimmt der Pariser Journalist seelenruhig die Verlautbarungen von Regierung, Presseagenturen und Werbefritzen, versetzt sie mit Fragezeichen, salzt sie mit Mutmaßungen und analysiert den so entstandenen Brei zu brillanten Schlußfolgerungen, jeden Tag andere. Daß schon die ursprünglichen Tatsachen nicht durchwegs exakt sind, dafür kann man ihn schließlich nicht verantwortlich machen. Namen, insbesondere die von Ausländern, werden grundsätzlich falsch buchstabiert. Er schreibt sachverständig über die Philosophen Nietzche und Shoppenhauer, die Komponisten Glück und Malher, die Altbundeskanzler Ehrard, Brand und Schmitt. Erwähnt er größere Summen, so weiß man noch Jahre nach der Währungsreform nicht, ob »alte Francs« gemeint sind oder »unsere Francs von heute«. Wahrscheinlich hat er selbst keinen Schimmer, das sind bloße prosaische Fakten. Seine Schreibe ist um so eleganter, je weniger solche Tatsachen in ihr aufscheinen. Er sieht sich ja als Kommentator der Zeitgeschichte, wenn nicht als ihr Dichter. Ein *poeta doctus*, den nur Geldmangel zur Brotarbeit zwingt. Sein Stil ist Andeutung, seine Lieblingsvokabel: »wie bekannt«. Wie bekannt, gibt es eine amerikanisch-sowjetische Geheimklausel, wie bekannt, ist Kissinger im israelischen Geheimdienst, wie bekannt, war uns das alles schon längst bekannt, wir haben es jedoch aus den bekannten Gründen nicht bekanntgemacht. Inzwischen streuen wir es aus als Gerücht. Und der Pariser liebt seine Gerüchteküchen, weil sie ihm den Anschein geben, mehr zu verstehen als der Nächste. Etwas zu wissen, das überhaupt niemand weiß, ist sein Lebenstraum. Ohnehin ist für den französischen Medienkonsumenten die eigentliche Wahrheit das, was nicht gedruckt wird oder im Fernsehen kommt. So wie er selbst dem Staat sein wahres Einkommen verschleiert, seine Goldmünzen und sein Schweizer Konto, so nimmt er es als gegeben hin, daß der Staat seinen Bürgern eine Vertragsklausel vorenthält, ein Atomexperiment, einen Politmord oder die Einrichtung einer neuen Geheimpolizei. Wie ich dir, so du mir.

Einen solchen Journalisten also hatte ich in den Anfangszeiten des Pariser Journals zum Assistenten. Er hieß Gérard Josselin, und als er bei mir vorsprach, befand er sich noch im Stadium der Puppe. Ein rundlicher Kloß mit gewölbten Brillen und einem Milchgesicht. Er wirkte so unbedarft, daß man ihm Informationen schenkte wie einem Kind. Und mit Informationen läßt sich ja handeln. Man braucht einer Berühmtheit bloß zu sagen: »Ich höre, Sie lassen sich scheiden«, und sie antwortet: »Ich nicht, aber Soundso.« Damit geht man dann hausieren. Die primäre Pariser Nachrichtenbörse ist das Nachtlokal Chez Castel. Ein Privatklub in der Rue Princesse, ausschließlich für Prominenz reserviert. Und natürlich die Zeitungsschreiber, Fotografen und Werbetrommler, denen sie ihren Ruhm verdanken. In einer Art Telefonkabine rechts vom Eingang haust ein scharfäugiger Raubvogel, eine richtige Pariser Harpyie. Und deine Chance hängt davon ab, ob sie dich im Finstern wiedererkennt oder nicht. Ganz zu Anfang hatte ich ihr Gérard vorgestellt. Monate später gehe ich von neuem mit ihm hin. Inzwischen hat er sein Ballongesicht mit einem Knebelbart ausstaffiert, seinen Bauch mit einem modischen Ledergurt voll Patronentaschen, und die Butzenscheibengläser sind als coole Sonnenbrille kaschiert. Außerdem ist er dank Cowboystiefeln um fünf Zentimeter gewachsen. Aber ihn erkennt sie auf Anhieb. Bloß mich starrt sie mißgünstig an, und mit einem Ton, den es nur in Paris gibt, fragt sie nach meiner Identität: »Alors vous, c'est qui?« Gerade will ich ihr das unzweideutig erklären, da höre ich Gérard beschwichtigend sagen: »Der darf herein, der ist ein Mitarbeiter von mir.« So lernte ich, was ich an ihm hatte.

»Gérard, morgen gibt es diesen exklusiven Künstlerball...« »Ich bin eingeladen, kein Problem.« »Gérard, ich habe da einen Strafzettel...« »Ich rufe beim Präfekten an, kein Problem.«

»Gérard, nächsten Monat kommen die Soft Machines nach Paris...« »Ich kenne den Manager, kein Problem.« Er kannte nicht nur den Manager, drei Wochen später war er der Manager, nämlich für die kommende Deutschlandtournee. Drehte man mit Belmondo oder Michel Simon, so machte er gleichzeitig eine Absprache für Monte Carlo oder Tele-Luxemburg oder was immer. Junge Stripperinnen des Crazy Horse, die er mir als kommende Ballerinen anbot, befanden sich schon längst mit ihm unter Vertrag und nebenher in seinem Bett. In diesen Anfangsjahren des Journals galt ich als »Prominentenjäger«. Als, o Gott, die »Dünser für Intellektuelle«. Es war die Ära, wo man die arme Romy Schneider für abgefeimt hielt, weil sie mit Alain Delon kopulierte. Was nicht mit »Auto, Motor und Sport« oder Häuslebauen zu tun hatte, wurde begeifert als »großstädtische Verruchtheit«. Die Wahrheit ist, daß ich mir nicht viel aus Berühmtheiten mache. Ich liebe ihren Mythos, aber mit drei guten Fragen bringt man ihn ins Wackeln, dann ist man wieder um eine Illusion ärmer. Auch läßt sich mit ihnen wenig Ruhm verdienen. Wird es gut, sind sie es, wird es schlecht, bist du's. Ohnehin war nicht ich der Prominentenjäger, sondern Gérard. Ihm widme ich diese Zeilen, aber nicht zu laut und nicht mit seinem richtigen Namen. Denn wenn er seinen Namen zufällig vor Augen bekommt, verlangt er von mir Tantiemen. Er ist ein großer Nehmer vor dem Herrn, Gérard. Ich selbst war als Prominentenjäger eine Null, heute kann ich es ja zugeben. Es war meine verfluchte Schüchternheit. Und auch, daß ich den Leuten ihre Ausreden abnahm, wenn sie behaupteten: »Ich habe im Moment keine Zeit.« Gérard wußte, daß sie immer Zeit hatten, denn was stellten sie schon dar ohne ihn? Er gehörte zu den Auserlesenen, die bloß in den Apparat zu pusten brauchten: »Hallo, ich bin's, kann ich schnell mal rüberkommen?« Und dann durfte er. Er war nie beeindruckt, fühlte sich nie unterlegen. Er schuftete für mich mit demutlosem Dünkel, mit unermüdlicher Penetranz. Instinktiv wußte er, daß die meisten Berühmtheiten berühmt sind, weil sie berühmt sind. Wie das? Wie eben bestimmte Uhren, Parfüms oder Koffer berühmt sind. Je häufiger in der Werbung steht, daß sie berühmt sind, desto berühmter werden sie. Mehr ist da nicht.

Gérard war Systematiker. Er besaß das dickleibige International Who's Who und die entsprechenden Verzeichnisse sämtlicher Kulturländer. Er war auf Variety abonniert und den Celebrity Service, dessen Spione die Chefportiers der großen Welthotels sind. Er verjuxte seine Nächte, tanzend wie ein schweißgebadetes Nilpferd, Chez Castel oder bei Régine. Hatte Visitenkarten, auf denen er sich als Produzent (großgedruckt) meines Programms (kleingedruckt) ausgab. Und er führte vor allem sein kleines schwarzes Buch. Den Münchner Prominentenjäger Hunter habe ich seinerzeit bei einem Empfang an Brigitte Bardot heranzubringen versucht, aber er winkte überlegen ab: »Das Interview mache ich nachher in der Redaktion.« Gérard kannte nicht nur die Bardot, wie erstaunlicherweise auch ich. Sondern außerdem ihre Agentin, die gefürchtete Madame Horstig-Primuz, sowie ihre Produzenten, Geldgeber, Fotografen und Boyfriends. In seinem Buch standen Geburtstage, Sternzeichen, Lieblingsblumen. Mit wem man sich duzte und mit wem man »brouilliert«, zerstritten war, wobei das eine das andere nicht ausschloß. Und als Allerwichtigstes: wieviel jeder zu kassieren pflegte, pro Weekend, pro Tag oder auch nur die »kleine halbe Stunde«, ganz wie bei den Nutten. Wie Gérard das konnte! Und wie ich es nicht konnte! Warum muß ich mir bei jedem Anklingeln plastisch ausmalen (zu viel Sinn für Ironie schadet), wie der Umworbene triefend aus der Badewanne zum Telefon hüpft. Oder eben im Bett gebetet hat: »Laß bloß jetzt nichts dazwischenkommen, wenn es ausnahmsweise mal klappt!« Einem Gérard kamen solche Bedenken nie. Auch nicht einer Prominentenjägerin wie der Italienerin Oriana Fallaci. »Welch ein Diplomat! Welch ein himmlischer Heuchler!« will sie Fellini ins Gesicht geschleudert haben. Und er zu ihr: »Du Aas! Du Kratzbürste! Du Lästermaul!« Ich darf das bezweifeln. Wahrscheinlich hat sie es nachher in der Redaktion gemacht...

Ich war also berühmt, ohne es richtig wahrzunehmen. Auch die Franzosen hatten keine Vorstellung, daß ich für sie »so nützlich war wie ein Botschafter«. Es wäre ihnen auch schnuppe geblieben. Bei einer Recherche über das Deutschlandbild der Franzosen stellte ich fest, daß über einen Zeitraum von zehn Jahren nur drei Fernsehfeatures über die Bundesrepublik gelaufen waren (darunter zwei über die Berliner Mauer). Im selben Zeitabschnitt kamen allein von mir über fünfzig Sendungen. Daß ich auch in Paris bekannt sein mußte, dafür weiß ich nur noch ein einziges Indiz: Jemand, der mich in einer deutschen Illustrierten auf unserm Balkon gesehen hatte, mit dem Eiffelturm im Hintergrund, schrieb mir per Adresse »Beim Eiffelturm«. Und dieser Brief kam an, wo so viele in Paris nicht ankommen: einer der Höhepunkte meiner Karriere. Allerdings stand auf der Rückseite: »Par Préfecture de Police«. Da wußte ich Bescheid. In Paris konnte jeder sich so anonym fühlen, wie er wollte (und die meisten Pariser wollen). Aber in der Präfektur lag seine Akte, angereichert mit Conciergen-Klatsch und fiesen Denunziationen von Nachbarn. Nach seinem Tod wandert dann alles gebündelt in den Keller. Nichts wird je vernichtet oder gelöscht. Gräbt man tief genug, so kommt wahrscheinlich noch der Gallieneroberer Julius Cäsar zum Vorschein: »Gangstervisage, notorischer Angeber, Epileptiker, in Frankreich ohne festen Wohnsitz, Verdacht auf Homosexualität.« Auch das war Paris. Ich bekam es langsam in den Griff, über die Leute, die ich kennenlernte. Aber noch häufiger preßte und ängstigte es, machte dich zum ewig unzureichenden Kandidaten um seine Gunst. Was, schon so lang hier und noch kein Jazzerbegräbnis mitgemacht? Keinen »Ball der Vier Künste«, keine »Partouze«-Orgie, keine rosa Ballette oder schwarzen Messen? Wen kennen Sie eigentlich? Cocteau, na und? Gréco, na und? Piccoli, schon besser. Romain Gary, aha. Fast bist du eines Gespräches würdig. Und sicherlich kennen Sie auch die Princesse de P. Nein? Meine Waagschale sinkt wieder gefährlich. Aber doch den Herzog von G.? Gott sei bedankt, den kenne ich, und damit bin ich aus der Bredouille. Und darf sogar erzählen, wie es zu der Bekanntschaft kam, die mir ein Kompendium französischer Lebensart vermittelte. Und aus bester Quelle.

Vuitton-Koffer sehen einer aus wie der andere, und wie alle Wechselbälger können sie Schicksal spielen. Daß ich am Flughafen Orly auf dem Rückflug von Genf den falschen erwischt habe, merkte ich erst, als ich ihn daheim aufmachte und mich der Pracht gegenübersah. Obenauf ein Blazer, an der Brusttasche das Wappen des Jachtklubs der Isle of Wight. Darunter Hemden, so undefinierbar rustikal kariert, wie es nur die Briten können. Eine Polo-Reithose. Monogrammierte Taschentücher von der Art, wie man sie, wenn man einen Oxford-Akzent hat, nach diskretem Schneuzer zwischen Manschette und Ärmel gleiten läßt. Kurz, die typische Ausstaffierung der französischen Aristokraten, deren Anglomanie bekannt ist. Übrigens, zuunterst lag ein Goldbarren, 250 Gramm auf unserer Küchenwaage. Ich telefoniere also nach Orly, ob sich jemand mit meinem Eigentum gemeldet hat. Erst zwei Tage später kam Nachricht. Offenbar hatte der Besitzer ausreichend Hemden – und Goldbarren –, um seinen Koffer nicht gleich auspacken zu müssen. Ich rief die Nummer an, kriegte zuerst den Chauffeur, dann die Bonne, dann den Sekretär und schließlich den Eigentümer selbst an den Apparat. Monsieur le Duc de G., ein Name der schon kaschiert bei Marcel Proust vorkommt und wahrscheinlich beim Sonnenkönig. Näselnd, kalt-höflich, mit diesem langgezogenen »a« (mon chââââteau), zu dem nur der sich Zeit nimmt, der ein Schloß besitzt. Ich möge die Güte haben, das betreffende Gepäckstück gleich herüberzubringen. Kein Wort davon, daß man ja auch den Chauffeur ... na schön.

Die angegebene Adresse liegt Quai d'Orsay. Privathotel, Treppenaufgänge rechts und links. Ich melde mich beim Concierge. Chauffeur holt mich ab, geleitet mich hinauf. Bonne, Privatsekretär, endlich der Hausherr: kahlköpfig, Kreuz durchgedrückt, Husarentaille, weißer gestutzter Armeeschnäuzer. Im Knopfloch große Rosette der Legion (Ehrenlegion, nicht Fremdenlegion, gottbehüte). Ich übergebe den Koffer, der meine – ausgebeult, schäbig, wo hatte ich nur meine Augen – wartet schon neben der Tür, durch die man mich schleunig hinausflankiert. Sobald ich beim Concierge angelangt bin, klingelt dort, wie erwartet, das Telefon. Ob ich nochmals einen Sprung...? Mit Vergnügen. Oben im Salon neuerliche Konfrontation. Ob ich etwa den Koffer ausgepackt habe? Und irrtümlich eine Sache nicht wieder eingepackt? Ach so, Sie meinen... und ich hole den kleinen Goldbarren aus der Rocktasche. Der Herzog nimmt ihn, besieht ihn fachmännisch. Blickwechsel der Kontrahenten. Ob damit eine bestimmte Absicht verbunden sei? Nun ja, wenn herzögliche Gnaden geneigt wären, mir Eingang in höhere Kreise zu verschaffen, zwecks Filmprojekt? Er lädt mich erleichtert zum Sitzen ein. »Wissen Sie, auch Herzöge wollen leben.« Mit diesem Geständnis bin ich sozusagen in den Jockey-Club aufgenommen, was mit einem Whisky begossen wird. »Bien, wäre es nicht angebracht, zuerst etwas über unser Milieu zu erfahren, bevor Sie mit der Kurbelei beginnen?« Und natürlich hat er darüber ein anspruchsloses Büchlein geschrieben (»une plaquette«). Reiner Privatdruck, nur für Freunde. Titel: Französische Lebensregeln. Aus seinem Handexemplar liest mir der Hausherr die Essenz vor. Die Regeln unserer Kreise, heißt es einführend, sind die Frankreichs. Nur daß man sie bei uns ausspricht, im übrigen Land nur unbewußt danach lebt. Die de Gaulles, die Mitterrands, die Führungskräfte, die großen Commis des Staates wissen, daß Frankreich nach diesen Grundsätzen handelt und regiert wird. Die andern wissen es nicht, was aber nichts an ihnen ändert.

Lebensregel Nummer eins: Alles in Frage stellen, jederzeit das Schlechteste erwarten, auch von sich selbst. Beispiel: eine Zeitungsnotiz aus dem 17. Jahrhundert. »Wir hören, daß Kardinal Mazarin tot ist, von anderer Seite wird uns das Gegenteil versichert. Wir glauben weder das eine noch das andere.« Beispiel aus der Politik: Eine Gewerkschaft setzt einen »unbegrenzten Streik von 48 Stunden« an. Beispiel aus einem Film. Geliebte: »Liebst du mich?« Liebhaber: »Was ist das, Liebe?« (C'est quoi, l'amour?)

Lebensregel Nummer zwei: Immer das Gegenteil von dem andeuten, was man ausspricht. Beispiel aus der Politik: »Ich stimme mit meinem geehrten Vorredner fast völlig überein«

heißt: Ich könnte ihn ja in Grund und Boden bohren, aber er ist es mir nicht wert. Beispiel aus der Literatur: Ein neugewähltes Mitglied der Französischen Akademie muß, wie üblich, eine Eloge auf den verstorbenen Vorgänger halten, diesmal ein notorischer Nazikollaborateur. Er beginnt: »Ein großer Mann ist von uns gegangen – für seine Freunde zu früh, für seinen Nachruhm zu spät.« Beispiel aus der Geschichte: Juni 1940, als die deutsche Wehrmacht vor Paris steht, verlautbart der französische Rundfunk: »Ein Waffenstillstand kommt nicht in Frage.« Die bloße Tatsache seiner Erwähnung verrät, daß er unmittelbar bevorsteht.

Lebensregel Nummer drei: Allzuviel Aufrichtigkeit schadet, wie überhaupt jedes Übermaß. Beispiel: Wer der Polizei einen Autounfall meldet, dessen Zeuge er war, wird automatisch als Verdächtiger eingestuft. Beispiel aus der Politik: Ministerpräsident Chaban-Delmas, der Steuerhinterziehung angeklagt, gibt im Fernsehen seinen gesamten Privathaushalt preis. Seine Beliebtheit geht steil zurück, er muß abdanken. Ein anderes: Ministerpräsident Fabius, als »ehrlicher Mann« angetreten, weist bei der Untersuchung des Sprengstoffattentats gegen das »Greenpeace«-Schiff auf den veranwortlichen Verteidigungsminister Hernu. Damit ist seine Karriere vorläufig beendet, während Hernu als kommender Premierminister gehandelt wird.

Lebensregel Nummer vier: Abwechslung ist wichtiger als Beständigkeit, ist das eigentliche Lebenselement. Beispiel: Untreue des Mannes gilt in Frankreich nicht als Scheidungsgrund. Beispiel aus der Politik: In der Vierten Republik wurden Regierungen gestürzt und neue gewählt, deren Programm in fast allen Punkten identisch war. Die vorige war eben »verbraucht«, das heißt, sie langweilte. Beispiel aus der Literatur: »Ich kann nie eine Behauptung aufstellen, ohne den sofortigen Drang, das Gegenteil zu behaupten.« (André Gide)

Lebensregel Nummer fünf: Witz ist gefragter als Überzeugung. Beispiel: Cocteau, der eine Kapelle ausmalt, wird gefragt, ob er eigentlich an Gott glaubt. Er sagt: »Ich glaube an den Gott, der an meine Kapelle glaubt.« Beispiel aus der Politik: General

Massu, ein primitiver Haudegen, trifft sich mit de Gaulle. »Na, Massu, immer noch so bekloppt?« Massu: »Jawohl, mein General. Immer noch Gaullist.« Ein anderes: Frankreichs bester Ministerpräsident, Mendès-France, wird nach bloß neun Monaten Amtszeit gestürzt. Ein Abgeordneter, nach dem Grund befragt: »Herr Mendès überzeugt, anstatt zu überreden.«

Lebensregel Nummer sechs: Vorsicht ist die Mutter der Weisheit, aber Rettung in höchster Not wirkt spannender. Beispiel: Der französische Automobilist fährt prinzipiell noch bei Orange über die Kreuzung, um sich zu beweisen, wie scharf im Notfall sein Reaktionsvermögen ist. Beispiel aus der Politik: Das Parlament behandelt jedes Problem erst, wenn es praktisch unlösbar geworden ist. Aber dann in aufregenden Mitternachtssitzungen.

Letzte Lebensregel: Alles muß in klare Worte faßbar sein. Was nicht klar ist, ist nicht französisch. Da die meisten Vorgänge dieser Welt doch ziemlich verwirrend sind, ersetzt man sie am besten durch glasklare Abstrakta und wohlklingende Verallgemeinerungen. Beispiel aus der Justiz: In französischen Strafprozessen bleiben die entscheidenden Indizien oft unaufgedeckt (und ohnehin macht schon das bloße Eintreffen der Polizei den Tatort unkenntlich). Es gewinnt der, dessen Anwalt die beredteren Argumente vorbringt. Beispiel aus der Literatur: Jean Genet schreibt seine Diebstähle und sexuellen Ausschweifungen in makellosem Französisch nieder und wird daher aus dem Knast entlassen. Der Stil ersetzt die Moral. Beispiel aus der Politik: Marokko konnte kein selbständiger Staat werden, bevor nicht im französischen Kabinett die erlösende Schlüsselphrase gefunden war. Sie lautete: Unabhängigkeit im Rahmen gegenseitiger Abhängigkeit. Erst anhand dieser nichtssagenden Formulierung durfte die Weltgeschichte ihren Lauf nehmen.

Als ich mir den Vortrag des Herzogs so weit angehört hatte, fragte ich ihn, wie ein Volk nach solchen Regeln gesund leben könne. Er antwortete: »Natürlich vermag kein Volk nach solchen Regeln zu existieren. Daher besteht bei uns eine Hauptregel, die notfalls alle andern Regeln außer Kurs setzt.« »Und wie lautet die?« »Sie lautet: Ausnahmen sind wichtiger als die Regel.«

Den geplanten Film hat der Herzog dann doch nicht stattfinden lassen. Wahrscheinlich wäre es ihm als Verrat an seinen Prinzipien vorgekommen, da ja »das Staatsgefüge auf *schweigender* Vereinbarung zur Lüge beruht«. Es wunderte mich übrigens, daß mein Gesprächspartner eine andere Übereinkunft ausließ. Aber vielleicht war er durch Reichtum und Ansehen davon abgeschirmt. Ich meine den von allen Parisern gemeinsam geleisteten Rütlischwur, einander durch Ruppigkeit das Leben so sauer wie möglich zu machen. Der alltägliche Pariser Frust, in meiner Reporterzeit – wie schon in der von Tucholsky – unverändert symbolisiert durch das Telefon. Besonders in Richtung Ausland.

Journalist am Telefon: Mademoiselle, ich habe vor einer Dreiviertelstunde Köln angemeldet. Ein sehr dringendes Gespräch, und es steht noch immer aus.

Telefonistin: Köln können Sie jetzt durchwählen.

Journalist: Ich weiß. Aber ich möchte per R-Gespräch anrufen.

Telefonistin: Einmal Reklamation Nr. 748265. (Hängt auf)

Journalist: Mademoiselle! Mademoiselle! (Wählt von neuem)

Telefonistin: Ausland!

Journalist: Sind Sie die Dame, mit der ich soeben gesprochen habe?

Telefonistin: Woher soll ich das wissen?

Journalist: Ich habe gerade mit einer Dame über meinen Anruf nach Köln gesprochen, und –

Telefonistin: Köln können Sie jetzt durchwählen. (Hängt auf)

Journalist: Ich weiß, aber – (Wählt von neuem)

Telefonistin: Ausland!

Journalist: Mademoiselle, ich wollte nur wissen, ob ich mein Gespräch nach Köln noch in ein Eilgespräch umwandeln kann, denn ich habe es nunmehr sehr eilig und –

Telefonistin: Einmal Eilgespräch nach Köln. Welche Nummer?

Journalist: Nein, ich habe bereits ein R-Gespräch angemeldet und –

Andere Telefonistin (schaltet sich ein): Hallo, hier kommt Köln für Sie!

Köln (meldet sich): Schuhhaus Pumperdick!

Journalist: Ich habe aber den WDR angemeldet.

Köln: Wen?

Journalist: Den Westdeutschen Rundfunk.

Köln: Hier ist Schuhhaus Pumperdick.

Journalist: Ich weiß. Schöne Grüße nach Köln. (Wählt von neuem)

Telefonistin: Ausland!

Journalist: Mademoiselle, ich habe vor einer geschlagenen Stunde ein R-Gespräch nach Köln angemeldet –

Telefonistin: Köln können Sie jetzt durchwählen.

Journalist: Man hat mich aber soeben verbunden, und es war die falsche Nummer.

Telefonistin: Einmal Reklamation Nummer strzprskrskrk. Welche Nummer haben Sie verlangt?

Journalist: 20701.

Telefonistin: Und welche Nummer haben Sie erhalten?

Journalist: Das weiß ich doch nicht. Es war ein Schuh–

Telefonistin: Wenn Sie es nicht wissen, wie sollen wir es dann wissen? Vielleicht hat sich die Nummer geändert. Ich gebe Ihnen die Auskunft.

Journalist: Nein, nein, Mademoiselle, ich flehe Sie an, ich–

Telefonistin: Auskunft!

Journalist: Ich habe nicht die Auskunft verlangt, sondern eine Nummer.

Telefonistin: In welcher Stadt, bitte?

Journalist: In Köln.

Telefonistin: Wo?

Journalist: In Köln. Cologne!

Telefonistin: Pologne? Telefonverbindungen nach Polen sind von unbestimmter Dauer. Sind Sie bereit zu warten?

Journalist: Nicht Pologne... Cologne! C wie Cäsar!

Telefonistin: Cäsar – ist das der Vorname oder der Zuname Ihres polnischen Gesprächspartners?

Die Kamera, mit der wir unsere Berichte drehen, heißt die »Arri«. Sie hat »ihre schärfste Prüfung da draußen im Einsatz« bestanden und war »das Lieblingskind der Propaganda-Kompanien«. Die Kameramänner erzählen Bonmötchen vom Einsatzstab Rosenberg, vom Sonderzug Göring und von der Wolfsschanze. Allerfeinste Adressen. Ich freue mich mit ihnen, daß sie solche tadellosen Druckposten schieben durften. Leider mußte man schließlich doch nach Stalingrad, da wurden aber schon kleinere Brötchen gebacken. Ich sorge mich um sie am Donbogen, verhaue mit ihnen zusammen die Amis in den Ardennen. Einer berichtet, daß es Weisung von Goebbels gab, die eigenen Truppen nur von links nach rechts angreifen zu lassen. Das hatte der schlaue Doktor den Hollywoodwestern abgeluchst: Auch die siegreiche U.S.Cavalry kam prinzipiell von links. Und natürlich hat keiner der Kameramänner je in Polen gedreht, in Ungarn, in Litauen, auf dem Balkan. Keiner hat je ein KZ vor der Optik gehabt, eine Judenaktion oder einen Deportationszug. Wir, die wir uns in Rauch auflösten, waren schon vorher unsichtbar.

Das deutsche Gerät ist tatsächlich hervorragend. So unverwüstlich wie Volkswagen, Mercedes und die andern kriegserprobten Artikel. Es unterläuft mir, daß auch ich darauf stolz bin. Mein Tonfall innerhalb der Teams wandelt sich von kameradschaftlich zu kumpelig. Man ist im Einsatz. Man ist am Drehort. Man baut auf. Man mißt. Man legt ein. Man legt um. Man zieht scharf. Man macht einen Schwenk. Man setzt den Trafo ein, die lange Tüte, das fünf Komma sieben. Es gibt Filmsalat. Es muß gestoßen werden. Man unterdreht. Man schlägt Klappe. Man rollt. Man schießt. Man ist im Auslauf. Man hat leeren Akku. Man schrammt. Die Sache ist im Kasten, gestorben. Man baut eine Kiste beziehungsweise Mist. Man ist asynchron. Man hängt über. Man schneidet ins lebendige Fleisch. Man mischt. Man textet. Man zieht hin. Man hat sich um Farbkorrektur zu kümmern, um Vorspann und Titelei. Man hat Kratzer auf der Schichtseite. Es verspielt sich. Es versendet sich. Man korrigiert. Man mazt. Man ist falsch ausgedruckt. Man hat eine Schnulze, etwas aus der Klamottenkiste. Man hat einen Knüller... Solche

Ausdrücke schaffen Solidarität. Wer sie gemeinsam hat, gehört zusammen. Wenn jemand beim Drehen die Kamera anfaßt, werde ich rabiat. Noch in Gefahr, noch im Feuer geht das Team allem vor. Einmal weigert sich eine französische Museumswärterin, uns über Mittag Kriegsandenken drehen zu lassen, die wir dringend brauchen. Von der Tochter erfahren wir: Sie ist im KZ Ravensbrück von eigens dressierten Hunden angefallen worden. »Soll sich bloß nicht so aufspielen, die Mutti«, murmelt der Kameramann flapsig. Und ich, einen überrumpelten Augenblick lang, pflichte ihm bei. Ich schlage mich auf die Seite der Sieger. Denn schon wiegt ja die Bundesrepublik wirtschaftlich schwerer als Frankreich oder England. Und Amerika ist weit. Deutschland über alles, ökonomisch gesehen. Und da ich mein Einkommen von dort beziehe, gehöre ich dazu. Wer will auch lebenslang Einzelkämpfer bleiben?

Noch konfliktloser verläuft mein Leben mit den Cutterinnen, unseren wahren Komplizen. Kameramänner geben sich ja zu dieser Zeit als gestandene und in den Sielen graugewordene Mannsbilder. Und damit dem unerfahrenen Filmemacher mindestens ebenbürtig. Man ist sozusagen der neugebackene Leutnant zum alten Frontschwein. Qualität und Stil kann man nicht befehlen, nur aus dem andern herauskitzeln, zum Beispiel durch Schmeichelei. Cutterinnen hingegen, Gott segne sie, sind anschmiegsame Damen. Durchdrungen von keinem anderen Wunsch, als den Filmemacher mit ihrem Können zu beeindrucken. Nicht auftrumpfen wollen sie, sondern bewundert und geliebt werden. Manchmal sind sie gesetzteren Alters, also liebt der Filmemacher stellvertretend für sie ihre süßen Assistentinnen. Die im Gegenzug auch ganz gerne für ihn schwärmen. Ich gestehe, daß mir nichts so die Unbefangenheit zu Deutschland wiedergegeben hat wie dies.

Und jetzt halten wir 1968. Was tun, um zu einer Revolution zu stoßen? Es gibt die bekannte Geschichte von Ludwig XVI., der den Ausbruch der Französischen Revolution bei der Jagd versäumte. Und weil er nichts geschossen hatte, trug er am Tag des Bastillesturmes in sein Tagebuch ein: »Nichts.« Sein Biograph

Stefan Zweig wiederum berichtet, daß er Februar 1934 den Bürgerkrieg glatt versäumte, weil die Schießerei im Wiener Stadtzentrum nicht hörbar war. Die Kulturrevolution des »schönen Mai« begann in Paris als Studentenrevolte, aber meine Sorbonnezeit lag Jahre zurück. Sie führte zu einem Generalstreik der Arbeiter und Angestellten, und ich war weder das eine noch das andere. Hinwiederum gehörten die Tagesereignisse auch nicht zu meinem Programmauftrag. Als Beobachter hingehen, als Schlachtenbummler, genierte mich. Aber als was? Es war doch, was ich immer gewollt hatte! Ich spürte, daß ich zu diesen Millionen gehörte, die letzten Endes nicht gegen die Regierung protestierten, sondern die »Lebensregeln« des Herzogs von G. Dieses abgewirtschaftete, genervte Frankreich des Jeder gegen Jeden. Und das sich auch von de Gaulle nicht ummodeln ließ, solange ihn die Linke verbellte und die Rechte zynisch zur Brust nahm. Wie stößt man also zu so einer Revolution? Ich zog meine ältesten Klamotten an, parkte den Wagen möglichst weit vom Schuß. Und schlich mich, durch ein Hinterhaus am Boul' Mich', in die verschanzte und von der miesen CRS-Einsatzpolizei umstellte Rue Gay-Lussac. Das Zentrum des Aufstandes. Hier sah man Dinge, die in Paris rar waren. Kameraderie. Generosität. Opferbereitschaft. Eine Begeisterung, wie sie zuletzt bei der Volksfront geherrscht haben konnte. Gleichstellung von Jungen und Mädchen ohne sexuelle Anzüglichkeit. Am unerwartetsten die Hilfsbereitschaft der kleinbürgerlichen Anrainer. Natürlich blieb die Organisation mäßig: zu viele Barrikaden, zuwenig Verpflegung. Vielleicht konnte ich da von Nutzen sein? Ich trat auf einen rothaarigen Jungen zu, der eine Art Anführer zu sein schien. Er betrachtete mich mit dem Blick des Pariser Taxifahrers, dem man zumutet, daß er in eine andere als »seine Richtung« fährt: »Geh heim, Opa, setz dich hinter den Ofen.« Seine Kumpel kicherten, und ich hörte die rotzfrechen jugendlichen Redensarten, die damals im Schwang waren: »Der kommt auch nicht über den Winter.« »Bald unter den Chrysanthemen.« Darauf ging ich nach Hause und in mich. Der Rasierspiegel zeigte ein faltenloses Gesicht, das mir um nichts verbrauchter vorkam als die eben gesehenen. Auch meine Gehirnzellen fühlten sich unerschöpft an. Der ganze Motor, als würde er eben erst eingefahren. Und zwar, um sozusagen 150 PS zu produzieren, mit Spitzen bei 200 Stundenkilometern. Während ich, beruflich und privat, nicht einmal die Hälfte davon einbringen durfte. Sowohl Kopf wie auch Herz blieben unausgelastet. Immer weniger Spaß machte es, als Feuilletonist, ja als Erfinder des Fernsehfeuilletons gepriesen zu werden. Offenbar waren mein Sarkasmus, meine Skepsis Frankreich gegenüber nicht angenommen worden. Ich schockierte nicht genug. Ich war schon weiter als meine Sendung. Jetzt mußte ich dringend Publikum abbauen und ein neues finden. Ja, am besten gleich ein neues Leben! Lauter Symptome für einen Zustand, den man kurz darauf als Midlife-crisis definieren würde. Wie kam ich da raus?

Auch ums Materielle ging es. Nie ist mir der Antisemitismus lächerlicher erschienen als in unserer Zeit, wo doch praktisch alle Menschen »Juden« sind. Lauter wurzellose Städtebewohner, kopflastige Kosmopoliten, gefinkelte Gehirnmenschen und clevere Geschäftemacher. Lauter Mammonsknechte (sprich Konsumenten) rechts und links von Berliner Mauer, östlich und westlich des Suezkanals. Manchmal glaube ich, daß die letzten außerhalb der Dritten Welt, die da nicht mitmachen können oder wollen, die überlebenden europäischen Juden sind, mit ihrem Herzkasper und ihrem Kulturfimmel. Wann wäre mir je eingefallen, »in die Industrie zu gehen«? Oder »eine Briefkastenfirma in Luxemburg« zu gründen, deren einziger Angestellter ich selber war? Und was bitte sollte ich mit »Hausherrenmodellen« anfangen und »Abschreibungsgeschäften«? Nein, als »freiberuflicher Filmschaffender« kam ich auf keinen grünen Zweig. Was ein Mensch wie ich benötigte, der sich prinzipiell keinen Taschenrechner anschaffte und Schecks als Lesezeichen verkommen ließ, war ein festes Verhältnis. Eine »Mariage«, wie man solche Vernunftehen früher nannte. Also wechselte ich nach Mainz über, auch einer von diesen Orten, die ich nur von Postkarten kannte. Solch ein Übertritt zur Konkurrenz war aus irgendeinem Grund mit Geheimtelefonaten unter Pseudonymen verbunden. Ich nannte mich Peter Jordan, nach unserer Wiener Anschrift. Sodann mußte ich in Paris bloß auf den Champs-Elysées einige hundert Meter stromaufwärts ziehen. Wieder war Scholl-Latour unser Studiochef. Ich brauchte auch eine Sekretärin. Es meldete sich ein blondes gestiefeltes Wesen aus Hamburg namens Kirsten, das ich heiratete. Bald darauf kam eine Tochter, meine zweite. Wir nannten sie Tonka. Die erste hieß Fenn. Ich liebe schöne Namen. Ich liebe auch Töchter. Mit ihnen kann man spielen wie es, laut Nietzsche, dem »ächten Manne« geziemt. Was sollte ich einem Sohn beibringen? Wie man dickhäutig wird wie ein Nashorn, sich durchbeißt wie eine Hyäne und daß trotzdem den letzten die Hunde fressen?

Meine neue Sendung heißt »Personenbeschreibung«. Ich drehe sie in aller Welt und fast immer mit demselben Team. Dem Kameramann Carl F. Hutterer, der Cutterin Elfi Kreiter. In den USA haben wir auch eine Mitarbeiterin namens Pat Naggiar. Ich könnte noch viele Namen anführen. Fernsehen ist Gemeinschaftsarbeit. Und genau da wollte ich mein Leben lang hin. Mich aus frühem Isoliertsein zu gemeinschaftlichem Tun geeignet machen. Natürlich hat Teamarbeit auch den Vorteil, daß man nicht allein auf weiter Flur dem Ereignis gegenübersteht, sondern von Kollegen gedeckt. Die überdies wissen, auf welchem Trip du dich gerade befindest. Und zumeist bereit sind, voll mitzumachen. Selbst wenn sie allerhand Schweiß dafür riskieren oder sogar ihre Haut. Warum tut man das? Vielleicht, weil nur das uns Befriedigung bringt. Der Wunsch, das Leben nachzugestalten, nachzuspielen, muß ein tiefsitzender Kinderwunsch sein. Und was ist Glück, laut Freud? Die Erfüllung eines Kinderwunsches. Darum macht auch Geld nicht glücklich, setzt er hinzu: Geld ist kein Kinderwunsch. Mir scheint es selbstverständlich, daß alles auf der Welt nur dazu gemacht wird, seinen Urheber zu beglücken. Auch das labendste Kunstwerk und die selbstloseste Wohltätigkeit. Laut Mahatma Gandhi, der es schließlich wissen mußte. Altruismus aus Egoismus, warum nicht? (Aber Gott bewahre mich vor den »Idealisten«, die ihre guten Taten einzig aus Pflichtgefühl und Heimatliebe verrichten. Und dafür keinerlei irdischen Lohn fordern, außer satter Macht und Heilgebrüll von Millionen.) Demgemäß ist der eingestandene Hauptzweck meiner Sendungen, mir Freude zu bereiten. Man hat sie »positiv« genannt, was wahrscheinlich daher kommt, daß ich ziemlich negativ eingestellt bin. Man hat auf ihre »Lebenshilfe« hingewiesen, und die scheint mir darauf zu beruhen, daß sie meine private Überlebenshilfe darstellen. Regelmäßig porträtieren sie Leute, die sich am eigenen Schopf aus der Misere ziehen. Menschen, die Minderheiten angehören oder sonstwie benachteiligt sind, Behinderte oder Geschaffte. Wie machen die das, nicht nur zu überdauern, sondern zu überwinden? Das stelle ich in den Raum. Ich stelle es auch als Frage an meine Interviewpartner. Ich frage die Dinge ab, die ich selber wissen muß. Was in der Regel bei den Sendungen aufscheint ist, daß es die innere Haltung und die persönlichen Vorstellungen der Menschen sind, die über ihr Glücklichsein oder ihr Elend entscheiden. Ihr Schicksal liegt in ihrer Hand, trotz allem. Essenz kommt vor Existenz, auch wo die Lebensbedingungen eine erdrückende Rolle spielen. Du kannst ein viel reicheres Leben führen, als die Umstände dir zu gestatten scheinen, als du dir zutraust oder für erlaubt hältst. Du hast keine Chance, nutze sie. Du bist frei.

Genau ein Vierteljahrhundert nachdem ich zuletzt eine Dialogzeile geschrieben hatte, begann ohne jede Vorwarnung der lebendige Saft in mir hochzusteigen. Jemand fragte bei mir an, ob ich mir Drehbücher zutraute. Ich sprang hinein ohne die geringste Vorkenntnis. Für das österreichische Fernsehen schrieb ich eine Szenenfolge über die Jugend von Hitler, eine weitere über die von Freud. Woher speist sich das, was einer in reifen Jahren vollbringt? Ahnungslos war ich hier auf mein spezifisches Thema gestoßen. Aber es gibt ja keinen Zufall, und wenn, so wird er alsbald zur Notwendigkit umgebogen. Diese ersten Drehbücher fand ich nicht weltbewegend. Sie müssen aber etwas in sich gehabt haben, denn der Wiener Regisseur Axel Corti machte aus ihnen zwei starke Erfolge. Das Hitler-Szenario begann mit einem Filmtraum (ich träume oft Filme). Jemand kauft das Buch Mein Kampf und legt es daheim auf den Schreibtisch. Nachts schlagen winzige Funken aus dem Band, die einen Gegenfunken suchen. Sie finden ihn in dem Kabel der Tischlampe. Es gibt einen Kurzschluß, der sich fortfrißt wie eine Zündschnur. Der Funke erreicht die Vorhänge, die zu brennen beginnen. Es brennen die Fensterläden. Es brennt das Gebäude, die Straße, die Stadt. Dann das Land, der Erdteil. Die Munitionslager explodieren, die Chemiefabriken, die Raketensilos, die Kernkraftwerke. Es zünden sämtliche Atom- und Wasserstoffbomben. Und in der letzten Einstellung, aus dem Weltraum von Kosmonauten aufgenommen, die jetzt nie mehr zurückfinden werden, geht die gesamte Erdkugel in Flammen auf. Axel Corti rechnete mir vor, daß schon diese erste Szene des Films, auch wenn man teilweise Archivaufnahmen verwendete, das komplette Budget des Films verschlingen würde. Wollte man das real nachdrehen, so ergab es den kostspieligsten Streifen aller Zeiten. (Komisch, daß die Menschheit sich immer das Originalereignis leisten kann, aber nicht seine Darstellung auf Film.) Ansonsten hatte ich zu meinem Erstaunen keinerlei Schwierigkeiten, mir den jungen Hitler Adi vorzustellen, diesen typischen österreichischen Hinterwaldsklachel. Nicht anders bei Sigi Freud. Die Dialoge kamen wie von allein. Ich brauchte mir bloß ein paar unterschiedliche Charaktere lebhaft vor Augen zu führen, und schon konnten sie gar nicht erwarten, sich aneinander zu reiben und ihre Konflikte grimmig auszuspielen. Es schien mir, als sei ich mit jedem Menschen auf der Welt intim bekannt, vom Landstreicher bis zum Generalstabsoffizier. Dazu benötige ich jetzt auch kein Kerzenlicht mehr, keinen Alkohol oder sonstwie kreative Atmosphäre. Nur muß ich absolut allein sein. Im Gespräch fällt mir keine Dialogzeile ein. Meine Personen wollen nur reden, wenn sie mich für sich haben.

Was ist deine Vergangenheit? Etwas, das in dieser spezifischen Form und Farbe nur du besitzt, auch wo andere an ihr teilnahmen. Ganz wie deine Träume. Ich kann mir denken, daß Träume den verdrängten Teil deiner Vergangenheit darstellen – sie befassen sich ja auch zumeist mit deinem jüngeren Selbst. Sie sind, wenigstens für mich, die mahnende Vergangenheit, die in die Gegenwart herüberwinkt. Gerade wie ich die letzten Seiten dieses Buches niederschreibe, träume ich von meinem Schlüsselbund. Dem ganz alltäglichen, dem mit den Autoschlüsseln. Eben hat jemand laut gesagt: »Alles ist heilig.« »Wollen Sie etwa behaupten, daß dieser Schlüsselbund heilig ist?« höhne ich patzig. Und ich halte ihn hoch und deklariere ihn feierlich als unheilig. Sofort stößt eine Elster nieder und versucht ihn mir zu entreißen. Dann eine Krähe. Dann eine weiße Möwe. (Ich bin offensichtlich in einen Film von Hitchcock geraten.) Jedesmal bleibe ich der Stärkere. Zuletzt erhebt sich ein Sturmwind, und da bekomme ich es mit der Angst zu tun und lasse den Schlüsselbund fallen. Worauf sich sogleich, wie bei kalifornischen Erdbeben, ein Spalt im Boden auftut und ihn verschlingt. Und ich spüre genau, daß ich hier gewarnt werden soll, nicht mein besseres Selbst zu verleugnen. Das meiner Jugend.

Seit Jahren habe ich nicht bewußt an meine Vergangenheit gerührt, schon aus Zeitmangel und wegen ihrer Unverwendbarkeit in Fernsehfeatures. Nachts im Traum kommt sie mir hoch. Sogar wenn ich von aktuellen Problemen träume, zum Beispiel, daß ich einen Film nicht zustande kriege, erscheint mir das grundsätzlich in den antiken Gewändern von Flucht und Emigration. Tagsüber ist die Balance hergestellt zwischen meinem jüdischen, Wiener, Pariser, amerikanischen und deutschen Selbst. Nachts reißt alles grell auseinander. Oft irre ich verzweifelt durch den immer gleichen labyrinthischen Bahnhof, um einen gerade losfahrenden Zug zu ergattern, der unvermeidlich in die verkehrte Richtung rollt. Und dessen Klosette mit Unrat überfüllt sind. Und der zuletzt nur aus Viehwaggons besteht, die mich dorthin zu verbringen haben, wo ich doch in Wahrheit nie gewesen bin.

Ich schlage vor, meine Fluchtgeschichte als Fernsehspiel zu schreiben. Vielleicht stammt die Idee auch von Axel Corti. Jedenfalls genügt ein einziger Funke, und mein Motor läuft. Er läuft fast über ein Jahrzehnt. Drei Filme werden es zuletzt, zu unserer Überraschung. Eine Trilogie. Da der Regisseur schwer zufriedenzustellen ist, schreibe ich zu jedem Teil drei oder vier oder fünf Versionen. Axel Corti wohnt in Wien, ich in Paris. Leider kann uns die Produktionsfirma nur die Reisespesen einer einzigen Zusammenkunft pro Drehbuch spendieren, höchstens zwei. Manchmal treffen wir uns in meinem Bauernhäuschen in der Normandie. Ohne Frauen natürlich, Corti bekocht uns mit der ihm eigenen graziösen Pedanterie, aber noch in der Küche kommen wir nicht los vom Text. Zwar Freunde, aber, wenn nicht der gleichen Meinung, feuerspeiende Unmenschen. Anschließend hängen wir wieder stundenlang am Draht, spätabends zu verbilligtem Tarif. Die sukzessiven Drehbuchversionen rattern mit dem Schlafwagenschaffner im Orientexpreß nach Wien. Längst schon stehen Budget, Drehort, Besetzung und Stab fest, da feilschen wir noch um Worte, Repliken, ganze Szenen. Beim Drehen darf ich dann mehrmals kiebitzen. Eine beißende Süßigkeit, wie die Likörbonbons, die wir heimlich als Kinder naschten. Ich höre hübsche junge Burschen Sätze aussprechen, die nur mir gehören, diesem längst verflossenen kindlichen Ich. Tote wie Gandhi stehen wieder auf, Verschollene wie Lissa oder Warwara. Marseille, die Ankunft in New York (beide in Triest gedreht). Dann erkundigt sich Corti, ob ich nicht kurz mitspielen will. Verständlicherweise nur eine Statistenrolle im Hintergrund, denn er weiß über meine Gaben Bescheid. Und ich bekomme ein verschlissenes Hemd angezogen, eine Strickweste, einen steifen Hut, in die Hand den verschnürten Fiberkoffer der Emigranten. Da stehe ich jetzt vor dem Garderobenspiegel, die Umkleidekabine liegt auf einem verankerten Schiff, dessen Original einst »Nyassa« hieß. Gerade noch bin ich neunzehn gewesen und habe mich bei der Überfahrt an eine schicke Ungarin herangemacht namens Vera. Und jetzt stiert mich betroffen dieser weißbärtige Rabbi an und will ich sein. Es ist zum Lachen oder zum Heulen, aber lachen ist besser.

Sind das tatsächlich alles Ihre eigenen Erlebnisse, wird man von den Schauspielern gefragt. Fast neidisch, wo doch heutzutage der Alltag so dröge ist. Im Grunde verstehen sie nicht, warum man damals das Abenteuer nicht richtig zu schätzen wußte und gern auf ein paar Peripetien verzichtet hätte. Immer wieder knapp den Feind auf den Fersen. Der jetzt zum Fernsehkonsumenten geworden ist, oder seine Söhne und Enkel. Sitzt da vielleicht auch Herr »Wuh« von der Prager Gestapo vor der Glotze (der mir seinerzeit die Ausreise gestattete), und was denkt er sich dabei? Wahrscheinlich: »Aufregend wie ein Krimi« – die Worte des zuständigen Fernsehhierarchen nach der Abnahme des ersten Teils. Ein hohes Lob fürwahr, wenn auch nicht unbedingt, was man hören wollte ... Obwohl ich beim Schreiben nur (und wie) an die Zuschauer von ORF und ZDF gedacht habe, läuft der dritte Teil der Trilogie, Welcome in Vienna, 18 Monate lang in Pariser Kinos. Wird dort geradezu ein Kultfilm. Auch in Wien zeigte ihn ein Kino viele Wochen. Ich war zufällig da und kaufte mir ein Billett, natürlich inkognito. Es erkannte mich auch niemand. Junges Publikum, das atemlos und leicht überfordert hinsah. Am Ende nachdenkliches Schweigen, bei den Mädchen sogar Tränen. Für mich ein winziges Stück Heimkehr.

Jetzt war also das passiert, wovor ich mich immer gedrückt hatte. (»Judesein allein ist nicht abendfüllend«, sagt Kortner.) Ich war für die Leute auf meine Vergangenheit fixiert. Ich muß das hinnehmen. Ich akzeptiere es in Gottes Namen. Vielleicht hatte ich mich auch die ganzen Jahre nur in der Illusion gewiegt, je als etwas anderes gegolten zu haben. Reporter, Journalist, Filmemacher ... lächerlich. Die wissen schon, wer ich bin. Und vielleicht haben sie an mir die ganze Zeit nur Wiedergutmachung geübt? Mit diesem penetranten deutschen Nachkriegs-Philosemitismus, von dem dir jeder sagt, daß er als Reaktion einen neuen Antisemitismus geradezu herausfordern muß. Kann sein. Aber die Österreicher haben das Stadium des Philosemitismus glatt übersprungen und sind trotzdem bei Waldheim gelandet. Also?

Daß ich auf dem Rücken der Millionen Ermordeten und Vertriebenen lebe, ist mir ohnhin klar. Welche Chance hätte ich schon gegen die Brillanz solcher Hätschelkinder des publizistischen Genius wie Kisch, Tucholsky, Roda Roda, Mehring, Polgar, Mynona, Altenberg, Kuh, Friedell, Mühsam? (Und ich setze hier die Namen der längst vergessenen Dichter und Grafiker Uriel und Menachem Birnbaum dazu.) Ganze Kaffeehäuser konnte man seinerzeit mit ihnen füllen. Später ganze Konzentrationslager. Ich fühle mich als kümmerliches Überbleibsel. Hätten sie mich auch nur wahrgenommen damals im Café Größenwahn, im Romanischen, im Central? Immerhin finde ich es angenehm, daß die Sonne scheint. Der Bonus der Jugend ist die Ungewißheit, wer man ist und was möglicherweise alles in einem steckt. Der Bonus des Alterns, daß man schon die Abwesenheit des Übels als Gutes empfindet. Nein, ich bin nicht ruhiger geworden. Gelegentlich komme ich mir sogar reizbarer vor und nervöser. Ich finde nicht, daß ich Lebensprobleme gelöst habe. Gibt es das überhaupt? Eines davon, daß ich in diesen Kapiteln herausstelle, ist die Frage der Heimat. Der Zugehörigkeit. Es stimmt, auch ich habe behauptet: Mein Bedarf an Heimat ist gedeckt. Es war eine Lüge. In Wirklichkeit war er unersättlich. Zumindest mein Bedürfnis, sich dem einzuverleiben, was man »deutscher Kulturkreis« nennt. Obschon er noch weniger Anspruch auf mich hat als ich auf ihn. Heute habe ich gelernt, mit diesem Zwiespalt zu leben. Er ist ja das, womit ich meine Filme mache. Oder dieses Buch.

Kürzlich fuhr ich zum erstenmal im Leben nach Auschwitz, um dort Teile eines Dokumentarfilms zu drehen. Privat hätte ich mich nie hingewagt. Leuten, die sich einreden, daß der Holocaust nicht stattfand, empfehle ich einen Besuch des benachbarten Lagers Birkenau und besonders des Geländes um Krematorium B 5 (nur mit Sondergenehmigung). Die Knochensplitter kann man dort mit der bloßen Hand aus den Graswurzeln kratzen. Auch das Recherchieren im Archiv hatte ich mir eigentlich langwieriger vorgestellt. Aber nein, kulanteste Bedienung. Man schreibt einen Namen nieder oder auch zehn oder zwanzig – Bleistift wird geliefert –, und Minuten später hast du es schwarz auf weiß: Troller Ludwig, Arbeiter, eingeliefert am 10. 1. 1943. Troller Friedrich, Zahntechniker, eingeliefert am 28. 9. 1944. Troller Stella, Haushalt, eingeliefert am 6. 10. 1944. Selmeczi Viktor, eingeliefert aus dem französischen Lager Drancy am 4. 3. 1943, überwiesen nach Majdanek. Onkel Viktor war der mit der dicken Gurkennase, der zusammen mit Vater und mir bei Kriegsausbruch interniert wurde. Gleich am zweiten Tag verspielte er sein letztes Geld mit dem berühmt gewordenen Satz: »Was kann der Coup schon kosten?« Ich habe ihn hauptsächlich als Kartenspieler in Erinnerung. Es gab ungefähr soviel Grund, ihn zu ermorden, wie jeden anderen Kartenspieler. Ich selbst spielte lieber Schach. Daß ich als Schachspieler damals nicht mit ermordet wurde, ist purer Dusel. Ein Lottotreffer, sonst nichts.

Auch am Rhein habe ich öfter zu tun. Sagen wir die beliebte Bahnstrecke zwischen Köln und Frankfurt, die man in zwei Stunden bewältigt. Man sitzt im durchsonnten Speisewagen und läßt Sankt Goar und Bingen, Mäuseturm und Lorelei an sich vorübergleiten. Dabei wird man, anders als auf dem Dampfer, weder von knalligen Freizeitmoden noch von Lautsprecherdurchsagen aus der Stimmung gerissen. Wie ich in mein Abteil zurückkehre, stehen da zwei junge Mädchen und singen zum offenen Fenster hinaus. Volkslieder aus einem Fahrtenliederbuch. Da man das seinerseits auch vor einem halben Jahrhundert in fahrenden Zügen zu tun pflegte und da es die nämlichen Lieder sind, fühlt man sich leicht ergriffen. Übrigens ist eines der beiden Mädchen eine Schwarze. Man ist auch über Deutschland gerührt, das eben doch imstande ist, sich gründlich zu wandeln und gleichzeitig treu zu bleiben oder so ähnlich. *Et ego in Germania*, auch ich darf mich, nicht wahr, ein bißchen zu diesem Deutschland bekennen? Mitdem trällern die Mädchen ein Lied, ein italienisches Volkslied, so hört es sich an, das mir bekannt vorkommt. Ich muß es sogar in irgendeinem Film eingesetzt haben, kann mich aber nicht erinnern welchem. »Dona dona dona« lautet der Refrain. Ich bitte die Damen, mir freundlicherweise das Lied zu wiederholen, was sie mit viel Gelächter tun. Nachher schlagen wir hinten im Index nach, woher es stammen mag. Es handelt sich um ein jiddisches Gettolied, und der Autor ist – wahrscheinlich war er Kartenspieler – zu unbekanntem Datum in Auschwitz abgegangen. Ich erzähle das nur, weil man uns Überlebenden gern vorwirft, wir würden uns mit Gewalt an Vergangenes festklammern, ja unsere Identität daraus ableiten.